한국산업인력공단 시행 **2026 최신판**

NCS 기반 출제기준에 따른

쿡 COOK
한식 조리기능사 필기

이경래 편저

- 단원별 핵심이론 정리
- 최근 기출문제 수록

차 례

제01장 음식 위생관리

01 음식 위생관리 14
1. 개인 위생관리 14
   1. 위생관리기준 14
   2. 식품위생에 관련된 질병 17
2. 식품 위생관리 22
   1. 미생물의 종류와 특성 22
   2. 식품과 기생충병 26
   3. 살균 및 소독의 종류와 방법 27
   4. 식품의 위생적 취급방법 31
3. 식품첨가물과 유해물질 31
   1. 식품첨가물 31
   2. 유해물질 37
4. 작업장 위생관리 40
   1. 식품안전관리인증기준(HACCP) 40
5. 식중독 관리 42
   1. 세균성 및 바이러스성 식중독 42
   2. 자연독 식중독 44
   3. 화학적 식중독 46
   4. 곰팡이 독소 47
6. 식품위생 관계법규 48
   1. 식품위생법 및 관계법규 48
   2. 농수산물의 원산지 표시 등에 관한 법률 57
   3. 식품 등의 표시·광고에 관한 법령 60
7. 공중보건 66
   1. 공중보건의 개념 66
   2. 환경위생 및 환경오염 관리 66
   3. 역학 및 감염병 관리 75
8. 보건관리 79
   1. 인구와 보건 79
▶ 실전문제 80

제02장 한식 재료관리

01 한식 안전관리 98
1. 개인 안전관리 98
   1. 작업 안전관리 98
   2. 조리원의 안전사고 내용과 분석 및 방지대책 98
   3. 기계·기구 등에 대한 안전사고 내용과 분석 및 방지대책 99
   4. 안전사고 발생 시 대처요령 100
2. 작업환경 안전관리 100
   1. 화재예방 및 조치방법 100
02 한식 재료관리 102
1. 식품재료의 성분 102
   1. 수분 102
   2. 탄수화물 103
   3. 지질 105
   4. 단백질 107
   5. 무기질 107
   6. 비타민 108
   7. 식품의 색 109
   8. 식품의 갈변 110
   9. 식품의 맛과 냄새 111
   10. 식품의 물성 113
   11. 식품의 유독성분 117
2. 효소 118
   1. 식품과 효소 118
3. 식품의 영양 120
   1. 영양소의 기능 및 영양소 섭취기준 120
03 한식 구매관리 124
1. 구매관리 124
   1. 식품 구매관리 124
   2. 식품 재고관리 124
2. 검수 관리 125
   1. 식재료의 품질 확인 및 선별 125
3. 원가 128
   1. 원가의 의의 및 종류 128
   2. 원가분석 및 계산 129
▶ 실전문제 132

제03장 음식조리

01 한식 기초 조리실무 150
1. 조리 준비 150
  1. 조리의 정의 및 기본 조리조작 150
  2. 기본조리법 151
  3. 단체급식 152
  4. 기본 칼 기술 습득 153
  5. 조리기구의 종류와 용도 155
  6. 조리장의 시설 및 설비 관리 157

2. 식품의 조리원리 159
  1. 농산물의 조리 및 가공 · 저장 159
  2. 축산물의 조리 및 가공 · 저장 161
  3. 수산물의 조리 및 가공 · 저장 162
  4. 유지 및 유지 가공품 164
  5. 냉동식품의 조리 164
  6. 조미료와 향신료 165

02 한식조리 168
1. 밥 조리 168
  1. 밥 조리 168
  2. 밥 짓기 168

2. 죽 조리 169
  1. 죽 조리 169
  2. 죽 만드는 법 170

3. 국 · 탕 조리 170
  1. 국 · 탕 170
  2. 국 · 탕의 종류 170

4. 찌개조리 171
  1. 찌개 171
  2. 찌개의 종류 171

5. 전 · 적 조리 172
  1. 전 · 적 172
  2. 전 · 적의 종류 172

6. 생채 · 회 조리 173
  1. 생채 · 회 173
  2. 생채 · 회의 종류 173

7. 조림 · 초 조리 174
  1. 조림 · 초 174
  2. 조림 · 초의 종류 175

8. 구이 조리 176
  1. 구이 176
  2. 구이의 종류 176
  3. 양념에 따른 구이의 종류 176

9. 숙채조리 178
  1. 숙채 178
  2. 숙채의 종류 178

10. 복음조리 179
  1. 볶음 179
  2. 볶음의 종류 179

11. 김치조리 179
  1. 김치 재료 준비 179
  2. 김치 조리 180
  3. 김치 담기 181

▶ 실전문제 182

제04장 CBT 예상문제

제1회 CBT 예상문제 200
제2회 CBT 예상문제 215
제3회 CBT 예상문제 230
제4회 CBT 예상문제 244
제5회 CBT 예상문제 260
제6회 CBT 예상문제 276
제7회 CBT 예상문제 291
제8회 CBT 예상문제 306
제9회 CBT 예상문제 320
제10회 CBT 예상문제 334
제11회 CBT 예상문제 349
제12회 CBT 예상문제 364
제13회 CBT 예상문제 379
제14회 CBT 예상문제 394

출 제 기 준(필기)

직무분야	음식 서비스	중직무분야	조리	자격종목	한식조리기능사	적용기간	2023.1.1.~2025.12.31.

• 직무내용 : 한식메뉴 계획에 따라 식재료를 선정, 구매, 검수, 보관 및 저장하며 맛과 영양을 고려하여 안전하고 위생적으로 음식을 조리하고 조리기구와 시설관리를 수행하는 직무이다.

필기검정방법	객관식	문제수	60	시험시간	1시간

필기 과목명	주요항목	세부항목	세세항목
한식 재료관리, 음식조리 및 위생관리	1. 음식 위생관리	1. 개인 위생관리	1. 위생관리기준 2. 식품위생에 관련된 질병
		2. 식품 위생관리	1. 미생물의 종류와 특성 2. 식품과 기생충병 3. 살균 및 소독의 종류와 방법 4. 식품의 위생적 취급기준 5. 식품첨가물과 유해물질
		3. 주방 위생관리	1. 작업장 위생 위해요소 2. 식품안전관리인증기준(HACCP) 3. 작업장 교차오염발생요소
		4. 식중독 관리	1. 세균성 및 바이러스성 식중독 2. 자연독 식중독 3. 화학적 식중독 4. 곰팡이 독소
		5. 식품위생 관계 법규	1. 식품위생법령 및 관계법규 2. 농수산물 원산지 표시에 관한 법령 3. 식품 등의 표시·광고에 관한 법령
		6. 공중 보건	1. 공중보건의 개념 2. 환경위생 및 환경오염 관리 3. 역학 및 질병 관리 4. 산업보건관리
	2. 음식 안전관리	1. 개인안전 관리	1. 개인 안전사고 예방 및 사후 조치 2. 작업 안전관리
		2. 장비·도구 안전작업	1. 조리장비·도구 안전관리 지침
		3. 작업환경 안전관리	1. 작업장 환경관리 2. 작업장 안전관리 3. 화재예방 및 조치방법 4. 산업안전보건법 및 관련지침
	3. 음식 재료관리	1. 식품재료의 성분	1. 수분 2. 탄수화물 3. 지질 4. 단백질 5. 무기질 6. 비타민 7. 식품의 색 8. 식품의 갈변 9. 식품의 맛과 냄새 10. 식품의 물성 11. 식품의 유독성분
		2. 효소	1. 식품과 효소
		3. 식품과 영양	1. 영양소의 기능 및 영양소 섭취기준

필기 과목명	주요항목	세부항목	세세항목
한식 재료관리, 음식조리 및 위생관리	4. 음식 구매관리	1. 시장조사 및 구매관리	1. 시장 조사 2. 식품구매관리 3. 식품재고관리
		2. 검수 관리	1. 식재료의 품질 확인 및 선별 2. 조리기구 및 설비 특성과 품질 확인 3. 검수를 위한 설비 및 장비 활용 방법
		3. 원가	1. 원가의 의의 및 종류 2. 원가분석 및 계산
	5. 한식 기초 조리 실무	1. 조리 준비	1. 조리의 정의 및 기본 조리조작 2. 기본조리법 및 대량 조리기술 3. 기본 칼 기술 습득 4. 조리기구의 종류와 용도 5. 식재료 계량방법 6 조리장의 시설 및 설비 관리
		2. 식품의 조리원리	1. 농산물의 조리 및 가공·저장 2. 축산물의 조리 및 가공·저장 3. 수산물의 조리 및 가공·저장 4. 유지 및 유지 가공품 5. 냉동식품의 조리 6. 조미료와 향신료
		3. 식생활 문화	1. 한국 음식의 문화와 배경 2. 한국 음식의 분류 3. 한국 음식의 특징 및 용어
	6. 한식 밥 조리	1. 밥 조리	1. 밥 재료 준비 2. 밥 조리 3. 밥 담기
	7. 한식 죽조리	1. 죽 조리	1. 죽 재료 준비 2. 죽 조리 3. 죽 담기
	8. 한식 국·탕 조리	1. 국·탕 조리	1. 국·탕 재료 준비 2. 국·탕 조리 3. 국·탕 담기
	9. 한식 찌개조리	1. 찌개 조리	1. 찌개 재료 준비 2. 찌개 조리 3. 찌개 담기
	10. 한식 전·적 조리	1. 전·적 조리	1. 전·적 재료 준비 2. 전·적 조리 3. 전·적 담기
	11. 한식 생채·회 조리	1. 생채·회 조리	1. 생채·회 재료 준비 2. 생채·회 조리 3. 생채·담기
	12. 한식 조림·초조리	1. 조림·초 조리	1. 조림·초 재료 준비 2. 조림·초 조리 3. 조림·초 담기
	13. 한식 구이조리	1. 구이 조리	1. 구이 재료 준비 2. 구이 조리 3. 구이 담기
	14. 한식 숙채조리	1. 숙채 조리	1. 숙채 재료 준비 2. 숙채 조리 3. 숙채 담기
	15. 한식 볶음조리	1. 볶음조리	1. 볶음 재료 준비 2. 볶음 조리 3. 볶음 담기
	16. 김치조리	1. 김치조리	1. 김치 재료 준비 2. 김치 조리 3. 김치 담기

출 제 기 준(실기)

직무 분야	음식 서비스	중직무 분야	조리	자격 종목	한식 조리기능사	적용 기간	2023.1.1.~2025.12.31.

- **직무내용** : 한식메뉴 계획에 따라 식재료를 선정, 구매, 검수, 보관 및 저장하며 맛과 영양을 고려하여 안전하고 위생적으로 음식을 조리하고 조리기구와 시설관리를 수행하는 직무이다.

- **수행준거** :
  1. 음식조리 작업에 필요한 위생관련 지식을 이해하고, 주방의 청결상태와 개인위생·식품위생을 관리하여 전반적인 조리작업을 위생적으로 수행할 수 있다.
  2. 한식조리를 수행함에 있어 칼 다루기, 기본 고명 만들기, 한식 기초 조리법 등 기본적인 지식을 이해하고 기능을 익혀 조리업무에 활용할 수 있다.
  3. 쌀을 주재료로 하거나 혹은 다른 곡류나 견과류, 육류, 채소류, 어패류 등을 섞어 물을 붓고 강약을 조절하여 호화되게 밥을 조리할 수 있다.
  4. 곡류 단독으로 또는 곡류와 견과류, 채소류, 육류, 어패류 등을 함께 섞어 물을 붓고 불의 강약을 조절하여 호화되게 죽을 조리할 수 있다.
  5. 육류나 어류 등에 물을 많이 붓고 오래 끓이거나 육수를 만들어 채소나 해산물, 육류 등을 넣어 한식 국·탕을 조리할 수 있다.
  6. 육수나 국물에 장류나 젓갈로 간을 하고 육류, 채소류, 버섯류, 해산물류를 용도에 맞게 썰어 넣고 함께 끓여서 한식 찌개를 조리할 수 있다.
  7. 육류, 어패류, 채소류 등의 재료를 익기 쉽게 썰고 그대로 혹은 꼬치에 꿰어서 밀가루와 달걀을 입힌 후 기름에 지져서 한식 전·적 조리를 할 수 있다.
  8. 채소를 살짝 절이거나 생것을 양념하여 생채·회조리를 할 수 있다.

필기검정방법	작업형	시험시간	70분 정도

필 기 과목명	주요항목	세부항목	세세항목
한식 조리 실무	1. 음식 위생관리	1. 개인위생 관리하기	1. 위생관리기준에 따라 조리복, 조리모, 앞치마, 조리안전화 등을 착용할 수 있다 2. 두발, 손톱, 손 등 신체청결을 유지하고 작업수행 시 위생습관을 준수할 수 있다. 3. 근무 중의 흡연, 음주, 취식 등에 대한 작업장 근무수칙을 준수할 수 있다. 4. 위생관련법규에 따라 질병, 건강검진 등 건강상태를 관리하고 보고할 수 있다.
		2. 식품위생 관리하기	1. 식품의 유통기한·품질 기준을 확인하여 위생적인 선택을 할 수 있다. 2. 채소·과일의 농약 사용여부와 유해성을 인식하고 세척할 수 있다. 3. 식품의 위생적 취급기준을 준수할 수 있다. 4. 식품의 반입부터 저장, 조리과정에서 유독성, 유해물질의 혼입을 방지할 수 있다.
		3. 주방위생 관리하기	1. 주방 내에서 교차오염 방지를 위해 조리생산 단계별 작업공간을 구분하여 사용할 수 있다. 2. 주방위생에 있어 위해요소를 파악하고, 예방할 수 있다. 3. 주방, 시설 및 도구의 세척, 살균, 해충·해서 방제작업을 정기적으로 수행할 수 있다. 4. 시설 및 도구의 노후상태나 위생상태를 점검하고 관리할 수 있다.

필기 과목명	주요항목	세부항목	세세항목
한식 조리 실무	1. 음식 위생관리	3. 주방위생 관리하기	5. 식품이 조리되어 섭취되는 전 과정의 주방 위생 상태를 점검하고 관리할 수 있다. 6. HACCP적용업장의 경우 HACCP관리기준에 의해 관리할 수 있다.
	2. 한식 안전관리	1. 개인안전 관리하기	1. 안전관리 지침서에 따라 개인 안전관리 점검표를 작성할 수 있다. 2. 개인안전사고 예방을 위해 도구 및 장비의 정리정돈을 상시할 수 있다. 3. 주방에서 발생하는 개인 안전사고의 유형을 숙지하고 예방을 위한 안전수칙을 지킬 수 있다. 4. 주방 내 필요한 구급품이 적정 수량 비치되었는지 확인하고 개인 안전 보호 장비를 정확하게 착용하여 작업할 수 있다. 5. 개인이 사용하는 칼에 대해 사용안전, 이동안전, 보관안전을 수행할 수 있다. 6. 개인의 화상사고, 낙상사고, 근육팽창과 골절사고, 절단사고, 전기기구에 의한 전기 쇼크 사고, 화재사고와 같은 사고 예방을 위해 주의사항을 숙지하고 실천할 수 있다. 7. 개인 안전사고 발생 시 신속 정확한 응급조치를 실시하고 재발 방지 조치를 실행할 수 있다.
		2. 장비·도구 안전 작업하기	1. 조리장비·도구에 대한 종류별 사용방법에 대해 주의사항을 숙지할 수 있다. 2. 조리장비·도구를 사용 전 이상 유무를 점검할 수 있다. 3. 안전 장비류 취급 시 주의사항을 숙지하고 실천할 수 있다. 4. 조리장비·도구를 사용 후 전원을 차단하고 안전수칙을 지키며 분해하여 청소할 수 있다. 5. 무리한 조리장비·도구 취급은 금하고 사용 후 일정한 장소에 보관하고 점검할 수 있다. 6. 모든 조리장비·도구는 반드시 목적 이외의 용도로 사용하지 않고 규격품을 사용할 수 있다.
		3. 작업환경 안전 관리하기	1. 작업환경 안전관리 시 작업환경 안전관리 지침서를 작성할 수 있다. 2. 작업환경 안전관리 시 작업장 주변 정리 정돈 등을 관리 점검할 수 있다. 3. 작업환경 안전관리 시 제품을 제조하는 작업장 및 매장의 온·습도관리를 통하여 안전사고요소 등을 제거할 수 있다. 4. 작업장 내의 적정한 수준의 조명과 환기, 이물질, 미끄럼 및 오염을 방지할 수 있다. 5. 작업환경에서 필요한 안전관리시설 및 안전용품을 파악하고 관리할 수 있다. 6. 작업환경에서 화재의 원인이 될 수 있는 곳을 자주 점검하고 화재진압기를 배치하고 사용할 수 있다. 7. 작업환경에서의 유해, 위험, 화학물질을 처리기준에 따라 관리할 수 있다. 8. 법적으로 선임된 안전관리책임자가 정기적으로 안전교육을 실시하고 이에 참여할 수 있다.

필기 과목명	주요항목	세부항목	세세항목
한식 조리 실무	3. 한식 기초 조리실무	1. 기본 칼 기술 습득하기	1. 칼의 종류와 사용용도를 이해할 수 있다. 2. 기본 썰기 방법을 습득할 수 있다. 3. 조리목적에 맞게 식재료를 썰 수 있다. 4. 칼을 연마하고 관리할 수 있다.
		2. 기본 기능 습득하기	1. 한식 기본양념에 대한 지식을 이해하고 습득할 수 있다. 2. 한식 고명에 대한 지식을 이해하고 습득할 수 있다. 3. 한식 기본 육수조리에 대한 지식을 이해하고 습득할 수 있다. 4. 한식 기본 재료와 전처리 방법, 활용방법에 대한 지식을 이해하고 습득할 수 있다.
		3. 기본 조리법 습득하기	1. 한식의 종류와 상차림에 대한 지식을 이해하고 습득할 수 있다. 2. 조리도구의 종류 및 용도를 이해하고 적절하게 사용할 수 있다. 3. 식재료의 정확한 계량방법을 습득할 수 있다. 4. 한식 기본 조리법과 조리원리에 대한 지식을 이해하고 습득할 수 있다.
	4. 한식 밥 조리	1. 밥 재료 준비하기	1. 쌀과 잡곡의 비율을 필요량에 맞게 계량할 수 있다. 2. 쌀과 잡곡을 씻고 용도에 맞게 불리기를 할 수 있다. 3. 부재료는 조리법에 맞게 손질할 수 있다. 4. 돌솥, 압력솥 등 사용할 도구를 선택하고 준비할 수 있다
		2. 밥 조리하기	1. 밥의 종류와 형태에 따라 조리시간과 방법을 조절할 수 있다. 2. 조리 도구, 조리법과 쌀, 잡곡의 재료특성에 따라 물의 양을 가감할 수 있다. 3. 조리도구와 조리법에 맞도록 화력조절, 가열시간 조절, 뜸들이기를 할 수 있다.
		3. 밥 담기	1. 밥에 따라 색, 형태, 분량 등을 고려하여 그릇을 선택할 수 있다. 2. 밥을 따뜻하게 담아낼 수 있다. 3. 조리종류에 따라 나물 등 부재료와 고명을 얹거나 양념장을 곁들일 수 있다.
	5. 한식 죽조리	1. 죽 재료 준비하기	1. 사용할 도구를 선택하고 준비할 수 있다. 2. 쌀 등 곡류와 부재료를 필요량에 맞게 계량할 수 있다. 3. 곡류를 종류에 맞게 불리기를 할 수 있다. 4. 조리법에 따라서 쌀 등 재료를 갈거나 분쇄 할 수 있다. 5. 부재료는 조리법에 맞게 손질할 수 있다.
		2. 죽 조리하기	1. 죽의 종류와 형태에 따라 조리시간과 방법을 조절할 수 있다. 2. 조리 도구, 조리법, 쌀과 잡곡의 재료특성에 따라 물의 양을 가감할 수 있다. 3. 조리도구와 조리법, 재료특성에 따라 화력과 가열시간을 조절할 수 있다.

필 기 과목명	주요항목	세부항목	세세항목
한식 조리 실무	5. 한식 죽조리	3. 죽 담기	1. 죽에 따라 색, 형태, 분량 등을 고려하여 그릇을 선택할 수 있다. 2. 죽을 따뜻하게 담아낼 수 있다. 3. 조리종류에 따라 고명을 올릴 수 있다.
	6. 한식 국·탕 조리	1. 국·탕 재료 준비하기	1. 조리 종류에 맞추어 도구와 재료를 준비할 수 있다. 2. 조리에 사용하는 재료를 필요량에 맞게 계량할 수 있다. 3. 재료에 따라 요구되는 전 처리를 수행할 수 있다. 4. 찬물에 육수재료를 넣고 끓이는 시간과 불의 강도를 조절할 수 있다. 5. 끓이는 중 부유물을 제거하여 맑은 육수를 만들 수 있다. 6. 육수의 종류에 따라 적정 온도로 보관할 수 있다.
		2. 국·탕 조리하기	1. 물이나 육수에 재료를 넣어 끓일 수 있다. 2. 부재료와 양념을 적절한 시기와 분량에 맞춰 첨가할 수 있다. 3. 조리 종류에 따라 끓이는 시간과 화력을 조절할 수 있다. 4. 국·탕의 품질을 판정하고 간을 맞출 수 있다.
		3. 국·탕 담기	1. 국·탕에 따라 색, 형태, 분량 등을 고려하여 그릇을 선택할 수 있다. 2. 국·탕은 조리특성에 따라 적정한 온도로 제공할 수 있다. 3. 국·탕은 국물과 건더기의 비율에 맞게 담아낼 수 있다. 4. 국·탕의 종류에 따라 고명을 활용할 수 있다.
	7. 한식 찌개조리	1. 찌개 재료 준비하기	1. 조리종류에 따라 도구와 재료를 할 수 있다. 2. 조리에 사용하는 재료를 필요량에 맞게 계량할 수 있다. 3. 재료에 따라 요구되는 전처리를 수행할 수 있다. 4. 찬물에 육수 재료를 넣고 서서히 끓일 수 있다. 5. 끓이는 중 부유물과 기름이 떠오르면 걷어내어 제거할 수 있다. 6. 조리종류에 따라 끓이는 시간과 불의 강도를 조절할 수 있다.
		2. 찌개 조리하기	1. 채소류 중 단단한 재료는 데치거나 삶아서 사용할 수 있다. 2. 조리법에 따라 재료는 양념하여 밑간할 수 있다. 3. 육수에 재료와 양념의 첨가 시점을 조절하여 넣고 끓일 수 있다.
		3. 찌개 담기	1. 찌개에 따라 색, 형태, 분량 등을 고려하여 그릇을 선택할 수 있다. 2. 조리 특성에 맞게 건더기와 국물의 양을 조절할 수 있다. 3. 온도를 뜨겁게 유지하여 제공할 수 있다.
	8. 한식 전·적 조리	1. 전·적 재료 준비하기	1. 전·적의 조리종류에 따라 도구와 재료를 준비할 수 있다. 2. 조리에 사용하는 재료를 필요량에 맞게 계량할 수 있다. 3. 전·적의 종류에 따라 재료를 전 처리하여 준비할 수 있다.

필기과목명	주요항목	세부항목	세세항목
한식 조리 실무	8. 한식 전·적 조리	2. 전·적 조리하기	1. 밀가루, 달걀 등의 재료를 섞어 반죽 물 농도를 맞출 수 있다. 2. 조리의 종류에 따라 속 재료 및 혼합재료 등을 만들 수 있다. 3. 주재료에 따라 소를 채우거나 꼬치를 활용하여 전·적의 형태를 만들 수 있다. 4. 재료와 조리법에 따라 기름의 종류·양과 온도를 조절하여 지져 낼 수 있다.
		3. 전·적 담기	1. 전·적에 따라 색, 형태, 분량 등을 고려하여 그릇을 선택할 수 있다. 2. 전·적의 조리는 기름을 제거하여 담아낼 수 있다. 3. 전·적 조리를 따뜻한 온도, 색, 풍미를 유지하여 담아낼 수 있다.
	9. 한식 생채·회 조리	1. 생채·회 재료 준비하기	1. 생채·회의 종류에 맞추어 도구와 재료를 준비할 수 있다. 2. 조리에 사용하는 재료를 필요량에 맞게 계량할 수 있다. 3. 재료에 따라 요구되는 전 처리를 수행할 수 있다.
		2. 생채·회 조리하기	1. 양념장 재료를 비율대로 혼합, 조절할 수 있다. 2. 재료에 양념장을 넣고 잘 배합되도록 무칠 수 있다. 3. 재료에 따라 회·숙회로 만들 수 있다.
		3. 생채·회 담기	1. 생채·회에 따라 색, 형태, 분량 등을 고려하여 그릇을 선택할 수 있다. 2. 생채·회의 색, 형태, 분량을 고려하여 그릇에 담아낼 수 있다. 3. 조리종류에 따라 양념장을 곁들일 수 있다.
	10. 한식 구이 조리	1. 구이 재료 준비하기	1. 구이의 종류에 맞추어 도구와 재료를 준비할 수 있다. 2. 조리에 사용하는 재료를 필요량에 맞게 계량할 수 있다. 3. 재료에 따라 요구되는 전 처리를 수행할 수 있다. 4. 양념장 재료를 비율대로 혼합, 조절할 수 있다. 5. 필요에 따라 양념장을 숙성할 수 있다.
		2. 구이 조리하기	1. 구이종류에 따라 유장처리나 양념을 할 수 있다. 2. 구이종류에 따라 초벌구이를 할 수 있다. 3. 온도와 불의 세기를 조절하여 익힐 수 있다. 4. 구이의 색, 형태를 유지할 수 있다.
		3. 구이 담기	1. 구이에 따라 색, 형태, 분량 등을 고려하여 그릇을 선택할 수 있다. 2. 조리한 음식을 부서지지 않게 담을 수 있다. 3. 구이 종류에 따라 적정 온도를 유지하여 담을 수 있다. 4. 조리종류에 따라 고명으로 장식할 수 있다.
	11. 한식 조림·초 조리	1. 조림·초 재료 준비하기	1. 조림·초 조리에 따라 도구와 재료를 준비할 수 있다. 2. 조리에 사용하는 재료를 필요량에 맞게 계량할 수 있다. 3. 조림·조리의 재료에 따라 전 처리를 수행할 수 있다. 4. 양념장 재료를 비율대로 혼합, 조절할 수 있다. 5. 필요에 따라 양념장을 숙성할 수 있다.

필기 과목명	주요항목	세부항목	세세항목
한식 조리 실무	11. 한식 조림·초 조리	2. 조림·초 조리하기	1. 조리종류에 따라 준비한 도구에 재료를 넣고 양념장에 조릴 수 있다. 2. 재료와 양념장의 비율, 첨가 시점을 조절할 수 있다. 3. 재료가 눌어붙거나 모양이 흐트러지지 않게 화력을 조절하여 익힐 수 있다. 4. 조리종류에 따라 국물의 양을 조절할 수 있다.
		3. 조림·초 담기	1. 조림·초에 따라 색, 형태, 분량 등을 고려하여 그릇을 선택할 수 있다. 2. 조리종류에 따라 국물 양을 조절하여 담아낼 수 있다. 3. 조림, 초, 조리에 따라 고명을 얹어 낼 수 있다.
	12. 한식 볶음 조리	1. 볶음 재료 준비하기	1. 볶음조리에 따라 도구와 재료를 준비할 수 있다. 2. 조리에 사용하는 재료를 필요량에 맞게 계량할 수 있다. 3. 볶음조리의 재료에 따라 전 처리를 수행할 수 있다. 4. 양념장 재료를 비율대로 혼합, 조절하여 만들 수 있다. 5. 필요에 따라 양념장을 숙성할 수 있다.
		2. 볶음 조리하기	1. 조리종류에 따라 준비한 도구에 재료와 양념장을 넣어 기름으로 볶을 수 있다. 2. 재료와 양념장의 비율, 첨가 시점을 조절할 수 있다. 3. 재료가 눌어붙거나 모양이 흐트러지지 않게 화력을 조절하여 익힐 수 있다.
		3. 볶음 담기	1. 볶음에 따라 색, 형태, 분량 등을 고려하여 그릇을 선택할 수 있다. 2. 그릇형태에 따라 조화롭게 담아낼 수 있다. 3. 볶음조리에 따라 고명을 얹어 낼 수 있다.
	13. 한식 숙채 조리	1. 숙채 재료 준비하기	1. 숙채의 종류에 맞추어 도구와 재료를 준비할 수 있다. 2. 조리에 사용하는 재료를 필요량에 맞게 계량할 수 있다. 3. 재료에 따라 요구되는 전처리를 수행할 수 있다.
		2. 숙채 조리하기	1. 양념장 재료를 비율대로 혼합, 조절할 수 있다. 2. 조리법에 따라서 삶거나 데칠 수 있다. 3. 양념이 잘 배합되도록 무치거나 볶을 수 있다.
		2. 숙채 조리하기	1. 숙채에 따라 색, 형태, 분량 등을 고려하여 그릇을 선택할 수 있다. 2. 숙채의 색, 형태, 재료, 분량을 고려하여 그릇에 담아낼 수 있다. 3. 조리종류에 따라 고명을 올리거나 양념장을 곁들일 수 있다.
	14. 김치조리	1. 김치 재료 준비하기	1. 김치의 종류에 맞추어 도구와 재료를 준비할 수 있다. 2. 조리에 사용하는 재료를 필요량에 맞게 계량할 수 있다. 3. 재료에 따라 요구되는 전 처리(절이기 등)를 수행할 수 있다.
		2. 김치 조리하기	1. 양념장 재료를 비율대로 혼합, 조절할 수 있다. 2. 김치의 특성에 맞도록 주재료에 부재료와 양념의 비율을 조절하여 소를 넣거나 버무릴 수 있다. 3. 김치의 종류에 따라 국물의 양을 조절할 수 있다.
		3. 김치 담기	1. 조리종류와 색, 형태, 분량 등을 고려하여 그릇을 선택할 수 있다. 2. 김치의 색, 형태, 재료, 분량을 고려하여 그릇에 담아낼 수 있다. 3. 김치의 종류에 따라 조화롭게 담아낼 수 있다.

Chepter 01
음식 위생관리

01 음식 위생관리

1 개인 위생관리

1. 위생관리기준
　① 건강검진 및 위생교육
　　㉠ 건강검진
　　　ⓐ 연1회 종사원 건강검진을 실시한다.
　　　ⓑ 건강검진 결과서는 검진일로부터 1년간 유효하므로 보관 관리한다.
　　　ⓒ 건강검진의 목적: 음식물을 통해 전염될 수 있는 감염성 질환(장티푸스균, 이질균, 대장균, A형 간염 등)을 검사하기 위한 것으로 건강진단결과, 감염성질환자는 식품을 취급할 수 없다.
　　㉡ 매일 개인건강상태 점검
　　　ⓐ 매일 아침 영업 전 종사원의 건강상태를 체크해야 한다.
　　　ⓑ 설사, 구토 등의 증세가 있을 때엔 식품 취급을 금지시킨다.
　　　ⓒ 매일 개인건강상태 점검의 목적: 설사, 구토, 황달, 계속되는 기침 또는 콧물 증상이 있는 경우, 감염성 질환이 의심되므로 음식물 취급 작업에서 배제시킨다.
　　㉢ 위생교육
　　　ⓐ 종업원은 월1회 이상 정기적인 위생교육을 실시한다.
　　　ⓑ 영업자는 연1회 의무교육을 받는다.
　　　ⓒ 식품접객업영업자의 종업원은 매년 식품위생에 관한 교육을 받아야 한다.
　② 복장 및 용모
　　㉠ 복장
　　　ⓐ 위생모는 머리카락이 외부로 노출되지 않도록 착용한다.
　　　ⓑ 위생복은 밝은 색으로 긴 소매, 주머니가 없는 것이 적합하다.
　　　ⓒ 위생화는 바닥이 미끄럽지 않은 방수소재로 착용한다.
　　　ⓓ 앞치마는 조리 작업용과 청소용으로 구분하여 착용한다.
　　　ⓔ 앞치마는 이물이 묻기 쉬우므로 청결이 유지되도록 관리한다.
　　　ⓕ 마스크는 음식 만들 때나 제공 시 착용하여 구강 분비물 혼입을 방지한다.
　　　ⓖ 마스크는 코와 입이 가려지도록 착용한다.

ⓗ 청결한 복장을 착용해야 하는 목적: 청결하지 못한 복장은 조리하는 음식을 오염시킬 수 있으며, 마스크나 위생모의 착용은 이물의 혼입을 방지해 준다.
ⓒ 용모
  ⓐ 두발 및 신체, 손톱은 짧고 청결하게 관리해 준다.
  ⓑ 매니큐어와 광택제는 사용을 하지 않는다.
  ⓒ 각종 장신구 및 시계를 착용하지 않는다.
  ⓓ 올바른 용모을 해야 하는 목적: 시계와 반지, 팔지 등의 장신구는 손을 올바르게 씻는 것을 방해할 수 있으며, 매니큐어의 화학성분 및 귀걸이 등은 음식물에 혼입될 수 있다.
ⓒ 장갑
  ⓐ 일회용장갑
    • 일회용장갑은 한 번만 사용한다.
    • 같은 작업을 지속하더라도 4시간마다 장갑을 교체해 준다.
    • 일회용장갑을 착용 전 올바른 손씻기 방법에 준한 손 세정을 해준다.
    • 일회용장갑을 교체하지 않고 작업하다가 파손이 되면, 교차오염을 일으킬 수 있다.
  ⓑ 고무장갑
    • 고무장갑은 작업에 맞게 색깔별로 구분하여 사용한다.
      (전처리용: 핑크색, 청소용: 빨간색)
    • 청소용 고무장갑을 착용하고 전처리를 하면 교차오염을 일으킬 수 있다.
    • 철저하게 세척 및 살균소독을 해준다.
ⓔ 복장의 보관
  ⓐ 위생복(상단)과 평상복(하단)은 구분하여 보관한다.
  ⓑ 위생화(상단)와 실외화(하단)는 구분하여 보관한다.
  ⓒ 위생복·위생화와 평상복·평상화를 함께 보관하면 교차오염을 일으킬 수 있으므로 구분하여 보관·관리해 준다.

③ 손 관리
  ㉠ 손 씻는 시설
    ⓐ 세면대
    ⓑ 손 씻는 비누 또는 소독제, 손톱 세척 솔, 일회용 티슈 또는 건조기, 페달식 휴지통 등을 구비한다.
  ㉡ 손 씻는 시점
    ⓐ 작업장에 들어오기 전
    ⓑ 원재료를 다듬거나 세척 작업 후

ⓒ 생고기, 가금류, 어패류, 달걀을 만진 후
ⓓ 청결하지 못한 물품, 접시, 기구를 다룬 후
ⓔ 청소를 하거나 살균소독 등 화학약품을 다룬 후
ⓕ 장갑 사용 전·후
ⓖ 화장실 이용 후
ⓗ 코를 풀거나 재채기를 하고 난 후
ⓘ 핸드폰을 사용한 후
ⓙ 코, 잎, 귀, 머리카락 등의 신체부위를 만지고 난 후
ⓒ 손에 상처가 난 경우
　ⓐ 상처부위에 감염된 세균이 음식물에 오염을 일으킬 수 있으므로 음식물 취급을 금지한다.
　ⓑ 손에 상처가 난 경우 응급처치 방법
　　응급처치 및 소독→밴드부착→골무끼고 라텍스장갑 착용
ⓔ 손 씻는 방법
　→깍지끼고 비비기→손바닥, 손등 문지르기→손가락 돌려 씻기→손톱으로 문지르기→흐르는 물로 헹구기→종이타월로 물기 닦기→종이타월로 수도꼭지 잠그기

④ 작업 시 위생적인 행동
　㉠ 화장실 이용 시
　　ⓐ 위생화를 벗고 외부용(화장실 전용)신발을 이용한다.
　　ⓑ 화장실 시용 후 올바른 손씻기를 한다.
　　ⓒ 올바른 화장실 이용을 해야 하는 목적: 화장실 내 오염물질이 조리장 내로 혼입될 우려가 있기 때문이다.
　㉡ 조리 중 행동 수직

행동	이유
• 조리 중 흡연, 껌씹기, 음식물 섭취를 하지 않는다.	• 담뱃재나 다른 음식물에 의해 조리되는 음식이 오염될 수 있다.
• 싱크대에서 손을 씻지 않는다.	• 손에 있던 오염물질이 싱크대에 남거나 물이 튀어 조리에 사용되는 식재료나 기구를 오염시킬 수 있다.
• 맛을 볼 때엔 용기에 덜어서 맛을 본다.	• 국자나 수저로 음식을 직접 맛보면 타액에 의해 오염될 수 있다.
• 조리 중 옆 사람과 잡담을 하지 않는다.	• 조리 중 옆 사람과 잡담을 하면 타액이 음식을 오염시킬 수 있다.
• 행주로 땀을 닦지 않는다.	• 땀 또는 세균 등이 행주로 옮겨 기구나 기기를 닦으면서 교차오염 될 수 있다.
• 조리장 바닥에 침을 뱉지 않는다.	• 조리장을 오염시키면 조리되는 음식도 오염될 수 있다.

2. 식품위생에 관련된 질병

① 경구감염병

병원체가 오염된 식품 그 이외에 오염된 손, 물, 곤충, 식기류 등으로부터 경구적으로 감염을 일으키는 소화기계 전염병이다.

㉠ 경구감염병의 종류

ⓐ 세균성 이질
- 장내 세균과에 속하는 thyphus균이나 대장균과 같이 그람음성의 간균이지만 운동성이 없는 점이 이들 균과 다르다. 포자는 만들지 않는다.
- 이질 환자 또는 보균자의 대변이나 용변때 더럽혀진 손으로 식품이나 식기를 오염시켜 감염되는 경우가 가장 많으며, 감염 경로는 접촉 감염, 식품 감염, 수인성 감염으로 나눌 수 있다.
- 2~3일의 잠복기를 거쳐 처음에는 전신의 권태감, 식욕부진, 두통 등의 초기 증상을 거쳐 오한, 발열, 복통, 설사가 일어난다.
- 예방법으로는 환자 및 보균자의 격리, 위생적인 음료수 공급, 배설물의 위생적 처리, 식품 취급자의 위생적 습관 등을 들 수 있다.

ⓑ 장티푸스
- 살모넬라 타이피균에 감염되어 발생하며 발열과 복통 등의 신체 전반에 걸친 증상이 나타나는 질환이다.
- 감염원에는 대변 이외에 소변을 들 수 있으며, 감염 경로는 주로 과거에 장티푸스를 앓고 난 사람들 중 일부에서 만성보균자가 발생하여 이들이 오염시킨 물이나 음식에 의해서 감염 전파된다.
- 7~14일의 긴 잠복기를 거쳐 발병해서 처음에는 오한의 증상이 반복되면서 점점 열이 높아진다.
- 예방법으로는 환자의 격리, 보균자의 적발과 관리, 급수 시설의 위생적 개선, 오염의 우려가 있는 식품의 섭취전 가열, 예방 접종의 이행 등이 있다.

ⓒ 콜레라
- 콜레라균의 감염으로 급성 설사가 유발되며 중증의 탈수가 빠르게 진행되며, 이로 인해 사망에 이를 수도 있는 전염성 질환이다.
- 병원소가 있는 환자, 보균자의 분변, 토물에 균이 배출되어 직접, 간접 접촉으로 감염된다.
- 3일 정도의 잠복기를 거쳐 발병하며 심한 설사와 구토 체내에서의 수분 부족으로 구갈, 근통, 피부건조, 무뇨증을 일으키고 체온은 오히려 평열 이하가 된다.
- 예방법으로는 우리나라에서 상재하지 않는 외래 전염병이기 때문에 공항이나 항만 검

역을 철저히 해야 한다.
　　　　ⓓ 폴리오
　　　　　• 폴리오 바이러스에 의한 전염성 질환으로 척추성 소아마비를 말한다.
　　　　　• 병원소인 분변의 오염에 의한 바이러스가 식품을 통하여 경구 감염된다.
　　　　　• 증상은 보통 12일의 잠복기를 거쳐 두통, 발열이 지속된다. 간혹 근육의 마비가 일어나 마비형이 되는 수가 있다.
　　　　　• 예방법으로는 예방 접종이 가장 효과적이다.
　　　ⓒ 경구감염병의 특징
　　　　ⓐ 집단적인 발병이 쉽게 일어나며 폭발적인 유행을 한다.
　　　　ⓑ 환자의 발생은 계절적인 특성이 있다. 특히 여름철에 많이 발생한다.
　　　　　(그 이유는 고온다습하여 매개체(파리, 바퀴 등)가 발생하고 식품중의 병원체가 증식하기 알맞고 소화기계의 기능이 약해져서 병원체에 대한 저항력이 약화되기 때문이다.)
　　　　ⓒ 환경이 좋고 나쁨에 좌우되므로 지역적인 특성에 영향을 받는다.
　　　　ⓓ 음식물에 대한 기호성의 관계와 경제적인 상태에 따라 발생되기도 한다.
　　　　ⓔ 물로 인한 오염은 희석되어 잠복기가 길지만 음식물의 오염은 농후 오염될 때가 많으므로 잠복기가 짧아진다.
　　　　ⓕ 병원체가 식품 속에서 증식하기 때문에 발병률이 높다.
　　　　ⓖ 물로 인한 경우에는 가족집적성이 인정되지 않으나 장티푸스나 이질은 가족집적성이 인정된다.
　　　ⓒ 경구감염병의 예방대책
　　　　ⓐ 감염원 대책: 환자를 격리한다. 그 외에 다른 사람의 검변을 실시하고 건강보균자를 조기에 발견해서 병원균의 확대를 막는다.
　　　　ⓑ 감염경로 대책 : 변소의 소독, 파리, 바퀴, 쥐구제의 철저, 손가락과 조리기구 등의 세척·소독을 행한다.
　　　　ⓒ 감수성 대책 : 예방접종과 왁찐을 사용해서 면역성을 기른다. 그러나 이질에는 현재 유효한 백신이 없기 때문에 오로지 위생과 예방의 대책에 따르지 않으면 안 된다.
　② 인수공통감염병
　　동물과 사람 간에 상호 전파되는 병원체에 의하여 발생하는 감염병을 말한다.
　　㉠ 인수공통감염병의 종류와 특징 및 예방대책
　　　ⓐ 장출혈성대장균감염증
　　　　• O-157 등의 장출혈성 대장균 감염에 의하여 출혈성 장염을 일으키는 질병이다.
　　　　• 오염된 식품, 특히 갈아 만든 쇠고기(햄버거)나 우유에 의해 경구 감염이 일어나고 피부 접촉 등을 통해 사람에서 사람으로 직접 감염과 식수 등을 통한 수인성 감염도 일어난다.

제1장 음식 위생관리

- 주요 보균동물인 소의 소화기 내에서는 독성을 나타내지 않으나 사람한테 감염됐을 경우 설사, 혈변, 복통 등을 일으킨다.
- 예방법으로는 보균동물 및 감염자와 접촉시 위생을 깨끗이 하고, 쇠고기는 섭씨 75도 이상으로 3분 이상 가열해 먹으면 감염을 예방할 수 있다.

ⓑ 일본뇌염
- 일본뇌염 바이러스에 감염된 작은 빨간 집모기(뇌염모기)가 사람을 무는 과정에서 인체에 감염되어 발생하는 급성 바이러스성 전염병이다.
- 모기에 물린 후 5~15일의 잠복기를 거쳐 발병하는데 병의 경과는 그 증상에 따라 전구기(2~3일), 급성기(3~4일), 아급성기(7~10일), 회복기(4~7주)로 구분할 수 있다.
- 두통, 현기증, 구토, 복통, 지각 이상 등의 증세를 보인다. 병이 진행되면 의식장애, 경련, 혼수에 이르게 되고 대개 발병 10일 이내에 사망한다.
- 예방법으로는 과로나 수면부족을 피하고 모기를 없애도록 한다.

ⓒ 브루셀라증
- 브루셀라균의 감염으로 생기는 병. 본디 소, 염소, 돼지 따위의 법정 가축 전염병으로, 사람에게 감염되면 높은 열이 나는데 백신이나 항생 물질로 예방이 가능하다.
- 감염동물의 변뇨, 유즙, 조직을 매개로 사람에 감염된다. 잠복기간은 5~21일로 긴 것은 수개월의 것도 있다.
- 일반적으로 증상발현은 완만하며, 전신권태, 두통, 관절통, 복통, 신경통을 동반한다.
- 예방법으로는 가축에서 이 병의 박멸이 중요하다. 가축을 대상으로 예방접종을 실시하고, 우유 유제품을 저온 살균한다. 또한 고기와 내장 등은 완전히 익혀 먹는다.

ⓓ 탄저
- 비탈저라고도 하여 초식동물, 특히 소, 말, 양 등에 발생하는 급성열성 전염병이다. 사람에게도 이환되며 세계적으로 널리 분포되어 있는 전염병이다.
- 균이 토양이나 목초 등에서 오래 생존하여 감염원이 된다. 사람의 감염은 주로 피부의 상처에서 일어나는 것으로 가축을 기르는 농부, 목축업자, 피혁업자, 양모취급업자, 수의사가 감염되는 일종의 직업병이다.
- 3일의 잠복기를 거쳐 균이 침입한 부위에 악성농포를 만들어 주위에 부종, 침윤, 중심부의 궤양과 주변의 혈류에 침입하면 패혈증을 일으킨다.
- 예방법으로는 이환 동물을 조기 발견하여 격리, 치료를 하는 것이 중요하며 포자는 내열성이므로 사체나 오염물의 소독에는 소각 또는 고압증기 멸균이 필요하다.

ⓔ 공수병(광견병)
- 광견병 바이러스를 가지고 있는 동물에게 사람이 물려서 생기는 질병으로 급성 뇌척수염의 형태로 나타난다.

- 광견병에 걸린 동물이 사람이나 다른 동물을 물었을 때 감염되며, 광견병 바이러스가 섞여 있는 침이 눈, 코, 입의 점막에 닿거나 광견병에 걸린 환자의 장기를 이식 받는 경우에도 전파가 가능하다.
- 일반적 증상은 발열, 두통, 무기력, 식욕 저하, 구역, 구토, 마른기침 등이 1~4일 동안 나타나며, 이 시기가 지나면 흥분, 불안이나 우울 증상이 나타나고, 음식이나 물을 보기만 해도 근육, 특히 목 근육에 경련이 일어나고 침을 많이 흘리며(공수; 물을 두려워함), 얼굴에 바람이 스치기만 해도 목 부위에 경련이 발생하기도 한다.
- 예방법
  - 광견병 유행지역을 여행할 때는 개를 비롯한 광견병 위험 동물과의 접촉에 주의하며 미리 백신을 접종한다.
  - 애완용 고양이와 개에게 광견병 백신을 접종한다.
  - 동물에 물렸을 경우에는 즉시 비누를 이용해 흐르는 물에 상처를 씻는다.

ⓕ **조류인플루엔자 인체감염증**
- 조류가 걸리는 전염성 호흡기 질병이다. 현재까지 알려져 있는 모든 조류인플루엔자는 하나의 종(種)인 'A형 인플루엔자'에 속한다.
- 발열, 기침, 근육통 등 전형적인 인플루엔자 유사 증상부터 안구감염, 폐렴, 급성호흡기부전 등 중증 호흡기 질환까지 다양하다.
- 대부분의 인체감염사례는 조류 인플루엔자 바이러스에 감염된 가금류(닭, 오리, 칠면조 등)와의 접촉 또는 감염된 조류의 배설·분비물에 오염된 사물과의 접촉을 통해 발생한다.
- **예방법**: 유행 바이러스에 대한 인플루엔자 백신, 손씻기 등 개인위생 강화, 의료인의 경우 개인보호구 착용 등이 있다.

ⓖ **중증급성호흡기증후군**
- 사스-코로나 바이러스가 인간의 호흡기를 침범하여 발생하는 질병이다.
- 사스-코로나 바이러스에 노출된 후 2~7일 정도의 잠복기가 지나면 발열, 무력감, 두통, 근육통의 신체 전반에 걸친 증상이 나타난다.
- 원인 바이러스가 전파되는 경로는 아직 완전히 밝혀지지 않았지만 대기 중에 떠다니는 고체나 액체의 미세한 입자에 의해 전파되는 것으로 추측하고 있다.
- **예방법**: 호흡기를 통해 감염되므로 사스 유행 시에는 사람이 많이 모이는 곳에 가지 않도록 한다. 자주 손을 씻는 습관을 갖도록 한다.

ⓗ **야콥병**
- 희귀한 중추신경계 퇴행성 질환 치매가 오게 되고 간대성 경련을 보이다가 사망하게 되는 감염성 질환이다.

- 전염경로는 확실하게 알려져 있지 않으나, 1996년 영국에서 발병한 광우병에 걸린 소가 전염시키는 것으로도 알려졌다.
- 증상으로는 자기 무시, 무감동, 안절부절 못하는 양상의 치매 증세와 쉽게 피로하거나, 과다수면이나 불면의 수면 장애와 방향감각 상실이나 다른 고도 대뇌기능 이상이 나타난다.
- 예방법: 치료법은 아직까지 개발되지 않고 있다.

ⓘ 큐열
- 리케차의 감염에 의하여 일어나는 전염병으로 소, 면양, 산양, 조류에서 발생하고 사람의 경우 대체로 중증이나 동물은 경미한 증상을 수반한다.
- 주된 임상증상으로는 위장염, 두통, 폐염, 발열 등이 있다.
- 예방법: 진드기류를 구제하고, 유행지에서는 가축이나 가축과 접촉한 사람에게 백신접종을 실시한다. 우유는 멸균하여 음용한다.

ⓙ 결핵
- 결핵균의 감염에 의하여 발병하는 만성전염병으로 대부분이 폐결핵이나, 그밖에 전신의 모든 장기도 침범될 수 있다.
- 주로 폐결핵 환자로부터 나온 미세한 침방울 혹은 비말핵에 의해 직접 감염되기 쉽다.
- 예방법: 적절한 치료 여하에 관계없이 조기에 진단하여 조기 치료하는 것이 결핵 예후에 절대적으로 중요하다.

ⓒ 인수공통감염병의 특징
사람과 가축의 양쪽에 이환되는 감염병을 말하며, 이중에서도 특히 동물로부터 사람에게 감염되는 병을 가리키기도 한다.

ⓒ 인수공통감염병의 예방대책
ⓐ 가축의 건강관리와 예방접종을 철저히 하여 가축들 사이에서 감염병의 유행을 차단해 준다.
ⓑ 병에 걸린 동물을 조기에 발견하여 격리하거나 살처분 하고 소독을 철저히 한다.
ⓒ 도축장이나 우유처리장의 검사를 엄격히 하여 병에 걸린 동물이 식품으로 제공되거나 판매되지 않도록 한다.
ⓓ 수입되는 가축이나 고기, 유제품에 대한 검역을 엄격히 하고 감시를 철저히 한다.
ⓔ 식품의 생산, 저장, 유통단계에서 냉동·냉장상태를 유지하고 살균을 철저히 한다.

2. 식품 위생관리

1. 미생물의 종류와 특성

① 박테리아

보통 단순분열에 의해 증식하며 현미경 하에서만 관찰할 수 있는 단세포미생물로 주로 나선형, 막대기형, 둥근형의 3가지 형태가 있다.

  ㉠ 크기: 세균의 크기는 0.1~0.2μ 정도의 작은 것부터 10×40μ에 이르는 큰 것도 있다. 세균은 광학 현미경으로 겨우 볼 수 있다.

  ㉡ 세균세포의 구조와 기능: 세균세포는 편모, 세포벽, 세포막, 리보솜, 핵으로 구성되어 있다.

  ⓐ 편모: 세포표면에 돌기물로 형성된 운동성이 있는 세포기관으로, 가느다란 실 모양으로 운동성이 있다. 세균의 종류에 따라 한쪽 극에 1개의 편모를 가진 것, 여러 개의 편모가 한쪽 극에서 생겨나는 것, 양쪽 극에서 여러 개가 생겨나는 것, 또는 세포의 전체 주위에 생겨나는 것 등이 있다.

  ⓑ 세포벽: 세포를 외부로부터 보호하고 세포의 모양을 유지하도록 하는 벽으로 식물세포의 형태, 기능에 중요한 역할을 한다. 세포벽은 세포 분열 때 적도면에 생기는 중엽과 내측에 생기는 1차벽으로 구성되며 중엽은 주로 펙틴질로 되어 인접된 세포와의 접착물이고 1차벽은 주로 섬유소(셀룰로오스)로 되어 있다.

  ⓒ 세포막: 세포와 세포 외부의 경계를 짓는 막으로 세포 내의 물질들을 보호하고 세포간 물질 이동을 조절한다. 세포막은 주로 단백질과 지질로 구성되어 있다.

  ⓓ 리보솜: RNA와 단백질로 이루어진 복합체로서 세포질 속에서 단백질을 합성하는 역할을 한다.

  ⓔ 핵: 유전물질인 DNA가 들어 있고 세포의 모든 활동을 조절하는 세포내 기관이다. 핵 내부는 2겹의 막으로 둘러싸여 주변의 세포질과 분리된다.

  ㉢ 세균의 증식

  ⓐ 세포의 분열: 한 개의 세포가 두 개로 갈라져 세포의 개수가 늘어나는 현상을 일컬으며 핵이 갈라지는 핵분열부터 시작되어 세포질이 갈라지는 세포질분열이 일어남으로써 끝나게 된다. 이 때, 분열되는 세포를 모세포라 하고 분열 결과 새로 생겨나는 세포를 딸세포라 한다.

  ⓑ 세균의 포자 형성: 영양분이 부족할 때 몇몇 세균은 내생포자를 생성한다. 그러나 주위 환경이 좋아지면 포자에서 다시 원래의 세균 모습으로 전환하는데 마치 씨앗에서 싹이 트는 것과 같이 포자도 발아과정을 거쳐서 원래의 세균 모습을 갖게 된다.

② 효모

진핵세포로 된 고등 미생물로서 균사가 없고, 광합성능이나 운동성도 가지지 않는 단세포 생물이다. 효모는 자연계에서 토양, 해수, 공기, 과일의 표면, 꽃의 꽃샘, 우유, 밀가루 등에 널리 분포하고 있으며, 이렇게 자연에 분포된 효모를 야생효모라 한다. 이들 야생효모 중에는 발효과정에 인체에 해를 주는 효모가 많기 때문에 유용한 효모를 분리하거나 변이시켜 목적에 맞게 만들어진 효모를 배양효모라고 한다.

ⓐ **효모의 형태**: 난형(cereviside type), 타원형(ellipsoideus type), 소시지형(pastorianus type), 구형(tolula type), 레몬형(apiculata type), 삼각형(trigonosis type), 위균사형(candida type)이 있다.

난형 (cereviside type)	이 형의 전형적인 효모는 맥주 효모인 사카로마이세스 엘립소이데우스로 맥주, 청주, 빵 등의 발효에 이용되며 유용 효모의 대부분이 형태를 갖는다.
타원형 (ellipsoideus type)	포도주 효모인 사카로마이세스 엘립소이데우스가 대표적인 효모이다.
소시지형 (pastorianus type)	맥주 양조에서 불쾌한 냄새를 내는 유해한 야생 효모인 사카로마이세스 파스토리아누스가 대표적 효모이다.
구형 (tolula type)	내염성균으로 간장의 후숙에 관여하는 것으로 맛과 향기를 부여하는 균인 토루롭시스 버사틸리스가 대표적인 효모이다.
레몬형 (apiculata type)	방추형이라고도 하며, 사카로마이세스 아피쿨라투스가 여기에 속한다.
삼각형 (trigonosis type)	Trigonosis variabilis가 대표적인 삼각형이다.
위균사형 (candida type)	칸디아속 등의 효모에 속하며, 효모 세포가 길게 늘어진 것같이 생장하여 곰팡이의 균사와 같이 된 위균사이다.

ⓒ 효모의 증식

ⓐ **출아법**: 세포의 일부분이 떨어져 나가 하나의 세포가 되는 번식 방법이다. 이 때 원래의 세포를 모세포라 하고 떨어져 나가 하나의 세포가 된 것을 낭세포라 한다.

ⓑ **분열법**: 모체의 몸이 분열하여 그 하나하나가 새로운 개체가 되는 생식법으로 두 개체로 갈라지는 것을 '이분법', 여러 개로 갈라져 다수의 개체로 되는 것을 '다분법'이라고 한다.

③ 원생동물

단세포 동물의 총칭으로 보통은 분류상 원생동물에 속한다. 아메바 등 원형질유동으로 미동하는 육질충류, 근족충류라고도 한다.

㉠ 원생동물의 분류

ⓐ **유편모충류**: 한 개 내지 수개의 편모를 가지는 원생동물로 편모에 의해 운동하며 대부

분 독립적으로 서식하나 일부는 기생하기도 한다.
ⓑ **육질충류**: 아메바성의 운동을 하는 원생동물로 비정형의 세포내에서 세포질이 유동하여 위족을 형성하는 것에 의한 포복운동을 나타낸다. 일반적으로 아메바운동이라고 부른다.
ⓒ **섬모충류**: 다수의 종으로 구성된 원생동물로 수백 개의 짧은 섬모의 운동에 의해 신속하게 움직인다. 세포의 좁은 선단부 근처에는 입구 구실을 하는 세포 인두가 있다.
ⓓ **포자충류**: 운동성이 없는 것으로 포자충은 전부가 기생성을 나타낸다.

④ **방선균**
토양에 균사체 또는 포자체로 존재하며, 사상균(균류 중에서 진균류에 속하는 미생물)과 세균의 중간 특성을 가지고 있어 세균과 사상균 양쪽으로 생각되어 왔으나 현재는 세포벽의 화학구조가 세균과 유사하므로 원핵생물로 인식되고 있다. 지연계에 널리 분포하나 주로 토양과 물에 많이 있다.

㉠ **방선균의 형태와 특성**
ⓐ **균사**: 사상균(곰팡이)의 영양적 기능이나 생리적 기능 같은 기능 분화도 볼 수 있다. 포자의 발아관에서 발육하여 선단생장에 의해서 신장한다.
ⓑ **포자**: 특유의 기관으로 형성되는 단세포 또는 소수 세포의 구조다. 많은 양이 형성되어서 넓게 분산된다. 적당한 조건하에서 발아하여 단독으로 성장해 새로운 개체를 형성한다. 비교적 두꺼운 막으로 보호되며 내구성이 있다.

㉡ **방선균의 증식**
방선균은 균사가 무성적으로 절단되면서 구균이나 간균과 같이 증식한다. 또한 선단에 분생포자를 형성하면서 무성적으로 증식한다. 또한 환경조건에 따라서 포자를 형성하는 균주가 있는데 그것은 포자를 형성할 때 균핵 융합체를 형성해 포자를 형성하는 유성생식처럼 증식하기도 한다.

⑤ **곰팡이**
균류 중에서 진균류에 속하는 미생물로 보통 그 본체가 실처럼 길고 가는 모양의 균사로 되어 있는 사상균을 가리킨다.

㉠ **곰팡이의 형태**
곰팡이류는 대부분 현미경으로 보면 세포가 길쭉해져 있고 또한 세로로 연결되어 실과 같은 모양을 하고 있다. 이것을 균사라고 한다. 곰팡이류 중에서 일생을 단세포로 사는 것이 있다. 그러나 뚜렷한 세포핵을 가지며, 핵은 단핵·2핵·다핵인 것이 있는데, 특히 조균류의 것은 복잡한 모양의 전균체가 격벽 없는 다핵의 단세포체를 이루고 있다.

㉡ **곰팡이의 종류**
ⓐ **푸른곰팡이**: 균사의 위쪽에 총채 모양의 푸른색 포자를 만든다. 음식물을 썩게 하지만

페니실린의 원료로 이용된다.
ⓑ **누룩곰팡이**: 균사의 위쪽에 부채살 모양의 노란색 포자를 만든다. 술이나 간장, 된장 등을 만드는 데 이용된다.
ⓒ **효모**: 균사가 없고 단세포로서 구형이며 출아법으로 번식한다. 알코올 발효를 통하여 알코올과 이산화탄소를 생성하므로 술이나 빵의 제조에 이용된다.
ⓓ **빵곰팡이**: 붉은색 곰팡이로서 빵을 썩게 한다.
ⓔ **깜부기균**: 벼, 보리, 옥수수 등에 기생한다.
ⓕ **무좀**: 사람의 발에 생긴다.
ⓖ **털곰팡이**: 무색의 포자가 균사의 끝에 둥근 공 모양으로 달린다.

ⓒ 곰팡이의 증식

곰팡이는 진균류에 속하는 것으로 균사보다는 포자에 의해 증식하는데, 포자는 영양균사보다 내열성에 강하고, pH나 삼투압의 변화에 대한 저항력이 강하다. 유성적으로 포자가 생성된 때를 유성포자, 무성적으로 포자가 생성될 때를 무성포자라 한다.

유성포자	2개의 세포핵이 서로 융합 후 다시 감수분열한 핵이 중심이 되어 그 결과로 생성되는 포자로 난세포, 접합포자, 담자포자, 자낭포자 등이 있다.
무성포자	세포핵의 융합이 없고 분열만으로만 무성생식으로 생기는 포자로 곰팡이의 색을 띠는 역할을 한다.

⑥ 바이러스

가장 작은 미생물로 생세포에 기생하여 증식하는 여과성 병원체로 DNA 또는 RNA 중 하나를 유전체로 가지며 감염세포 내에서만 증식하는 감염성 미소구조체이다. 바이러스는 자신의 대사계가 없기 때문에 바이러스핵산을 주형으로 하여 숙주 세포의 대사계를 통해 필요한 효소 단백을 합성하고, 바이러스핵산을 복제하는 동시에 항원 단백을 만들며 이들이 집합되어 새로운 바이러스를 완성해서 세포 밖으로 방출한다.

㉠ 바이러스의 성질
ⓐ 단백외각은 외각단위단백체가 질서정연하게 결합되어 여러 가지 형태를 이루고 있다.
ⓑ 보통 바이러스는 외계에서는 활성을 빨리 잃어버리므로 동결건조, 50% 글리세린·식염수 등에 의하여 활성이 장기간 보존된다.
ⓒ 소독약이나 열에 대하여는 세균보다 강하며, 항생물질에 대해서도 저항성을 보인다.

㉡ 바이러스의 종류
ⓐ **핵산의 종류에 따라**
• DNA 바이러스: B형간염, 천연두, 수두, 단순포진
• RNA 바이러스: A형간염, C형간염, TMV(담배모자이크), 인플루엔자, 에이즈, 소아마비, 뇌염, T2파지, T4파지

ⓑ 숙주의 종류에 따라
- 동물성 바이러스: 천연두, 소아마비, 뇌염바이러스, 인플루엔자, 에이즈, 간염
- 식물성 바이러스: TMV(나선형), 벼위축성
- 세균성 바이러스: 박테리오파지(T1~T7 파지)

2. 식품과 기생충병

① 식품과 기생충병의 특징 및 예방대책

㉠ 기생충 등의 정의 및 숙주에 대한 개념

ⓐ 기생 생활: 어떤 한 가지 생물이 다른 생물체의 체표면 또는 체내에 부착, 서식하면서 그 생물체로부터 필요한 영양분을 섭취하는 생활양식을 말한다.

ⓑ 기생충: 다른 생물체의 몸속에서 먹이와 환경을 의존하여 기생생활을 하는 무척추동물을 말한다.

ⓒ 숙주: 기생 생물에게 영양을 공급하는 생물을 말한다.

㉡ 숙주에 대한 개념

ⓐ 주숙주: 한 종류의 기생충이 여러 종류의 생물체를 감염시킬 수 있을 때 가장 많이 발견되는 숙주이다.

ⓑ 중간 숙주: 기생충의 생활사 중 애벌레 기관만을 보유하거나 무성 생식기를 보유하는 숙주이다.
- 최초의 중간 숙주: 제1중간 숙주
- 나중의 중간 숙주: 제2중간 숙주
- 종말 숙주: 기생충의 어미 벌레나 유성 생식기를 보유하는 숙주이다.

㉢ 식품과 기생충병의 종류와 특징

ⓐ 채소를 통해 감염되는 기생충

구분	특징
요충	직장 내에서 기생하는 성충이 항문 주위에 산란, 경구 침입
회충	손, 파리, 바퀴벌에 등에 의해 식품이나 음식물에 오염되어 경구 침입
구충(십이지장충)	경구감염 및 경피 침입 (감염형 피낭유충)
동양모양선충(동양털회충)	위, 십이지장, 소장에 기생
편충	주로 맹장에 기생하며, 빈혈과 신경증을 유발시키고, 설사증도 일으킴

ⓑ 육류를 통해 감염되는 기생충

구분	중간숙주 및 특징
유구조충(갈고리촌충, 돼지고기촌충)	돼지고기를 생식하는 지역에서 감염
무구조충(민촌충, 쇠고기촌충)	급속 냉동에도 사멸되지 않음
선모충	쥐 → 돼지고기로부터 감염

ⓒ 어패류를 통해 감염되는 기생충

구분	제1중간숙주	제2중간숙주
간디스토마(간흡충)	왜우렁	민물고기(잉어, 참붕어, 피래미, 모래무지)
폐디스토마(폐흡충)	다슬기	가재, 게
요꼬가와흡충(횡천흡충)	다슬기	민물고기(은어 등)
광절열두조충(긴촌충)	물벼룩	농어, 연어, 숭어 (담수어, 반담수어)

ⓔ 기생충병의 예방대책
  ⓐ 청정 채소를 보급, 채소를 깨끗이 흐르는 물에 씻는다.
  ⓑ 분변의 완전처리를 하거나 채소재배에 인분을 사용하지 말아야 한다.
  ⓒ 손톱을 짧게 하고, 식사 전에 손을 깨끗이 씻는다.
  ⓓ 중간숙주를 날 것으로 먹지 않도록 한다.
  ⓔ 조리 기구에 의해 감염되지 않도록 주의

3. 살균 및 소독의 종류와 방법
① 살균과 소독의 정의
  ㉠ 살균: 미생물에 물리적·화학적 자극을 가하여 이를 단시간 내에 멸살시키는 일을 말한다.
  ㉡ 소독: 전염병의 전염을 방지할 목적으로 병원균을 멸살하는 것을 말한다.
  ㉢ 멸균: 세균을 사멸시키는 것을 말하며, 일반적으로 시행되는 방법으로는 끓임, 증기, 소각, 약물 사용 등이 있다.
  ㉣ 방부: 물질이 썩거나 삭아서 변질되는 것을 막음. 건조, 냉장, 밀폐, 소금 절임, 훈제, 가열 따위의 방법이 있다.
② 부패 방지법
  ㉠ 물리적인 방법
    ⓐ 냉장냉동법
      • 미생물의 발육조건인 수분, 온도, 영양 중에서 온도를 낮춤으로써 발육을 억제시키는 방법이다.
      • 미생물은 일반적으로 10℃이하에서 번식이 억제, -5℃ 이하에서 번식이 불가능해진다. 이러한 원리에 따라 보존할 수 있는 방법은 냉장, 냉동, 움저장법이 있다.
      • 냉장냉동법에는 냉장, 냉동, 움저장법이 있다.
        - 냉장법: 0~10℃(평균 5℃)의 저온에서 식품을 한정된 기간 동안 신선한 상태로 보존할 수 있는 방법. 채소. 과일류가 해당된다.
        - 냉동법: 0℃이하에서 동결시켜 식품을 보존하는 방법, 육류, 어류 등이 여기에 해당

된다. 특히 -20℃ 이하에선 장기간 어패류를 저장할 수 있다.
- **움저장법**: 10℃ 전후에서 움 속에 저장하는 방법이다. 감자, 고구마 등의 채소, 과일류가 여기에 해당한다.

ⓑ **건조법**

일반적으로 세균은 수분 15% 이하에서는 번식하지 못하므로 이러한 원리에 따라 식품을 보존할 수 있는 방법이 건조법이다.

- **열풍건조법**: 가열한 공기를 식품 표면에 보내서 수분을 증발시키는 방법이다. 일광건조법에 비해 단시간에 끝나고 품질의 변화가 적으나 경비가 많이 든다. 육류, 난류가 여기에 해당한다.
- **일광건조법**: 주로 농산물, 해산물 건조에 많이 이용되는 방법이다. 품질이 저하된다는 점과 넓은 면적이 필요하다는 것이 단점이다. 어류, 패류, 김, 오징어 등
- **고온건조법**: 90℃ 이상의 고온으로 건조·보존하는 방법이다. 산화·퇴색한다는 것이 단점이다.
- **배건법**: 직접 불에 가열하여 건조시키는 방법이다. 보리차가 여기에 해당한다.
- **동결건조법**: 냉동시켜 진공상태로 만들어 건조시키는 방법으로 한천, 당면 등이 여기에 속한다.
- **직화건조법**: 차, 잎 등이 여기에 속한다.
- **분무건조법**: 액체 상태의 식품을 건조실 안으로 안개처럼 분무하면서 건조시키는 방법이다. 분유가 여기에 속한다.
- **감압건조법**: 감압저온으로 건조시키는 방법으로 건조채소가 여기에 해당한다.

ⓒ **가열살균법**

- **저온살균법**: 61~65℃에서 30분간 가열한 다음 급랭시키는 방법이다. 우유, 술, 과즙, 소스 등의 액체식품을 살균시킬 때 이용된다.
- **고온살균법**: 95~120℃ 정도로 30~1시간 동안 가열하여 살균하는 방법이다. 통조림 살균법에 주로 이용된다.
- **초고온 순간살균법**: 130~140℃에서 2초간 가열 후 급랭시키는 방법이다. 우유, 과즙 등에 이용된다.
- **초음파 가열살균법**: 초음파로 단시간 처리하는 방법이다. 식품의 품질과 영양가를 유지할 수 있다.

ⓓ **자외선 및 방사선 살균법**

- 음료수 살균에 적합한 자외선 살균법과 곡류, 축산, 청과물 등에 이용되는 방사선 살균법이 있다.
- 식품 품질에 영향을 미치지 않는 이점이 있으나 식품 내부까지 살균할 수 없는 단점이

있다. 이 둘을 합하여 조사 살균법이라고도 한다.
　ⓛ 화학적인 방법
　　ⓐ 염장법
　　　• 식품을 소금에 절여 삼투압을 이용, 탈수 건조시켜 저장하는 방법. 해산물, 채소, 육류 등의 저장에 이용된다.
　　　• 소금의 농도는 10% 이상이 되어야 한다.
　　ⓑ 당장법
　　　• 50% 이상의 설탕액에 담가 삼투압을 이용, 부패세균의 생육을 억제하는 저장법.
　　　• 과일류, 젤리, 잼, 가당연유 등의 보존법으로 적당하다.
　　ⓒ 초절임법
　　　• 산 저장법이라고도 하며 식품을 식초산(아세트산)이나 구연산, 젖산을 이용하여 저장하는 방법이다.
　　　• 유기산이 무기산보다 미생물 번식 억제 효과가 크다. 일반적으로 3~4%의 식초산이 함유된 식초가 사용된다.
　　ⓓ 훈연법
　　　• 햄, 소시지 같은 육질식품에 활엽수를 태워서 나는 연기와 함께 알데히드, 페놀 등의 살균물질을 침투시켜 저장하는 방법이다.
　　ⓔ 가스저장법
　　　• 식품을 탄산가스나 질소가스 속에 넣어 보관하는 방법으로 호흡작용을 억제하여 호기성 부패세균의 번식을 저지하는 방법이다.
　　　• 과일이나 채소에 이용한다.
　　ⓕ 방부제 첨가
　　　• 식품에 존재하는 미생물의 증식을 억제하기 위해 약제를 첨가하는 방법. 현재 방부제로 지정된 품목은 14종이다.

③ 소독살균법
　㉠ 물리적 방법
　　ⓐ **자외선 살균법**: 일광 또는 자외선 살균등을 이용하여 살균하는 방법이다.
　　ⓑ **방사선 살균법**: 식품에 코발트 60 등의 방사선을 조사하여 균을 죽이는 방법이다.
　　ⓒ **세균 여과법**: 미생물이 통과할 수 없는 여과기에 음료수, 액체식품 등을 통과시켜 균을 제거하는 방법이다. 바이러스는 걸러지지 않는 것이 단점이다.
　　ⓓ **소각 멸균법**: 불에 타며 재사용하지 않는 물건을 대상으로 물건과 이에 오염된 미생물을 동시에 소각하는 방법이다.
　　ⓔ **화염 멸균법**: 도자기 등 불에 타지 않는 물체를 알코올 램프 분젠버너의 불꽃에 20초

이상 넣어 미생물을 죽이는 방법이다.
- ⓕ **건열 멸균법**: 건열멸균기(드라이 오븐)에 넣고 150~160℃에서 30~60분간 가열하는 방법으로 유리 기구 등의 소독에 이용된다.
- ⓖ **유통 증기 멸균법**: 100℃의 유통하는 증기 중에서 30~60분간 가열하는 방법. 기구 소독에 쓰인다.
- ⓗ **간헐 멸균법**: 100℃의 유통하는 증기 중에서 15~20분간 가열하는 조작을 24시간마다 3회 연속 되풀이하는 방법이다.
- ⓘ **고압 증기 멸균법**: 고압증기멸균솥(오토클레이브)을 이용하여 121℃에서 15~20분간 살균하는 방법으로 멸균 효과가 좋아 미생물뿐 아니라 아포까지 죽일 수 있으며 토오림 등의 살균에 이용된다.
- ⓙ **열탕 소독법(자비멸균법)**: 끓는 물(100℃)에 넣어 10~30분간 가열하는 방법으로 금속, 식기, 행주 등에 이용된다.

ⓛ 화학적 방법
- ⓐ **염소**: 상수원(수돗물) 소독에 이용되는 것으로 잔류 염소량은 0.1~0.2ppm이 되어야 하며 자극성, 금속 부식성이 있다.
- ⓑ **치아염소산 나트륨**: 음료수, 기구, 설비 등에 50~100ppm 용액을 5~10분간 처리한다.
- ⓒ **표백분**: 50~200ppm 용액을 손, 음료수, 식품, 기구 등의 소독에 이용한다. 소독, 방취, 표백 작용이 있다.
- ⓓ **석탄산(페놀) 용액**: 3~5% 수용액을 기구, 손, 의류, 오물 등의 소독에 사용한다. 염산이나 식염을 가하면 효과가 상승한다.
- ⓔ **역성비누**: 원액을 200~400배로 희석하여 손, 식품, 기구 등에 사용한다. 무독성이며 살균력이 강하나, 보통 비누와 섞어서 쓰거나 유기물(단백질)이 존재하면 효과가 떨어진다.
- ⓕ **과산화수소**: 3% 수용액을 피부, 상처 소독에 사용한다.
- ⓖ **알코올**: 70% 수용액을 금속, 유리 기구, 손 소득 등에 사용한다. 살균력이 가장 강하다.
- ⓗ **에칠렌옥사이드(기체)**: 공기 1ℓ 당 450mg의 가스를 식품 포장내에 훈증한다.
- ⓘ **0.1% 승홍수**: 비금속 기구의 소독에 이용한다.
- ⓙ **크레졸 비누액**: 50% 비누액에 1~3% 수용액을 섞어 오물 소독, 손소독 등에 사용한다. 피부 자극은 비교적 약하지만 소독력은 석탄산보다 강하며 냄새도 강하다.
- ⓚ **생석회**: 오물 소독에 가장 우선적으로 사용한다.
- ⓛ **포르말린**: 30~40% 수용액을 오물 소독 등에 이용한다.

4. 식품의 위생적 취급방법

① 식품 등을 취급하는 원료보관실·제조가공실·조리실·포장실 등의 내부는 항상 청결하게 관리하여야 한다.
② 식품 등의 원료 및 제품 중 부패·변질이 되기 쉬운 것은 냉동·냉장시설에 보관·관리하여야 한다.
③ 식품 등의 보관·운반·진열 시에는 식품 등의 기준 및 규격이 정하고 있는 보존 및 유통기준에 적합하도록 관리하여야 하고, 이 경우 냉동·냉장시설 및 운반시설은 항상 정상적으로 작동시켜야 한다.
④ 식품 등의 제조·가공·조리 또는 포장에 직접 종사하는 사람은 위생모를 착용하는 등 개인 위생관리를 철저히 하여야 한다.
⑤ 제조·가공(수입품을 포함한다)하여 최소판매 단위로 포장(위생상 위해가 발생할 우려가 없도록 포장되고, 제품의 용기·포장에 법 제10조에 적합한 표시가 되어 있는 것을 말한다)된 식품 또는 식품첨가물을 허가를 받지 아니하거나 신고를 하지 아니하고 판매의 목적으로 포장을 뜯어 분할하여 판매하여서는 아니 된다. 다만, 컵라면, 일회용 다류, 그 밖의 음식류에 뜨거운 물을 부어주거나, 호빵 등을 따뜻하게 데워 판매하기 위하여 분할하는 경우는 제외한다.
⑥ 식품 등의 제조·가공·조리에 직접 사용되는 기계·기구 및 음식기는 사용 후에 세척·살균하는 등 항상 청결하게 유지·관리하여야 하며, 어류·육류·채소류를 취급하는 칼·도마는 각각 구분하여 사용하여야 한다.
⑦ 유통기한이 경과된 식품 등을 판매하거나 판매의 목적으로 진열·보관하여서는 아니 된다.

3 식품첨가물과 유해물질

1. 식품첨가물

① 식품첨가물의 정의: 식품의 조리, 가공 및 조리과정에서 식품의 품질개량, 보존성 향상, 기호성 향상 및 영양가의 증진을 목적으로 첨가되는 물질이다.
② 식품첨가물의 종류
  ㉠ 화학적 합성품
    ⓐ 보존료(방부제): 미생물의 발육을 억제하는 정균작용과 미생물을 살균시키는 살균작용, 식품 또는 세균이 생산하는 효소작용을 억제한다.
      • 데히드로초산(DHa), 데히드로초산나트륨(DHA-S)

- 치즈, 버터류 및 마가린류에 0.5g/kg이하 첨가
- 소르빈산(sorbic acid), 소르빈산칼륨: 미생물의 생육을 억제하여 가공식품의 보존료로 사용되는 식품첨가물이다.
  - 치즈(자연치즈 및 가공치즈)에 3.0g/kg 이하 첨가
  - 잼류에 1.0g/kg 이하 첨가
  - 마가린류에 1.0g/kg 이하 첨가
- 안식향산, 안식향산나트륨, 안식향산칼슘, 안식향산칼륨
  - 오이초절임, 마요네즈에 1.0g/kg 이하 첨가
  - 잼류, 마가린류에 1.0g/kg 이하 첨가
  - 발효음료류에 0.05g/kg 이하 첨가
- 프로피온산, 프로피온산나트륨, 파로피온산칼슘
  - 빵 및 케이크류에 2.5g/kg 이하 첨가
  - 치즈에 3.0g/kg 이하 첨가
  - 잼류에 1.0g/kg 이하 첨가
- 파라옥시안식향산메틸, 파라옥시안식향산에틸
  - 간장류에 2.5g/kg 이하 첨가
  - 소스류에 0.2g/kg 이하 첨가
  - 과일 · 채소류음료에 1.0g/kg 이하 첨가
  - 잼류에 1.0g/kg 이하 첨가
- 2초산 나트륨
  - 빵류에 0.4% 이하 첨가
  - 식용유지류(향미유 제외), 식품가공품(식육추출가공품 제외), 캔디류에 0.1% 이하 첨가
  - 소스류에 0.25% 이하 첨가
  - 견과류, 스프류에 0.05% 이하 첨가

ⓑ **살균제**: 식품의 부패 원인균이나 병원균을 사멸시키기 위해 사용하는 식품첨가물이다.
- **차아염소산나트륨**: 음료수, 채소 및 과일, 용기 · 기구 · 식기 등에 사용된다.
- **차아염소산수**: 농수산물 재배에 따른 모든 병해방제에 예방
- **차아염소산칼슘**: 천의 표백, 수돗물과 수영장 물의 살균 소독, 탈취제, 곰팡이와 조류(藻類)의 번식 억제제 등으로 사용된다.
- **이산화염소**: 케이크 및 카스텔라 제조용 소맥분 이외의 식품에 사용해서는 안 된다.
- **표백분, 고도표백분**: 채소나 과일의 소독에는 유해염소 50~100ppm, 식기나 기구의 소독에는 100~200ppm의 용액에 수 분간 담가두면 된다.
  - **표백분**: 유해염소량이 25~40% 정도이다.

- 고도표백분: 유해염소량이 약 70% 정도이다.

ⓒ 산화방지제(황산화제): 식품의 산화 변질 현상을 방지할 목적으로 사용하는 식품첨가물이다.

- 디부틸히드록시톨루엔(BHT), 부틸히드록시아니, 터셔리부틸히드로퀴논
  - 어패냉동품에 1g/kg 이하 첨가
  - 추잉검에 0.75g/kg 이하 첨가
  - 식용유지, 식용우지, 식용돈지, 버터류에 0.2g/kg 이하 첨가
  - 식육(가금류에 한함)에 0.1g/kg 이하 첨가
  - 마요네즈에 0.06g/kg 이하 첨가
- 몰식자산 프로필
  - 식용유지, 식용우지, 식용돈지 및 버터류에 0.1g/kg 이하 첨가
- 에리소르빈산, 에리소르빈산나트륨
  - 산화방지 이외의 목적에는 사용 금지
- 비타민C, L-아스코르빈산나트륨, L-아스코르빈산칼슘
  - 사용 제한 없음
- 아스코르빌팔미티이트, 아스코르빌스테아레이트
  - 식용유지(향미유 제외), 식용우지, 식용돈지에 0.5g/kg 이하 첨가
  - 마요네즈에 0.5g/kg 이하 첨가
  - 영·유아용 곡류제조식, 기타 영·유아식에 0.2g/L 이하 첨가
- 이디티에이2나트륨, 이디티에이칼슘2나트륨
  - 통조림 또는 병조림에 0.2g/kg 이하 첨가
  - 드레싱, 소스류, 마가린류에 0.075g/kg 이하 첨가

ⓛ 관능을 만족시키는 것

ⓐ **착색료**: 식품의 조리, 가공 중에 퇴색된 것을 아름답게 착색시켜 기호 면에서 식욕을 촉진시키고 상품 면에서 가치를 높이기 위해 사용하는 식품첨가물이다.

- 천연착색료: 치자적색소, 오징어먹물색소, 적색무색소, 카카오색소, 코치닐추출색소, 적양배추색소, β-카로틴, 캐러멜색소 등
- 인공착색료: 식용색소적색(제2호·제3호·제102호), 식용색소황색(제4호·제5호), 식용색소녹색제3호, 식용색소청색(제1호·제2호), 알루미늄 레이크 등
- **동클로로필, 동클로로필나트륨 및 동클로로필칼륨, 철클로로필린나트륨**
  - 채소류 또는 과실류의 저장품에 0.1g/kg 이하 첨가
  - 다시마(무수물로서)에 0.15g/kg 이하 첨가
  - 추잉검 및 캔디류에 0.05g/kg 이하 첨가

- **삼이산화철**: 바나나(꼭지의 절단면), 곤약에는 사용하나 타 식품에는 사용금지
- **수용성 안티노**: 비엔나소시지에 착색

ⓑ **착향료**: 식품의 냄새를 강화 또는 변화시키거나 좋지 않는 냄새를 없애기 위해 사용하는 식품첨가물이다.
- **천연향료**: 아민계, 지방산 등의 동물성, 에스테르류, 레몬유, 알코올류 등의 식물성, 효모추출물, 차추출물, 천연카페인 등
- **합성향료**: 개미산, 계피산메틸, 초산부틸, 변성호르몬추출물 등

ⓒ **발색제**: 식품 중의 색소와 작용하여 이를 고정시켜 발색시키거나 발색을 촉진시킬 때 사용하는 식품첨가물이다.
- 아질산나트륨, 질산나트륨, 질산칼륨

ⓓ **표백제**: 식품가공이나 제조 시 일반색소 및 발색성 물질을 무색의 화합물로 변화시키고 식품의 보존 중에 일어나는 갈변, 착색 등의 변화를 억제하기 위해 사용하는 식품첨가물이다.
- **종류**: 메타중아황산나트륨, 메타중아황산칼륨, 무수아황산, 산성아황산나트륨, 아황산나트륨, 차아염소산나트륨, 차아황산나트륨

ⓔ **감미료**: 식품의 조리, 가공 시 단맛을 내기 위해 사용하는 식품첨가물이다.
- **사카린나트륨**: 당도가 설탕의 300배이다.
- 글리실리진산2나트륨 및 글리실리진산3나트륨, 감초추출물
  - 당도는 설탕의 200배 정도이다.
  - 된장 및 간장 이외의 식품에는 사용이 금지되어 있다.
  - 감초추출물은 간장, 된장, 과자류 및 청량음료 이외의 식품에 사용하면 안 된다.
- D-소르비톨, D-소르비톨액, D-말티톨, D-말티톨시럽, 이소말트, 자일리톨, 락티톨, 만니톨
  - D-소르비톨 및 그 용액은 당도가 설탕의 약 0.7배이며, 포도당의 환원에 의하여 만들고, 과자류의 습윤조정제, 과일통조림, 비타민C 산화방지제, 냉동품의 탄력과 선도유지 등에 사용된다.
  - D-말티톨은 당도가 설탕의 약 0.8배이다.

ⓕ **조미료**: 식품의 조리 시 맛난 맛을 내기 위해 사용하는 식품첨가물이다.
- **핵산계 조미료**: 5-이노신산2나트륨, 5-구아닐산2나트륨, 5-리보뉴클레오티드2나트륨, 5-시티딜2나트륨, 5-우리딜2나트륨 등
- **아미노산계 조미료**: L-글루타민산, L-글루타민산나트륨, L-글루타민산암모늄, L-알라닌, L-아르기닌, L-시스틴, 글리신, 타우린, 베타인, DL-알라닌 등
- **유기산계 조미료**: 구연산나트륨, DL-사과산나트륨, 호박산, DL-주석사나트륨, 젖산

나트륨 등
- ⓖ **산미료**: 식품의 조리, 가공 시 신맛을 내기 위해 사용하는 식품첨가물이다.
  - **종류**: 구연산, 글루코노-δ-락톤, 빙초산, DL-사과산, 아디핀산, 이산화탄소, 인산, 젖산, DL-주석산, L-주석산, 푸마르산, 호박산, 호박산2나트륨, 이타콘산, 글루콘산 등

ⓒ **품질개량 또는 품질 유지에 사용되는 것**
- ⓐ **피막제**: 과일, 야채의 신선도를 유지하기 위해 사용하는 식품첨가물이다.
  - **종류**: 가교카복시메틸셀룰로스나트륨, 담마검, 몰포린지방산염, 밀납, 석유왁스, 쉘락 등
- ⓑ **밀가루 개량제**: 제분한 밀가루의 표백과 숙성을 위해 사용하며, 제빵 저해 물질을 파괴시키고 장기간 저장중의 품질 변화를 억제하기 위해서도 사용하는 식품첨가물이다.
  - **종류**: 과산화벤조일(희석), 과황산암모늄, L-시스테인염산염, 아조디카르본아미드, 염소, 이산화염소(수)
- ⓒ **품질개량제**: 식품의 품질을 향상시키기 위하여 사용하는 식품첨가물이다.
  - 햄, 소시지 등의 어육연제품을 제조할 때 결착성 및 탄력성을 증대시키고, 조직의 개선 및 식감을 향상시키기 위해 사용된다.
  - 품질개량제는 여러 가지 배합제로 사용되며, 사용기준이 없어 제한을 받지 않는다.
  - **종류**
    - 인산염류: 제1인산나트륨, 제2인산나트륨, 제3인산나트륨 및 제3인산칼륨이 허용된다.
    - 중합인산염류: 메타인산나트륨, 메타인산칼륨, 폴리인산나트륨, 폴리인산칼륨, 피로인산나트륨, 피로인산칼륨, 폴리텍스트로스 등이 허용된다.
- ⓓ **유화제**: 물과 기름처럼 서로 혼합이 잘 되지 않는 2종류의 액체 또는 고체를 액체에 분산시키기 위해 사용하는 식품첨가물이다.
  - **종류**: 대두인지질, 글리세린지방산에스테르, 소르비탄지방산에스테르, 자당지방산에스테르, 프로필렌글리콜지방산에스테르, 폴리소르베이트20, 폴리소르베이트60, 폴리소르베이트65, 폴리보르베이트80, 젖산칼륨용액, 염기성 알루미늄 인산나트륨, 메틸에틸셀룰로오스 등
- ⓔ **증점제**: 식품의 물성, 촉감을 향상시키기 위하여 사용하는 식품첨가물이다.
  - **종류**
    - 천연 증점제: 구아검, 산탄검, 카라기난, 펙틴, 젤란검, 아라비아검, 알긴산, 한천 등
    - 화학 증점제: 폴리아크릴산나트륨, 알긴산프로필렌글리콜, 메틸셀룰로오스, 카르복시메틸셀룰로오스나트륨, 카르복시메틸셀룰로오스칼슘, 카르복시메틸스타치나트륨, 알긴산나트륨, 카제인나트륨, 폴리덱스트로스, 변성전분 등

ⓕ **이형제**: 빵이나 비스킷류 등의 식품제조 시 그 형태를 유지하기 위하여 사용하는 식품첨가물로 유동파라핀이 있다.

ⓖ **품질유지제(습윤제)**: 식품에 습윤성을 가지게 하여 그 식품에 대한 품질의 성질을 유지시키기 위해 사용하는 식품첨가물이다.
- **종류**: 글리세린, D-소비톨, D-소비톨액, 에리스리톨, 트리아세틴, 폴리글리시톨시럽, 폴리텍스트로스, 폴리인산칼륨, 프로필렌글리콜

ⓗ **추출제**: 식품 원료 물질에서 특정 성분 추출에 사용하는 식품첨가물로 헥산 또는 n-헥산이 있다.

ⓘ **용제**: 식품 첨가물을 용해하여 식품에 균일하게 혼합하기 위하여 사용하는 것으로 글리세린이 있다.

ⓙ **소포제**: 식품의 제조과정에서 생기는 필요 없는 거품을 제거할 목적으로 사용하는 식품첨가물이다.
- 우리나라는 현재 규소수지(silicon resin)만 소포제로 사용할 수 있다.

ⓔ 영양강화제 및 기타첨가물

ⓐ **영양강화제**: 원료에 부족한 영양소 또는 가공과정에서 파괴되는 영양소를 보충하기 위해 사용하는 식품첨가물이다.
- **종류**: 비타민, 구연산철, 글루콘산칼슘, 아미노산, 인산철, 무기질, 타우린, 황산망간, 젖산철 등

ⓑ **팽창제**: 빵, 과자 등을 부풀려 모양을 갖추기 위한 목적으로 사용하는 식품첨가물이다.
- **종류**: 메타인산나트륨, 염화암모늄, 탄산나트륨, 탄산수소나트륨, 탄산칼슘, 피로인산나트륨, 황산암모늄, 효모 등

ⓒ **껌기초제**: 껌의 제조에 사용하는 식품첨가물이다.
- **종류**: 검례진, 글리세린지방산에스테르, 로진, 밀납, 석유왁스, 소르비탄지방산에스테르, 에스테르껌, 자당지방산에스테르, 초산비닐수지, 칸델릴라왁스, 탄산칼슘, 폴리부덴, 폴리이소부틸렌 등

③ 식품첨가물의 구비조건
㉠ 인체에 유해한 영향을 미치지 않아야 한다.
㉡ 사용 목적에 따른 효과를 소량으로도 충분히 나타낼 수 있어야 한다.
㉢ 식품의 제조 가공에 필수불가결한 것이어야 한다.
㉣ 식품의 영양가를 유지할 수 있어야 한다.
㉤ 식품에 화학적 변화를 주지 않아야 한다.
㉥ 식품의 화학성분 등에 의해서 그 첨가물을 확인할 수 있어야 한다.

ⓢ 식품의 외관을 좋게 해야 한다.
ⓞ 식품을 소비자에게 이롭게 해야 한다.

④ 식품첨가물 규격기준
- ㉠ 영양강화제인 L- 라이신, 밀가루 처리제인 산성알루미늄인산나트륨, 유화제인 염기성알루미늄 인산나트륨, 감미료인 에리스리톨, 산화방지제인 퀘세틴 등 5품목을 식품첨가물로 신규 지정하였다.
- ㉡ 안전성에 문제가 없는 삭카린나트륨을 김치류와 뻥튀기를 만드는데 사용할 수 있도록 개정하였다.
- ㉢ 5배 이상 희석하여 음용하거나 사용하는 농축과실즙 및 과실류·채소류가 공품에 아황산염류를 사용할 수 있도록 메타중아황산칼륨 등 6품목에 대한 식품첨가물공전상 사용기준을 개정하였다.
- ㉣ 식품공전이 식품유형을 세분화하여 개정함에 따라 이, 디, 티, 에이, 이나트륨 등 2품목에 대한 식품첨가물공전상 사용기준 중 청량음료는 음료류로 용어를 통일하였다.
- ㉤ 식품첨가물의 국제기준과의 조화를 이루기 위해서 미국 등 제외국과 같이 착향의 목적으로 사용할 수 있도록 이소프로필알코올에 대한 공전상 사용기준을 확대하였다.
- ㉥ 다양한 제품 개발을 위해 공전상 아스파탐의 성상은 개정하는 한편, 피틴 산의 확인시험, 순도시험, 정량법을 시험이 용이하고 정밀한 시험법으로 개정하였다.
- ㉦ 알칼리 처리된 젤라틴의 등전점 범위를 국제기준으로 확대 개정하였다.
- ㉧ 다양한 삭카린나트륨제제를 제조할 수 있도록 삭카린나트륨제제중 삭카린 나트륨 함량 규제를 완화하였다.

2. 유해물질

① 중금속
- ㉠ **중금속이란**
  비중이 4 이상인 금속을 통틀어 이르는 말로 중금속이 환경에 배출되면 생물권을 순환하면서 먹이연쇄를 따라 사람에까지 이동해온다.
- ㉡ **중금속의 종류와 특징**
  ⓐ **카드뮴(Cd)**
  - 은백색의 금속으로, 자연 환경에서는 산소, 염소, 황과 같은 원소와 결합하여 여러 가지 화합물 형태로 존재한다.
  - 음식물 섭취로 체내에 흡수된 카드뮴은 피로 들어가 인체 각 장기에서 농축되며, 특히 간장과 신장에 많이 축적된다.
  - 인체에 미치는 영향: 이타이이타이 병을 유발하며, **뼈의 관절부 이상을 초래, 신경, 간

장호흡기, 순환기 계통 질환을 일으킨다.

ⓑ 수은(Hg)
- 수은은 천연으로 널리 분포하고 있으며, 주로 Hgs와 액상의 금속 수은의 형태로 산출된다.
- 수은은 다른 금속과 달리 지방에 침착을 잘한다. 철과 같은 경우는 배출이 되지만 몸의 지방에 쌓이는 수은은 쉽게 배출되지 않는다.
- 인체에 미치는 영향: 치아의 이완, 치은염, 천공성 궤양, 미나마타병, 신경손상 등이 있다.
- 수은중독: 미나마타병은 수은중독으로 인해 발생하는 다양한 신경학적 증상과 징후를 특징으로 하는 증후군으로 미나마타병의 원인은 유기수은이다.

ⓒ 세레늄(Se)
- 세레늄은 1817년 Berzelius에 의해 발견된 유황관동족인 비금속원소이다. 천연의 유황광상이나 황화물은 상당량의 세레늄을 함유한다. 지각 중의 Se함유량은 0.1ppm이다.
- 세레늄의 독성은 정련이나 사용공장에서 세레늄이 피부에 접촉하여 홍반 또는 수포를 동반한 화상, 피부염을 일으키는 외에 눈에는 안검부종, 결막염 등의 장해를 일으킨다.
- 인체에 미치는 영향: 만성독성은 발육억제, 식욕부진, 털이 일어섬, 자발운동 감소와 함께, 간장의 기능장해를 일으키며, 간경변증이나 빈혈증상을 나타낸다. 또한 세레늄 화합물은 발암성, 돌연변이원성 및 염색체이상유발성을 나타낸다.

ⓓ 비소(As)
- 지구상에 자연적으로 널리 분포하고 있는 원소로서 지각에 약 3.4ppm 정도 함유되어 있으며 화학적으로는 금속과 비금속의 성질을 가지고 있다.
- 건강에 대한영향비소는 무미, 무취, 무색의 아비산 형태로 예로부터 독약으로 살인에 사용되었지만, 간장, 근육, 피부, 모발, 손톱, 골등에 장기간에 걸쳐 잔류한다.
- 인체에 미치는 영향: 위궤양, 손, 발바닥의 각화, 비중격천공, 빈혈, 용혈성 작용, 중추신경계 자극증상이 있으며, 뇌증상으로 두통, 권태감, 정신 증상 등이 있다.

ⓔ 크롬(Cr^{6+})
- 은백색의 광택이 나는 단단한 금속 원소로, 염산과 황산에는 녹으나 공기 가운데에서 녹이 슬지 않고 약품에 잘 견디며 도금이나 합금 재료로 널리 쓰인다.
- 영향 인체조직 내에 광범위하게 분포하고 있지만, 성인에서는 폐장에 가장 많으며, 대동맥, 고환, 신장, 췌장, 심장, 간장 순이다.
- 인체에 미치는 영향: 만성피해로는 만성카타르성 비염, 폐기종, 폐부종, 만성기관지암이 있고, 급성피해로는 폐충혈, 기관지염, 폐암 등이 있다.

ⓕ 구리(Cu)
- 구리는 건조한 순수한 공기 중에서는 상온에서 안정되나 CO_2나 SO_2 또는 염분이 함유되 습한 공기 중에는 염기성염을 생성하여 밝은 녹색으로 표면이 덮어 진다.
- **건강에 대한 영향**: Cu는 대표적인 필수미량원소이며, 대부분은 음식이나 물을 통해 경구적으로 섭취된다.
- **인체에 미치는 영향**: 침을 흘리며, 위장 카타르성 빈혈, 혈뇨 등이 생긴다.

ⓖ 아연(Zn)
- 비교적 가벼운 금속으로 융점이 낮으며, 가공성이 좋아 합금으로 널리 사용하고 있다. 또한 알칼리에 쉽게 부식된다.
- 아연은 인간에게 필수적인 원소이다. 해산물, 동물성 식품, 콩류, 곡물 등에 많이 함유. 인체 내 아연 중 약 20%는 피부에 있으므로, 큰 화상을 입었을 때에는 아연결핍증을 일으키는 것으로 알려져 있다.
- **인체에 미치는 영향**: 아연의 결핍은 왜소증, 피의 응고 속도와 상처의 회복 속도감소 등의 문제를 일으킨다.

② 조리 및 가공에서 기인하는 유해물질
  ㉠ 조리 가공에서 기인하는 유해물질
   ⓐ 아크릴아마이드: 고온 또는 식품첨가물질이 원인으로 식품을 가열하게 되면 식품성분이 변화하게 되며, 이런 과정에서 생성된다.
   ⓑ 아크릴아마이드: 전분이 많은 감자와 곡류 등을 높은 온도에서 가열할 때 생성된다. 열처리 온도와 시간이 증가하면 아크릴아마이드 생성량이 증가하는 경향이 있다.
   ⓒ 벤조피렌: 식품을 고온으로 조리하는 과정에서 탄수화물과 지방, 단백질 등이 불완전 연소될 때 만들어진다. 숯불구이와 같이 지방이 함유된 음식이 불꽃과 직접 접촉할 때 가장 많이 생성된다.
   ⓓ 3-MCPD: 단백질이 아미노산으로 분해되는 과정에서 얻어지는 부산물이다. 동물실험 결과 이 물질은 정자의 운동성을 떨어뜨려 생식능력을 저하시키는 것으로 알려져 있다.

4 작업장 위생관리

1. 식품안전관리인증기준(HACCP)

① HACCP에 대하여
  ㉠ HACCP의 정의: 식품의 원재료부터 제조, 가공, 보존, 유통, 조리단계를 거쳐 최종 소비자가 섭취하기 전까지의 각 단계에서 발생할 우려가 있는 위해요소를 규명하고, 이를 중점적으로 관리하기 위한 중요한 관리점을 결정하여 자율적이며, 체계적이고, 효율적인 관리로 식품의 안전성을 확보하기 위한 과학적인 위생관리체계라 할 수 있다.
  ㉡ HACCP시스템의 12절차와 7원칙

절차	내용	원칙
절차1	HACCP팀을 편성한다.	
절차2	제품의 특징을 기술한다.	
절차3	제품의 사용방법을 명확히 한다.	
절차4	제조(조리)공정흐름도, 시설의 도면 및 표준작업서를 작성한다.	
절차5	제조(조리)공정 흐름도를 현장에서 확인한다.	
절차6	위해분석(HA)을 실시한다.	원칙1
절차7	중요관리점(CCP)를 결정한다.	원칙2
절차8	관리기준(허용한계)를 결정한다.	원칙3
절차9	CCP의 관리를 모니터링 하는 방법을 설정한다.	원칙4
절차10	모니터링 결과 CCP가 관리상태의 위반 시 개선조치를 설정한다.	원칙5
절차11	HACCP가 효과적으로 시행되는지를 검증하는 방법을 설정한다.	원칙6
절차12	이들 원칙 및 그 적용에 관한 모든 기법 및 기록에 관한 문서의 작성방법을 설정한다.	원칙7

  ㉢ HACCP의 특징
    ⓐ 사전 예방적 식품안전관리체계
    ⓑ 과학적이고 체계적인 위해 관리체계
    ⓒ 현장에서 자주적으로 적용하는 식품 위생 관리 기법
    ⓓ 원료부터 유통의 전 과정에 대한 체계적 관리
    ⓔ 식품 위생 수준을 향상
    ⓕ 종합적인 위생 관리체계
  ㉣ HACCP 지정 대상 품목
    ⓐ 어묵류와 냉동수산식품 중 어류 및 조미가공품
    ⓑ 배추김치
    ⓒ 빙과류 등 7종은 의무적용 대상 품목 이외의 품목은 자율적으로 적용이 가능

ⓜ HACCP 도입효과
　ⓐ 식품업계 측면

일반적인 효과	• 정부주도형 위생관리에서 벗어나 자율적으로 위생관리를 수행할 수 있는 체계적인 위생관리기법의 확립 • 예상되는 위해 요인을 과학적으로 규명하고 이를 효과적으로 제어함으로써 위생적이고 안전성이 충분히 확보된 식품의 생산, 조리 • 위해가 발생될 수 있는 단계를 사전에 선정하여 집중적으로 관리함으로써 위생관리체계의 효율성을 극대화 • 적용초기에는 시설, 설비 및 집중적 관리를 위한 인력과 소요예산 증대가 예상되나, 장기적으로 소비자의 신뢰, 제품 불량률과 반품, 폐기량 감소 등으로 경제적인 이익의 도모
실질적인 효과	• 만들어진 식품의 안전성이 보증되기 때문에 타사와 경쟁력이 강화 • HACCP도입은 전 종업원의 협력이 필요하게 되므로 조직 전체의 의식 향상기대 • 식품원료의 체계적 관리 및 조리과정, 종업원 개인위생 관리 등으로 식중독 예방 • 과학적으로 뒷받침된 자료에 근거하기 때문에 과거와 같이 경험이나 "감"으로 하는 위생관리보다 안정된 제품의 제조가 가능 • HACCP 적용업소는 지정제품에 마크를 표시할 수 있으며, 그 품목에 대한 광고가 가능하므로 소비자의 선택과 신뢰성이 향상

　ⓑ 소비자 측면
　　• HACCP에 의해 안전하고 위생적으로 생산된 제품을 소비자에게 자신있게 제공
　　• HACCP 마크 표시를 통하여 소비자가 스스로 판단하여 안전한 식품을 선택가능
　ⓒ 정부 측면
　　• 효율적인 식품 감시 활동
　　• 공중보건 향상으로 의료비 절감 효과
　　• 국제 식품 교역이 원활해 질 수 있음

2. 작업장 교차오염발생요소
　① 교차오염
　　오염되어 있던 식재료, 조리기구, 종사자의 손 등을 통하여 오염되지 않고 보관 중이었던 식재료나 미생물 등이 혼입되어 오염되는 것을 말한다.

② 교차오염이 가능한 상황

• 어패류를 손질한 도마·칼로 생으로 섭취할 채소를 손질한 경우 • 익히지 않은 육류, 어패류 등과 조리된 음식을 접촉시킨 경우	완성된 음식에 식중독균이 오염될 가능성이 있다.
• 화장실에 다녀온 후 손을 씻지 않고 음식을 조리한 경우	분변으로부터 대장균에 오염될 가능성이 있다.

③ 교차오염 방지요령
  ㉠ 일반구역과 청결구역을 설정하여 전처리, 조리, 기구 세척 등을 별도의 구역에서 한다.
  ㉡ 칼, 도마 등의 기구나 용기는 용도별(조리 전, 후) 구분하여 각 전용으로 준비하여 사용한다.
  ㉢ 세척 용기(또는 세척대)는 어육류, 채소류를 구분 사용하고, 사용 전·후에 충분히 세척, 소독한 후 사용한다.
  ㉣ 식품 취급 등의 작업은 바닥으로부터 60cm 이상 떨어진 곳에서 실시하여 바닥의 오염된 물이 튀지 않도록 한다.
  ㉤ 전처리 시 사용하는 물은 반드시 먹는 물로 한다.

5 식중독 관리

1. 세균성 및 바이러스성 식중독
① 세균성 식중독
  병원세균이나 그 생성독소가 혼입된 음식물을 섭취하여 발열·구토·복통·설사 등의 중독 증세나 신경계, 그 밖의 전신증상을 일으키는 병을 한다.
② 세균성 식중독의 종류
  ㉠ 감염형 식중독의 종류

장염비브리오 식중독	장염비브리오 식중독은 해수 세균의 일종으로 바닷물이나 일정 지역에서 발견되는 보통 혐기성 균이다. 수온이 낮은 기간에는 연안침전물이나 큰 강어귀에서 지내고 수온이 오르면 조개나 갑각류에서 지낸다.
살모넬라 식중독	살모넬라균은 주로 동물에 분포되어 있으며 그람음성이며 통성 혐기성 균이다. 주 감염원은 고기류, 동물들의 알 그리고 복합 조리식품이다. 고기를 덜 익혀 먹거나 살모넬라균에 감염된 동물들의 알로 빵이나 제과류를 만들 때, 복합 조리식품이 공기 중에 오래 있을 때 이 식중독이 발병하는 원인이 된다.
병원성 대장균 식중독	대장균은 사람이나 동물의 장 속에 서식하는 세균으로 여행자 설사라고도 불려지는 설사를 일으키는 균이다. 보통은 1~5일이면 자연 치유된다.

ⓒ 독소형 식중독의 종류

포도상구균성 식중독	세균의 모양이 포도알 같다고 해서 불려지게 된 포도상구균성 식중독은 음식에 포도상구균이 증식해서 독소를 생산해 음식이 독소에 오염이 된 것을 먹었을 때 발생하는 식중독이다.
웰치균 식중독	웰치균은 원래 기스티저균으로 알려져 있었으며 식중독의 원인 중 꽤 흔한 편에 속하는 균이다. 보통 사람과 동물의 분변, 파리, 흙, 부엌의 쓰레기 등 도처에 널리 알려진 균이다.
클로스트리디움 보툴리눔균 식중독	클로스트리디움 보툴리눔균은 신경독소로 가장 악명이 높으며, 멸균되지 않은 병·통조림에서 생성될 수 있다. 클로스트리디움 보툴리눔균의 독소에 오염된 식품은 육안으로나 냄새로 판별할 수 있다. 독소에 중독되면 현기증, 두통, 신경장애, 호흡곤란이 일어나며, 심한 경우엔 사망할 수 있다.

③ 세균성 식중독의 특징
  ㉠ 2차 감염이 없으며(종말감염), 발병에 다량의 균이 필요하다.
  ㉡ 잠복기가 짧으며, 경과가 대체로 짧다.
  ㉢ 전염성이 거의 없으며, 면역성이 성립되지 않는다.
  ㉣ 감염경로는 음식물의 섭취이다.

④ 세균성 식중독의 예방대책
  ㉠ 식품은 신선한 것만을 사용해야 한다.
  ㉡ 조리에 종사하는 자, 제조, 판매하는 자는 항상 손을 깨끗이 소독한다.
  ㉢ 조리장의 위생유지, 칼, 도마 등의 식기류도 끓는 물로 항상 소독해서 사용해야 한다.
  ㉣ 제조, 판매 등 식품을 취급하는 자는 정기적으로 검변을 실시하여 보균상태를 점검해야 한다.
  ㉤ 손에 화농성 질환이 있는 자나 설사를 하고 있는 자는 조리, 제조 등의 업무에 종사해서는 안 된다.
  ㉥ 쥐나 곤충의 침입을 방지해서 식품으로의 오염을 막아야 한다.
  ㉦ 식품을 노출한 채로 방치하지 말아야 한다.
  ㉧ 식품을 5℃이하의 냉장고에 보존한다.(-20℃의 냉동고에 보관할 경우 세균의 증식은 일어나지 않는다.)
  ㉨ 저온처리 및 보관은 균의 증식을 막는 반면에 식품에 열을 가함으로써 균을 사멸시킬 수 있다.
  ㉩ 많은 식중독 세균이 실온 이상의 온도에서는 매우 빠르게 증식하므로 조리가 끝난 식품은 가능한 빨리 먹는게 좋다.
  ㉪ 식중독 세균의 교차오염방지를 위하여 조리한 식품과 날음식 간의 접촉을 피한다.
  ㉫ 도마는 음식물간의 오염을 매개할 수 있으므로 특별한 주의를 기울여 세제로 잘 씻어야 한다.

2. 자연독 식중독

① 자연독 식중독

자연독이 있는 식품을 섭취하여 일어나는 질환의 총칭으로 생리적으로 유해하거나 유독한 자연독이 사람이 먹는 식품에 섞여 들어가거나 식품으로 오인되어 섭취하여 일어나는 질환을 말한다.

② 자연독 식중독의 종류

분류	원인식품	독성물질
식물성 자연독 식중독	독버섯	무스카린, 무스카리딘
	감자	솔라닌
	목화씨	고시폴
	청매(매실)	아미그달린
	피마자유	리신
	곡류(쌀, 땅콩, 밀, 옥수수, 대두 등)	곰팡이독
동물성 자연독 식중독	복어	테트로도톡신
	조개류(이매패)	마비성조개독, 설사성조개독, 베네루핀

③ 자연독 식중독의 특징

㉠ 식물성 자연독 식중독

ⓐ 독버섯
- 야산에서 독버섯을 식용버섯으로 오인하여 섭취함으로서 심한 중독을 일으키는 경우이다.
- 버섯에 의한 식중독의 증상은 위장장애형(구토, 복통 등), 콜레라형(경련, 혼수, 황달 등), 뇌증형(근육경련 등)으로 구분된다.

ⓑ 감자
- 감자의 발아한 부위나 녹색을 띠는 부분에는 독성을 나타내는 솔라닌이 함유되어 있다.
- 솔라닌은 가열조리에 의해 제거되지 않으므로 발아한 부위나 녹변 부위를 제거하고 먹어야 한다.
- 솔라닌은 섭취한 후 수 시간이 지나면 중독증상을 나타내는데, 복통, 현기증, 위장장애, 의식장애를 일으킨다. 감자는 햇빛을 받으면 쉽게 녹변 하므로 빛을 차단하여 보관한다.

ⓒ 목화씨
- 목화씨를 이용하여 기름을 짜면 기름 속에 고시폴이 존재하므로 매우 위험하다.
- 면실유는 정제를 잘하여 고시폴을 제거하여야 고시폴로부터의 중독을 예방할 수 있다.

ⓓ 청매(매실)
- 미숙한 매실에는 아미그달린이라는 청산 배당체가 들어 있다.

- 아미그달린은 효소에 의해 분해되어 청산을 만들게 되므로 때론 사망에 이르게 할 수 있다.
- 청산 배당체는 미숙한 매실 외에도 행인(살구씨 속 알맹이), 도인(복숭아씨 속 알맹이), 수수, 오색두(버마콩)에도 들어 있다.

ⓔ **피마자유**
- 피마자유에는 리신이라는 알부민의 한 종류가 존재한다.
- 단백질을 이용한 효소형 독성이므로 열처리를 통해 독소를 없앨 수 있다.

ⓕ **곡류(쌀, 땅콩, 밀, 옥수수, 대두 등)**
- 곰팡이독은 농산물의 저장, 유통 중에 곰팡이에 의해 생성되는 유독물질을 말하며, 주로 쌀, 보리, 옥수수, 땅콩, 밀과 같은 곡류에서 발견된다.
- 곰팡이독 중 아플라톡신, 오크라톡신, 제아레논 등은 우리나라의 곡류 및 가공식품 그리고 수입식품 등에서 검출되는 경우가 많다.
- 곰팡이독은 신장장애, 간장장애, 뇌와 중추신경장애, 피부염을 일으키고, 특히 아플라톡신은 간암의 발생과 관계하는 것으로 알려졌다.
- 곰팡이독은 곰팡이와는 달리 씻거나 가열에 의해 제거되지 않고 조리, 가공 후에도 잔류하므로 곰팡이독의 생성 예방을 위한 노력이 필요하다.

ⓒ **동물성 자연독 식중독**

ⓐ **복어**
- 복어는 매우 치명적인 독소인 테트로도톡신을 가지고 있다.
- 복어의 독성은 종류, 부위, 계절에 따라 차이가 있으나, 산란기 직전인 4~6월에 독성이 매우 강하며, 알, 난소, 간, 껍질 등에 함유되어 있다.
- 중독증상은 마비현상으로 입술과 혀끝의 마비, 두통, 복통, 지각마비, 언어장애, 호흡곤란 등이 일어나는데 치사율이 높다.
- 복어 식중독을 예방하기 위해서는 복어독이 많은 부분인 알, 내장, 난소, 간, 껍질 등을 섭취하지 않도록 한다.

ⓑ **조개류(이매패)**
- 일부 조개류에는 다양한 유독물질이 함유되어 있는데, 유독플랑크톤을 섭취·축적하여 유독화 되는데, 독화된 어패류를 섭취함으로서 식중독이 발생한다.
- 조개류의 유독화는 특정지역에서 발생되고 계절적인 영향을 받는다.

④ **자연독 식중독의 예방대책**
ⓐ 유독한 동식물의 감별에 유의하여야 한다.
ⓒ 독이 있는 부위를 제거하여야 한다.

3. 화학적 식중독

① 화학성 식중독

식품의 생산, 가공, 유통과정에서 유독성화학물질에 오염된 식품을 섭취함으로써 중독증상을 일으키는 것으로 세균성 식중독 등에 비해 발생 건수는 적지만 계절에 관계없이 발생하며 때로는 집단적으로 발생하기도 한다.

② 화학성 식중독의 종류
- ㉠ 고의 또는 오용으로 첨가되는 유해물질: 식품첨가물(유해성 감미료, 인공착색료, 보존료, 표백료, 증량제 등)
- ㉡ 본의 아니게 잔류, 혼입되는 유해물질: 잔류농약, 유해성 금속화합물
- ㉢ 제조, 가공, 저장 중에 생성되는 유해물질: 지질의 산화생성물, 니트로스아민
- ㉣ 기타 물질에 의한 중독: 메탄올, 방사능 오염 등
- ㉤ 조리기구, 포장에 의한 중독: 녹청(구리), 납, 비소 등
- ㉥ 환경오염물질에 의한 유해물질: 수은, P.C.B 등
- ㉦ 색·맛이 식품과 비슷하여 식품으로 오인되는 유해물질: 4에틸납, 바륨, 메틸알코올 등

③ 화학성 식중독의 특징
- ㉠ 화학물질에 의한 식중독은 독성물질의 체내흡수가 빠르고 체내분포가 빨라서 중독량에 달하면 특이한 작용에 의한 급성증상이 나타나며 치사량을 초과하면 사망한다.
- ㉡ 원인물질의 흡수가 소량이고 연속적으로 섭취되어 체내에 축적되는 경우 또는 적은 양이 미치는 작용이 누적되는 경우에는 만성중독이 일어나게 된다.

④ 화학성 식중독 증상
- ㉠ 1시간 이내에 구역, 구토, 복통 등의 증상이 나타난다.
- ㉡ 중금속, 구리, 아연, 주석, 카드뮴 등 섭취 후 보통 5내지 15분 사이에 증상이 시작되고 원인물질을 제거하면 보통 2~3시간에 회복된다.

⑤ 화학성 식중독의 예방대책
- ㉠ 식품첨가물은 허가된 제품을 사용하여야 하며 사용기준에 적합하도록 사용하여야 한다.
- ㉡ 식품첨가물의 다른 용도의 화학물질과 구분하여 보관·사용하여야 한다.
- ㉢ 제조과정에서 사용하는 윤활제 등 화학물질은 식품 제조과정 중에 식품에 혼입여부를 항상 확인하여야 한다.
- ㉣ 화학물질에 오염되었거나 오염우려가 있는 용기는 식품의 저장·운반에 절대 사용하여서는 안된다.
- ㉤ 화학물질에 의한 오염을 방지하기 위하여 포장된 제품은 청결한 곳에 보관하여야 한다.
- ㉥ 기준·규격에 적합하지 아니한 용기·포장은 사용하여서는 안 된다.
- ㉦ 부패·변질을 방지하기 위하여 보존기준과 유통기준을 준수하여야 한다.

4. 곰팡이 독소

① 곰팡이 독소

식품이 상해서 생긴 곰팡이가 생산하는 독성물질로서 인간과 동물에 급성이나 만성적인 장해를 일으키는 물질을 말한다.

② 곰팡이 독소의 종류

㉠ 아플라톡신(Aflatoxin)
  ⓐ 아플라톡신은 Aspergillus flavus와 Asp. parasiticus에서 주로 생성되는 곰팡이독소이다.
  ⓑ 옥수수, 땅콩 등을 오염시켜 암을 유발하는 물질로 널리 알려져 있으며, 발생빈도와 독성측면에서 위해도가 매우 높다.

㉡ 오크라톡신(Ochratoxin)
  ⓐ 오크라톡신은 주로 Penicillium verrucosum과 Asp. ochraceus 종에 오염된 콩, 귀리, 보리와 밀 등에서 생성된다.
  ⓑ 그 중 오크라톡신 A는 실험동물에서 신장독성, 면역억제, 발암성 및 기형을 유발한다.

㉢ 파튤린(Patulin)
  ⓐ 파튤린은 Penicillium expansum, Pen. urticae, Pen. patulin, Asp. clavatus, Asp. terreus, Asp. giganteus 등에 의해 생성되는 독소로서 초기 연구에서 Gram 양성 및 음성균에 대한 항생물질로 발견되어 졌으나 이 후에는 동물과 사람에 대해서 독성이 매우 강한 것으로 연구되었다.
  ⓑ 파튤린이 가장 흔히 발견되는 식품은 사과이며 배, 포도와 다른 과일을 포함한 상한 과실류와 상한 과실류로 제조된 쥬스와 과실 가공품에서 발견되고 있다.

㉣ 푸모니신(Fumonisin)
  ⓐ 푸모니신은 주로 Fusarium moniliforme 종이 오염된 옥수수, 밀과 쌀 등에서 생성된다.
  ⓑ 푸모니신에 장기간 노출되면, 식도암의 발생률이 매우 높은 것으로 알려져 있다.

㉤ 제랄레논(Zearalenone)
  ⓐ 밀, 옥수수, 사탕수수와 보리 등이 Fusarium graminearum과 culmorum에 오염되어 생성된다.
  ⓑ 요즘 문제되는 환경호르몬과 유사하게 여성 호르몬인 에스트로젠의 작용을 한다.

③ 곰팡이 독소의 특징

㉠ 곰팡이 독소는 환경 조건이 맞을 때에 왕성하게 생산 분비된다.
㉡ 화학적으로 안정하며, 고온에서도 잘 견디는 특징이 있다.

④ 곰팡이 독소의 예방대책
　㉠ 곰팡이독소의 생성을 억제하거나 제거할 수 있는 가공 기술의 개발이 이뤄져야 한다.
　㉡ 제조 과정 중에 곰팡이독소의 생성을 방지하는 가공 기술을 개발하는 것도 필요하다.
　㉢ 곡물은 곰팡이가 피지 않도록 습기가 차지 않는 서늘한 곳에 보관하고 음식은 깨끗하고 마른 용기에 넣어 밀봉 상태로 보관한다.
　㉣ 곰팡이가 핀 음식은 절대 먹지 않도록 주의해야 한다.

6 식품위생 관계법규

1. 식품위생법 및 관계법규

제1장 총칙

제1조(목적) 이 법은 식품으로 인하여 생기는 위생상의 위해(危害)를 방지하고 식품영양의 질적 향상을 도모하며 식품에 관한 올바른 정보를 제공함으로써 국민 건강의 보호·증진에 이바지함을 목적으로 한다.

제2조(정의) 이 법에서 사용하는 용어

① 식품: 모든 음식물(의약으로 섭취하는 것은 제외한다)을 말한다.

② 식품첨가물: 식품을 제조·가공·조리 또는 보존하는 과정에서 감미(甘味), 착색(着色), 표백(漂白) 또는 산화방지 등을 목적으로 식품에 사용되는 물질을 말한다. 이 경우 기구(器具)·용기·포장을 살균·소독하는 데에 사용되어 간접적으로 식품으로 옮아갈 수 있는 물질을 포함한다.

③ 화학적 합성품: 화학적 수단으로 원소(元素) 또는 화합물에 분해 반응 외의 화학 반응을 일으켜서 얻은 물질을 말한다.

④ 기구: 식품 또는 식품첨가물에 직접 닿는 기계·기구나 그 밖의 물건(농업과 수산업에서 식품을 채취하는 데에 쓰는 기계·기구나 그 밖의 물건 및 「위생용품 관리법」 제2조제1호에 따른 위생용품은 제외한다)을 말한다.
　㉠ 음식을 먹을 때 사용하거나 담는 것
　㉡ 식품 또는 식품첨가물을 채취·제조·가공·조리·저장·소분[(小分): 완제품을 나누어 유통을 목적으로 재포장하는 것을 말한다. 이하 같다]·운반·진열할 때 사용하는 것

⑤ 용기·포장: 식품 또는 식품첨가물을 넣거나 싸는 것으로서 식품 또는 식품첨가물을 주고받을 때 함께 건네는 물품을 말한다.

⑥ 공유주방: 식품의 제조·가공·조리·저장·소분·운반에 필요한 시설 또는 기계·기구 등을 여러 영업자가 함께 사용하거나, 동일한 영업자가 여러 종류의 영업에 사용할 수 있는 시설 또는 기계·기구 등이 갖춰진 장소를 말한다.

⑦ 위해: 식품, 식품첨가물, 기구 또는 용기·포장에 존재하는 위험요소로서 인체의 건강을 해치거나 해칠 우려가 있는 것을 말한다.

⑧ 영업: 식품 또는 식품첨가물을 채취·제조·가공·조리·저장·소분·운반 또는 판매하거나 기구 또는 용기·포장을 제조·운반·판매하는 업(농업과 수산업에 속하는 식품 채취업은 제외한다. 이하 이 호에서 "식품제조업등"이라 한다)을 말한다. 이 경우 공유주방을 운영하는 업과 공유주방에서 식품제조업등을 영위하는 업을 포함한다.

⑨ 영업자: 영업허가를 받은 자나 같은 조 제4항에 따라 영업신고를 한 자 또는 같은 조 제5항에 따라 영업등록을 한 자를 말한다.

⑩ 식품위생: 식품, 식품첨가물, 기구 또는 용기·포장을 대상으로 하는 음식에 관한 위생을 말한다.

⑪ 집단급식소: 영리를 목적으로 하지 아니하면서 특정 다수인에게 계속하여 음식물을 공급하는 다음 각 목의 어느 하나에 해당하는 곳의 급식시설로서 대통령령으로 정하는 시설을 말한다.
  ㉠ 기숙사
  ㉡ 학교, 유치원, 어린이집
  ㉢ 병원
  ㉣ 사회복지시설
  ㉤ 산업체
  ㉥ 공공기관
  ㉦ 그 밖의 후생기관 등

⑫ 식품이력추적관리: 식품을 제조·가공단계부터 판매단계까지 각 단계별로 정보를 기록·관리하여 그 식품의 안전성 등에 문제가 발생할 경우 그 식품을 추적하여 원인을 규명하고 필요한 조치를 할 수 있도록 관리하는 것을 말한다.

⑬ 식중독: 식품 섭취로 인하여 인체에 유해한 미생물 또는 유독물질에 의하여 발생하였거나 발생한 것으로 판단되는 감염성 질환 또는 독소형 질환을 말한다.

⑭ 집단급식소에서의 식단: 급식대상 집단의 영양섭취기준에 따라 음식명, 식재료, 영양성분, 조리방법, 조리인력 등을 고려하여 작성한 급식계획서를 말한다.

제2장 식품과 식품첨가물

① 위해식품등의 판매 등 금지
  ㉠ 누구든지 다음 각 호의 어느 하나에 해당하는 식품등을 판매하거나 판매할 목적으로 채취·제조·수입·가공·사용·조리·저장·소분·운반 또는 진열하여서는 아니 된다.
    1. 썩거나 상하거나 설익어서 인체의 건강을 해칠 우려가 있는 것
    2. 유독·유해물질이 들어 있거나 묻어 있는 것 또는 그러할 염려가 있는 것. 다만, 식품의약품안전처장이 인체의 건강을 해칠 우려가 없다고 인정하는 것은 제외한다.

3. 병을 일으키는 미생물에 오염되었거나 그러할 염려가 있어 인체의 건강을 해칠 우려가 있는 것
4. 불결하거나 다른 물질이 섞이거나 첨가된 것 또는 그 밖의 사유로 인체의 건강을 해칠 우려가 있는 것
5. 안전성 심사 대상인 농·축·수산물 등 가운데 안전성 심사를 받지 아니하였거나 안전성 심사에서 식용으로 부적합하다고 인정된 것
6. 수입이 금지된 것 또는 수입신고를 하지 아니하고 수입한 것
7. 영업자가 아닌 자가 제조·가공·소분한 것

② 병든 동물 고기 등의 판매 등 금지
　㉠ 누구든지 총리령으로 정하는 질병에 걸렸거나 걸렸을 염려가 있는 동물이나 그 질병에 걸려 죽은 동물의 고기·뼈·젖·장기 또는 혈액을 식품으로 판매하거나 판매할 목적으로 채취·수입·가공·사용·조리·저장·소분 또는 운반하거나 진열하여서는 아니 된다.

제3장 기구와 용기·포장

① 유독기구 등의 판매·사용 금지
　㉠ 유독·유해물질이 들어 있거나 묻어 있어 인체의 건강을 해칠 우려가 있는 기구 및 용기·포장과 식품 또는 식품첨가물에 직접 닿으면 해로운 영향을 끼쳐 인체의 건강을 해칠 우려가 있는 기구 및 용기·포장을 판매하거나 판매할 목적으로 제조·수입·저장·운반·진열하거나 영업에 사용하여서는 아니 된다.

② 기구 및 용기·포장에 관한 기준 및 규격
　㉠ 식품의약품안전처장은 국민보건을 위하여 필요한 경우에는 판매하거나 영업에 사용하는 기구 및 용기·포장에 관하여 다음 각 호의 사항을 정하여 고시한다.
　　1. 제조 방법에 관한 기준
　　2. 기구 및 용기·포장과 그 원재료에 관한 규격

③ 기구 및 용기·포장에 사용하는 재생원료에 관한 인정
　㉠ 식품의약품안전처장은 기구 및 용기·포장을 제조할 때 원재료로 사용하기에 적합한 재생원료(이미 사용한 기구 및 용기·포장을 다시 사용할 수 있도록 처리한 원료물질을 말한다. 이하 같다)의 기준을 정하여 고시한다.
　㉡ 기구 및 용기·포장의 원재료로 사용할 재생원료를 제조하려는 자는 해당 재생원료가 ㉠에 따른 기준에 적합한지에 관하여 식품의약품안전처장의 인정을 받아야 한다. 다만, 가열·화학반응 등에 의해 분해·정제·중합하는 등 총리령으로 정하는 공정을 거친 재생원료의 경우에는 그러하지 아니하다.
　㉢ ㉡에 따라 인정을 받으려는 자는 총리령으로 정하는 서류를 첨부하여 식품의약품안전처장에

게 신청하여야 한다.
          ② ㉢에 따라 신청을 받은 식품의약품안전처장은 인정을 신청한 자에게 재생원료의 안전성 확인 등 인정에 필요한 자료를 제출하게 할 수 있다.
          ㉤ 식품의약품안전처장은 ㉢에 따라 인정을 신청한 재생원료가 ㉠에 따른 기준에 적합하면 ㉡에 따라 재생원료에 관한 인정을 하고, 총리령으로 정하는 바에 따라 인정서를 발급하여야 한다.
          ㉥ ㉠부터 ㉤까지에서 규정한 사항 외에 재생원료의 인정 절차, 인정서 발급 절차 등에 필요한 세부사항은 총리령으로 정한다.
     ④ 인정받지 않은 재생원료의 기구 및 용기·포장에의 사용 등 금지
          ㉠ 누구든지 ③의 ㉡에 따른 인정을 받지 아니한 재생원료를 사용한 기구 및 용기·포장을 판매하거나 판매할 목적으로 제조·수입·저장·운반·진열하거나 영업에 사용하여서는 아니 된다.

제4장 표시

① 유전자변형식품등의 표시
     ㉠ 생명공학기술을 활용하여 재배·육성된 농산물·축산물·수산물 등을 원재료로 하여 제조·가공한 식품 또는 식품첨가물(이하 "유전자변형식품등"이라 한다)은 유전자변형식품임을 표시하여야 한다. 다만, 제조·가공 후에 유전자변형 DNA 또는 유전자변형 단백질이 남아 있는 유전자변형식품등에 한정한다
          1. 인위적으로 유전자를 재조합하거나 유전자를 구성하는 핵산을 세포 또는 세포 내 소기관으로 직접 주입하는 기술
          2. 분류학에 따른 과(科)의 범위를 넘는 세포융합기술
② 표시하여야 하는 유전자변형식품등은 표시가 없으면 판매하거나 판매할 목적으로 수입·진열·운반하거나 영업에 사용하여서는 아니 된다. 〈개정 2016. 2. 3.〉

제5장 검사 등

① 위해평가
     ㉠ 식품의약품안전처장은 국내외에서 유해물질이 함유된 것으로 알려지는 등 위해의 우려가 제기되는 식품 등이 제4조 또는 제8조에 따른 식품 등에 해당한다고 의심되는 경우에는 그 식품 등의 위해요소를 신속히 평가하여 그것이 위해식품 등인지를 결정하여야 한다.
② 식품의약품안전처장은 ①에 따른 위해평가가 끝나기 전까지 국민건강을 위하여 예방조치가 필요한 식품등에 대하여는 판매하거나 판매할 목적으로 채취·제조·수입·가공·사용·조리·저장·소분·운반 또는 진열하는 것을 일시적으로 금지할 수 있다. 다만, 국민건강에 급박한 위해가 발생하였거나 발생할 우려가 있다고 식품의약품안전처장이 인정하는 경우에는 그 금지조치를 하여야 한다.

제6장 영업
① 시설기준
　㉠ 다음의 영업을 하려는 자는 총리령으로 정하는 시설기준에 맞는 시설을 갖추어야 한다.
　　1. 식품 또는 식품첨가물의 제조업, 가공업, 운반업, 판매업 및 보존업
　　2. 기구 또는 용기·포장의 제조업
　　3. 식품접객업
　　4. 공유주방 운영업
　㉡ ㉠에 따른 시설은 영업을 하려는 자별로 구분되어야 한다. 다만, 공유주방을 운영하는 경우에는 그러하지 아니하다.
　㉢ ㉠ 각 호에 따른 영업의 세부 종류와 그 범위는 대통령령으로 정한다.
② 영업 승계
　㉠ 영업자가 영업을 양도하거나 사망한 경우 또는 법인이 합병한 경우에는 그 양수인·상속인 또는 합병 후 존속하는 법인이나 합병에 따라 설립되는 법인은 그 영업자의 지위를 승계한다.
③ 건강진단
　㉠ 총리령으로 정하는 영업자 및 그 종업원은 건강진단을 받아야 한다. 다만, 다른 법령에 따라 같은 내용의 건강진단을 받는 경우에는 이 법에 따른 건강진단을 받은 것으로 본다.
　㉡ ㉠에 따라 건강진단을 받은 결과 타인에게 위해를 끼칠 우려가 있는 질병이 있다고 인정된 자는 그 영업에 종사하지 못한다.
　㉢ 영업자는 ㉠을 위반하여 건강진단을 받지 아니한 자나 제2항에 따른 건강진단 결과 타인에게 위해를 끼칠 우려가 있는 질병이 있는 자를 그 영업에 종사시키지 못한다.
　㉣ ㉠에 따른 건강진단의 실시방법 등과 ㉡ 및 ㉢에 따른 타인에게 위해를 끼칠 우려가 있는 질병의 종류는 총리령으로 정한다.

제7장 조리사 등
① 조리사
　㉠ 집단급식소 운영자와 대통령령으로 정하는 식품접객업자는 조리사(調理士)를 두어야 한다. 다만, 다음 각 호의 어느 하나에 해당하는 경우에는 조리사를 두지 아니하여도 된다.
　　1. 집단급식소 운영자 또는 식품접객영업자 자신이 조리사로서 직접 음식물을 조리하는 경우
　　2. 1회 급식인원 100명 미만의 산업체인 경우
　　3. 영양사가 조리사의 면허를 받은 경우
　㉡ 집단급식소에 근무하는 조리사는 다음 각 호의 직무를 수행한다.
　　1. 집단급식소에서의 식단에 따른 조리업무[식재료의 전(前)처리에서부터 조리, 배식 등의 전 과정을 말한다]

2. 구매식품의 검수 지원

3. 급식설비 및 기구의 위생·안전 실무

4. 그 밖에 조리실무에 관한 사항

② 영양사

㉠ 집단급식소 운영자는 영양사(營養士)를 두어야 한다. 다만, 다음 각 호의 어느 하나에 해당하는 경우에는 영양사를 두지 아니하여도 된다.

1. 집단급식소 운영자 자신이 영양사로서 직접 영양 지도를 하는 경우

2. 1회 급식인원 100명 미만의 산업체인 경우

3. 조리사가 영양사의 면허를 받은 경우

㉡ 집단급식소에 근무하는 영양사는 다음 각 호의 직무를 수행한다.

1. 집단급식소에서의 식단 작성, 검식(檢食) 및 배식관리

2. 구매식품의 검수(檢受) 및 관리

3. 급식시설의 위생적 관리

4. 집단급식소의 운영일지 작성

5. 종업원에 대한 영양 지도 및 식품위생교육

제8장 식품위생심의위원회

① 식품위생심의위원회의 설치 등

㉠ 식품의약품안전처장의 자문에 응하여 다음 각 호의 사항을 조사·심의하기 위하여 식품의약품안전처에 식품위생심의위원회를 둔다.

1. 식중독 방지에 관한 사항

2. 농약·중금속 등 유독·유해물질 잔류 허용 기준에 관한 사항

3. 식품등의 기준과 규격에 관한 사항

4. 그 밖에 식품위생에 관한 중요 사항

② 심의위원회의 조직과 운영

㉠ 심의위원회는 위원장 1명과 부위원장 2명을 포함한 100명 이내의 위원으로 구성한다.

제9장 식품위생단체 등

① 동업자조합

㉠ 설립

ⓐ 영업자는 영업의 발전과 국민 건강의 보호·증진을 위하여 대통령령으로 정하는 영업 또는 식품의 종류별로 동업자조합(이하 "조합"이라 한다)을 설립할 수 있다.

ⓑ 조합은 법인으로 한다.

ⓒ 조합을 설립하려는 경우에는 대통령령으로 정하는 바에 따라 조합원 자격이 있는 자 10분의 1(20명을 초과하면 20명으로 한다) 이상의 발기인이 정관을 작성하여 식품의약품안전처장의 설립인가를 받아야 한다.

ⓓ 식품의약품안전처장은 제3항에 따라 설립인가의 신청을 받은 날부터 30일 이내에 설립인가 여부를 신청인에게 통지하여야 한다.

ⓔ 식품의약품안전처장이 ⓓ에서 정한 기간 내에 인가 여부 또는 민원 처리 관련 법령에 따른 처리기간의 연장을 신청인에게 통지하지 아니하면 그 기간(민원 처리 관련 법령에 따라 처리기간이 연장 또는 재연장된 경우에는 해당 처리기간을 말한다)이 끝난 날의 다음 날에 인가를 한 것으로 본다.

ⓕ 조합은 ⓒ에 따른 설립인가를 받는 날 또는 제5항에 따라 설립인가를 한 것으로 보는 날에 성립된다.

ⓖ 조합은 정관으로 정하는 바에 따라 하부조직을 둘 수 있다.

ⓛ 조합의 사업(조합은 다음 각 호의 사업을 한다.)

1. 영업의 건전한 발전과 조합원 공동의 이익을 위한 사업
2. 조합원의 영업시설 개선에 관한 지도
3. 조합원을 위한 경영지도
4. 조합원과 그 종업원을 위한 교육훈련
5. 조합원과 그 종업원의 복지증진을 위한 사업
6. 식품의약품안전처장이 위탁하는 조사·연구 사업
7. 조합원의 생활안정과 복지증진을 위한 공제사업

ⓗ 제1호부터 제5호까지에 규정된 사업의 부대사업

② 식품산업협회

㉠ 설립

ⓐ 식품산업의 발전과 식품위생의 향상을 위하여 한국식품산업협회(이하 "협회"라 한다)를 설립한다.

ⓑ 설립되는 협회는 법인으로 한다.

ⓒ 협회의 회원이 될 수 있는 자는 영업자 중 식품 또는 식품첨가물을 제조·가공·운반·판매·보존하는 자 및 그 밖에 식품 관련 산업을 운영하는 자로 한다.

ⓓ 협회에 관하여 이 법에서 규정하지 아니한 것에 대하여는 「민법」 중 사단법인에 관한 규정을 준용한다.

㉡ 협회의 사업(협회는 다음 각 호의 사업을 한다.)

1. 식품산업에 관한 조사·연구
2. 식품 및 식품첨가물과 그 원재료에 대한 시험·검사 업무

3. 식품위생과 관련한 교육

4. 영업자 중 식품이나 식품첨가물을 제조·가공·운반·판매 및 보존하는 자의 영업시설 개선에 관한 지도

5. 회원을 위한 경영지도

6. 식품안전과 식품산업 진흥 및 지원·육성에 관한 사업

7. 제1호부터 제5호까지에 규정된 사업의 부대사업

③ 식품안전정보원

㉠ 식품안전정보원의 설립

ⓐ 식품의약품안전처장의 위탁을 받아 식품이력추적관리 등록기준 등에 따른 식품이력추적관리업무와 식품안전에 관한 업무 중 정보원의 사업 각 호에 관한 업무를 효율적으로 수행하기 위하여 식품안전정보원(이하 "정보원"이라 한다)를 둔다.

ⓑ 정보원은 법인으로 한다.

ⓒ 정보원의 정관에는 다음 각 호의 사항을 기재하여야 한다.

1. 목적
2. 명칭
3. 주된 사무소가 있는 곳
4. 자산에 관한 사항
5. 임원 및 직원에 관한 사항
6. 이사회의 운영
7. 사업범위 및 내용과 그 집행
8. 회계
9. 공고의 방법
10. 정관의 변경
11. 그 밖에 정보원의 운영에 관한 중요 사항

ⓓ 정보원이 정관의 기재사항을 변경하려는 경우에는 식품의약품안전처장의 인가를 받아야 한다.

ⓔ 정보원에 관하여 이 법에서 규정된 것 외에는 「민법」 중 재단법인에 관한 규정을 준용한다.

㉡ 정보원의 사업

ⓐ 정보원은 다음 각 호의 사업을 한다.

1. 국내외 식품안전정보의 수집·분석·정보제공 등

1의2. 식품안전정책 수립을 지원하기 위한 조사·연구 등

2. 식품안전정보의 수집·분석 및 식품이력추적관리 등을 위한 정보시스템의 구축·운영 등

3. 식품이력추적관리의 등록·관리 등

             4. 식품이력추적관리에 관한 교육 및 홍보
             5. 식품사고가 발생한 때 사고의 신속한 원인규명과 해당 식품의 회수·폐기 등을 위한 정보제공
             6. 식품위해정보의 공동활용 및 대응을 위한 기관·단체·소비자단체 등과의 협력 네트워크 구축·운영
             7. 소비자 식품안전 관련 신고의 안내·접수·상담 등을 위한 지원
             8. 그 밖에 식품안전정보 및 식품이력추적관리에 관한 사항으로서 식품의약품안전처장이 정하는 사업
          ⓑ 식품의약품안전처장은 정보원의 설립·운영 등에 필요한 비용을 지원할 수 있다.
    ④ 건강 위해가능 영양성분 관리
       ㉠ 건강 위해가능 영양성분 관리
          ⓐ 국가 및 지방자치단체는 식품의 나트륨, 당류, 트랜스지방 등 영양성분(이하 "건강 위해가능 영양성분"이라 한다)의 과잉섭취로 인하여 국민 건강에 발생할 수 있는 위해를 예방하기 위하여 노력하여야 한다.
          ⓑ 식품의약품안전처장은 관계 중앙행정기관의 장과 협의하여 건강 위해가능 영양성분 관리기술의 개발·보급, 적정섭취를 위한 실천방법의 교육·홍보 등을 실시하여야 한다.
          ⓒ 건강 위해가능 영양성분의 종류는 대통령령으로 정한다.
       ㉡ 건강 위해가능 영양성분 관리 주관기관 설립·지정
          ⓐ 식품의약품안전처장은 건강 위해가능 영양성분 관리를 위하여 다음 각 호의 사업을 주관하여 수행할 기관(이하 "주관기관"이라 한다)을 설립하거나 건강 위해가능 영양성분 관리와 관련된 사업을 하는 기관·단체 또는 법인을 주관기관으로 지정할 수 있다.
             1. 건강 위해가능 영양성분 적정섭취 실천방법 교육·홍보 및 국민 참여 유도
             2. 건강 위해가능 영양성분 함량 모니터링 및 정보제공
             3. 건강 위해가능 영양성분을 줄인 급식과 외식, 가공식품 생산 및 구매 활성화
             4. 건강 위해가능 영양성분 관리 실천사업장 운영 지원
             5. 그 밖에 식품의약품안전처장이 필요하다고 인정하는 건강 위해가능 영양성분 관리사업
          ⓑ 식품의약품안전처장은 주관기관에 대하여 예산의 범위에서 설립·운영 및 제1항 각 호의 사업을 수행하는 데 필요한 경비의 전부 또는 일부를 지원할 수 있다.
          ⓒ ⓐ에 따라 설립되는 주관기관은 법인으로 한다.
          ⓓ ⓐ에 따라 설립되는 주관기관에 관하여 이 법에서 규정된 것을 제외하고는 「민법」 중 재단법인에 관한 규정을 준용한다.
          ⓔ 식품의약품안전처장은 ⓐ에 따라 지정된 주관기관이 다음 각 호의 어느 하나에 해당하는 경우 지정을 취소할 수 있다. 다만, 제1호에 해당하는 경우에는 지정을 취소하여야 한다.

    1. 거짓이나 그 밖의 부정한 방법으로 지정을 받은 경우
    2. 제6항에 따른 지정기준에 적합하지 아니하게 된 경우
  ⓕ 주관기관의 설립, 지정 및 지정 취소의 기준·절차 등에 필요한 사항은 대통령령으로 정한다.

2. 농수산물의 원산지 표시 등에 관한 법률

제1장 총칙

① 목적
  ㉠ 이 법은 농산물·수산물과 그 가공품 등에 대하여 적정하고 합리적인 원산지 표시와 유통이력 관리를 하도록 함으로써 공정한 거래를 유도하고 소비자의 알권리를 보장하여 생산자와 소비자를 보호하는 것을 목적으로 한다.
    ⓐ 농산물: 농산물을 말한다.
    ⓑ 수산물: 어업활동 및 같은 호 마목에 따른 양식업활동으로부터 생산되는 산물을 말한다.
    ⓒ 농수산물: 농산물과 수산물을 말한다.
    ⓓ 원산지: 농산물이나 수산물이 생산·채취·포획된 국가·지역이나 해역을 말한다.
    ⓔ 유통이력: 수입 농산물 및 농산물 가공품에 대한 수입 이후부터 소비자 판매 이전까지의 유통단계별 거래명세를 말하며, 그 구체적인 범위는 농림축산식품부령으로 정한다.
    ⓕ 식품접객업: 식품접객업을 말한다.
    ⓖ 집단급식소: 집단급식소를 말한다.
    ⓗ 통신판매: 통신판매(같은 법 제2조제1호의 전자상거래로 판매되는 경우를 포함한다. 이하 같다) 중 대통령령으로 정하는 판매를 말한다.
    ⓘ 이 법에서 사용하는 용어의 뜻은 이 법에 특별한 규정이 있는 것을 제외하고는 「농수산물 품질관리법」, 「식품위생법」, 「대외무역법」이나 「축산물 위생관리법」에서 정하는 바에 따른다.

제2장 농수산물 및 농수산물 가공품의 원산지 표시 등

① 원산지 표시
  ㉠ 대통령령으로 정하는 농수산물 또는 그 가공품을 수입하는 자, 생산·가공하여 출하하거나 판매(통신판매를 포함한다. 이하 같다)하는 자 또는 판매할 목적으로 보관·진열하는 자는 다음 각 호에 대하여 원산지를 표시하여야 한다.
    1. 농수산물
    2. 농수산물 가공품(국내에서 가공한 가공품은 제외한다)
    3. 농수산물 가공품(국내에서 가공한 가공품에 한정한다)의 원료
  ㉡ 식품접객업 및 집단급식소 중 대통령령으로 정하는 영업소나 집단급식소를 설치·운영하는

자는 다음 각 호의 어느 하나에 해당하는 경우에 그 농수산물이나 그 가공품의 원료에 대하여 원산지(쇠고기는 식육의 종류를 포함한다. 이하 같다)를 표시하여야 한다. 다만, 「식품산업진흥법」 제22조의2 또는 「수산식품산업의 육성 및 지원에 관한 법률」 제30조에 따른 원산지인증의 표시를 한 경우에는 원산지를 표시한 것으로 보며, 쇠고기의 경우에는 식육의 종류를 별도로 표시하여야 한다.

1. 대통령령으로 정하는 농수산물이나 그 가공품을 조리하여 판매·제공(배달을 통한 판매·제공을 포함한다)하는 경우
2. 제1호에 따른 농수산물이나 그 가공품을 조리하여 판매·제공할 목적으로 보관하거나 진열하는 경우

② 거짓 표시 등의 금지

㉠ 누구든지 다음 각 호의 행위를 하여서는 아니 된다.
1. 원산지 표시를 거짓으로 하거나 이를 혼동하게 할 우려가 있는 표시를 하는 행위
2. 원산지 표시를 혼동하게 할 목적으로 그 표시를 손상·변경하는 행위
3. 원산지를 위장하여 판매하거나, 원산지 표시를 한 농수산물이나 그 가공품에 다른 농수산물이나 가공품을 혼합하여 판매하거나 판매할 목적으로 보관이나 진열하는 행위

㉡ 농수산물이나 그 가공품을 조리하여 판매·제공하는 자는 다음 각 호의 행위를 하여서는 아니 된다.
1. 원산지 표시를 거짓으로 하거나 이를 혼동하게 할 우려가 있는 표시를 하는 행위
2. 원산지를 위장하여 조리·판매·제공하거나, 조리하여 판매·제공할 목적으로 농수산물이나 그 가공품의 원산지 표시를 손상·변경하여 보관·진열하는 행위
3. 원산지 표시를 한 농수산물이나 그 가공품에 원산지가 다른 동일 농수산물이나 그 가공품을 혼합하여 조리·판매·제공하는 행위

③ 과징금

㉠ 농림축산식품부장관, 해양수산부장관, 관세청장, 특별시장·광역시장·특별자치시장·도지사·특별자치도지사(이하 "시·도지사"라 한다) 또는 시장·군수·구청장(자치구의 구청장을 말한다. 이하 같다)은 거짓 표시 등의 금지 ㉠ 또는 ㉡을 2년 이내에 2회 이상 위반한 자에게 그 위반금액의 5배 이하에 해당하는 금액을 과징금으로 부과·징수할 수 있다. 이 경우 제6조제1항을 위반한 횟수와 같은 조 제2항을 위반한 횟수는 합산한다.

㉡ ㉠에 따른 위반금액은 제6조제1항 또는 제2항을 위반한 농수산물이나 그 가공품의 판매금액으로서 각 위반행위별 판매금액을 모두 더한 금액을 말한다. 다만, 통관단계의 위반금액은 거짓 표시 등의 금지 ㉠을 위반한 농수산물이나 그 가공품의 수입 신고 금액으로서 각 위반행위별 수입 신고 금액을 모두 더한 금액을 말한다.

㉢ ㉠에 따른 과징금 부과·징수의 세부기준, 절차, 그 밖에 필요한 사항은 대통령령으로 정한다.

④ 원산지 표시 등의 조사
  ㉠ 농림축산식품부장관, 해양수산부장관, 관세청장, 시·도지사 또는 시장·군수·구청장은 원산지의 표시 여부·표시사항과 표시방법 등의 적정성을 확인하기 위하여 대통령령으로 정하는 바에 따라 관계 공무원으로 하여금 원산지 표시대상 농수산물이나 그 가공품을 수거하거나 조사하게 하여야 한다. 이 경우 관세청장의 수거 또는 조사 업무는 원산지 표시 대상 중 수입하는 농수산물이나 농수산물 가공품(국내에서 가공한 가공품은 제외한다)에 한정한다.
  ㉡ ㉠에 따른 조사 시 필요한 경우 해당 영업장, 보관창고, 사무실 등에 출입하여 농수산물이나 그 가공품 등에 대하여 확인·조사 등을 할 수 있으며 영업과 관련된 장부나 서류의 열람을 할 수 있다.
  ㉢ ㉠이나 ㉡에 따른 수거·조사·열람을 하는 때에는 원산지의 표시대상 농수산물이나 그 가공품을 판매하거나 가공하는 자 또는 조리하여 판매·제공하는 자는 정당한 사유 없이 이를 거부·방해하거나 기피하여서는 아니 된다.
  ㉣ ㉠이나 ㉡에 따른 수거 또는 조사를 하는 관계 공무원은 그 권한을 표시하는 증표를 지니고 이를 관계인에게 내보여야 하며, 출입 시 성명·출입시간·출입목적 등이 표시된 문서를 관계인에게 교부하여야 한다.
  ㉤ 농림축산식품부장관, 해양수산부장관, 관세청장이나 시·도지사는 ㉠에 따른 수거·조사를 하는 경우 업종, 규모, 거래 품목 및 거래 형태 등을 고려하여 매년 인력·재원 운영계획을 포함한 자체 계획(이하 이 조에서 "자체 계획"이라 한다)을 수립한 후 그에 따라 실시하여야 한다.
  ㉥ 농림축산식품부장관, 해양수산부장관, 관세청장이나 시·도지사는 ㉠에 따른 수거·조사를 실시한 경우 다음 각 호의 사항에 대하여 평가를 실시하여야 하며 그 결과를 자체 계획에 반영하여야 한다.
    1. 자체 계획에 따른 추진 실적
    2. 그 밖에 원산지 표시 등의 조사와 관련하여 평가가 필요한 사항
⑤ 농수산물의 원산지 표시에 관한 정보제공
  ㉠ 농림축산식품부장관 또는 해양수산부장관은 농수산물의 원산지 표시와 관련된 정보 중 방사성물질이 유출된 국가 또는 지역 등 국민이 알아야 할 필요가 있다고 인정되는 정보에 대하여는 「공공기관의 정보공개에 관한 법률」에서 허용하는 범위에서 이를 국민에게 제공하도록 노력하여야 한다.
  ㉡ ㉠에 따라 정보를 제공하는 경우 농수산물의 원산지 표시의 심의에 따른 심의회의 심의를 거칠 수 있다.
  ㉢ 농림축산식품부장관 또는 해양수산부장관은 ㉠에 따라 국민에게 정보를 제공하고자 하는 경우 「농수산물 품질관리법」 제103조에 따른 농수산물안전정보시스템을 이용할 수 있다

제3장 수입 농산물 및 농산물 가공품의 유통이력 관리
① 수입 농산물 등의 유통이력 관리)
  ㉠ 농산물 및 농산물 가공품(이하 "농산물등"이라 한다)을 수입하는 자와 수입 농산물등을 거래하는 자(소비자에 대한 판매를 주된 영업으로 하는 사업자는 제외한다)는 공정거래 또는 국민보건을 해칠 우려가 있는 것으로서 농림축산식품부장관이 지정하여 고시하는 농산물등(이하 "유통이력관리수입농산물등"이라 한다)에 대한 유통이력을 농림축산식품부장관에게 신고하여야 한다.
  ㉡ ㉠에 따른 유통이력 신고의무가 있는 자(이하 "유통이력신고의무자"라 한다)는 유통이력을 장부에 기록(전자적 기록방식을 포함한다)하고, 그 자료를 거래일부터 1년간 보관하여야 한다.
  ㉢ 유통이력신고의무자가 유통이력관리수입농산물등을 양도하는 경우에는 이를 양수하는 자에게 ㉠에 따른 유통이력 신고의무가 있음을 농림축산식품부령으로 정하는 바에 따라 알려주어야 한다.
  ㉣ 농림축산식품부장관은 유통이력관리수입농산물등을 지정하거나 유통이력의 범위 등을 정하는 경우에는 수입 농산물등을 국내 농산물등에 비하여 부당하게 차별하여서는 아니 되며, 이를 이행하는 유통이력신고의무자의 부담이 최소화되도록 하여야 한다.
  ㉤ ㉠부터 ㉣까지에서 규정한 사항 외에 유통이력 신고의 절차 등에 관하여 필요한 사항은 농림축산식품부령으로 정한다.

3. 식품 등의 표시 · 광고에 관한 법령
① 목적
  ㉠ 이 법은 식품 등에 대하여 올바른 표시 · 광고를 하도록 하여 소비자의 알 권리를 보장하고 건전한 거래질서를 확립함으로써 소비자 보호에 이바지함을 목적으로 한다.
② 정의
  ㉠ 이 법에서 사용하는 용어의 뜻은 다음과 같다.
    1. 식품:「식품위생법」제2조제1호에 따른 식품(해외에서 국내로 수입되는 식품을 포함한다)을 말한다.
    2. 식품첨가물:「식품위생법」제2조제2호에 따른 식품첨가물(해외에서 국내로 수입되는 식품첨가물을 포함한다)을 말한다.
    3. 기구:「식품위생법」제2조제4호에 따른 기구(해외에서 국내로 수입되는 기구를 포함한다)를 말한다.
    4. 용기 · 포장:「식품위생법」제2조제5호에 따른 용기 · 포장(해외에서 국내로 수입되는 용기 · 포장을 포함한다)을 말한다.
    5. 건강기능식품:「건강기능식품에 관한 법률」제3조제1호에 따른 건강기능식품(해외에서 국

내로 수입되는 건강기능식품을 포함한다)을 말한다.
6. 축산물:「축산물 위생관리법」제2조제2호에 따른 축산물(해외에서 국내로 수입되는 축산물을 포함한다)을 말한다.
7. 표시: 식품, 식품첨가물, 기구, 용기·포장, 건강기능식품, 축산물(이하 "식품등"이라 한다) 및 이를 넣거나 싸는 것(그 안에 첨부되는 종이 등을 포함한다)에 적는 문자·숫자 또는 도형을 말한다.
8. 영양표시: 식품, 식품첨가물, 건강기능식품, 축산물에 들어있는 영양성분의 양 등 영양에 관한 정보를 표시하는 것을 말한다.
9. 나트륨 함량 비교 표시: 식품의 나트륨 함량을 동일하거나 유사한 유형의 식품의 나트륨 함량과 비교하여 소비자가 알아보기 쉽게 색상과 모양을 이용하여 표시하는 것을 말한다.
10. 광고: 라디오·텔레비전·신문·잡지·인터넷·인쇄물·간판 또는 그 밖의 매체를 통하여 음성·음향·영상 등의 방법으로 식품등에 관한 정보를 나타내거나 알리는 행위를 말한다.
11. 영업자: 다음 각 목의 어느 하나에 해당하는 자를 말한다.
    가. 「건강기능식품에 관한 법률」 제5조에 따라 허가를 받은 자 또는 같은 법 제6조에 따라 신고를 한 자
    나. 「식품위생법」 제37조제1항에 따라 허가를 받은 자 또는 같은 조 제4항에 따라 신고하거나 같은 조 제5항에 따라 등록을 한 자
    다. 「축산물 위생관리법」 제22조에 따라 허가를 받은 자 또는 같은 법 제24조에 따라 신고를 한 자
    라. 「수입식품안전관리 특별법」 제15조제1항에 따라 영업등록을 한 자
12. 소비기한: 식품 등에 표시된 보관방법을 준수할 경우 섭취하여도 안전에 이상이 없는 기한을 말한다.

③ 표시의 기준
  ㉠ 식품 등에는 다음 각 호의 구분에 따른 사항을 표시하여야 한다. 다만, 총리령으로 정하는 경우에는 그 일부만을 표시할 수 있다.
    1. 식품, 식품첨가물 또는 축산물
        가. 제품명, 내용량 및 원재료명
        나. 영업소 명칭 및 소재지
        다. 소비자 안전을 위한 주의사항
        라. 제조연월일, 소비기한 또는 품질유지기한
        마. 그 밖에 소비자에게 해당 식품, 식품첨가물 또는 축산물에 관한 정보를 제공하기 위하여 필요한 사항으로서 총리령으로 정하는 사항
    2. 기구 또는 용기·포장

　　　　가. 재질
　　　　나. 영업소 명칭 및 소재지
　　　　다. 소비자 안전을 위한 주의사항
　　　　라. 그 밖에 소비자에게 해당 기구 또는 용기·포장에 관한 정보를 제공하기 위하여 필요한 사항으로서 총리령으로 정하는 사항
　　　3. 건강기능식품
　　　　가. 제품명, 내용량 및 원료명
　　　　나. 영업소 명칭 및 소재지
　　　　다. 소비기한 및 보관방법
　　　　라. 섭취량, 섭취방법 및 섭취 시 주의사항
　　　　마. 건강기능식품이라는 문자 또는 건강기능식품임을 나타내는 도안
　　　　바. 질병의 예방 및 치료를 위한 의약품이 아니라는 내용의 표현
　　　　사. 「건강기능식품에 관한 법률」 제3조제2호에 따른 기능성에 관한 정보 및 원료 중에 해당 기능성을 나타내는 성분 등의 함유량
　　　　아. 그 밖에 소비자에게 해당 건강기능식품에 관한 정보를 제공하기 위하여 필요한 사항으로서 총리령으로 정하는 사항
　　ⓒ 제1항에 따른 표시의무자, 표시사항 및 글씨크기·표시장소 등 표시방법에 관하여는 총리령으로 정한다.
　　ⓒ 제1항에 따른 표시가 없거나 제2항에 따른 표시방법을 위반한 식품등은 판매하거나 판매할 목적으로 제조·가공·소분[(小分): 완제품을 나누어 유통을 목적으로 재포장하는 것을 말한다. 이하 같다]·수입·포장·보관·진열 또는 운반하거나 영업에 사용해서는 아니 된다.
④ 영양표시
　　㉠ 식품 등(기구 및 용기·포장은 제외한다. 이하 이 조에서 같다)을 제조·가공·소분하거나 수입하는 자는 총리령으로 정하는 식품등에 영양표시를 하여야 한다.
　　ⓒ ㉠에 따른 영양성분 및 표시방법 등에 관하여 필요한 사항은 총리령으로 정한다.
　　ⓒ ㉠에 따른 영양표시가 없거나 제2항에 따른 표시방법을 위반한 식품 등은 판매하거나 판매할 목적으로 제조·가공·소분·수입·포장·보관·진열 또는 운반하거나 영업에 사용해서는 아니 된다.
⑤ 나트륨 함량 비교 표시
　　㉠ 식품을 제조·가공·소분하거나 수입하는 자는 총리령으로 정하는 식품에 나트륨 함량 비교 표시를 하여야 한다.
　　ⓒ ㉠에 따른 나트륨 함량 비교 표시의 기준 및 표시방법 등에 관하여 필요한 사항은 총리령으로 정한다.

ⓒ ㉠에 따른 나트륨 함량 비교 표시가 없거나 ㉡에 따른 표시방법을 위반한 식품은 판매하거나 판매할 목적으로 제조·가공·소분·수입·포장·보관·진열 또는 운반하거나 영업에 사용해서는 아니 된다.

⑥ 광고의 기준
ㄱ 식품 등을 광고할 때에는 제품명 및 업소명을 포함시켜야 한다.
ㄴ ㉠에서 정한 사항 외에 식품 등을 광고할 때 준수하여야 할 사항은 총리령으로 정한다.

⑦ 부당한 표시 또는 광고행위의 금지
ㄱ 누구든지 식품 등의 명칭·제조방법·성분 등 대통령령으로 정하는 사항에 관하여 다음 각 호의 어느 하나에 해당하는 표시 또는 광고를 하여서는 아니 된다.
  1. 질병의 예방·치료에 효능이 있는 것으로 인식할 우려가 있는 표시 또는 광고
  2. 식품 등을 의약품으로 인식할 우려가 있는 표시 또는 광고
  3. 건강기능식품이 아닌 것을 건강기능식품으로 인식할 우려가 있는 표시 또는 광고
  4. 거짓·과장된 표시 또는 광고
  5. 소비자를 기만하는 표시 또는 광고
  6. 다른 업체나 다른 업체의 제품을 비방하는 표시 또는 광고
  7. 객관적인 근거 없이 자기 또는 자기의 식품 등을 다른 영업자나 다른 영업자의 식품등과 부당하게 비교하는 표시 또는 광고
  8. 사행심을 조장하거나 음란한 표현을 사용하여 공중도덕이나 사회윤리를 현저하게 침해하는 표시 또는 광고
  9. 총리령으로 정하는 식품 등이 아닌 물품의 상호, 상표 또는 용기·포장 등과 동일하거나 유사한 것을 사용하여 해당 물품으로 오인·혼동할 수 있는 표시 또는 광고
  10. 표시 또는 광고의 자율심의의 ㉠에 따라 심의를 받지 아니하거나 같은 조 ㉣을 위반하여 심의 결과에 따르지 아니한 표시 또는 광고
ㄴ ㉠ 각 호의 표시 또는 광고의 구체적인 내용과 그 밖에 필요한 사항은 대통령령으로 정한다.

⑧ 표시 또는 광고의 자율심의
ㄱ 식품 등에 관하여 표시 또는 광고하려는 자는 해당 표시·광고(제4조부터 제6조까지의 규정에 따른 표시사항만을 그대로 표시·광고하는 경우는 제외한다)에 대하여 제2항에 따라 등록한 기관 또는 단체(이하 "자율심의기구"라 한다)로부터 미리 심의를 받아야 한다. 다만, 자율심의기구가 구성되지 아니한 경우에는 대통령령으로 정하는 바에 따라 식품의약품안전처장으로부터 심의를 받아야 한다.
ㄴ ㉠에 따른 식품 등의 표시·광고에 관한 심의를 하고자 하는 다음 각 호의 어느 하나에 해당하는 기관 또는 단체는 제11조에 따른 심의위원회 등 대통령령으로 정하는 요건을 갖추어 식품의약품안전처장에게 등록하여야 한다.

1. 「식품위생법」 제59조제1항에 따른 동업자조합
2. 「식품위생법」 제64조제1항에 따른 한국식품산업협회
3. 「건강기능식품에 관한 법률」 제28조에 따라 설립된 단체
4. 「소비자기본법」 제29조에 따라 등록한 소비자단체로서 대통령령으로 정하는 기준을 충족하는 단체

ⓒ 자율심의기구는 ②부터 ⓜ까지의 규정에 따라 공정하게 심의하여야 하며, 정당한 사유 없이 영업자의 표시·광고 또는 소비자에 대한 정보 제공을 제한해서는 아니 된다.

② 제1항에 따라 표시·광고의 심의를 받은 자는 심의 결과에 따라 식품 등의 표시·광고를 하여야 한다. 다만, 심의 결과에 이의가 있는 자는 그 결과를 통지받은 날부터 30일 이내에 대통령령으로 정하는 바에 따라 식품의약품안전처장에게 이의신청할 수 있다.

ⓜ ㉠에 따라 표시·광고의 심의를 받으려는 자는 자율심의기구 등에 수수료를 납부하여야 한다.

ⓗ 식품의약품안전처장은 자율심의기구가 제3항을 위반한 경우에는 그 시정을 명할 수 있다.

ⓢ 식품의약품안전처장은 자율심의기구가 다음 각 호의 어느 하나에 해당하는 경우에는 그 등록을 취소할 수 있다.
1. 제2항에 따른 등록 요건을 갖추지 못하게 된 경우
2. 제3항을 위반하여 공정하게 심의하지 아니하거나 정당한 사유 없이 영업자의 표시·광고 또는 소비자에 대한 정보 제공을 제한한 경우
3. 제6항에 따른 시정명령을 정당한 사유 없이 따르지 아니한 경우

ⓞ ㉠에 따른 심의 대상, 제2항에 따른 등록 방법·절차, 그 밖에 필요한 사항은 총리령으로 정한다.

⑨ 심의위원회의 설치·운영

㉠ 자율심의기구는 식품 등의 표시·광고를 심의하기 위하여 10명 이상 25명 이하의 위원으로 구성된 심의위원회를 설치·운영하여야 하며, 심의위원회의 위원은 다음 각 호의 어느 하나에 해당하는 사람 중에서 자율심의기구의 장이 위촉한다. 이 경우 제1호부터 제5호까지의 사람을 각각 1명 이상 포함하되, 제1호에 해당하는 위원 수는 전체 위원 수의 3분의 1 미만이어야 한다.

1. 식품등 관련 산업계에 종사하는 사람
2. 「소비자기본법」 제2조제3호에 따른 소비자단체의 장이 추천하는 사람
3. 「변호사법」 제7조제1항에 따라 같은 법 제78조에 따른 대한변호사협회에 등록한 변호사로서 대한변호사협회의 장이 추천하는 사람
4. 「비영리민간단체 지원법」 제4조에 따라 등록된 단체로서 식품등의 안전을 주된 목적으로 하는 단체의 장이 추천하는 사람
5. 그 밖에 식품 등의 표시·광고에 관한 학식과 경험이 풍부한 사람

⑩ 표시 또는 광고 정책 등에 관한 자문
　㉠ 식품의약품안전처장의 자문에 응하여 식품등의 표시 또는 광고 정책 등을 조사·심의하기 위하여 식품의약품안전처 소속으로 식품 등 표시광고자문위원회를 둘 수 있다.
　㉡ ㉠에도 불구하고 식품의약품안전처장은 다음 각 호의 구분에 따른 식품 등에 대하여는 각각 같은 호에 따른 위원회로 하여금 자문하게 할 수 있다.
　　1. 건강기능식품의 표시·광고: 「건강기능식품에 관한 법률」 제27조에 따른 건강기능식품심의위원회
　　2. 식품, 식품첨가물, 기구 또는 용기·포장의 표시·광고: 「식품위생법」 제57조에 따른 식품위생심의위원회
　　3. 축산물의 표시·광고: 「축산물 위생관리법」 제3조의2에 따른 축산물위생심의위원회
⑪ 소비자 교육 및 홍보
　㉠ 식품의약품안전처장은 소비자가 건강한 식생활을 할 수 있도록 식품 등의 표시·광고에 관한 교육 및 홍보를 하여야 한다.
　㉡ 식품의약품안전처장은 ㉠에 따른 교육 및 홍보를 대통령령으로 정하는 기관 또는 단체에 위탁할 수 있다.
　㉢ ㉠에 따른 교육 및 홍보의 내용 등에 관하여 필요한 사항은 총리령으로 정한다.
⑫ 시정명령
　㉠ 식품의약품안전처장, 특별시장·광역시장·특별자치시장·도지사·특별자치도지사(이하 "시·도지사"라 한다) 또는 시장·군수·구청장(자치구의 구청장을 말한다. 이하 같다)은 다음 각 호의 어느 하나에 해당하는 자에게 필요한 시정을 명할 수 있다.
　　1. 표시의 기준의 ㉢, 영양표시의 ㉢ 또는 나트륨 함량 비교 표시의 ㉢을 위반하여 식품 등을 판매하거나 판매할 목적으로 제조·가공·소분·수입·포장·보관·진열 또는 운반하거나 영업에 사용한 자
　　2. 광고의 기준을 위반하여 광고의 기준을 준수하지 아니한 자
　　3. 부당한 표시 또는 광고행위의 금지의 ㉠을 위반하여 표시 또는 광고를 한 자
　　4. 표시 또는 광고 내용의 실증의 ㉢을 위반하여 실증자료를 제출하지 아니한 자

7. 공중보건

1. 공중보건의 개념
① 공중보건학의 정의
개인이 아닌 지역사회를 중심으로 질병의 예방, 생명의 연장, 신체적, 정신적 효율을 증진시키는 기술 또는 과학을 말한다.

② 공중보건학의 범주
㉠ 위생학: 건강의 유지와 향상을 목적으로 하는 의학의 한 분야로 병의 예방과 적극적으로 일상생활의 합리화를 도모하여 생명을 연장시키는데 목적을 두고 있다.
㉡ 예방의학: 병의 예방에 중점을 둔 위생학의 한 분야로 보통 치료의학의 대응어로 쓰인다.
㉢ 지역사회학: 인간이 속해 있는 좁은 범위의 지역 단위에 대한 사회적 문제를 연구하는 사회학의 한 분야이다.
㉣ 사회의학: 생물로서의 인간이 아니고 사회적 존재로서의 인간을 중시하여 연구하는 학문이다.
㉤ 건설의학: 질병의 치료나 예방보다는 현재의 건강상태를 최고도로 증진시키는데 역점을 둔 적극적인 건강관리 방법을 연구하는 학문이다.

2. 환경위생 및 환경오염 관리
① 일광
㉠ 일광의 특징
ⓐ 신진대사를 촉진해 준다.
ⓑ 비타민D를 생성시켜 준다.
ⓒ 적혈구 생성을 촉진해 주며, 피부결핵이나 관절염의 치료에 효과적이다.
ⓓ 피부암, 결막염, 백내장의 원인이 된다.
ⓔ 홍반작용, 수포현상, 부종, 피부박리현상이 일어난다.

㉡ 일광의 종류
ⓐ 적외선
- 가시광선보다 파장이 긴 전자기파로 태양이 방출하는 빛을 프리즘으로 분산시켜 보았을 때 적색선의 끝보다 더 바깥쪽에 있는 전자기파를 말한다.
- 파장 0.75~3㎛의 적외선을 근적외선, 3~25㎛의 것을 적외선, 25㎛ 이상의 것을 원적외선이라 한다.

ⓑ 자외선
- 스펙트럼의 자색광선밖에 있는 광선이며 파장 100~400nm의 것을 말한다.

- 파장 300nm 이상인 영역을 근자외선, 200nm 이하인 영역을 원자외선이라 한다.

ⓒ **가시광선**
- 전자파 중에서 사람의 눈에 보이는 범위의 파장을 말하며, 파장범위는 대체로 380~780nm로 대단히 좁은 범위에 속한다.
- 700~610nm는 빨강, 610~590nm는 주황, 590~570nm는 노랑, 570~500nm는 초록, 500~450nm는 파랑, 450~400nm는 보라로 보인다.

ⓒ **조명**

ⓐ **자연조명**: 하늘을 통해 창으로 받아들이는 빛으로 인공조명에 비해 시시각각 변하므로 실내분위기를 변화무쌍하게 만들 뿐만 아니라 에너지도 절감케 한다.

ⓑ **인공조명**: 인공 광원에 의한 조명으로 고체, 액체 또는 가스를 연소하거나 전기에너지를 사용한다.

ⓒ **인공조명방식**

직접조명	90~100%	반직접조명	60~90%
전반확산조명	40~60%	반간접조명	10~40%
간접조명	0~10%		

ⓓ **인공조명 방식의 장·단점**
- 직접조명
  - 장점: 조명률이 크다. 설비가 간단하다. 경제적이다.
  - 단점: 균일한 조도를 얻기가 힘들다. 강한 음영을 만들고 현휘를 일으킨다.
- 간접조명
  - 장점: 조도가 균일하다. 눈의 보호가 가장 좋다.
  - 단점: 조명률이 낮다. 비용이 많이 든다.

ⓔ **인공조명 시 유의할 점**
- 조명의 색은 주황색에 가까운 것이 좋다.
- 너무 강한 음영이나 현휘를 일으키지 않는 것이 좋다.
- 폭발이나 발화의 위험이 없어야 한다.
- 조도는 균등해야 한다.
- 취급이 간편하고 가격이 저렴해야 한다.

ⓕ **적정조명**
- 일반작업의 경우 100~200Lux가, 독서를 할 때는 150Lux가, 정밀한 작업을 할 때는 300~500Lux가 적당하다.
- 부적당한 조명 시 근시, 안정피로, 안구진탕증, 백내장 등의 신체장애와 작업능률이 저하될 수 있다.

② 공기 및 대기오염
  ㉠ 대기오염의 뜻
    ⓐ WHO 규정: 대기 중에 인공적으로 배출된 오염물질이 존재하며 오염물질의 양과 그 농도 및 지속시간이 어떤 지역주민의 불쾌감을 일으키거나 해당지역에 공중보건상 위해를 미치고 인간이나 동식물의 생활에 해를 주어 도시민의 생활과 재산을 향유할 정당한 권리를 방해받는 상태이다.
    ⓑ 일반적인 정의: 인위적인 행위에 발생된 오염물질이 사람, 동식물의 생명 또는 재산에 해가 될 정도로 충분한 양, 충분한 시간 동안 대기 중에 존재하는 상태를 말한다.
  ㉡ 대기오염의 종류
    ⓐ 산성비
      • 산성도를 나타내는 수소이온 농도지수(pH)가 5.6미만인 비이다.
      • 원인 물질로는 자동차에서 배출되는 질소산화물과 공장이나 발전소, 가정에서 사용하는 석탄, 석유 등의 연료가 연소되면서 나오는 황산화물이다.
      • 산성비로 인한 피해는 건물의 부식, 삼림의 황폐화, 호수에서 물고기의 떼죽음 현상 등이 있다.
      • 대책으로는 주 원인 물질인 황산화물과 질소산화물의 배출을 최소화해야 한다.
    ⓑ 스모그
      • 대기 속의 매연이나 오염물질이 안개모양의 기체가 된 것이다.
      • 석탄의 연소를 통해서 대기로 유입되는 매연, 아황산가스, 일산화탄소 등이 안개와 합쳐지면서 만들어진다.
    ⓑ 기온역전
      • 상공으로 올라갈수록 기온이 상승하는 현상이다.
      • 역전층이 발생하면 하층의 공기밀도가 상층의 공기밀도보다 크게 되어 하층의 공기가 상층으로 이동하는 것을 강력히 억제하고, 지표 부근의 대기 오염도를 증가시킨다.
  ㉢ 대기오염의 해결방안
    ⓐ 나무를 많이 심는다.
    ⓑ 자동차의 사용량을 줄이고 무연 휘발유 차를 이용한다.
    ⓒ 공장의 굴뚝에는 집진기를 설치한다.
    ⓓ 자동차에는 정화기를 부착하여 배출가스를 최소화한다.
    ⓔ 에너지원으로 태양에너지, 수력발전, 천연가스 등을 이용한다.
③ 상하수도, 오물처리 및 수질오염
  ㉠ 수질환경의 개요
    ⓐ 물: 모든 생물이 생명현상의 유지를 위해서는 필수불가결한 것이다.

- 인체의 수분 구성: 인체는 수분이 60~70% 정도 구성되어 있다.
- 성인이 하루에 필요한 물의 양은 2~3L(일반적으로 2.5L)이다.
ⓑ 물의 작용: 물은 음식물의 소화, 운반, 영양분의 흡수, 운동, 노폐물의 배설, 호흡, 순환, 체온조절 등의 생리적 작용을 한다.

ⓛ 물의 경도
ⓐ 물의 경도: 물 속에 함유된 칼슘, 마그네슘, 탄산칼슘 등의 광물질의 양을 나타내는 단위로서 물 속에 100만분의 1 함유되었을 때 이것을 1ppm이라고 한다.
- 연수(60ppm이하): 칼슘 및 마그네슘과 같은 미네랄 이온이 들어있지 않은 물로 단물이라고도 한다.
- 아경수(120ppm이상~180ppm미만): 우리가 사용하는 일반적인 수돗물이다.
- 경수(180ppm이상): 수소와 산소로 이루어진 보통 물이다.

ⓒ 물의 보건 문제
ⓐ 수인성전염병: 물에 의해 유행을 일으키는 전염병으로 소화기 계통 전염병이 대부분이다. 음료수나 음식을 통해서 또는 환자나 보균자와의 접촉을 통해 전염된다.
ⓑ 수인성 전염병의 특징
- 콜레라
  - 대체로 열은 없으나 복통이 있고, 가벼운 설사를 한다.
  - 잠복기는 수 시간부터 최장 5일이다.
  - **예방법**: 개인위생을 철저히 하며, 위생적인 물을 사용하고 충분히 가열하도록 한다.
- 장티푸스
  - 고열과 두통, 식욕감퇴와 몸 전체에 붉고 작은 발진이 생긴다.
  - 잠복기는 보통 1~3주 정도이다.
  - **예방법**: 개인위생을 철저히 하고 물은 반드시 끓여 먹어야 한다.
- 세균성이질
  - 심한 복통과 오한, 열이 나면서 점액과 혈액이 섞인 설사를 한다.
  - **예방법**: 손의 위생이 가장 중요하다.
- 비브리오패혈증
  - 갑작스런 오한, 발열, 전신쇠약감 증상이 있으며 사망률이 40~50%로 높다.
  - **예방법**: 여름철에는 어패류의 생식을 피하고 피부에 상처가 났을 때는 맑은 물로 씻고 소독을 해 준다.
- 병원성 대장균O157
  - 일반대장균과는 달리 생물학적인 변이를 일으킨 것으로 인체에 소량이 침입해도 질병을 일으킬 수 있다.

- 설사, 복통 등 일반적인 식중독 증상을 일이키고 일부는 장출혈, 용혈설요독 증후군을 유발하기도 한다.
- **예방법**: 음식을 반드시 충분한 온도에서 조리해야 하며, 과일은 껍질을 벗겨서 먹는다. 또한 식수는 반드시 끓여서 사용해야 한다.

ⓔ 상·하수도

ⓐ 상수도: 일반적으로 수도라 함은 상수도를 가리키나, 하수나 공업용 수도와 구별할 때는 상수도라고 한다.
- 상수도: 급수인구 5,000명 이상을 말한다.
- 간이수도: 5,000명 이하 100명 이상을 말한다.
- 전용수도: 기숙사, 사택 등 100명 이하에 공급하는 자가용 수도를 말한다.

ⓑ 하수도: 생활을 영위해 나가는 과정에서 배출되는 액체상태의 폐기물을 하수라 하며 그 하수를 배제 또는 처리하는 시설을 하수도라 한다.
- 분류식: 오수와 빗물을 각각 다른 하수관으로 흘러가게 하는 방식이다.
- 합류식: 오수와 빗물을 하나의 하수관을 통하여 함께 흘러가게 하는 방식이다.

ⓒ 하수의 처리과정
- 예비처리: 큰 부유물질이나 고형물질을 제진망을 설치하여 제거하는 것이다.
- 본처리
  - 혐기성처리: 혐기성균이 무산소 상태에서 유기물을 분해하는 과정이다.
  - 호기성 분해처리: 미생물이 자신에게 필요한 에너지를 얻기 위하여 산소를 사용하여 탄수화물과 같은 탄소원을 산화시키는 자연적인 현상을 이용하는 것이다. 종류로는 관개법, 접촉여상법, 산화지법, 살수여상법, 활성오니법 등이 있다.

〈활성오니법과 살수여상법의 비교〉

구분	활성오니법	살수여상법
기술	고도로 숙련된 기술	특별한 기술이 불필요
경제력	경제적	비경제적
처리면적	적어도 가능	비교적 넓어야 함
수량의 변화	변화에 용이하지 않음	변화에 용이
수압	저수압	높은 수압
이용도	도시하수처리	산업폐수, 분뇨소화 처리 후 탈리액의 처리 이용

▶ 오니처리: 오니의 감량을 목적으로 소화, 탈수, 소각 등을 한다. 최종적으로 오니는 매립하여 처분하지만 최근에는 부식시켜 비료로 유용하게 이용하는 곳도 있다.

ⓓ 하수시험

ⓐ 생물학적 산소요구량(Biochemical Oxygen Demand: BOD)

오염된 물의 수질을 표시하는 한 지표로 BOD가 높다는 것은 유기물질이 많고 오염도가 크다는 것이다.

ⓑ 용존산소(Dissolved Oxygen: DO)

물 또는 용액 속에 녹아 있는 분자상태의 산소량을 말하며 mg/ℓ 로 표시한 것이다. DO가 $5mg/\ell$ 이하가 되면 어패류가 살 수 없는 상태를 나타내는 것이다.

▶ 물이 맑으면 BOD 수치는 낮으나 DO 수치는 높다.

ⓒ 화학적 산소요구량(Chemical Oxygen Demand: COD)

일정한 용적의 수중에 있는 물질을 산화하는 데 요구되는 산소량으로 자연수 중의 피산화물질은 주로 유기물이기 때문에, 생화학적 산소요구량(BOD)과 같이 물의 유기물 오염시간의 지표가 된다.

④ 소음 및 진동

㉠ 소음

ⓐ 소음의 정의: 기계, 기구, 시설 등 기타 물체의 사용으로 인하여 발생하는 강한 소리를 소음이라 한다.

ⓑ 소음측정단위: 데시벨(dB)

전화를 발명한 알렉산더 그레헴 벨이 생각해낸 것으로 이름에서 벨(Bell)과 대수(log) 표시한 것에 10배에 한다는 뜻에서 데시(Deci=10)을 붙여 데시벨이라 부른다.

ⓒ 소음환경기준

지역구분	적용대상	기준(Leq dB(A))	
		낮(06:00~22:00)	밤(22:00~06:00)
일반지역	전용주거지역	50	50
	일반주거지역	55	55
	상업지역	65	65
	공업지역	70	70
도로변 지역	주거지역	65	65
	상업지역	70	70
	공업지역	75	75

ⓓ 소음의 종류

• 공장 소음: 공장에 설치되는 시설은 이동 소음원이 아니고, 한번 설치되면 반영구적으로 사용하게 되므로 인근 지역에 지속적으로 피해를 줄 수 있다.

• 교통 소음: 교통 소음은 그 배출원이 자동차, 기차 등으로서 발생 소음도가 매우 클 뿐만 아니라 그 피해 지역도 광범위하다.

• 생활 소음: 생활 소음 배출원은 확성기 소음, 건설 공사장의 작업 소음, 소규모 공장의

작업 소음, 유흥업소 심야 소음 등 매우 다양하며 배출원이 급격히 증가하고 있다.
- 항공기 소음: 최근 항공기의 운항 항로 신설 및 운항 회수의 급격한 증가에 따라 항공기 소음으로 인한 피해 또한 급격히 증가하고 있다.

ⓔ 소음으로 인한 피해

정신적인 피해	대화 장애, 불쾌감, 정서 불안, 수면 장애, 스트레스 등이 있다.
신체적인 피해	혈관 수축에 의한 맥박수의 증가, 혈압 상승, 호르몬의 이상 분비, 위장병, 심장병, 태아의 발육 장애, 청력 상실, 고막 파열 등이 있다.

ⓕ 소음의 대책
- 소음의 발생 원인을 제거하는 방법: 소음은 물체의 진동에 의해 발생하므로, 물체의 진동을 줄인다.
- 소음의 전달을 차단하는 방법: 방음벽이나 방음창 등을 설치하여 소음의 전달 과정에서 생기는 소음을 반사시키거나 흡수시킨다.

ⓛ 진동
  ⓐ 진동의 정의: 물체를 전후 또는 상하운동을 일으키게 하는 물리적 요인을 가리키며, 사람에서의 진동에너지의 전달 또는 소멸은 진동의 강도, 진동작용의 방향, 사람의 자세, 근육의 긴장도, 체력, 체격에 따라 다르다.
  ⓑ 진동의 종류
  - 국소진동: 신체의 국한된 특정한 부위에 전파되는 진동이다.
  - 전신진동: 서있거나 앉은 자세에서 다리나 대퇴부 등의 지지면을 통하여 전신에 전파되는 진동이다.
  ⓒ 진동이 많이 발생되는 직종
  - 국소진동: 진동공구를 많이 사용하는 직종으로, 임업 및 농림업, 광산, 건설업, 조선업, 자동차제조업 등이 있다.
  - 전신진동: 교통차량, 농업용차량, 포크리프트, 선박, 항공기 등의 승무원이나 조종사, 건축공사작업자, 분쇄기, 기중기 등의 운전, 발전기, 전동기 등의 조작 등이 있다
  ⓓ 진동이 우리 몸에 미치는 영향
  - 진동장해(레이노 현상)
    - 국소적으로 진동을 손이나 팔에 전달시키는 수지동력공구 등을 사용함에 따라서 생기는 장해를 일컫는다.
    - 장해의 정도와 크기는 진동강도, 진동수, 진동폭로시간 등에 따라서 다르다.
    - 더욱이 진동장해는 한냉과 공구를 잡는 근육의 지속적 긴장 등이 큰 요인이 된다.
  ⓔ 진동원에 대한 대책
  - 진동을 경감시킬 수 있는 진동공구의 설계
  - 진동공구의 사용제한과 사용금지

- 진동공구의 보수관리
- 진동흡수장갑의 착용

⑤ 구충구서
  ㉠ 구충구서의 일반적 원칙
    ⓐ 구제 대상 동물의 발생원 및 서식치를 제거해야 한다(가장 근본적인 대책이며, 가장 중요한 대책이다).
    ⓑ 발생초기에 실시하여야 한다.
    ⓒ 대상 동물의 생태, 습성에 따라서 실시해야 한다.
    ⓓ 광범위하게 동시에 실시하여야 한다.
  ㉡ 해충에 의한 보건위생상 피해

직접적 피해	간접적 피해
피부에 기계적 외상 피부 교자에 의한 2차적 감염 인체에 독성물질의 주입에 의한 피해 흡혈 및 영양 물질 탈취 외 기생에 의한 피해 피부염 알레르기 수면방해 등의 피해	질병의 생물학적 전파 질병의 기계적 전파 정신적, 경제적 피해 등

  ㉢ 위생 해충의 종류 및 특징
    ⓐ 파리
      - 발생장소: 집파리는 화장실보다 쓰레기장이나 퇴비장에 잘 발생하고, 쉬파리와 큰검정파리는 화장실, 쓰레기장, 동물 시체 등에서 잘 발생한다.
      - 파리에 의한 피해
        - 소화기계 전염병: 장티푸스, 파라티푸스, 이질, 콜레라, 식중독균 등의 전파
        - 호흡기계 전염병: 결핵, 디프테리아 등의 전파
        - 기생충질환: 회충, 편충, 요충, 촌충 등의 전파
      - 파리의 구제방법
        - **환경적 방법**: 서식처를 제거한다.(근본적으로 청결을 유지) 가장 효과적인 방법이다.
        - **유충구제법**: 발생초기에 구제해야 한다.
        - **기계적방법**: 성충구제법으로 파리통이나 파리채, 끈끈이테이프법 등이 있다.
        - **성충구제법**: 속효성 살충제 분무법이 있다.
    ⓑ 모기
      모기는 일반적으로 여름철에 많이 발생하는데 완전변태 곤충이다.
      - 모기에 의한 피해: 모기에 의한 가장 큰 피해는 전염병이다.
      - 모기의 구제와 관리방법

- **환경적 방법**: 발생지의 제거가 가장 중요하며, 방화수통 하수구 고인물 등이 장기간 정체하지 않도록 해야 한다.
- **유충구제방법**: 흐르는 물에는 산란하지 않고 정체되어있는 수역에 산란 유충구제는 석유를 수표면에 도포함으로써 유충의 호흡장애를 일으키게 한다.
- **성충구제법**: 속효성 살충제 공간살포법이 있다.
- **기타**: 몸에 바르는 약이나 모기향 등을 사용한다.

ⓒ 바퀴
- 바퀴의 생태: 불완전변태를 하기 때문에 유충은 성충과 거의 같은 모양을 하고 있으며, 생활양식도 거의 같다. 유충은 자유로운 생활을 하며 여러 번의 탈피로 성충에 이른다.
- 바퀴에 의한 피해
  - **직접피해**: 자극성 물질을 분비하여 피부병을 유발하거나 특이체질인 사람에게는 알레르기 반응에 의한 호흡기질환을 일으키게 한다.
  - **간접피해**: 기생충, 바이러스, 세균 등의 병원체를 몸의 표면이나 다리의 털, 분변 등에 부착시켜 식품 등을 오염시켜 식중독이나 경구전염병 등을 전파한다.
- 바퀴의 구제
  - **환경적 구제**: 바퀴가 은신하고 있는 곳을 제거하고, 음식물 관리와 주위를 깨끗이 함으로써 바퀴의 먹이를 없앤다.
  - **물리적 구제**: 창문이나 쓰레기통, 각종 파이프를 통하여 들어올 수 있으므로 방충망 등을 철저히 한다.
  - **화학적 방법**: 훈증법 및 훈연법으로 휘발성 살충제를 연무해준다.

ⓓ 쥐
- 쥐의 생태: 원시적인 겨울잠쥐는 예외이지만, 그 밖에는 다람쥐아목·산미치광이아목에 비하여 임신기간이 짧고, 출산횟수나 한배에 낳는 새끼의 수가 많다.
- 쥐에 의한 피해
  - **피해**: 들쥐에 의한 농작물 피해, 집쥐에 의한 저장곡식, 채소·과일의 피해, 닭장에의 침입, 케이블을 갉기 때문에 통신·전기계통 손해 등이 있다.
  - **위생상의 피해**: 각종 인축전염병의 병원체를 보균하여 이것을 매개하는 것이다. 살모넬라 중독은 쥐가 조리시설이나 식품창고 등 음식물을 갉을 때에 음식물이나 시설 환경이 배설물에 의해 오염 등이 있다.
- 쥐의 구제: 실내에 쥐가 서식하고 있다면 쥐약과 쥐 끈끈이를 설치하여 실내서식 쥐를 구제하고, 외부에서 실내로 침입할 수 있는 구멍을 막아야한다.

ⓔ 진득이
- 진드기의 생태: 알과 유충을 거쳐 성충이 되는 불완전한 변태를 하지만 곤충과는 다른 점이 많이 있다. 알에서 부화하여 3쌍의 다리를 갖는 유충을 거쳐 4쌍의 다리를 갖는

자충으로 발육하여 성충이 된다.
- 진드기에 의한 피해
  - 식품: 불쾌감을 주고 식품을 손상 또는 변질시켜서 식용에 부적합하게 만든다.
  - 인체: 인체내에 침입하여 인체진드기증(일명 식신혈충증)을 일으키는 수가 있다.
- 진드기의 구제
  - 화학적 구제: 살충제를 식품에 직접 살포할 수 없기 때문에 독성이 낮은 살충제를 외부에 살포해 주면 효과가 있다. 식품창고 등에는 인화수소, 클로로피크린 등을 훈증하면 효과가 있다.
  - 물리적 구제: 진드기는 10℃ 이하에서는 증식하지 못하며 냉동이나 70℃ 이상에서는 사멸된다. 또한 식품 자체에 수분함량을 10%이하로 늦추어 방습용기에 보존하면 진드기의 번식을 막을 수 있다.

ⓕ 이

외부기생성인 흡혈곤충으로 사람이나 가축 등의 포유류에 기생하여 피해를 주며, 일부는 전염병을 매개하는 위생해충이다.
- 이에 의한 피해: 기생을 당하면 가렵고 긁으면 두드러기나 피부염을 일으킨다.

3. 역학 및 감염병 관리

① 역학의 분류
  ㉠ **기술역학**: 1단계 역학으로 질병의 발생분포와 빈도를 인적특성, 시간적 특성, 지역적 특성을 고려하여 조사한다.
  ㉡ **분석역학**: 2단계 역학으로 단면조사, 후향성 조사, 전향성 조사가 있다.
  ㉢ **이론역학**: 3단계 역학으로 수학적으로 수식화하는 역학이다.
  ㉣ **실험역학**: 실험군과 대조군으로 나누어 비교 실험하는 역학이다.
  ㉤ **임상역학**: 환자를 대상으로 조사한다.(치료약제 실험)

② 역학의 기본인자(질병발생 3대 요소)

병인, 숙주, 환경 3가지를 가지고 질병과 건강과의 관계를 설명한다.

③ 역학적 조사방법
  ㉠ **단면조사**: 일정 시점 또는 짧은 기간 내에 질병과 특정 노출 요인에 대한 정보를 동시에 조사하여 집단 내에서 이들의 빈도를 조사하는 방법이다.
    ⓐ 장점: 동시에 여러 종류의 질병요인과 관련성을 조사할 수 있고 단시간에 결론을 얻을 수 있다.
  ㉡ **전향성연구**: 건강한 사람들을 대상으로 시간이 경과함에 따라 각 집단에서의 질병발생을 연구하는 것이다.

ⓐ 장점
- 속성이나 요인에 편견이 들어가지 않는다.
- 상대위험도와 귀속위험도를 구할 수 있다.
- 시간적 선후관계를 알 수 있다.

ⓑ 단점
- 조사기간이 길고 대상이 많으며 시간, 비용이 많이든다.
- 대상자간에 속성의 변화가 있다.

ⓒ 후향성조사: 질병이 있다고 생각되는 환자와 대조군을 역으로 추적하는 방법이다.
ⓐ 장점
- 시간과 경비가 적게 들고 희소질병에 적합하다.
- 조사 대상자가 적어 단시간에 결론을 얻을 수 있다.

ⓑ 단점
- 대조군을 선정하기 어렵다.
- 위험도를 구할 수 없다.
- 편견이 들어갈 수 있어 객관성이 없다.
- 기록에 의존하기 때문에 불확실한 면이 있다.

④ 감염병 관리
㉠ 감염병 유행 3대 요소
ⓐ 전염원: 환자, 보균자, 감염동물, 오염수, 오염식품, 토양 등이 있다.
ⓑ 전염경로: 공기전염, 접촉전염, 전파동물전염 등이 있다.
ⓒ 감수성숙주: 저항성이나 면역성이 없어 감염이 잘 되는 숙주를 말한다.

⑤ 감염병 생성 6개 요소
㉠ 병원체: 세균, 바이러스, 기생충, 진균 등이 있다.
㉡ 병원소
ⓐ 인간병원소
- 환자: 은닉환자, 간과환자, 현성환자, 전기구환자 등이 있다.
- 보균자
  - 회복 보균자: 장티푸스, 디프테리아, 세균성이질 등이 있다.
  - 발병자 보균자: 홍역, 백일해, 디프테리아, 유행성뇌척수막염 등이 있다.
  - 건강보균자: 일본뇌염, 디프테리아, 폴리오 등이 있다.

ⓑ 동물병원소(인수공통전염병)
- 소: 결핵, 파상열, 탄저, 살모넬라증, 보툴리누스중독 등이 있다.
- 양: 파상열, 탄저 등이 있다.
- 돼지: 탄저, 파상열, 일본뇌염, 살모넬라증 등이 있다.

- 개: 광견병 등이 있다.
- 쥐: 발진열, 페스트, 랩토스피라증, 쯔쯔가무시병 등이 있다.
  ⓒ 토양병원소: 진균류, 파상풍 등이 있다.
ⓒ 병원소로부터 병원체 탈출: 소화기, 호흡기, 비뇨기, 개방병소, 기계적 탈출 등이 있다.
ⓔ 전파
  ⓐ 직접전파: 재채기, 접촉 등을 통한 비밀간염과 태반감염이 있다.
  ⓑ 간접전파
  - 활성전파체: 파리, 모기, 벼룩, 패류나 담수어 등이 있다.
    - 기계적전파: 바퀴나 파리 등이 있다.
    - 생물학적전파: 벼룩, 이, 모기, 진드기 등이 있다.
  - 비활성전파체: 무생물 등이 있다.
    - 공동전파체: 물, 식품, 공기, 토양, 우유 등이 있다.
    - 개달물: 수건, 식기, 의류, 침구류, 장난감, 세면도구, 주사기 등이 있다.
ⓜ 신숙주에의 침입
  ⓐ 호흡기: 결핵, 디프테리아, 성홍열, 홍역, 인플루엔자 등이 있다.
  ⓑ 소화기: 장티푸스, 콜레라, 폴리오, 간염, 파상열, 디프테리아 등이 있다.
  ⓒ 점막, 피부: 페스트, 파상풍, 일본뇌염, 발진티푸스 등이 있다.
  ⓓ 성기, 점막: 임질, 매독 등이 있다.
ⓗ 숙주의 감수성과 면역
  ⓐ 감수성지수: 급성호흡기계 전염병에 있어서 감수성 보유자가 감염되어 발병하는 비율을 %로 표시한 것이다.
  - 두창, 홍역(95%)백일해(60~80%)성홍열(40%)디프테리아(10%)소아마비(0.1%)
⑥ 우리나라의 법정 감염병
  ㉠ 제1군 감염병: 전염속도가 빠르고 국민건강에 미치는 위해 정도가 매우 커서 발생 또는 유행 즉시 방역대책을 수립해야 하는 감염병이다.
    ⓐ 종류: 페스트, 콜레라, 장티푸스, 세균성이질, 장출혈성대장균감염종 등이 있다.
  ㉡ 제2군 감염병: 예방접종을 통하여 예방 또는 관리가 가능하여 국가접종사업의 대상이 되는 감염병이다
    ⓐ 종류: 홍역, 파상풍, 디프테리아, 풍진, 유행성이하선염, 일본뇌염, 수두 등이 있다.
  ㉢ 제3군 감염병: 간헐적으로 유행할 가능성이 있어 지속적으로 그 발생을 감시하고 방역대책의 수립이 필요한 감염병이다.
    ⓐ 종류: 결핵, 말라리아 성병, 발진티푸스, 레지오넬라증, 부르셀라증, 탄저, 인플루엔자, AIDS 등이 있다.

ⓔ 제4군 감염병: 국내에서 새롭게 발생하거나 국내로 유입될 것이 우려되는 해외의 감염병으로 이 감염병이 신고되는 경우 빠른 시일 내에 방역대책을 세워야 한다.
　　ⓐ 종류: 조류인플루엔자, 뎅기열, 에볼라열, 인체 감염증, 사스, 신종인플루엔자, 메르스, 바이러스성출혈열 등이 있다.
ⓜ 제5군 감염병: 기생충에 감염되어 발생하는 감염병으로, 정기적인 조사를 통해 감시가 필요한 감염병이다.
　　ⓐ 종류: 간흡충증, 요충증, 장흡충증, 편충증, 폐흡충증, 회충증 등이 있다.

⑦ 감염병예방법
　㉠ 호흡기 감염병

종류	감기, 흑사병, 인플루엔자바이러스 등
예방법	손을 자주 씻고 마스크를 써주는 것이 좋다.

　㉡ 소화기 감염병

종류	포도상구균, 콜레라균 등
예방법	음식을 익혀 먹어야 하며, 유통기한이 지난 음식을 먹지 말아야 한다.

　㉢ 피부 감염병

종류	쯔쯔가무시병
예방법	들판에서 작업 시 옷을 풀에 닿지 않게 해야 한다.

　㉣ 법정 감염병

종류	제1군~제5군 법정 감염병이 있다.
예방법	전염력이 강하고 사망률이 높기 때문에 신고, 격리치료, 소독을 해야 한다.

⑧ 면역
생체의 내부 환경이 외부인자인 항원에 대하여 방어하는 현상으로 태어날 때부터 지니는 선천면역과 후천적으로 얻어지는 획득면역으로 구분된다.
　㉠ 면역의 종류
　　ⓐ 선천적 면역: 어떤 병원체에 대하여 태어날 때부터 가지고 있는 면역으로 병원체의 침입을 저지하거나 침입한 병원체를 파괴하여 체내 침투를 막는 1차적인 방어 작용을 말한다.
　　ⓑ 후천적 면역
　　・능동면역
　　　- 인공능동면역: 병원성이 없는 병원체를 인위적으로 감염시켜 체내가 능동적으로 면역반응을 나타내는 것으로 장티푸스, 결핵, 파상풍, 백일해 등이 있다.
　　　- 자연능동면역: 각종 질환에 이환된 후 형성되는 면역으로서 그 면역의 지속 기간은 질환의 종류에 따라 다르다.

- 수동면역
    - **자연수동면역**: 태아가 모체로부터 태반을 통해서 항체를 받거나 생후에 모유를 통해서 항체를 받는 방법을 말한다.
    - **인공수동면역**: 이미 만들어진 항체를 몸에 주사하여 면역을 주는 것으로 이 방법으로 디프테리아, 파상풍, 가스괴저 등이 있다.

8 보건관리

1. 인구와 보건

① 조사망률
  ㉠ 1년간의 사망수를 그 해의 인구로 나눈 것. 보통 1,000배하여 인구 1,000대로 표시된다.
  ㉡ 연령계층, 성별, 사인 등을 고려하지 않고 정정하지 않은 채로 나타낸 사망률을 말한다.

② 평균수명
  ㉠ 어떤 연령의 사람이, 평균해서 몇 년 살 수 있는가 하는 기대값으로 0세의 평균여명(平均餘命)을 평균수명이라 한다.
  ㉡ 국민의 건강상태, 즉 공중위생의 정도를 알아보는 데에 가장 중요한 수치이다.

③ 비례사망지수
  ㉠ 연간 전체 사망자수에 대한 50세 이상의 사망자수의 구성비율로 평균 수명이나 조사망률의 보정지표가 된다.
  ㉡ 비례 사망지수가 낮은 것은 높은 영아사망률과 낮은 평균수명에 원인이 있는 것으로 건강수준이 낮을 것을 의미한다.

$$비례사망지 수 = \frac{년간\ 50세\ 이상\ 사망자\ 수}{년간\ 총\ 사망자\ 수} \times 100$$

④ 영아사망률
  ㉠ 출생에서 1년까지의 영아의 사망을 의미하는데, 한 국가의 건강수준을 나타내는 대표적인 지표이다.
  ㉡ 영아사망은 모자보건, 환경위생 및 영양수준 등에 민감하며, 또한 생후 12개월 미만의 일정한 연령군을 이루기 때문에 일반 사망률에 비해 통계적 유의성이 매우 높다.

$$영아사망률 = \frac{출생\ 후\ 1년\ 미만\ 사망자\ 수}{년\ 출생아} \times 100$$

OK, 실전문제

Chapter 01

01 다음 중 종업원의 위생교육에 대한 설명으로 옳은 것은?

① 종업원은 매일 정기적인 위생교육을 실시한다.
② 종업원은 월1회 이상 정기적인 위생교육을 실시한다.
③ 종업원은 월2회 이상 정기적인 위생교육을 실시한다.
④ 종업원은 월3회 이상 정기적인 위생교육을 실시한다.

[해설] 종업원은 월1회 이상 정기적인 위생교육을 실시한다.

02 식품 등의 표시기준상 과자류에 포함되지 않는 것은?

① 캔디류
② 츄잉껌
③ 유바
④ 빙과류

[해설] 유바: 두유에 콩가루를 섞어 끓여 그 표면에 엉긴 엷을 껍질을 걷어 말린 것을 말하며, 우리말로 '두부껍질'이라고 한다.

03 5-이노신산나트륨, 5-구아닐산나트륨, L-글루탐산나트륨의 주요 용도는?

① 표백제
② 조미료
③ 보존료
④ 산화방지제

[해설] ① 표백제: 식품가공이나 제조 시 일반색소 및 발색성 물질을 무색의 화합물로 변화시키고 식품의 보존 중에 일어나는 갈변, 착색 등의 변화를 억제하기 위해 사용한다. 과산화수소, 무수아황산, 아황산나트륨 등이 있다.
③ 보존료: 미생물의 발육을 억제하는 정균작용과 미생물을 살균시키는 살균작용, 식품 또는 세균이 생산하는 효소작용을 억제한다. 디하이드로아세트산, 프로피온산 칼슘, 프로피온산나트륨, 소르브산, 안식향산(벤조산) 등이 있다.
④ 산화방지제: 식품의 산화 변질 현상을 방지할 목적으로 사용하며 에르소르브산, 디부틸히드로옥시톨루엔 등이 있다.

04 감자의 싹과 녹색부위에서 생성되는 독성 물질은?

① 솔라닌(Solanine)
② 리신(Ricin)
③ 시큐톡신(Cicutoxin)
④ 아미그달린(Amygdalin)

[해설] ② 리신: 아주까리(피마자)씨에서 추출되는 것으로 소량으로도 성인을 사망에 이르게 할 수 있는 독성물질이다.
③ 시큐톡신: 독미나리에서 추출되는 것이다.
④ 아미그달린: 청매에서 추출되는 것이다.

제1장 음식 위생관리

05 다음 세균성식중독 중 독소형은?

① 살모넬라 식중독　　② 장염비브리오 식중독
③ 알르레기성 식중독　　④ 포도상구균 식중독

[해설] 세균성식중독 중 독소형 식중독: 보툴리누스균, 포도상구균이 있다.

06 다음 중 식품위생법령상 위해평가대상이 아닌 것은?

① 국내·외 연구·검사기관에서 인체의 건강을 해할 우려가 있는 원료 또는 성분 등을 검출한 식품 등
② 바람직하지 않은 식습관 등에 의해 건강을 해할 우려가 있는 식품 등
③ 국제식품규격위원회 등 국제기구 또는 외국의 정부가 인체의 건강을 해할 우려가 있다고 인정하여 판매 등을 금지하거나 제한한 식품 등
④ 새로운 원료·성분 또는 기술을 사용하여 생산·제조·조합 되거나 안정성에 대한 기준 및 규격이 정하여지지 아니하여 인체의 건강을 해할 우려가 있는 식품 등

[해설] 위해평가
- 식품의약품안전청장은 국내외 유해물질 함유된 것 판매 금지 식품 신속히 평가 결정해야 함.
- 위해평가 끝나기 전까지 예방조치 필요한 식품 판매, 판매할 목적으로 채취, 제조, 수입, 가공, 사용, 조리, 저장, 소분, 운반, 진열 일시적 금지, 국민건강에 급박한 위해 발생, 발생할 우려 있으면 식품의약품안전청장이 인정하는 경우 금지조치 해야 함.
- 일시적 금지조치 하려면 미리 심의위원회 심의, 의결 거쳐야 함, 국민건강 급박하게 위해할 우려 있어 신속히 금지조치 해야 할 필요 있는 경우 먼저 일시적 금지조치 한 뒤 지체 없이 심의위원회 심의, 의결 거칠 수 있음.
- 심의위원회는 심의하는 경우 대통령령 정하는 이해관계인의 의견 들어야 함.
- 식품의약품안전청장은 위해평가, 심의위원회 심의, 의결에 위해가 없다고 인정된 식품에 지체 없이 일시적 금지조치 해제해야 함.

07 식품위생법령상 영업허가 대상인 업종은?

① 일반음식점영업　　② 식품조사처리업
③ 식품소분, 판매업　　④ 즉석판매제조, 가공업

[해설] 식품위생법령상 영업허가 대상인 업종은 단란주점영업 유흥주점영업(특별자치도지사 또는 시장·군수·구청장), 식품조사처리업(식품의약품안전청장)이다.

08 다음 중 식품위생법에서 다루는 내용은?

① 영양사의 면허 결격사유
② 디프테리아 예방
③ 공중이용시설의 위생관리
④ 가축전염병의 검역 절차

[해설] • 디프테리아 예방: 전염병 예방법
• 공중이용시설의 위생관리: 공중위생관리법
• 가축전염병의 검역 절차: 가축전염병 예방법

09 식품위생법상 식품을 제조, 가공 또는 보존함에 있어 식품에 첨가, 혼합, 침윤 기타의 방법으로 사용되는 물질(기구 및 용기, 포장의 살균, 소독의 목적에 사용되어 간접적으로 식품에 이행될 수 있는 물질을 포함한다)이라 함은 무엇에 대한 정의인가?

① 식품
② 식품첨가물
③ 화학적 합성품
④ 기구

[해설] 식품위생법상 식품을 제조, 가공 또는 보존함에 있어 식품에 첨가, 혼합, 침윤 기타의 방법으로 사용되는 물질(기구 및 용기, 포장의 살균, 소독의 목적에 사용되어 간접적으로 식품에 이행될 수 있는 물질을 포함한다)이라 함은 식품첨가물에 대한 정의이다.

10 식품 등의 표시기준상 "유통기한"의 정의는?

① 해당식품의 품질이 유지될 수 있는 기한을 말한다.
② 해당식품의 섭취가 허용되는 기한을 말한다.
③ 제품의 출고일로부터 대리점으로의 유통이 허용되는 기한을 말한다.
④ 제품의 제조일로부터 소비자에게 판매가 허용되는 기한을 말한다.

[해설] 유통기한의 정의는 식품위생법에 따르면 소비자에게 판매가 허용되는 기한으로 고시하고 있다.

11 농수산물의 원산지 표시 등에 관한 법률에서 농산물이나 수산물이 생산·채취·포획된 국가·지역이나 해역을 말하는 것은 무엇인가?

① 원산지
② 유통이력
③ 수산물
④ 농수산물

[해설] ② 유통이력: 수입 농산물 및 농산물 가공품에 대한 수입 이후부터 소비자 판매 이전까지의 유통단계별 거래명세를 말하며, 그 구체적인 범위는 농림축산식품부령으로 정한다.
③ 수산물: 어업활동 및 같은 호 마목에 따른 양식업활동으로부터 생산되는 산물을 말한다.
④ 농수산물: 농산물과 수산물을 말한다.

제1장 음식 위생관리

12 다음 중 식품, 식품첨가물, 건강기능식품, 축산물에 들어있는 영양성분의 양 등 영양에 관한 정보를 표시하는 것을 무엇이라 하는가?

① 식품첨가물 ② 표시
③ 영양표시 ④ 광고

[해설] ① 식품첨가물:「식품위생법」제2조제2호에 따른 식품첨가물(해외에서 국내로 수입되는 식품첨가물을 포함한다)을 말한다.
② 표시: 식품, 식품첨가물, 기구, 용기 · 포장, 건강기능식품, 축산물(이하 "식품등"이라 한다) 및 이를 넣거나 싸는 것(그 안에 첨부되는 종이 등을 포함한다)에 적는 문자 · 숫자 또는 도형을 말한다.
④ 광고: 라디오 · 텔레비전 · 신문 · 잡지 · 인터넷 · 인쇄물 · 간판 또는 그 밖의 매체를 통하여 음성 · 음향 · 영상 등의 방법으로 식품등에 관한 정보를 나타내거나 알리는 행위를 말한다.

13 다음 중 보존료가 아닌 것은?

① 안식향산(Benzoicacid)
② 소르빈산(Sorbic acid)
③ 프로피온산(Propionic acid)
④ 구아닐산(Guanylic acid)

[해설] 구아닐산 조미료에 속한다.

14 다음 식품 첨가물 중 주요 목적이 다른 것은?

① 과산화벤조일 ② 과황산암모늄
③ 이산화염소 ④ 아질산나트륨

[해설] • 아질산나트륨: 발색제
• 과산화벤조일, 과황산암모늄, 이산화염소: 밀가루 개량제

15 삭카린나트륨을 사용할 수 없는 식품은?

① 된장 ② 김치류
③ 어육가공품 ④ 뻥튀기

[해설] 삭카린나트륨: 대표적인 단맛을 내는 인공 첨가물(감미료)의 일종으로, 식품공전에 의해 정해진 허용기준은 다음과 같다.
• 김치 · 절임식품: 1.0g/kg 이하. 다만, 김치류는 0.2g/kg 이하
• 음료류(발효음료류 제외): 0.2g/kg 이하(다만, 5배 이상 희석하여 사용하는 것은 1.0g/kg 이하)
• 어육가공품: 0.1g/kg 이하
• 영양보충용제품, 특수의료용도등식품, 체중조절용 조제식품 및 시리얼류: 1.2g/kg 이하
• 뻥튀기: 0.5g/kg이하

16 식품첨가물의 사용제한 기준이 아닌 것은?

① 사용할 수 있는 식품의 종류 제한
② 식품에 대한 사용량 제한
③ 사용 방법에 대한 제한
④ 사용 장소에 대한 제한

[해설] 식품첨가물의 사용제한 기준에 사용 장소에 대한 제한은 없다.

17 일반 가열 조리법으로 예방하기 가장 어려운 식중독은?

① 살모넬라에 의한 식중독
② 웰치균에 의한 식중독
③ 포도상구균에 의한 식중독
④ 병원성 대장균에 의한 식중독

[해설] 포도상구균 식중독을 일으키는 독소는 열을 가해도 파괴되지 않아 이미 독소가 생성된 음식물은 끓여도 식중독을 일으키게 되므로 미심쩍은 음식은 먹지 말아야 한다.

18 클로스트리디움 보툴리눔(Clostridium botulinum) 식중독에 대한 설명으로 옳은 것은?

① 독소는 독성이 강한 단백질 성분으로 열에 강하다.
② 주요 증상은 현기증, 두통, 신경장애, 호흡곤란이다.
③ 발병 시기는 음식물 섭취 후 3~5시간 이내이다.
④ 균은 아포를 형성하지 않는다.

[해설] 클로스트리디움 보툴리눔 식중독의 발병 시기는 음식물 섭취 후 12~36시간이며, 편성혐기성 포자 형성균이다. 뉴로톡신 독소에 의해 발생한다.

19 다음 중 위해요소중점관리기준(HACCP)을 수행하는 단계에 있어서 가장 먼저 실시하는 것은?

① 중점관리점 규명
② 관리기준의 설정
③ 기록유지방법의 설정
④ 식품의 위해요소를 분석

[해설] HACCP Plan 의 개발 (실시 7 단계)
　　1.위해분석(위해요소의 분석과 위험평가)
　　2.중요관리점의 특정(중요관리점 확인)
　　3.관리기준(Critical Limits, 허용한계치)의 설정

제1장 음식 위생관리

4. 모니터링(감시관리, Monitoring)방법의 설정
5. 개선조치(Corrective Action)의 설정
6. 기록유지 및 문서작성 규정의 설정
7. 검증(Verification) 방법의 설정

20 식품과 자연독의 연결이 틀린 것은?

① 독버섯-무스카린(muscarine)
② 감자-솔라닌(solanine)
③ 살구씨-파세오루나틴(phaseolunatin)
④ 목화씨-고시폴(gossyqol)

[해설] 살구씨-아미그달린

21 다음 중 일반적으로 복어의 독성분인 데트로도톡신이 가장 많은 부위는?

① 근육　　　　　　　　　② 피부
③ 난소　　　　　　　　　④ 껍질

[해설] 복어에서 데트로도톡신이 가장 많은 부위는 난소이다.

22 감염형 세균성 식중독에 해당하는 것은?

① 살모넬라 식중독
② 수은 식중독
③ 클로스트리디움 보툴리늄 식중독
④ 아플라톡신 식중독

[해설] 감염형 세균성 식중독의 원인균에는 살모넬라, 장염 비브리오, 병원성 대장균(장출혈성 대장균- O157:H7), 캠필로박터, 여시니아 엔테로컬리티카, 리스테리아 등이 있다.

23 다음 미생물 중 곰팡이가 아닌 것은?

① 아스퍼질러스(Aspergillus) 속
② 페니실리움(Penicillium) 속
③ 클로스트리디움(Clostridium) 속
④ 리조푸스(Rhisopus) 속

[해설] 클로스트리디움속은 혐기성, 그람음성으로 포자를 생성하는 막대 모양의 세균속이다.

24 다음 중 국내에서 허가된 인공감미료는?

① 둘신(dulcin)
② 식카린나트륨(sodium saccharin)
③ 사이클라민산나트륨(sodium cyclamate)
④ 엘틸렌글리콜(ethylene glycol)

[해설] 식카린나트륨 사용 기준은 추잉껌 1.2g/kg 이하, 잼류 0.2g/kg 이하, 양조간장 0.16g/kg 이하, 소스류 0.16g/kg 이하, 토마토케첩 0.16g/kg 이하, 조제커피 0.2g/kg 이하, 탁주 0.08g/kg 이하, 소주 0.08g/kg 이하 등이다.

25 후천성 면역결핍의 바이러스 감염경로가 아닌 것은?

① 혈액
② 성행위
③ 모자감염
④ 경구감염

[해설] 후천성 면역결핍의 바이러스는 경구감염이 되지 않는다.

26 주요용도와 식품첨가물의 연결이 옳은 것은?

① 삼이산화철-발색제
② 이산화티타늄-표백제
③ 명반-피막제
④ 호박산-산도조절제

[해설] 호박산-유화제

27 우유의 살균방법으로 130~150℃에서 0.5~5초간 가열하는 것은?

① 저온살균법
② 고압증기멸균법
③ 고온단시간살균법
④ 초고온순간살균법

[해설] 우유를 130~150℃에서 0.5~5초간 가열하는 살균법은 초고온순간살균법이다.

28 클로스트리디움 보툴리눔 식중독을 일으키는 주된 원인식품은?

① 통조림 식품
② 채소류
③ 과일류
④ 곡류

[해설] 클로스트리디움 보툴리눔은 보통 상한고기나 상한 통조림에서 발견된다.

29 사용이 허가된 발색제는?

① 폴리 아크릴산 나트륨
② 알긴산 프로필렌글리콜
③ 카르복시 메틸 스타치 나트륨
④ 아질산나트륨

[해설] 발색제: 염지 시 사용되는 꼭 필요한 식품첨가물이고 우리나라에서는 질산칼륨, 질산나트륨 및 아질산나트륨의 사용이 허가되어 있다.

30 굴을 먹고 식중독에 걸렸을 때 관계되는 독성물질은?

① 시큐톡신(Cicutoxin)
② 베네루핀(Venerupin)
③ 테트라민(Tetramine)
④ 테무린(Temuline)

[해설] ① 시큐톡신: 독미나리에서 추출되는 것이다.
③ 테트라민: 매물고둥류를 먹었을 때 생기는 중독의 원인이 되는 물질이다.
④ 테무린: 독보리에서 추출되는 것이다.

31 곰팡이 독소(Mycotoxin)에 대한 설명으로 틀린 것은?

① 곰팡이가 생산하는 2차 대사산물로 사람과 가축에 질병이나 이상생리작용을 유발하는 물질이다.
② 온도 24~35℃, 수분7% 이상의 환경조건에서는 발생하지 않는다.
③ 곡류, 견과류와 곰팡이가 번식하기 쉬운 식품에서 주로 발생한다.
④ 아플라톡신(Aflatoxin)은 간암을 유발하는 곰팡이 독소이다.

[해설] 곰팡이 독소의 생육가능 온도는 5~45℃이며 4℃의 저온에서 자라는 곰팡이도 있다. 수분이 13%이하 에서는 잘 자라지 못하지만, 수분이 7%에서도 성장하는 곰팡이들도 있다.

32 화학 물질을 조금씩 장기간에 걸쳐 실험동물에게 투여했을 때 장기나 기관에 어떠한 장해나 중독이 일어나는가를 알아보는 시험으로, 최대무작용량을 구할 수 있는 것은?

① 급성독성시험
② 만성독성시험
③ 안전독성시험
④ 아급성독성시험

[해설] ① 급성독성시험: 만성 독성 시험에 상대되는 용어로, 실험용 쥐의 입에 투여한 후, 원칙적으로 1주간 관찰하여 50% 치사량(LD50) 값을 구하는 시험을 말한다.
④ 아급성독성시험: 치사량이하의 여러농도를 투여하여 생체에 미치는 영향을 관찰하는 시험, 약 4주간 진행된다.

33 식육 및 어육제품의 가공 시 첨가되는 아질산과 이급아민이 반응하여 생기는 발암물질은?

① 벤조피렌(Benxopyrene)
② PCB(Polychlorinated Biphenyl)
③ 니트로사민(N-nitrosamine)
④ 말론알데히드(Malonaldehyde)

[해설] ① 벤조피렌: 화석연료 등의 불완전연소 과정에서 생성되는 다환방향족탄화수소의 한 종류로 인체에 축적될 경우 각종 암을 유발하고 돌연변이를 일으키는 환경호르몬이다.
② PCB(폴리염화비페닐): 염소와 비페닐을 반응시켜 만드는 매우 안정한 유기화합물로 물에는 녹지 않지만 기름이나 유기용매에는 녹는다.
④ 말론알데히드: 티오바르비투르산 시약과 반응하여 532nm에서 흡수를 하는 적색물질을 형성한다.

34 식품접객업소의 조리판매 등에 대한 기준 및 규격에 의한 조리용 칼, 도마, 식기류의 미생물 규격은? (단, 사용 중의 것은 제외한다.)

① 살모넬라 음성, 대장균 양성
② 살모넬라 음성, 대장균 음성
③ 황색포도상구균 양성, 대장균 음성
④ 황색포도상구균 음성, 대장균 양성

[해설] 식품접객업소의 조리판매 등에 대한 기준 및 규격에 의한 조리용 칼, 도마, 식기류의 미생물 규격은 살모넬라 음성, 대장균 음성이다.

35 오래된 과일이나 산성 채소 통조림에서 유래되는 화학성 식중독의 원인물질은?

① 칼슘 ② 주석
③ 철분 ④ 아연

[해설] 오래된 과일이나 산성 채소 통조림에서 유래되는 화학성 식중독의 원인물질은 주석이다.

36 장염 비브리오균 식중독에 대한 예방법이 아닌 것은?

① 비브리오 중독 유행기에는 어패류를 생식하지 않는다.
② 저온 저장하여 균의 증식을 억제한다.
③ 식품을 먹기 전에 충분히 가열한다.
④ 쥐, 바퀴벌레, 파리가 매개체이므로 해충을 구제한다.

[해설] 장염 비브리오균 식중독에 대한 예방법
• 60℃에서 15분 이상, 80℃에서 7~8분 이상 가열하여 먹기
• 저온에서 증식이 억제되므로 5℃이하의 냉장고에 보관

제1장 음식 위생관리

- 어류의 표면이나 아가미를 수돗물로 깨끗이 씻기
- 식초 등으로 처리하여도 균의 증식 억제
- 생선이나 어패류를 만진 손으로 요리기구 등을 만지지 말기
- 횟감용 칼, 도마는 구분하여 사용하기
- 오염된 조리 기구는 세정, 열탕 처리를 통해 2차 오염방지

37 식품첨가물의 사용이 잘못된 경우는?

① 값이 싸고 색이 아름다우며 사용상 편리하여 과자를 만들 대 아우라민(auramine)을 사용하였다.
② 허용된 첨가물이라도 과용하면 식중독이 유발될 수 있으므로 사용량을 잘 지켜 사용하였다.
③ 롱가릿은 밀가루 또는 물엿의 표백작용이 있으나 독성물질의 잔류 때문에 사용하지 않았다.
④ 보존료로서 식품첨가물로 지정되어 있는 것은 사용기준이 정해져 있으므로 이를 잘 지켜 사용하였다.

[해설] 아우라민: 황색 염기성 염료의 하나. 독성이 강하여 식품에는 사용이 금지되어 있으며, 무명·레이온·종이·피혁 따위의 염색에 쓴다.

38 식품 위생의 대상에 해당되지 않는 것은?

① 영양제
② 비빔밥
③ 과자봉지
④ 합성착색료

[해설] 식품 위생의 대상에는 식품, 첨가물, 기구, 용기, 포장 등이 있다.

39 보존성에 대한 설명으로 틀린 것은?

① 수확 혹은 가공된 식품이 식용으로서 적합한 물질과 위생 상태를 유지하는 성질을 말한다.
② 유통과정, 소매점의 상품관리에 의해서는 보존기간이 변동될 수 없다.
③ 장기저장이 가능한 통, 병조림이라도 온도나 광선의 영향에 의해 품질변화가 일어난다.
④ 신선식품은 보존성이 짧은 것이 많아 상품의 온도 관리에 따라 그 보존기간이 크게 달라진다.

[해설] 보존성: 수확 혹은 가공된 식품이 식용으로서 적합한 품질과 위생상태를 유지하는 기간을 말한다. 유통기간은 어디까지나 목표이므로 유통과정, 소매점의 상품관리(온도관리)에 따라 보존기간은 변동될 수 있다.

40 주로 부패한 감자에 생성되어 중독을 일으키는 물질은?

① 셉신(Sepsine)
② 아미그달린(amygdalin)
③ 시큐톡신(cicutoxin)
④ 마이코톡신(mycotoxin)

[해설] ② 아미그달린: 청매(매실)에 함유되어 있다.
③ 시큐톡신: 독미나리에 함유되어 있다.
④ 마이코톡신: 곰팡이의 대사산물 중, 인축에 해로운 작용을 하는 물질에 대한 총칭이다.

41 식품 등의 표시기준을 수록한 식품 등의 공전을 작성, 보급하여야 하는 자는?

① 식품의약품안전청장
② 보건소장
③ 시 · 도지사
④ 식품위생감시원

[해설] 식품 등의 표시기준을 수록한 식품 등의 공전을 작성, 보급하여야 하는 자는 식품의약품안전청장이다.

42 식품위생법령상 쇠고기, 돼지고기, 닭고기의 원산지 및 종류를 표시해야 하는 대통령령으로 정하는 조리방법이 아닌 것은?

① 볶음
② 구이
③ 찜
④ 육회

[해설] 식품위생법령상 쇠고기, 돼지고기, 닭고기의 원산지 및 종류를 표시해야 하는 대통령령으로 정하는 조리방법에는 육회, 찜, 육회가 있다.

43 식품위생 대책에 대한 설명으로 틀린 것은?

① 한번 가열, 조리된 식품은 저장 시 미생물의 오염 염려가 없다.
② 젖은 행주에는 공기 중의 세균이나 곰팡이가 오염되어 온도가 높아지면 미생물이 증식하기 쉬우므로 사용 중에도 건조한 상태를 유지하도록 한다.
③ 식품 찌꺼기는 위생해충의 서식에 이용될 수 있으므로 철저히 처리한다.
④ 식품취급자의 손은 식중독과 경구전염병균의 침입경로가 되므로 손의 수세 및 소독에 유의한다.

제1장 음식 위생관리

44 다음 중 미생물에 의한 식품의 부패원인과 가장 관계가 깊은 것은?

① 습도 ② 냄새
③ 색도 ④ 광택

[해설] 식품의 부패원인
- 식품 중 효소에 의한 변화
- 대기 중의 영향(O, 온도, 습도 등)
- 공학적인 요소(세척제 등)
- 오염(먼지, 때, 냄새, 등 다른 환경에 의하여)

45 부적절하게 조리된 햄버거 등을 섭취하여 식중독을 일으키는 O517:h7균은 다음 중 무엇에 속하는가?

① 살모넬라균 ② 리스테리아균
③ 대장균 ④ 비브리오균

[해설] O157은 병원성 대장균이다.

46 식품위생법령상 영업허가를 받아야 하는 업종은?

① 식품제조가공업
② 즉석판매제조가공업
③ 일반음식점영업
④ 단란주점영업

[해설] 식품위생법령상 영업허가 대상인 업종은 단란주점영업 유흥주점영업(특별자치도지사 또는 시장·군수·구청장), 식품조사처리업(식품의약품안전청장)이다.

47 생선 및 육류의 초기부패 판정 시 지표가 되는 물질에 해당되지 않는 것은?

① 휘발성염기질소(VBN)
② 암모니아(ammonia)
③ 트리메틸아민(trimethylamine)
④ 아크로레인(acrolein)

[해설] 생선 및 육류의 초기부패 판정 시 지표가 되는 물질에는 휘발성 염기질소, 암모니아, 트리메틸아민 등이 있다.

48 만성중독의 경우 반상치, 골경화증, 체중감소, 빈혈 등을 나타내는 물질은?

① 붕산 ② 불소
③ 승홍 ④ 포르말린

[해설] ① 붕산: 붕산수로 가글링을 지속적으로 하였을 때 발생할 수 있으며 식욕부진, 무력감, 착란 등의 증상과 탈모가 발생하기도 한다.
③ 승홍: 이염화수은을 섭취함으로써 생기는 중독 증상으로 부식성 입안염과 소화관염을 일으켜, 복통·구토·토혈·하혈 따위의 증상을 보인다.
④ 포르말린: 대량 흡수시 소화기관에 염증이 생기고 의식을 잃는다.

49 사시, 동공확대, 언어장해 등의 특유의 신경 마비증상을 나타내며 비교적 높은 치사율을 보이는 식중독 원인균은?

① 클로스트리움 보튤리늄균 ② 포도상구균
③ 병원성 대장균 ④ 셀레우스균

[해설] ② 포도상구균: 일반적으로 곡류 및 가공품, 복합조리식품, 유제품 등에서 가장 많이 발생되고 있다.
③ 병원성 대장균: 대장균 중에 인간에게 병원성이 있는 것을 병원성 대장균이라고 말하고 있다. 특정한 혈청형 대장균 이외에 독소를 산생하는 대장균에 의한 식중독도 최근에 확인되어 있다. 이 균에 의한 식중독은 많이 발생하나 사망자는 없었다.
④ 셀레우스균: 토양, 물 등 자연계에 널리 분포하고, 식품을 오염시킬 기회도 많다. 내 열성의 아포를 잘 형성하기 때문에, 가열식품에도 잔존하며 증식하여 식품부패의 원인으로 된다.

50 식품의 부패 시 생성되는 물질과 거리가 먼 것은?

① 암모니아(Ammonia) ② 트리메틸아민(Trimethylamine)
③ 글리코겐(Glycogen) ④ 아민(Amine)

[해설] 글리코겐: 동물의 체내에 널리 존재하는 저장 다당류의 하나로, 간이나 근육에 존재하며 세포질 속에서 물에 불용상태인 과립으로 존재한다.

51 그 질병으로 인하여 죽은 동물의 고기·뼈·젖·장기 또는 혈액을 식품으로 판매하거나 판매할 목적으로 채취·수입·가공·사용·조리·저장 또는 운반하거나 진열하지 못하는 질병과 관련이 없는 것은?

① 리스테리아병 ② 살모넬라병
③ 선모충증 ④ 아니사키스

[해설] 아니사키스: 동물이나 생선에서 사는 기생충을 말한다.

52 식품 중 멜라민에 대한 설명으로 틀린 것은?

① 잔류허용 기준상 모든 식품 및 식품첨가물에서 불검출 되어야 한다.
② 생체 내 반감기는 약3시간으로 대부분 신장을 통해 뇨로 배설된다.
③ 반수치사량(LD50)은 3.2kg이상으로 독성이 낮다.
④ 많은 양의 멜라민을 오랫동안 섭취할 경우 방광결석 및 신장결석 등을 유발한다.

[해설] 식품 중 멜라민은 이유식, 분유 등 영·유아 대상 식품에 대해서는 불검출로, 그 외 모든 식품이나 식품첨가물에 대해서는 선진국 기준 등을 참고하여 2.5ppm이하로 고시하였다.

53 다음 중 제1감염병이 아닌 것은?

① 페스트
② 장출혈성대장균감염증
③ 세균성이질
④ 디프테리아

[해설] 제1감염병: 전염속도가 빠르고 국민건강에 미치는 위해 정도가 매우 커서 발생 또는 유행 즉시 방역대책을 수립해야 하는 감염병으로 페스트, 콜레라, 장티푸스, 세균성이질, 장출혈성대장균감염종 등이 있다.

54 식품위생법에 의한 식중독에 해당하지 않는 경우는?

① 금속조각에 의하여 이가 부러짐
② 도시락을 먹고 세균성장염에 걸림
③ 포도상구균독소에 중독됨
④ 아플라톡신에 중독됨

[해설] 식품위생법상 식중독이라고 하면 병원성 균에 오염된 음식물을 섭취하고 발생되는 소화기계성 질환으로 구토, 설사, 복통, 발열 등을 포함하는 증상을 말한다.

55 다음 중 판매 등이 금지되는 병육에 해당하지 않는 것은?

① 리스테리아병에 걸린 가축의 고기
② 조류인플루엔자에 걸린 가축의 고기
③ 소해면상뇌증(BSE)에 걸린 가축의 고기
④ 거세한 가축의 고기

[해설] 거세는 고기의 질을 향상시키기 위한 제일 좋은 방법으로 육질에 절대적인 영향을 미치는 근내지방도가 비육기에 크게 증가하고, 근섬유가 가늘어 지며 고기의 연도 등이 좋아져 육질을 크게 향상시키는 효과가 있을 뿐만 아니라 소의 성질을 온순하게 하여 사양관리를 용이하게 할 수 있다.

56 하천수에 대한 설명 중 틀린 것은?

① 하천수의 구성성분은 계절, 배수지역의 지형에 따라 다르다.
② 홍수 시에는 하천 유량의 대부분이 표면수로 되어 있다.
③ 건기에는 지하수가 많으며 경도가 높아진다.
④ 최대 유량과 최소 유량 사이의 기간 동안에도 수질의 변화는 거의 없다.

[해설] 하천수: 육지 표면에서 대체로 일정한 유로를 가지는 유수의 계통을 말하며 우리나라에서는 큰 강을 강, 작은 강을 천 또는 수로 나타내고 있지만 오늘날에는 혼용하여 사용하는 경우가 많다. 이러한 하천에 있는 물을 하천수라고 한다.

57 수질오염의 지표로 사용하는 "생물학적 산소요구량"을 나타내는 용어는?

① BOD ② DO
③ COD ④ SS

[해설] 생물학적 산소요구량: 물의 오염을 확인하는 한 지표로 통상 BOD라고 부른다. 어떤 물속의 미생물이 산소가 존재하는 상태에서 유기물을 분해, 안정시키는데 요구되는 산소량이다.

58 감염병예방법상 제2군 전염병에 해당하는 것은?

① 결핵 ② 파상풍
③ 콜레라 ④ 파라티푸스

[해설] 제2군 감염병: 예방접종을 통하여 예방 또는 관리가 가능하여 국가접종사업의 대상이 되는 전염병으로 홍역, 파상풍, 디프테리아, 풍진, 유행성이하선염, 일본뇌염, 수두 등이 있다.

59 자외선에 의한 인체 건강장해가 아닌 것은?

① 설안염 ② 피부암
③ 폐기종 ④ 백내장

[해설] 폐기종: 폐 안에 공기가 병적으로 많이 차 있어 폐포가 커지고 폐의 용적이 지속적으로 커지는 상태를 말한다.

60 공기 중에 먼지가 많으면 어떤 건강장해를 일으키는가?

① 진폐증 ② 울열
③ 저산소증 ④ 레이노드씨병

[해설] ② 울열: 열이 몹시 심하여 속이 답답하고 괴로운 증상을 말한다.
③ 저산소증: 호흡기능의 장애로 숨쉬기가 곤란하여 체내 산소 분압이 떨어진 상태로 동맥혈 가스검사를 시행했을 때 산소 분압이 60mmHg 미만이거나 산소 포화도가 90% 미만일 경우를 의미한다.
④ 레이노드씨병: 수족냉증의 원인 질환으로 가장 흔한 레이노 현상은 추위에 노출되거나 정신적인 스트레스 등

에 의해 혈관이 과도하게 수축되어 처음에는 손이 하얗게 되고 파랗게 변하다가 나중에는 혈관의 확장 작용에 의하여 손가락이 붉은색으로 변하게 되면서 소양감이나 통증이 동반되는 현상이다.

정답

1.②	2.③	3.②	4.①	5.④	6.②	7.②	8.①	9.②	10.④
11.①	12.③	13.④	14.④	15.①	16.④	17.③	18.②	19.④	20.③
21.③	22.①	23.③	24.②	25.④	26.④	27.②	28.①	29.④	30.②
31.②	32.②	33.③	34.②	35.②	36.④	37.①	38.①	39.②	40.①
41.①	42.①	43.①	44.①	45.③	46.④	47.④	48.②	49.①	50.③
51.④	52.①	53.④	54.①	55.④	56.④	57.①	58.②	59.③	60.①

Chepter 02
한식 재료관리

01 한식 안전관리

1 개인 안전관리

1. 작업 안전관리
① 안전사고의 원인
- ㉠ 시설적인 요소: 노후하거나 불완전한 시설에 의한 사고
- ㉡ 인적인 요소: 조리종사원의 잘못된 작업 행동에 의한 사고

2. 조리원의 안전사고 내용과 분석 및 방지대책
① 골절, 낙상
- ㉠ 원인
  - ⓐ 바닥에 기름기나 물기로 인해 미끄러운 경우
  - ⓑ 바닥에 식재료가 떨어져 있어 걸려 넘어지는 경우
- ㉡ 대책
  - ⓐ 배수가 잘되는 곳에 물을 배출시켜 바닥을 마른 상태로 유지시켜 준다.
  - ⓑ 식재료가 바닥에 떨어지지 않도록 주의하며, 기름을 사용한 조리가 끝난 뒤엔 즉시 바닥을 닦아 준다.
  - ⓒ 미끄럼 방지용 장화를 반드시 착용해 준다.
  - ⓓ 조리장 내에선 뛰어다니지 않는다.

② 창상, 절상
- ㉠ 원인
  - ⓐ 칼날이 무딘 것을 사용하는 경우
  - ⓑ 사용한 칼을 작업장 내에 아무렇게나 방치하는 경우
- ㉡ 대책
  - ⓐ 칼 같이 위험한 도구는 사용한 후에 일정한 장소에 보관해야 하며, 작업대 가장자리에 놓지 않는다.
  - ⓑ 칼을 가지고 작업을 할 땐 항상 주의·집중한다.
  - ⓒ 칼을 정기적으로 갈아서 사용한다.

③ 근육통, 요통 및 타박상

㉠ 원인
　　　　ⓐ 무거운 식재료나 조리 기구를 허리를 굽히지 않고 바로 들어 올리는 경우
　　　　ⓑ 작업대나 운반차 등의 모서리에 부딪치는 경우
　　㉡ 대책
　　　　ⓐ 무거운 식재료나 조리 기구는 이동작업대를 이용하여 이동해 준다.
　　　　ⓑ 무거운 식재료나 조리 기구를 이동할 때에는 다른 조리원과 같이 이동한다.
④ 화상
　　㉠ 원인
　　　　ⓐ 뜨거운 물이나 튀김기름이 튈 경우
　　　　ⓑ 스팀을 이용한 기구에서 나오는 뜨거운 증기에 직접 노출되는 경우
　　㉡ 대책
　　　　ⓐ 튀김을 할 때 재료는 가장자리에서 살짝 밀어 넣어 기름이 튀지 않게 한다.
　　　　ⓑ 스팀기구 사용 시 증기가 완전히 빠져나간 후에 뚜껑을 연다.
⑤ 감전사고
　　㉠ 원인
　　　　ⓐ 전기의 출력이 불완전한 경우
　　　　ⓑ 전기기구에 물기가 닿는 경우
　　㉡ 대책
　　　　ⓐ 한 콘덴서에 많은 기구를 사용하지 않는다.
　　　　ⓑ 전기기루를 취급할 때에는 물기가 있는 손으로 다루지 않는다.

3. 기계·기구 등에 대한 안전사고 내용과 분석 및 방지대책

① 야채절단기, 분쇄기, 탈피기 등
　　㉠ 원인
　　　　ⓐ 고무장갑을 끼고 일하면 손에 감각이 떨어져 움직임이 느려지는 경우
　　　　ⓑ 작동하는 기계에 손을 넣는 경우
　　　　ⓒ 기계를 분해할 때 맨손으로 작업하는 경우
　　㉡ 대책
　　　　ⓐ 재료를 투입구에 넣을 때엔 고무장갑을 벗고 한다.
　　　　ⓑ 재료를 기구에 투입할 때엔 안전보조기구를 반드시 사용한다.
　　　　ⓒ 칼날 같은 부품을 분해할 때에는 보호 장갑을 착용하고 작업을 한다.
　　　　ⓓ 시위치가 on 위치에 있는지 off 위치에 있는지 확인한다.
　　　　ⓔ 기계의 작동이 완전히 멈춘 뒤에 손을 댄다.

② 스팀기구류
  ㉠ 원인
    ⓐ 스팀이 완전히 배출되지 않았는데 문을 여는 경우
    ⓑ 회전식 기구류의 경우 안전핀으로 고정하지 않은 경우
  ㉡ 대책
    ⓐ 압력게이지를 반드시 확인한 뒤에 문을 연다.
    ⓑ 안전핀이 제대로 고정되어 있는지 확인한다.
③ 가스기구류
  ㉠ 원인
    ⓐ 가스 점화할 때 순서를 지키지 않은 경우
    ⓑ 콕 또는 호스를 연결한 부위에서 가스가 새는 경우
  ㉡ 대책
    ⓐ 가스 점화할 때 순서를 지켜준다.
    ⓑ 비눗물을 사용하여 연결부위에서 가스가 새는지 정기적으로 점검한다.
    ⓒ 가스사용 시 환기를 자주 한다.

4. 안전사고 발생 시 대처요령
① 작업을 멈추고 관리자에게 즉각 보고한다.
② 다른 조리원과 접촉을 피한 후 조리장소로부터 격리시킨다.
③ 상처가 날 경우 상처부위를 눌러 지혈해 준다.
④ 경미한 상처는 과산화수소로 소독하고 항생제 성분이 있는 연고 등을 발라준다.
⑤ 치료되지 않은 상처는 박테리아균의 원인이 되므로 반창고로 상처부위를 감싸준다.
⑥ 부득이하게 작업에 임해야 하는 경우엔 음식물이나 식기를 처리하는 작업을 하지 않는다.
⑦ 출혈이 계속될 경우 출혈이 있는 부위를 심장보다 높게 하여 병원으로 이송한다.

2 작업환경 안전관리

1. 화재예방 및 조치방법
① 화재 위험요인
  ㉠ 조리 작업을 하는 주방에는 전기제품을 많이 사용하므로, 누전에 의한 전기화재의 위험이 있다.

ⓒ 가스연료를 많이 사용하므로 직접적인 화재발생 가능성이 높다.
　　ⓒ 식용유 등의 인화성물질을 많이 사용하기 때문에 화재발생과 확산이 빨리 진행된다.
② 화재 예방 요령
　　㉠ 조리를 할 때 화기 주변에 종이와 같은 가연성 물질을 가까이 하지 않는다.
　　㉡ 화재 발생 시 경보를 울리거나 큰 소리를 질러 주위 사람들에게 알린다.
　　㉢ 불을 끌 땐 소화기나 소화전을 이용한다.
　　㉣ 평소에 소화기 사용법과 소화기가 놓여있는 장소는 잘 숙지하고 있어야 한다.
　　㉤ 몸에 불이 붙었을 때엔 즉시 바닥에서 구른다.
　　㉥ 이상이 있는 코드나 전기 기구는 사용하지 않는다.
　　㉦ 뜨거운 오일과 유지를 화염원 가까이에 두지 않는다.
③ 소화기 설치 및 관리요령
　　㉠ 소화기는 눈에 잘 띄며 통행하는데 지장을 주지 않는 곳에 설치한다.
　　㉡ 습기가 적고 건조하며 서늘한 곳에 설치한다.
　　㉢ 유사시에 대비해 점검을 수시로 하고 파손, 부식 등을 확인한다.
　　㉣ 다 사용한 소화기는 다시 사용이 가능하도록 허가업체에서 약제를 충전한다.
④ 소화기 사용법
　　㉠ 소화기의 안전핀을 뽑는다.
　　㉡ 한 손은 손잡이를, 다른 한 손은 호스를 잡는다.
　　㉢ 호스를 불쪽으로 향하게 한다.
　　㉣ 상하 손잡이를 누르고 빗자루로 쓸 듯이 뿌린다.
⑤ 소화전 사용방법
　　㉠ 소화전함의 문을 연다.
　　㉡ 결합된 호스와 관창을 화재가 발생한 곳 가까이까지 끌고 가서 늘어뜨린다.
　　㉢ 소화전함에 설치된 스위치를 넣은 뒤, 밸브를 시계 반대 방향으로 돌리면 물이 나온다.

02 한식 재료관리

1 식품재료의 성분

1. 수분

① 물의 역할
  ㉠ 영양소를 운반해 준다.
  ㉡ 건조된 것을 원상태로 회복해 준다.
  ㉢ 콜로이드의 분산매로서의 삼투압을 조절해 준다.
  ㉣ 가열조건을 일정하게 유지시켜 준다.
  ㉤ 녹말의 A화 같은 물리적 변화를 도와준다.
  ㉥ 열을 전달해 준다.

② 물의 특징
  ㉠ 자유수의 특징
    ⓐ 0℃이하에서는 쉽게 동결한다.
    ⓑ 4℃에서 비중이 1로 제일 크고 동결에 의하여 부피가 증가한다.
    ⓒ 용매(당류, 염류, 수용성 단백질 등)로서 작용한다.
    ⓓ 식품이 흡습·방습하여 주변 환경에 따라 변동되기 쉽다.
    ⓔ 건조시키면 쉽게 제거된다.
    ⓕ 비열, 표면장력, 점성이 크다.
    ⓖ 비점과 융점이 높다.
    ⓗ 미생물에 이용된다.
    ⓘ 화학반응에 관여하는 물이다.
  ㉡ 결합수의 특징
    ⓐ 0℃이하에서도 얼지 않는다.
    ⓑ 100℃이상으로 가열하여도 제거되지 않는다.
    ⓒ −18℃이하에서도 액상으로 존재한다.
    ⓓ 다른 용질의 용매로 이용되지 않는다.
    ⓔ 식품 중의 탄수화물과 단백질 분자들과 수소결합을 하고 있다.
    ⓕ 수증기압이 보통 물보다 낮다.

ⓖ 자유수보다 밀도가 크다.

ⓗ 미생물의 번식에 이용되지 않는다.

③ 수분활성도

㉠ 식품의 수분활성도는 그 식품이 나타내는 수증기압(P)에 대한 같은 온도에서 순수한 물의 수증기압(P°)의 비율이다.

수분활성도(Aw)=P/P°

㉡ 세균: 0.90이상, **효모**: 0.88이상, **곰팡이**: 0.80이상

㉢ 비효소적 갈변반응은 수분활성도가 증가하면 커지나 수분활성도가 0.8이상에서는 억제된다.

㉣ 식품의 수분활성도는 1보다 작아 건곡곡류는 0.6~0.7, 과일·채소는 0.95이상이다.

㉤ 중간수분식품: 수분활성도가 0.65~0.85의 수분량이 10~40%인 식품이다.

㉥ 이력현상: 흡습과정과 탈습과정에서 수분함량의 차이가 있는 것이다.(원인: 식품의 크기)

2. 탄수화물

자연계에 다량으로 존재하는 중요한 유기 화합물로서 탄소, 수소, 산소 등의 원소로 구성되어 있으며, 녹말과 여러 가지 형태의 당류 등이 있다.

① 단당류(더 이상 가수분해 할 수 없는 최소단위의 당질)

㉠ 포도당

ⓐ 자연계의 널리 분포하고 과일 중에 많이 함유되어 있다.

ⓑ 포유동물의 혈액 속에 혈당으로 0.1%존재한다.

ⓒ 전분, 섬유소, 맥아당, 유당, 설탕 등의 구성성분이다.

ⓓ 동물체내의 간과 근육에 글리코겐형태로 저장되어 있다.

ⓔ 상대적 감미도 75이다.

㉡ 과당

ⓐ 과일 벌꿀 등에 존재한다.

ⓑ 이눌린의 구성성분이다.

ⓒ 당류 중 가장 빠르게 소화되고 흡수된다.

ⓓ 상대적 감미도175로 가장 강하다.

㉢ 갈락토오스

ⓐ 해조류 우뭇가사리에 많이 들어있다.

ⓑ 유당의 구성성분이다.

② 이당류 (단당류2개가 결합된 당류)

㉠ 자당

ⓐ 광합성 작용을 하는 모든 식물에 있는데 특히 사탕수수, 사탕무우에 많다.
ⓑ 구성은 포도당과 과당으로 되어있으며 비환원당이다.
ⓒ 급원은 과즙이나 설탕이다.
ⓛ 맥아당(엿당)
ⓐ 녹말의 가수분해 산물로 생성되며 두 개의 포도당으로 구성되어 있다.
ⓑ 환원당이며 급원은 식혜이다.
ⓒ 유당(젖당)
ⓐ 포유동물의 젖에 존재하는 당으로 환원당이다.
ⓑ 과량 섭취하거나 유당분해 효소가 부족하며 소화되기 어렵다.
ⓒ 빵에서 착색효과를 내며 칼슘흡수와 이동에 도움을 준다.
ⓔ 올리고당
ⓐ 3~10개의 단당류로 구성되며 당단백질이나 당지질의 구성성분으로서 세포내에서는 주로 생체막에 부착되어 있고, 소포체와 골지체등의 분비형 단백질과 결합되어 있다.
ⓑ 콩류에 있는 올리고당인 라피노오스와 사타기오스는 사람의 소화효소로는 소화가 되지 않으며 대장에 있는 박테리아에 의해 분해되어 가스와 그 부산물로 생성된다.

③ 다당류
㉠ 전분(녹말)
ⓐ 곡류에서 추출되며 수많은 포도당이 축합되어 이루어진 당류이다.
ⓑ 아밀라아제에 의해 가수분해되면 최종산물로 포도당이 생성된다.
ⓒ 보통 아밀로오스 20~25% 아밀로펙틴 75~80% 비율로 구성되어 있다.
ⓓ 녹말에 물을 놓고 가열하면 입자가 팽창하여 점성이 있는 풀상태 즉, 콜로이드상이 되는데 이 현상을 호화라고 한다.
ⓔ 요오드 반응에서 청색을 나타낸다.
㉡ 글리코겐
ⓐ 동물성 전분으로 주로 동물의 세포속에 존재한다.
ⓑ 아밀라아제에 의해 덱스트린과 맥아당으로 분해된다.
ⓒ 포도당의 중합체로 간이나 근육에 저장된다.
ⓓ 요오드 반응에 갈색을 나타낸다.
㉢ 덱스트린: 전분을 가수분해할 때 맥아당으로 분해되기 전 중간 생성물이다.
㉣ 섬유소
ⓐ 식물 세포막의 주성분으로 채소에 많이 들어 있다.
ⓑ 소화 효소가 없어 변비예방에 효과적이고 혈청 콜레스테롤이 늘지 않도록 하여 장압의 발병을 줄인다.

ⓜ 이눌린: 돼지감자, 우엉 등에 존재하며 과당의 중합체이다.
ⓗ 한천
  ⓐ 우뭇가사리을 비롯한 홍조류에 존재한다.
  ⓑ 양갱 및 제과 원료로 사용된다.
ⓢ 펙틴
  ⓐ 과일, 야채 등의 세포벽에 존재한다.
  ⓑ 설탕과 산을 넣어 잼, 젤리, 마아말레이드의 제조에 이용된다.
  ⓒ 젤리화에 필요한 펙틴의 농도는 0.5~1.5%이다.
ⓞ 알긴산
  ⓐ 다시마. 미역 등의 갈조류의 세포막 구성성분이다.
  ⓑ 아이스크림. 유산균. 기타음료에 유화 안정제로 사용된다.

3. 지질

피하지방을 구성하여 체온을 보존하고 지용성 비타민의 흡수를 도우며 외부 충격으로부터 장기를 보호하며 소화흡수율은 95%이다.

① **지방산**

우리몸과 식품에 있는 지방의 구성 성분으로서 긴 탄소 사슬로 서로 연결되어 있고 여기에 많은 수소가 결합되어 있다. 포화정도에 따라 포화지방산, 불포화지방산으로 분류된다.

㉠ **포화지방산**
  ⓐ 탄소원자를 갖고 있어 이중 결합이 없다.
  ⓑ 동물성 식품, 코코넛유, 마가린 등에 많이 함유되어 있고 스테아르산, 팔미트산 등이 여기에 속하여 체내에서 합성이 가능하다.
㉡ 불포화 지방산에 비하여 녹는점이 높다.
㉢ **불포화 지방산**
  ⓐ 이중결합의 수에 따라 단일 불포화 지방산과 다가 불포화지방산으로 나눈다.
  ⓑ 단일불포화지방산은 1개의 이중결합을 갖는데 올리브유에 많이 있는 올레산이 가장 대표적이며 체내 합성이 가능하다.
  ⓒ 2개 이상의 이중결합을 갖는 경우 다가 불포화지방산이라 하는데 이중결합수가 많을수록 융점이 낮고 상온에서 액체 상태로 존재한다.
  ⓓ 리놀렌산은 대표적인 불포화 지방산으로 옥수수기름, 콩기름, 홍화기름, 참기름 등에 존재한다.
  ⓔ 필수 지방산은 모두 불포화 자방산이다
  • 쇼트닝은 불포화 지방산에 수소를 첨가하여 가공한다.

② 지방의 체내기능
　㉠ 중성지방
　　ⓐ 농축된 에너지급원
　　ⓑ 효율적인 에너지 저장고
　　ⓒ 지방성 비타민 흡수촉진
　　ⓓ 맛, 향미 제공 및 포만감
　　ⓔ 체온 조절 및 장기보호기능
　㉡ 인지방
　　ⓐ 소수성과 친수성의 양면성이 있어 유화작용을 할 수 있다.
　　ⓑ 물과 기름에 인지질이 존재하면 지단백 형성 시 지질의 운반을 용이하게 하는데 기여한다.
　㉢ 콜레스테롤
　　ⓐ 인지질과 함께 세포막을 구성하는 지질이다.
　　ⓑ 에스트로겐, 테스토스테론, 코르티코스케로이드 같은 스테로이드계 호르몬의 전구체로 이용되며 또한 체내 피부에서 자외선에 의해 합성되는 비타민D의 전구체인7-디 히드로 콜레스테롤이 콜레스테롤로부터 합성된다.
　㉣ 필수지방산
　　ⓐ 종류에는 리놀레산, 아라키돈산, 리놀렌산
　　ⓑ 성장증진, 피부의 정상적 기능과 생식기능의 정신적 발달에 대해 독보적인 역할을 한다.
　　ⓒ 두뇌 발달과 시각기능유지

③ 지방과 건강
　㉠ 지방은 영양소 중에서 질환과 가장 밀접한 관계가 있는 영양소이다.
　㉡ 지방과 심혈관계 질환
　㉢ 지질의 섭취량이 증가할수록 특히 동물성 지질 섭취가 증가할수록 대장암 발생 위험도가 증가하고 유방암의 경우도 비슷하다.
　㉣ 불포화 지방산의 산화: 불포화 지방산에 있는 이중 결합은 자외선과 열 및 여러 산화 물질들에 의해 쉽게 파괴되어 산패물질을 형성한다.
　㉤ 영양소의 에너지 함량
　　ⓐ 신체는 정상적인 기능을 수행하기 위하여 탄수화물, 단백질, 지방으로부터 필요한 에너지를 얻는다.
　　ⓑ 소화율을 고려하여 식품내의 탄수화물은 4kcal, 단백질은 4kcal, 지방은 9kcal의 에너지를 낸다.

4. 단백질

- 탄소(C), 수소(H), 산소(O) 및 질소(N) 등의 원소로 이루어진 유기화합물이다.
- 단백질의 기본 구성단위는 아미노산으로서, 단백질이 산 또는 효소로 가수분해 될 때 생성된다.
- 세포막, 원형질에 다량 존재하며 당질이나 지질과 같은 에너지원이 될 뿐만 아니라 몸의 근육을 비롯한 여러 조직을 형성, 생명유지에 필수적인 영양소이다.

① 단백질의 분류
  ㉠ 화학적 구성: 단순단백질, 복합단백질, 유도단백질로 나뉜다.
  ㉡ 영양학적 구성: 완전단백질, 부분적 완전단백질, 불완전 단백질로 분류된다.

② 단백질의 기능
  ㉠ 단백질은 1g당 4kcal의 열량을 발생하는 열량원이며, 체세포를 구성하여 임신기나 병의 회복기에 필요한 새 조직을 형성한다.
  ㉡ 체내 삼투압 조절로 체내의 수분 평형 유지를 돕고, 혈액의 pH를 일정하게 유지시켜 주는 역할을 한다.

③ 단백질의 대사
  ㉠ 단백질은 아미노산으로 분해되어 소장에서 흡수된다.
  ㉡ 흡수된 아미노산은 전신의 각 조직에 운반되어 조직 단백질을 구성한다.
  ㉢ 나머지는 혈액과 함께 간으로 운반되어 필요에 따라 분해되고, 요소와 그 밖의 질소 화합물들은 소변으로 배설된다.
  ㉣ 질소 이외의 성분(α-케토글루탐산)은 TCA 회로로 들어가 산화된다. 이때 단백질 1g은 4kcal의 에너지를 발생한다.

④ 단백질의 공급원
  ㉠ 일반적으로 계란, 치즈, 고기 내장에 많이 함유되어 있다.
  ㉡ 우유에는 트립토판과 리신이 풍부하여 곡류(쌀)에 부족 되기 쉬운 단백질을 보충해준다.

5. 무기질

- 미네랄이라고도하며 탄소, 수소, 질소를 제외한 나머지 원소들로 이루어져 있다.
- 생물체내에서 직접적인 열량원은 되지 못하나 신체를 구성하고 있는 중요한 요소이다.
- 골격 구성에 큰 역할을 하여 근육의 이완, 수축 작용을 쉽게 해준다.

① 무기질의 구분
  ㉠ 다량무기질: 칼슘, 칼륨, 인, 황, 나트륨, 염소, 마그네슘
  ㉡ 미량무기질: 철, 요오드, 불소, 아연, 코발트, 구리

② 중요무기질

칼슘(Ca), 철(Fe), 구리(Cu), 요오드(I) 등이 있으며, 이밖에 칼륨(K), 불소(F), 코발트(Co), 아연(Zn), 나트륨(Na), 황(S), 염소(Cl), 마그네슘(Mg), 셀렌(Se) 등이 있다.

㉠ 산, 알칼리의 평형

ⓐ 단백질과 무기질은 산과 염기에 대한 완충작용을 한다. 따라서 혈액과 체액의 정상 pH(pH7.35~7.65)가 유지된다.

ⓑ 황(S), 인(P), 염소(Cl)과 같은 산성을 띠는 무기질을 많이 포함한 산성식품에는 곡류, 육류, 어패류, 난황 등이 있다.

ⓒ 칼슘(Ca), 칼륨(K), 나트륨(Na), 마그네슘(Mg), 철(Fe) 같은 알칼리성 무기질을 많이 포함한 염기성 식품에는 채소, 과일 등의 식물성 식품과 우유 등이 있다.

6. 비타민

- 탄수화물, 지질, 단백질, 무기질 외에 고등동물의 성장, 생명유지에 꼭 필요한 유기영양소이다.
- 3대 영양소, 즉 탄수화물, 지질, 단백질의 대사에 필요한 조효소 역할을 한다.
- 호르몬과 마찬가지로 신체기능을 조절하지만 호르몬은 내분비 기관에서 체내 합성되는 반면, 비타민은 체내에서 합성되지 않는다.
- 음식물에서 섭취해야 한다.
- 부족하면 영양 장애가 일어나나, 에너지를 발생하거나 체물질이 되지는 않는다. 약 20여종이 있다.

① 비타민의 분류

비타민은 녹이는 대상이 기름이냐 물이냐에 따라 크게 지용성 비타민(비타민A, D, E, K)과 수용성 비타민(비타민 B1, B2, B6, B12, C, 니코틴산(니아신), 엽산, 판토텐산)으로 나뉜다.

② 중요비타민

㉠ 지용성 비타민

ⓐ 비타민A(악세로프톨): 생선, 간유, 버터, 김, 새나 짐승의 내장, 노른자, 녹황색 채소, 감, 귤, 토마토 등에 함유

ⓑ 비타민D(칼시페롤): 간유, 버터, 새나 짐승의 내장, 노른자, 청색을 띤 어류, 표고버섯 등에 함유

ⓒ 비타민E(토코페롤): 밀의 배아유, 옥수수기름, 면실유, 노른자, 우유, 버터, 두류, 녹황색채소 등에 함유

ⓓ 비타민K(필로퀴논): 양배추, 시금치, 토마토, 녹황색채소, 간유, 난황 등에 함유.

㉡ 수용성 비타민

비타민B1(티아민), 비타민B2(리보블라빈), 비타민B3(피리독신), 비타민B12(시아노코발라

민), 니아신, 엽산, 판토텐산, 비타민C(아스코르브산) 등이 있다.
③ 비타민 결핍 시 나타나는 증상

비타민A	야맹증, 안구 건조증	비타민C	괴혈병, 체중저하
비타민D	구루병, 골연화증, 불면증	비타민E	적혈구 파괴, 빈혈
비타민B1	각기병, 부정맥	비타민B2	성장부진, 피부 건조증

7. 식품의 색

① 식품의 색
  ㉠ 지용성
    ⓐ 클로로필색소(엽록소): 식품의 녹색채소 색, 마그네슘(Mg)을 함유, 열·산에 불안정하고, 알칼리에 안정하다.
    ⓑ 카로티노이드색소: 동식물계에 널리 분포, 노랑, 주황 색소, 산·알칼리에는 변화가 없으나, 광선에 민감하다.
    • 카로틴류: 당근, 호박, 녹엽, 고구마, 토마토, 감, 살구, 오렌지 등에 함유되어있다.
    • 크산토필류: 옥수수, 고추, 해조 등에 함유되어있다.
  ㉡ 수용성
    ⓐ 플라보노이드색소: 색이 엷은 채소의 색소, 산 안정한 알칼리에 의해선 황색으로 변한다.
    • 옥수수, 밀가루, 양파, 귤껍질 등에 함유되어있다.
    ⓑ 안토시안색소: 과실, 채소, 꽃 및 그 가공품에 포함되는 빨강, 파랑, 보라, 흑보라색을 띠는 수용성 색소군의 총칭이다.
    • 사과, 딸기, 석류, 포도, 가지, 검정콩 등에 함유되어 있다.
    • 산성→중성→알칼리성 변함에 따라 적색→자색→청색으로 변색된다.
  ㉢ 동물성 식품의 색소
    ⓐ 미오글로빈: 근육 중에 존재하는 헤모글로빈과 유사한 색소단백질로 산소와의 결합력은 헤모글로빈보다 높다.(Fe 함유)
    ⓑ 헤모글로빈: 척추동물의 적혈구 속에 다량으로 들어 있는 색소단백질이다.(Fe 함유)
    ⓒ 헤모시아닌: 구리를 함유한 단백질로 오징어, 문어, 전복, 소라, 패류, 새우 등의 연체동물의 혈액에 함유되어 있다.
    ⓓ 카로티노이드: 카로틴과 유사한 색소군으로, 동식물계에 널리 분포한다. 도미의 표피, 연어·송어의 근육, 새우·게의 가열시의 적색, 난황 등에 함유되어 있는 색소이다.
  ㉣ 인공색소
    ⓐ 인공색소에는 타르색소, 소디움 코퍼클로로피린, 삼·이산화철 등이 있는데, 식품위생

법에 의해 식품첨가량이 규제된다.

8. 식품의 갈변
① 식품의 갈변
식품의 조리가공 중이나 저장 중에 색소의 변화에 의하지 않고 갈색으로 되는 현상으로 효소적 갈변과 비효소적 갈변 2가지로 크게 분류된다.

② 갈변의 분류
㉠ 효소적 갈변: 과실이나 야채에 함유되어 있는 타닌 등의 폴리페놀성분이 산화효소의 작용에 의해 산화되고 중합하여 갈변하는 것으로서, 식물조직에 상처를 입으면 일어나기 쉽다.

ⓐ 관련효소
- 폴리페놀 산화효소(polyphenol oxidase)
  - 사과, 배, 가지, 고구마 등과 같은 식품에 들어 있는 카테린, 갈산, 클로로겐산 등 폴리페놀성 물질을 산화하는 효소이다.
  - 다엽 및 담배잎의 갈변에서도 볼 수 있다.
  - 소금에 의하여 불활성 되고 구리, 철은 활성화 시킨다.
  - 고구마 가공 시 변색방지는 아황산처리, 열탕처리, 식염수, 구연산 용액에 침지 등이 있다.
  - 감귤에서는 비타민C를 많이 함유하고 있어 갈변이 잘 일어나지 않는다.
- 티로시나아제
  - 공기 중에서 감자를 절단한 것이 티로시나아제에 의해 흑갈색의 멜라닌 색소를 생성한다.
  - 티로시나아제는 구리를 함유하므로 구리에 의해 더욱 활성화되며, 반대로 Cl에 의해 억제된다. 수용성이므로 감자의 절편을 물에 담가두면 갈변이 잘 일어나지 않는다.

ⓑ 갈변 억제 방법
- 열처리: 온도와 시간에 유의한다.
- 아황산가스 또는 아황산염의 이용: 감자의 경우 pH 6.0에서 효과적으로 억제
- 산소의 제거(질소가스 N를 충전하거나 물에 담가둠)
- 산의 첨가: pH가 낮아지면 갈변속도가 늦어지므로 과실통조림을 할 때 껍질을 벗긴 후 시트르산 용액에 담그는 경우도 있다.
- 아스코르브산(비타민 C)은 산화물을 환원시키므로 소금과 같이 병용하면 산화방지 효과가 증가된다.

㉡ 비효소적 갈변: 당류·아미노산·펩티드·단백질 등 거의 모든 주요 식품 성분이 관계된

다. 특히 가열을 수반하는 가공·조리나 장기간의 저장에 의해 일어난다. 기름은 가열되면 산화분해와 중합에 의해 갈변한다. 비효소적 갈변반응을 이용한 식품에는 된장·간장이 있고, 효소적 갈변반응을 이용한 식품의 예로서는 홍차가 있다.

ⓐ 관련효소
- 메일라드 반응(아미노-카르보닐 반응)
  - 아미노산, 펩티드, 단백질, 아민 등 아미노화합물과 환원당, 알데히드, 케톤, 아스코르브산 등 카르보닐 화합물과의 반응에 의한 것이다.
- 아스코르브산에 의한 갈변
  - 감귤류의 농축과즙의 갈변이다.
  - 아스코르브산에 의해서 생성된 푸르푸랄이 중합되어 일어난 것이다.
  - 산화된 아스코르브산, 즉 디히드로아스코르브산은 그 자신, 혹은 아미노산과 반응하여 착색한다.
  - 아스코르브산에 의한 갈변은 pH가 낮을수록 현저하므로 감귤류의 과즙 등은 갈변을 일으키기 쉽다.
- 당류의 캐러멜화 반응
  - 아미노 화합물이나 유기산이 존재하지 않는 상황에서 주로 당류의 가열분해물, 또는 가열산화물에 의한 갈변반응을 캐러멜화라 한다.
  - 당류를 가열하면 설탕은 160~180℃, 글루코오스는 147℃에서 분해되기 시작하는데 설탕은 글루코오스와 과당으로 분해되고, 이어서 과당은 탈수되어 히드록시메틸푸르푸랄이 되며 이것이 중합되어 착색물질이 생긴다.
  - 글루코오스는 과당에 비하여 탈수되기 어려워 캐러멜화가 잘 안된다.
  - 당류의 캐러멜화에 필요한 최적 pH는 6.5~8.2이다.

ⓑ 비효소적 갈변의 억제방법: 색의 보존, 건조취의 억제 등이 있다.

9. 식품의 맛과 냄새

식품은 각각 그 특유한 맛을 가지고 있으며 식품의 맛은 색깔 및 냄새와 함께 식품의 기호적 가치에 밀접한 관련이 있다.

① 기본적인 맛
  ㉠ 단맛
  설탕이나 꿀 등에서 느끼는 맛의 하나로 다른 맛과 다르게 맛의 농도에 관계없이 맛의 질이 높다.

  ⓐ 단맛성분(설탕의 단맛을 표준물질로 사용)
  - 천연 감미료와 인공 감미료가 있다.

- 감미물질: 당류, 당알코올류, 아미노산류, 일부 방향족화합물, 황화합물 등이 있다.

ⓑ 단맛의 종류
- 포도당: 과실, 벌꿀, 산화당엿 등이 있다.
- 과당: 과실, 벌꿀 등이 있다.
- 맥아당: 물엿, 엿기름 등이 있다.
- 유당(락토오스): 모유, 우유 등이 있다.
- 자당: 설탕이 있다.
- 만니트: 해초가 있다.

ⓒ 신맛

4가지 맛 중 하나로, 수중에서 해리하고 있는 수소 이온에 의하여 생기는 미각. 따라서 산은 전부 신 맛을 나타내지만, 식품의 산은 식초, 산, 락트산, 시트르산, 타르타르산 등 유기산이 대부분이다.

ⓐ 신맛성분
- 신맛성분은 산에서 해리되어 나오는 H^+ 이온에 의한 맛이다.

ⓒ 짠맛

5가지 기본 맛 중의 하나로, 소금(NaCl)에서 느껴지는 맛. 단맛만으로 조미하는 요리를 제외하고, 짠맛은 모든 요리의 조미에 기본이 되는 맛이다.

ⓐ 짠맛성분
- 일반적으로 음이온이 짠맛, 양이온이 부가적인 맛을 낸다.

ⓑ 짠맛의 종류
- 대표적인 물질이 소금(NaCl)이다.

ⓔ 쓴맛

미각 중 기본적인 맛의 하나로 대표적인 맛을 띤 물질로는 키니네가 있고, 미각시험에는 염산키니네가 쓰인다.

ⓐ 쓴맛성분
- 쓴맛 자체는 식품의 기호성을 감소하지만 다른 맛성분과 조화된 약간의 쓴맛은 오히려 기호성을 좋게 한다. 키니네, 카페인 등이 대표적인 쓴맛 성분이다.

ⓑ 쓴맛의 종류
- 커피, 초콜릿: 카페인이 있다.
- 차: 테인 등이 있다.
- 맥주: 호프, 휴물론 등이 있다.
- 코코아: 데오브로마인이 있다.
- 귤껍질: 헤스피리딘, 나린진 등이 있다.

- 오이꼭지: 쿠쿠르비타신이 있다.
② 보조적인 맛
  ㉠ 매운맛
    고춧가루를 맛보았을 때의 톡 쏘는 자극적인 맛으로 입 안 점막을 자극하였을 때 느낄 수 있는 알알한 맛을 말한다.
    ⓐ 매운맛성분
    - 겨자, 마늘, 양파, 고추, 생강 등이 있다.
  ㉡ 감칠맛
    혀를 휘감아 붙들어 매는 것처럼 잊혀지지 아니하고 늘 마음에 감돌 정도로 맛있는 맛을 말한다.
    ⓐ 감칠맛성분
    - 베타인: 오징어, 새우
    - 크레아티닌: 어류, 육류
    - 카노신(Carnosine): 육류, 어류
    - 타우린(Taurine): 오징어, 문어
③ 혀의 미각
  ㉠ 가장 예민한 온도: 30℃ 전후이다.
  ㉡ 가장 높은 온도에서 느낄 수 있는 맛: 매운맛(50~60℃)이다.
④ 식품의 냄새
  ㉠ 식물성 식품의 냄새
    ⓐ 알코올 및 알데히드류: 주류, 감자, 차잎, 복숭아, 오이, 계피 등에서 나타난다.
    ⓑ 에스테르류: 주로 과일의 향에서 나타난다.
    ⓒ 테르펜류: 녹차, 차잎, 레몬, 오렌지 등에서 나타난다.
    ⓓ 황화합물: 마늘, 양파, 부추, 무, 파, 고추냉이 등에서 나타난다.
  ㉡ 동물성 식품의 냄새
    ⓐ 아민류 및 암모니아류: 육류, 어류 등에서 나타난다.
    ⓑ 카보닐화합물 및 지방산류: 버터, 치즈 등의 유제품에서 나타난다.

10. 식품의 물성
① 식품의 교질성
- 산포물질: 식품 내에서 작은 단위로 쪼개져서 다른 연속된 물질 중에 흩어져 있는 것으로 용질이라고도 한다.
- 산포매개체: 산포물질이 흩어져 있을 수 있는 연속된 물질로 용매라고도 한다.

- 산포: 산포물질이 산포매개체에 흩어져 있는 상태로 용액이라고도 한다.

② 식품의 교질상태

　㉠ 진용액

　　ⓐ 용질이 콜로이드 상태가 아니고 분자나 이온의 상태로 균일하게 섞여 있는 용액으로 직경이 1nm이하다.

　　ⓑ 분자운동을 하며 여과지나 양피지를 통과한다.

　　ⓒ 종류: 간장, 식초, 설탕물, 소금물 등

　㉡ 교질(콜로이드)

　　ⓐ 직경1nm~100nm의 입자가 분산되어 있는 용액이다.

　　ⓑ 여과자만 통과하고 브라운 운동을 한다.

　　ⓒ 교질용액의 대부분은 단백질이다.

　　ⓓ 종류: 먹물, 우유 등

　㉢ 현탁액

　　ⓐ 용질의 입자 크기 100nm이상이다.

　　ⓑ 저어주면 섞이다가 곧 용매와 분리된다.

　　ⓒ 종류: 흙탕물, 먹물, 페인트 등

③ 식용에서의 교질상태

분산질	분산매	교질상태	식품의 종류
고체	고체	고체교질	과자, 사탕과자
	액체	고체겔	버터, 마가린, 두부, 초콜릿, 한천 등
	기체	고체거품	빵, 쿠키
액체	고체	현탁질	전분액, 된장국, 주스 등
		졸	소스, 페이스트
		겔	양갱, 젤리
	액체	유화액	버터, 마가린, 생크림, 우유, 마요네즈 등
	기체	거품	(맥주, 사이다)거품
기체	고체	분말	전분, 설탕, 밀가루 등
	액체	에어졸	향기부여 스모그

④ 교질의 종류

　㉠ 친수성 콜로이드

　　ⓐ 물과 친화성이 있어 물 분자를 주위로 끌어와 수화층을 만드는 성향이 있는 콜로이드

　　ⓑ 전해질의 농도가 상당히 높아도 분산상들이 침전되지 않는다.

　　ⓒ 종류: 전분, 젤라틴, 난백 등

　㉡ 소수성 콜로이드

　　ⓐ 물과의 친화력이 약한 콜로이드로 전해질을 가하면 쉽게 안정성이 깨진다.

© 졸과 겔
  ⓐ 졸(sol): 액체 중에 콜로이드입자가 분산하고 유동성을 가지고 있는 액체로, 우유, 수프, 전분용액, 된장국물, 마요네즈 등이 있다.
  ⓑ 겔(gel): 콜로이드 용액이 일정한 농도 이상으로 진해져서 튼튼한 그물조직이 형성되어 굳어진 것으로 젤리, 한천, 묵, 두부, 양갱, 치즈 등이 있다.
② 유화액
  ⓐ 섞이지 않는 두 액체가 콜로이드 형태로 섞인 물질이다.
  ⓑ 유화액의 형태
   • 수중유형(O/W형): 물속에 기름이 분산된 것으로 마요네즈, 우유, 아이스크림 등이 있다.
   • 유중수형(W/O형): 기름에 물이 분산된 것으로 버터, 마가린 등이 있다.
⑩ 교질용액의 성질

특성	성질
반투성	• 교질 입자의 크기가 커 반투막을 통과하지 못한다. • 반투성을 이용하여 혼합물을 정제하는 투석을 실시한다.
브라운 운동	• 분산매와의 충돌에 의한 교질 입자들의 불규칙한 직선 운동을 말한다. • 분산질이 침전되지 않고 잘 분산되도록 하여 콜로이드를 안정화시키는 역할을 한다. • 콜로이드의 점성이 증가하면 감소할 수 있으며 표면의 전하에 의해서도 영향을 받는다.
흡착성	• 교질 입자가 질량에 비해 표면적이 훨씬 커 다른 물질을 잘 흡착하는 성질이다. • 교질 입자는 매우 작지만 표면적은 대단히 커서 저분자 물질을 흡착하기 쉽다.
틴달현상	• 강한 빛을 쪼아주면 입자가 가시광선을 산란시켜 빛의 통로가 보이는 현상이다. • 교질용액은 빛을 회절하여 산란시키므로 투명하지 않고 탁하게 보인다.
염석	• 친수성 졸(sol)용액이 다량의 전해질에 의해 침전되는 현상이다. • 친수성 졸(sol)은 입자 주위를 둘러싸는 물 분자에 의해 안정을 유지하였으나 첨가된 다량의 전해질이 물 분자와 결합하고 반대 전하는 중화시켜 입자끼리 뭉치고 침전한다.
응결(응석)	• 소수성 졸(sol)용액이 소량의 전해질에 의해 침전되는 현상이다. • 소수성 졸(sol)은 서로 같은 전하를 지녀 반발하는 함으로 안정을 유지하나 다른 전하의 전해질이 가해지면 중화되어 뭉치고 침전한다.

⑤ 부유상태
  ㉠ 직경 0.1이상의 입자가 저어주면 부유 상태를 이루고 그대로 두면 침전되는 상태이다.
  ㉡ 여과지도 통과 못하며, 중력에 의해 운동을 한다.
  ㉢ **종류**: 전분가루, 밀가루, 고춧가루 등
⑥ 리올로지(Rheology)의 특성

㉠ 점성
  ⓐ 유체의 흐름에 대한 저항으로 끈적이는 성질
  ⓑ 농도가 높을수록, 온도가 낮을수록, 압력이 높을수록 점성 증가한다.
㉡ 탄성
  ⓐ 물체에 힘을 가하면 모양이 변화하는데 힘을 제거하면 다시 원래 모양으로 돌아가려는 성질이다.
  ⓑ 종류: 밀가루 반죽, 겔, 한천, 빵, 떡 등
㉢ 소성
  ⓐ 외부의 힘에 의하여 변형된 물체가 그 힘을 제거하여도 원상태로 돌아오지 않는 성질이다.
  ⓑ 종류: 버터, 마가린, 생크림 등
㉣ 점탄성
  ⓐ 외부 힘에 의해 물체가 점성유동(액체적 성질)과 탄성변형(고체적 성질)을 동시에 일어나는 성질이다.
  ⓑ 온도 및 변화시간에 따라 변화한다.
  ⓒ 종류: 밀가루 반죽, 콜로이드 용액 등

⑦ 텍스처
  ㉠ 식품과 손 또는 입의 접촉에 의하여 발생되는 물리적 자극에 대한 촉각의 반응이다.
  ㉡ 텍스처의 특성

특성	성질
경도(hardness)	• 식품의 형태를 변형시키는데 필요한 힘이다. ㉔ 굳다, 무르다
응집(cohesiveness)	• 식품을 구성하고 있는 같은 성분끼리 끌어당기는 힘
– 부스러짐 (brittleness)	• 식품을 파쇄하는 데 필요한 힘이다. • 잘 부서지는 식품은 응집성은 작으나 경도는 클 수도 작을 수도 있다. ㉔ 부서지기 쉽다, 바삭거리다
– 씹힘성 (chewiness)	• 고체식품을 넘길 수 있는 상태까지 씹는데 필요한 힘이다. ㉔ 부드럽다, 딱딱하다
– 검성 (gumminess)	• 반고체 식품을 삼킬 수 있는 상태까지 부수는데 필요한 힘이다. ㉔ 가루상의, 점착성의, 풀같은
점성 (viscosity)	• 유체의 흐름에 대한 저항이다. • 점성이 클수록 유동하기 어렵다. ㉔ 끈끈하다, 흐르다
탄성 (elasticity)	• 외부의 힘에 의해 변형된 물체가 힘을 제거하면 다시 원래 모양으로 돌아가려는 성질이다. ㉔ 소성이 있는, 탄력이 있는
부착성 (adhesiveness)	• 식품의 표면이 치아나 혀에 붙은 상태에서 그 식품을 떼어내는데 필요한 힘 ㉔ 끈적이는, 달라붙는

11. 식품의 유독성분

① 식물성 독성 물질

종류	특징
트립신저해제	날콩이나 날콩가루에는 단백질 소화효소인 트립신의 작용을 방해하는 물질이 있는데 이것은 열에 약해 가열하면 감소하여 소화활동에 영향을 미치지 않고 오히려 암이나 당뇨병을 예방하는데 높은 효과가 있다.
사포닌	식물계에 널리 분포하는 트리텔펜 및 스테로이드계의 배당체의 총칭으로 강심제나 이뇨제로서 강한 작용이 있어 옛날부터 한방약으로 사용되어 왔다.
고시폴	식물에 함유되어 있는 유독성분으로 면실유에 다량 함유되어 있다. 면실유는 주요 식품으로서 자주 이용되고 있지만, 면실단백질은 고시폴이 존재하기 때문에 가축사료에만 이용되고 있다.
솔라닌	감자의 순에 들어 있는 독성분으로 알칼로이드 배당체이다. 적은 양으로도 매우 유독하다. 솔라니딘은 적혈구를 파괴하는데, 가열하면 분해되므로 독성이 없어진다.
아포메아마론	고구마의 쓴맛 성분이다.
팔로톡신	알광대버섯과 흰알광대버섯에 들어있는 독성펩티드의 일종이다.
아마톡신	진균독소로 진균에 의해 생성된 적분자의 이차산물로 가축 등 고등 생물에 중독을 일으킨다.
무스카린	산림지에 자생하는 주름버섯목의 독버섯인 광대버섯의 유독성분인 알칼로이드이다. 안구조절 경련을 비롯해 순환성 쇼크, 혼수 등을 일으킬 수 있으므로 식용하지 않도록 주의해야 한다.
아마니타톡신	알광대버섯, 흰알광대버섯, 독우산광대버섯에 있는 유독성분으로 6~12시간의 잠복기를 거쳐 구토 및 설사가 나고 경련을 일으키고 혼수상태가 되며 사망률이 70%나 된다.
아미그달린	살구씨와 복숭아씨 속에 들어 있는 성분으로 이것을 상당량 섭취할 때는 호흡곤란, 청색증, 쇠약, 현기증, 흥분이며 그 뒤로 발작, 혼미, 방향감각 상실, 마비, 쇠약, 혼수 등이 나타난다.

② 동물성 독성 물질

종류	특징
삭시톡신	조개의 생식기의 생식선 등에 독성이 있는 것으로 독성은 복어독과 비슷하고 청산나트륨의 1,000배에 해당한다.
베네루핀	모시조개, 굴 등의 중장선에 고농도로 함유되어 있는 것으로 본 독소에 중독되면 구토, 복통 등을 나타낸다.
테트로도톡신	신경에 작용하는 독의 일종으로, 신경의 나트륨 작용을 방해함으로써 독 작용을 한다. 신경통·관절통·류머티즘의 진통제로 사용된다.
아플라도톡신	발암성 물질로 강한 독성을 가지고 있는데, 열을 가해도 없어지지 않는다.
톡시카리움	사람이나 동물에 유독한 물질을 생성하는 것으로 알려져 있어 동물 사료가 오래되어 이들이 푸른곰팡이 피면 치명적인 문제가 되기도 한다.
시트리닌	신장 독성의 곰팡이독의 하나로 강력한 신장장애를 일으키는 특이적 독성이 있다.

2. 효소

1. 식품과 효소

① 효소의 특징
  ㉠ 기질특이성: 효소와 구조가 맞는 물질에만 작용하며, 다른 이성질체에는 결합하지 않는다.
  ㉡ 작용특이성: 하나의 효소는 한 가지 반응에 관여한다.
  ㉢ 온도특이성
    ⓐ 특정 온도에서 가장 잘 반응한다.
    ⓑ 온도가 너무 높으면 단백질이 변성되어 불활성화 된다.
  ㉣ pH의 영향: pH의 변화에 의해서도 불활성되므로 강산이나 강알칼리와 함께 있으면 안된다.
  ㉤ 물의 필요: 효소의 작용은 입체 구조와 관련이 있는데, 입체 구조는 물속에 있을 때 작용한다.

② 효소 활성에 영향을 주는 요인
  ㉠ 온도
    ⓐ 생체 촉매인 효소는 온도가 올라갈수록 반응 속도가 빨라지다가 일정 온도 이상에서는 오히려 반응 속도가 떨어진다
    ⓑ 대부분의 효소는 35~40℃에서 그 기능이 활발하며, 효소가 가장 활발하게 작용하는 온도를 최적 온도라고 한다.
    ⓒ 온도가 약 40℃이상이 되면 효소의 주성분인 단백질의 입체 구조가 열에 의해 변성되어 그 기능이 저하되거나 상실된다.
  ㉡ pH
    ⓐ 효소를 구성하는 단백질은 pH에 의해 입체 구조가 변할 수 있으므로 효소의 작용은 pH에 영향을 받는다.
    ⓑ 효소가 가장 활발하게 작용하는 pH를 그 효소의 최적 pH라고 한다. 대부분의 효소는 최적 pH가 중성 또는 약 염기성이나, 펩신은 pH2 인 강한 산성에서 활발한 작용을 나타낸다.
  ㉢ 효소-기질 특이성
    ⓐ 한 효소는 특정한 기질에만 작용하며, 효소와 효소의 작용을 받는 기질은 효소와 기질의 관계와 유사하다. 이와 같이 모든 효소는 각기 특정한 기질하고만 반응하는데, 이를 효소-기질 특이성이라고 한다.
    ⓑ 효소와 기질 사이의 특이성은 효소를 이루는 단백질의 특이한 구조에 의한 것이다. 따

라서 세포 내의 모든 반응을 촉매하기 위해서는 매우 많은 종류의 효소가 필요하다.
　ㄹ. **효소 저해제**
　　ⓐ **경쟁적 저해제**: 기질과 입체 구조가 비슷하여 효소의 활성부위에 결합하여 효소의 기능을 억제한다.
　　ⓑ **비경쟁적 저해제**: 기질과 입체구조는 다르지만 효소의 활성부위가 아닌 다른 곳에 결합하여 활성부위의 모양을 변형시킴으로써 효소의 기능을 억제한다.
　　ⓒ **저해제의 이용**: 항생제 페니실린은 세균 세포벽을 합성하는 효소에 결합하여 세균의 세포벽 합성을 방해한다.
　ㅁ. **효소와 기질의 농도에 따른 반응 속도의 변화**
　　ⓐ 효소는 기질의 양이 충분 할 때 반응 속도가 증가 하다가 어느 정도 이상에서는 속도가 일정해 진다.
　　ⓑ 효소를 다시 공급하면 반응 속도가 다시 증가한다.
　ㅂ. **물이 있는 환경에서 작용**
　　효소는 물속에 있을 때만 효소의 입체 구조가 촉매하기 알맞은 구조이기 때문에 세포 내가 아니더라도 조건만 맞으면 촉매 능력이 있다.

③ **식품 효소의 종류 및 특성**
　㉠ **가수분해효소**
　　가수분해반응을 촉매하는 효소의 총칭, 어떤 물질을 분해할 때에 한쪽에 –OH, 다른 한쪽에 –H를 결합한 형태로 나누어진다.
　　ⓐ **탄수화물분해효소**: 고분자 탄수화물은 단당류가 글리코시드결합에 의하여 연결된 다당류인데, 이 다당류의 글리코시드결합을 가수분해하여 최종생성물로 단당류를 만드는 것이 탄수화물분해효소이다.
　　　• 아밀라아제: 고등동물의 침·이자액에 존재하는데, 녹말을 엿당과 덱스트린으로 분해하고 엿당(맥아당)은 말타아제에 의하여 포도당으로 분해된다.
　　　• 락타아제: 젖당(유당)을 분해하는 이당류분해효소로 소장에서 분비된다.
　　　• 수크라아제: 설탕(자당)을 분해한다.
　　ⓑ **단백질분해효소**: 단백질은 아미노산이 펩티드결합에 의하여 중합된 펩티드사슬인데, 이 펩티드결합의 C-N결합을 가수분해하는 것이 단백질분해효소이다.
　　　• 엔도펩티다아제: 펩티드사슬 내부의 펩티드결합을 가수분해하여 작은 펩티드를 생성한다.
　　　• 엑소펩티다아제: 펩티드사슬 말단의 펩티드결합만을 가수분해하여 말단의 아미노산을 유리시킨다.
　　ⓒ **지방분해효소**: 천연 상태로 존재하는 지방은 많은 종류의 트리글리세리드의 혼합물인

데, 이것을 글리세롤과 지방산으로 가수분해하는 것이 지방분해효소이며, 리파아제가 있다.
- 리파아제: 이자 등에서 만들어져 소장에서 쓸개즙의 도움을 받아 작용한다.

ⓒ 산화·환원 효소

산화·환원반응을 촉매하는 효소의 총칭. 생체는 여러 가지 유기·무기 화합물을 산화·환원시키며 이 반응에 의해 생활이나 생체 구성성분의 합성에 필요한 에너지를 얻는다.

ⓐ 구리효소: 구리이온을 함유하는 단백질에서 효소기능을 가진 것을 말한다. 산소를 활성화하고 유기화합물의 산화반응을 촉매한다.
- 라카아제: 히드로퀴논을 산소와 결합하여 p-퀴논으로 만드는 페놀산화효소의 일종으로 옻나무의 수액 속에서 옻을 산화시키고 경화하는 효소이다.
- 타이로시나아제: 페놀옥시다아제의 하나로 약 0.2%의 구리를 함유하는 구리단백질로 동물에서는 흑갈색의 색소 멜라닌 생성이나 곤충의 각피의 갈색화·각화에 중요하다.
- 우리카아제: 요산을 알란토인과 이산화탄소로 분해시키는데 필요한 효소로 간, 지라, 콩팥 따위에 있으며 요산을 알란토인으로 변환한다.

ⓑ 플라빈효소: 리보플라빈의 유도체인 플라빈아데닌디뉴클레오티드 또는 플라빈모노뉴클레오티드을 조효소로 하는 한 무리의 산화환원효소를 말하는 것으로 황색을 띠므로 황색 효소라고 불리운다.
- 아미노산산화효소: 아미노산을 산소에 의해 산화하여 2-산소산으로 하는 반응이다.

ⓒ 피리딘효소: 피리딘뉴클레오티드류를 조효소로 하는 것으로서, 알코올탈수소효소 등이 있다.
- 알코올탈수소효소: 알코올에서 수소를 이탈시켜 알데하이드 또는 케톤을 생성하는 반응을 가역적으로 촉매하는 효소이다.

3 식품의 영양

1. 영양소의 기능 및 영양소 섭취기준

① 영양소

영양소는 생명체의 성장, 발달 및 유지에 필수적인 물질이며 이러한 영양소의 급원은 식품이다.
- 3대영양소: 당질, 지방, 단백질

- 5대영양소: 당질, 지방, 단백질, 무기질, 비타민
- 7대영양소: 당질, 지방, 단백질, 무기질, 비타민, 물, 섬유소

㉠ 탄수화물
  ⓐ 탄수화물은 몸 안에서 연소하여 에너지를 공급한다.
  ⓑ 에너지를 쓰고 남은 것은 글리코겐의 형태로 간과 근육에 저장되었다가 피하지방이 되므로 과다한 섭취는 비만의 원인이 될 수도 있다.
  ⓒ 곡류(잡곡포함), 감자류 등이 급원식품이다.
  ⓓ 단당류($C_6H_{12}O_6$): 탄수화물의 단위체로 다당류를 산 또는 효소로 가수분해했을 때 생기는 당류로 포도당(glucose), 과당(fructose), 갈락토오스(galactose) 등이 있다.
  ⓔ 이당류($C_{12}H_{22}O_{11}$): 2분자의 단당류가 서로 에테르 모양으로 결합을 한 당으로 맥아당(maltose), 설탕(sucrose), 젖당(lactose) 등이 있다.
  ⓕ 다당류: 단당류 2개 이상이 글리코시드결합하여 큰 분자를 만들고 있는 당류로 덱스트린(dextrin), 전분(starch) 등이 있다.

㉡ 지방
  ⓐ 지방은 몸 안에서 연소하여 에너지를 공급한다.
  ⓑ 지방은 지용성 비타민을 운반해 주고, 장내를 윤활하게 하여 변비를 막고 추위, 허기증을 막아준다.
  ⓒ 과다한 섭취는 동맥경화증, 고혈압 등의 원인이 될 수도 있다.
  ⓓ 버터, 마아가린, 참기름, 콩기름 등이 급원식품이다.
  ⓔ 포화지방산
   - 상온에서 고체이며 돼지기름, 버터 같은 동물성유지가 많이 들어 있다.
   - 카프로산, 미리스트산, 팔미트산, 스테아르산, 부티르산 등이 있다.
  ⓕ 불포화지방산
   - 상온에서 액체이며 참기름, 콩기름, 옥수수유 등과 같은 식물성유지가 들어 있다.
   - 올레산, 리놀레산, 리놀렌산 등이 있다.
  ⓖ 필수지방산
   - 우리 몸에는 꼭 필요하나 체내에서 합성되지 못하는 것으로 반드시 음식으로 먹어야 하는 지방산이다.
   - 리놀렌산, 리놀레산, 아라키돈산이 대표적이다.

㉢ 단백질
  ⓐ 단백질은 우리 몸 안에 혈액, 근육 등의 세포를 만들며, 몸 안에서 연소하여 열을 공급한다.
  ⓑ 하루 단백질 필요량의 1/3정도는 동물성 단백질로 섭취해야 한다.

ⓒ 육류, 어류, 달걀, 콩류 등이 급원식품이다.
ⓓ 단백질의 화학적 분류
- 단순단백질
  - 아미노산만으로 되어 있는 단백질이다.
  - 알부민, 글로불린, 글루테린, 프롤라민, 알부미노이드, 히스톤, 프로타민 등이 있다.
- 복합단백질
  - 다른물질과 결합되어 있는 단백질이다.
  - 핵단백질, 인단백질, 지단백질, 당단백질, 색소단백질, 금속단백질 등이 있다.
- 유도단백질
  - 부분적인 분해로 생성된 단백질이다.
  - 메타단백질, 프로테오스, 펩톤, 펩티드 등이 있다.
ⓔ 단백질의 영양학적 분류
- 완전 단백질
  - 생명체의 성장과 유지에 필요한 필수 아미노산을 모두 충분히 가지고 있는 단백질이다.
  - 우유의 카세인, 락트알부민, 달걀의 오브알부민, 오보비텔린(동물성 단백질, 콩 단백질) 등 대부분의 동물성 단백질에 있다.
- 부분적 완전 단백질
  - 필수 아미노산을 모두 가지고는 있으나 그 양이 충분치가 않거나 각 필수 아미노산들이 균형 있게 들어있지 않은 단백질로, 생명 유지는 되나 성장은 되지 않는다.
  - 견과류 및 대두 단백질, 밀의 글리아딘, 보리의 호르데인, 귀리의 프롤라민 등이 있다.
- 불완전 단백질
  - 생명을 유지하거나 어린이들이 성장하기에 충분한 양의 필수 아미노산을 갖고 있지 못한 단백질로, 불완전 단백질을 섭취해서는 동물의 성장과 유지가 어렵다.
  - 젤라틴이나 곡류 단백 및 대두를 제외한 두류 단백질 등이 있다.

㉣ 무기질
ⓐ 미네랄이라고도하며 탄소, 수소, 질소를 제외한 나머지 원소들로 이루어져 있다.
ⓑ 생물체내에서 직접적인 열량원은 아니지만 신체를 구성하고 있는 중요한 요소이다.
ⓒ 골격 구성에 큰 역할을 하며 근육의 이완, 수축 작용을 쉽게 해준다.
ⓓ 무기질의 구분
- 다량무기질: 칼슘, 칼륨, 인, 황, 나트륨, 염소, 마그네슘
- 미량무기질: 철, 요오드, 불소, 아연, 코발트, 구리
ⓔ **중요무기질**: 칼슘(Ca), 철(Fe), 구리(Cu), 요오드(I) 등이 있으며, 이밖에 칼륨(K), 불

소(F), 코발트(Co), 아연(Zn), 나트륨(Na), 황(S), 염소(Cl), 마그네슘(Mg), 셀렌(Se) 등이 있다.
- **산, 알칼리의 평형**
  - 단백질과 무기질은 산과 염기에 대한 완충작용을 한다. 따라서 혈액과 체액의 정상 pH(pH7.35~7.65)가 유지된다.
  - S, P, Cl과 같은 산성을 띠는 무기질을 많이 포함한 산성식품에는 곡류, 육류, 어패류, 난황 등이 있다.
  - Ca, K, Na, Mg, Fe 같은 알칼리성 무기질을 많이 포함한 염기성 식품에는 채소, 과일 등의 식물성 식품과 우유 등이 있다.

ⓜ 비타민
　ⓐ 비타민은 아주 적은 양으로 우리 몸의 생리기능을 조절한다.
　ⓑ 비타민은 동물의 몸 안에서 거의 만들어지지 않으므로, 음식물에서 섭취해야 한다.
　ⓒ 비타민의 종류는 수십 가지가 있지만, 그 중 영양에 직접 관계되는 것은
- **지용성 비타민**: 지방이나 지방을 녹이는 유기용매에 녹는 비타민으로 비타민A, D, E, K 등이 있다.
- **수용성 비타민**: 생체 내에서 중요한 반응의 보조효소로서의 역할을 하는 비타민으로 비타민B1, B2, C, 나이아신 등이 있다.
　ⓓ 채소 및 과일 등이 급원식품이다.

② 영양섭취기준
　㉠ **영양섭취기준의 정의**: 자신의 건강을 최적상태로 유지할 수 있는 영양소들의 섭취 수준을 의미한다.
　㉡ **영양섭취기준의 설정배경**: 기존의 영양권장량에서는 각 영양소의 단일 값으로 제시했으나, 새로운 영양섭취기준에서는 만성질환이나 영양소 과다섭취 예방 등까지도 고려하여, 평균필요량, 권장섭취량, 충분섭취량, 상한섭취량 등 여러 수준으로의 영양섭취기준을 설정하였다.
　㉢ **영양섭취기준의 구성과 특성**
　　ⓐ **평균섭취량**: 여러분들의 반수 이상의 어린이들에게 필요한 영양소의 양이다.
　　ⓑ **권장섭취량**: 평균섭취량보다 약간 더 많은 양으로 약 97~98%의 어린이들에게 필요한 영양소의 양이다.
　　ⓒ **충분섭취량**: 필요한 영양성분을 정확히 알지 못해 권장섭취량보다 약간 많은 양으로 정한 것이다.
　　ⓓ **상한섭취량**: 건강에 나쁘지 않은 만큼의 최대한 많은 양이다.
　　　(상한섭취량 이상 섭취하면 질환이나 부작용이 나타날 수 있다.)

03 한식 구매관리

1 구매관리

1. 식품 구매관리

① 식품구매
  ㉠ 식품구매의 정의: 구매자가 물품을 구입하기 위하여 계약을 체결하고, 그 계약에 따라 물품을 인도 받고 금액을 지불하는 과정을 말한다.
  ㉡ 구매시장조사의 원칙
    ⓐ 비용조사 경제성의 원칙: 인력과 시간 등의 비용 소요가 최소가 되도록 한다.
    ⓑ 비용조사 적시성의 원칙: 시장조사의 목적은 조사 자체가 아니므로 구매 업무를 수행하는 소정의 시기 안에 완료되어야 한다.
    ⓒ 비용조사 탄력성의 원칙: 시장의 상황이 변동함에 따라 탄력적으로 대응할 수 있는지 조사 되어야 한다.
    ⓓ 비용조사 정확성의 원칙: 시장조사는 구매 업무에 큰 영향을 미치므로 그 내용이 정확해야한다.
    ⓔ 비용조사 계획성의 원칙: 조사 전에 계획을 수립하여 원칙에 입각한 조사가 되어야 한다.
  ㉢ 구매 절차: 품목의 종류 및 수량 결정→급식소의 용도에 맞는 제품을 선택→식품명세서의 작성→공급자 선정 및 가격 결정→발주→납품→검수→대금지불 및 물품입고→보관
  ㉣ 식품구입 시 고려해야 할 사항
    ⓐ 식품의 저장성(수분 함량에 비례함)
      • 곡류, 콩류, 조미료 등은 저장성이 높으므로 일정기간 사용할 분량을 한꺼번에 구입한다.
      • 채소, 고기, 생선 등 저장성이 낮은 식품은 필요한 분량만 구입하는 것이 경제적이다.
    ⓑ 식품의 폐기율(버려지는무게/식품전체무게×100)
      • 식품에서 다듬을 때 버려지거나 먹지 못하는 부분의 비율을 폐기율이라고 한다.
      • 어패류는 다른 식품에 비해 폐기율이 높고, 과일이나 채소류는 신선하지 않을 경우 폐기율이 높아진다.
    ⓒ 구입 장소

- 식품은 냉장, 냉동 시설 등 위생적인 관리가 되는 구입 장소에서 구입하는 것이 안전하다.
- 식품 구입 장소에는 소매점, 슈퍼마켓, 재래시장, 도매시장, 대형 할인점, 농·수·축협 직판장 등이 있다.

ⓓ 구입 시간
- 배가 고픈 시간을 피해야 충동구매를 줄일 수 있다.
- 구입 장소의 할인 시간대를 알아 두어 활용하면 식비를 절약할 수 있다.

2. 식품 재고관리

① 재고관리

㉠ 재고관리의 정의: 물품의 흐름이 시스템 내의 어떤 지점에 정체되어 있는 상태를 말하며, 재고를 최적으로 유지하고 관리하는 총체적인 과정을 말한다.

㉡ 재고관리의 중요성

ⓐ 물품부족으로 인한 생산 및 판매계획의 차질을 방지할 수 있다.
ⓑ 최소가격으로 최상의 품질을 구매할 수 있다.
ⓒ 경제적인 재고관리로 투자 및 비용을 최소화 할 수 있다.
ⓓ 도난, 부패, 낭비, 변질, 해충피해 등으로 인한 손실을 최소화 할 수 있다.
ⓔ 원가절감 및 관리의 효율성을 가질 수 있다.

- 재고 회전율=판매식료원가/평균 재고액
- 재고회전기간=수요 검토기간/재고 회전율
- 판매 식료원가=기초재고량+단기구매량−기말재고량
- 평균 재고량=기초 재고량+기말재고량/2

(통상 1년간을 기준으로 일수로 환산할 때는 360일로 한다.)

2 검수 관리

1. 식재료의 품질 확인 및 선별

① 식품의 검수

㉠ 식품 검수의 의의

식품 검수는 발주에 따른 물품을 주문내용과 일치하는지를 확인하고 검사하며 받아들이는 일체의 관리과정으로 주문한 물품의 품목·품질·수량·중량·크기·납기일 등이 구매발주서와 구매명세서에서 제시한 대로 납품되었는가를 확인하는 것이다.
  ⓒ 검수업무의 목적 및 기능
    ⓐ 물품의 품목 및 수행을 검사한다.
    ⓑ 물품의 부족 여부 및 불량품 등 반품 여부를 색출한다.
    ⓒ 구매명세서와 거래명세서를 대조한다.
    ⓓ 물품의 품질특성을 검사한다.(크기, 중량, 선도, 위생상태, 유통기간 등)
    ⓔ 제품가격의 적부성 및 대금지급방법을 확인한다.
    ⓕ 공급처의 성실도와 신뢰도를 파악한다.
② 식품감별
  ㉠ 식품의 감별방법
    ⓐ 관능검사법
      • 식품의 품질을 물리적, 화학적인 방법에 의하지 않고 인간의 감각을 계측기로 하는 검사, 또는 인간의 감각 계측기로서의 특성을 연구하기 위한 검사를 말한다.
      • 식품의 품질판단은 예로부터 인간의 미각, 후각, 시각, 입안의 촉각에 의해 판단되어 왔으므로 이 같은 인간의 감각능력을 적극적으로 분석 수단으로 하고자 하는 것이 관능검사이다.
    ⓑ 이화학적 방법
      • 화학적 방법: 영양소 분석, 첨가물, 이물질, 유해 성분 검출 등을 측정하는 방법이다.
      • 물리적 방법: 식품의 중량, 부피, 크기, 비중, 경도, 부패도 등을 측정하는 방법이다.
  ㉡ 일반적인 식품의 감별
    ⓐ 쌀
      • 잘 건조되어 있고, 냄새가 나지 않아야 한다.
      • 광택이 있으면서 투명하며 깨지지 않아야 한다.
      • 쌀 한 톨을 입에 넣어 깨물었을 때 딱 소리를 내며 깨지는 농도가 높아야 한다.
    ⓑ 밀가루
      • 잘 건조되고, 색깔이 희며, 이상한 냄새와 맛이 없어야 한다.
      • 결정이 미세하여 결이 고운 것이 좋다.
      • 가루에 덩어리가 져 있지 않고, 벌레가 생기지 않고 잘 마른 것이 좋다.
    ⓒ 감자와 고구마
      • 상처가 없으며 발아가 되지 않아야 한다.
      • 크기가 고르며 겉껍질이 단단해야 한다.
      • 고구마는 껍질이 밝은 것이 좋다.
    ⓓ 토란
      • 모양이 원형에 가깝고 껍질을 벗겼을 때 살이 흰색이 좋다.

- 자른 단면이 단단하고 끈적끈적한 감이 강한 것이 좋다.

ⓔ **대두 및 기타 두류**
- 색깔은 각각 특유의 두류 색을 띤 것이 좋다.
- 알이 고르며 충해가 없어야 한다.

ⓕ **두부**
- 쉰 냄새가 없으며 부서지지 않아야 한다.
- 겉면이 곱고 모양이 잘 정리되어 있어야 한다.

ⓖ **야채, 과실류**
- 형태가 잘 갖추어져 있으며 상처가 없는 것이 좋다
- 색은 원래 색이 나타나는 것이 좋다.

ⓗ **계란(알)류**
- 신선한 것
  - 껍질이 까칠까칠하며, 빛에 비추어 보았을 때 투명해 보인다.
  - 물에 넣어 보았을 때 수평으로 눕는다.
  - 깨뜨려 보았을 때 흰자는 퍼지지 않으며, 노른자의 형태도 그대로이다.
- 오래된 것
  - 껍질이 매끄러우며 광택이 난다.
  - 6% 농도의 식염수에 넣으면 뜬다.

ⓘ **우유**
- 제조일자가 오래되지 않으며, 신맛과 쓴맛이 없어야 한다.
- 나쁜 향과 냄새가 없으며, 변색이나 이물이 없어야 한다.
- 물컵에 떨어뜨렸을 때 구름같이 퍼지면서 강하하는 것이 좋다.
- 직화로 가열할 때 응고하지 않는 것이 좋다.

ⓙ **버터**
- 외관이 균일하고 반점이 없으며, 가열할 때 거품이 생기는 것이 좋다.

ⓚ **치즈**
- 특유의 풍미가 있으며, 건조하지 않는 것이 좋다.
- 입안에서 녹을 때 이물이 남지 않는 것이 좋다.

ⓛ **육류**
- 신선한 것은 색깔이 곱고 습기가 있다.
- 오래된 것은 암갈색으로 건조하고 탄력이 없다.
- 썩기 시작하면 녹색을 띠며 점액이 나온다.
- 병에 죽은 소와 돼지의 고기는 피를 많이 함유해 냄새가 난다.

- 고기를 얇게 잘라 투명하게 비쳤을 때 반점이 있을 경우 기생충이 있는 것이다.

ⓜ 어류
- 색이 선명하고 광택이 나는 것이 좋다.
- 탄력성이 있는 것이 좋다.
- 아가미가 선홍색이며 눈이 투명한 것이 좋다.
- 복부의 내장이 탄력 있으며, 항문이 잘 닫혀 있는 것이 좋다.
- 신선한 물고기는 물이 가라 앉으며, 그렇지 않은 것은 물에 뜬다.
- 비린내가 심한 것은 신선한 물고기가 아니다.

3 원가

1. 원가의 의의 및 종류

① 원가의 의의

㉠ 원가의 개념: 원가란 재화 및 용역을 얻기 위하여 지급되는 화폐가치를 뜻한다. 예를 들면 제조기업의 경우 제품을 제조 판매함으로써 이익금을 얻게 되며, 경영자는 이익을 주주에게 배분한다. 이때 매출보다 비용이 적어야 이익이 발생하게 된다.

㉡ 원가계산의 목적

ⓐ 가격결정의 목적
ⓑ 원가관리의 목적
ⓒ 예산편성의 목적
ⓓ 재무제표의 목적

㉢ 원가의 종류

ⓐ 원가의 3요소
- 재료비: 제품제조를 위한 재료의 소비액으로 필요에 따라 주재료비, 보조재료비, 부품비, 소모공구 등으로 구분한다.
- 노무비: 제조활동에 종사한 종업원에게 지급하는 노동의 대가로 대금, 급료, 수당 등이 있다.
- 경비: 재료비, 노무비를 제외한 그 밖의 원가요소가 모두 경비이며 감가상각비, 보험료, 수선비, 통신비, 잡비 등이 있다.

ⓑ 직접비와 간접비
- 직접비: 특정제품의 제조를 위해서만 소비되어 직접 그 제품에 부과할 수 있는 원가요소이다.

- 간접비: 여러 종류의 제품제조를 위하여 공통적으로 소비되어 특정제품에 직접부과 할 수 없는 원가요소이다.

ⓒ 고정비와 변동비
- 고정비: 조업도의 변동에 관계없이 발생하는 원가로서 감가상각비, 보험료, 임차료 등이 있다.
- 변동비
  - 직접재료비: 조업도의 변동에 따라 그 원가가 변동하는 것을 말한다.
  - 비례비: 도급임금처럼 조업도에 비례하는 원가를 말한다.
  - 체감비: 비례비의 증가보다 적게 증가하는 원가를 말한다.
  - 체증비: 비례비의 증가보다 많이 증가하는 원가를 말한다.

㉣ 원가의 분류
  ⓐ 직접원가=직접재료비+직접노무비+직접경비
  ⓑ 제조원가=직접원가+제조간접비
  ⓒ 총원가=제조원가(공장원가)+판매관리비
  ⓓ 판매가격=총원가(판매원가)+이윤

〈원가의 분류〉

				매출이익	
			판매비와 일선관리비	총원가 매출제품 원가	매출액
		제조 간접비	제조원가 공장원가		
직접 재료비 직접 노무비 직접 경비	직접 원가				

㉤ 실제원가와 예정원가
  ⓐ 실제원가: 제품의 제조가 완료된 뒤에 실제로 발생한 소비액으로써 산출된 원가를 말한다.
  ⓑ 예정원가: 제품의 제조에 착수하기 전 예정에 의하여 계산된 원가로서 과거의 실적을 기초로 앞으로 발생되리라 예상되는 원가를 산출한 원가를 말한다.

2. 원가분석 및 계산

① 원가계산의 일반적인 원칙
  ㉠ 제조원가는 일정한 제품의 생산량과 관련시켜 집계하고 계산한다.

ⓒ 제조원가는 신뢰할 수 있는 객관적인 자료와 증거에 의하여 계산한다.
ⓒ 제조원가는 제품의 생산과 관련하여 발생한 원가에 의하여 계산한다.
② 제조원가는 그 발생의 경제적 확인 또는 인과관계에 비례하여 관련제품 또는 원가부문에 직접 부과하고, 직접 부과하기 곤란한 경우에는 합리적인 배부기준을 설정하여 배부한다.

② 원가계산의 구조
  ㉠ 1단계: 요소별 원가계산

제조원가 요소	직접비	직접재료비	주요 재료비
		직접노무비	임금 등
		직접경비	외주 가공비 등
	간접비	간접재료비	보조 재료비(단체급식 시설에서는 조미료 등)
		간접노무비	급료(상여금), 잡급, 수당 등
		간접경비	감가상가비, 보험료, 수선비, 전력비, 가스비, 수도광열비

  ㉡ 2단계: 부분별 원가계산
  ㉢ 3단계: 제품별 원가계산

③ 식재료비의 계산
  ㉠ 식재료비
    ⓐ 제품의 제조 과정에서 실제로 소비되는 재료의 가치를 표시한 금액으로 제품원가의 중요한 요소가 된다.
    ⓑ 재료비는 실제 소비량의 소비단가를 곱하여 산출된다.
       (재료비=재료소비량×재료단가)

③ 재료비의 계산
  ㉠ 계속 기록법: 장부상의 당기 매입수량과 기록된 매출량에 의거하여 기말 재고상품 재고수량을 구해낸다.
     (기말상품재고수량=기초상품재고수량+당기매입수량-장부상매출수량)
  ㉡ 재고 조사법: 기말 또는 일정한 기간마다 실제재고상품을 종류별로 재고조사를 하여 보관 중의 손실, 즉 수량부족이나 품질저하 등을 파악하여 정상적인 재고량을 파악하는 방법이다.
     {당기출고량=(전기이월량+당기매입량)-기말실제재고량}
  ㉢ 역계산법: 제품의 수량으로 그 제품에 들인 재료 및 비용 따위를 셈하는 법이다.
     (재료소비량=제품단위당 표준소비량×생산량)

④ 재료 소비가격의 계산
  ㉠ 실제구매가법: 재고액을 가장 최근의 단가를 이용하여 산출하는 것을 말한다.
  ㉡ 총평균법: 기초의 재고자산 금액의 기중에 취득한 재고자산금액을 합하고 이를 총수량으로 나누어 평균원가를 산출하는 방식을 말한다.
  ㉢ 선입산출법: 매출했을 때 잔액란에 남아있는 상품 중 먼저 매입한 것을 먼저 매출하는 형

식으로 기입하는 방법이다.
- ② **후위선출법**: 남아있는 상품 중 나중에 매입한 상품을 먼저 매출하는 형식으로 기입하는 방법이다.
- ⑪ **단순평균법**: 재고 자산을 평가할 때 사들인 가격의 평균값을 단가로 셈하는 방법이다.
- ⑭ **이동평균법**: 단위가 다른 경우에 단가를 결정하는 원가법으로 다른 단가로 사들일 때마다 가중 평균에 의해서 단가를 개정하는 방법이다.

⑤ 원가관리
- ㉠ **원가의 개념**: 기업이 생산하는 일정한 제품 또는 제공하는 각종 서비스에 필요한 여러 가지 재료 및 노동력 등 생산목적을 위하여 소요된 모두를 화폐가치로 환산하여 나타낸 것이다.
- ㉡ **원가관리의 개념**: 원가관리란 원가의 통제를 통하여 원가를 합리적으로 절감하려는 경영 기법이다.
- ㉢ **표준원가 계산**: 제품의 각 원가 요소에 따라 정해진 표준 원가와 실제 원가를 비교, 그 차이를 분석하여 원가 관리에 이용하는 원가 계산 방법이다.
  (표준원가 차이=표준원가−실제원가)
- ㉣ **손익분기점**: 한 기간의 매출액이 당해 기간의 총비용과 일치하는 점으로 비용을 회수하기 위하여 필요한 매출액을 의미하며, 매출액이 이 점을 넘으면 이익이 생긴다.

⑥ 감가상각
- ㉠ **감가상각의 개념**: 기업의 자산(재산)은 고정 자산(토지, 건물, 기계 등)과 유동 자산 (현금, 예금, 원재료 등) 및 기타 자산으로 구분된다. 이중 고정 자산은 시일이 경과함에 내려가고 그 금액을 감가상각액이라 한다.
- ㉡ 감가상각비계산의 3요소
  - ⓐ **기초가격(구입가격)**: 취득원가(구입 원가)에 의한다.
  - ⓑ **내용년수(사용한 년수)**: 취득한 고정자산이 유효하게 사용될 수 있는 추산기간을 가리킨다.
  - ⓒ **잔존가격(기초가격의 10%)**: 고정자산이 내용년수에 도달하였을 때 매각하여 얻어지는 추정가격을 가리킨다.
    - 매년의 감가상각액=(기초가격−잔존가격)/내용년수
- ㉢ 감가상각의 계산방법
  - ⓐ **정액법**: 고정자산의 내용연수의 기간 중 매기 동일액을 상각해 가는 방법이다.
    {감가상각비=(취득원가−잔존가액)÷내용연수}
  - ⓑ **정률법**: 고정자산의 장부가액에 일정한 상각률(정률(定率))을 곱하여 연도별 감가상각비를 계산하는 방법이다.
    {감가상각비=(취득원가−감가상각누계액)×상각율}

OK 실전문제

01 경단백질로서 가열에 의해 젤라틴으로 변하는 것은?

① 케라틴(Keratin) ② 콜라겐(Collagen)
③ 엘라스틴(Elastin) ④ 히스톤(Histone)

[해설] 경단백질로서 가열에 의해 젤라틴으로 변하는 것은 콜라겐이다.

02 과실 중 밀감이 쉽게 갈변되는 않는 가장 주된 이유는?

① 비타민 A의 함량이 많으므로
② Cu, Fe 등의 금속이온이 많으므로
③ 섬유소 함량이 많으므로
④ 비타민 C의 함량이 많으므로

[해설] 갈변이 안되는 과일에는 밀감, 귤, 키위, 오렌지 등이 있는데 그 이유는 비타민C가 많이 들어있기 때문이다.

03 꽁치 160g의 단백질 양은?(단, 꽁치 100g당 단백질 양:24.9g)

① 28.7g ② 34.6g
③ 39.8g ④ 43.2g

[해설] $100:24.9=160:x$ $x=39.84$
따라서 꽁치 160g의 단백질 양은 약 39.8g이다.

04 난황에 들어 있으며, 마요네즈 제조 시 유화제 역할을 하는 성분은?

① 레시틴 ② 오브알부민
③ 글로불린 ④ 갈락토오스

[해설] ② 오브알부민: 난백에 함유되어 있는 단백질의 약 54%를 차지하는 주요 단백질이며, 그 분자량은 약 45,000이다.
③ 글로불린: 단순단백질 중 물에 잘 용해되지 않는 단백질군을 글로불린이라 총칭한다. 약산성으로 열에 응고되며 순수한 단백질로서 얻어지는 것은 적다. 알부민과 함께 동식물의 조직 및 체액에 주로 존재한다.
④ 갈락토오스: 유당의 구성 성분으로 알려지고, 또한 갈락탄, 갈락토만난 등 다당의 구성 성분으로서 천연에 존재한다. 녹는점은 168℃이다.

05 캐러멜화(caramelization) 반응을 일으키는 것은?

① 당류
② 아미노산
③ 지방질
④ 비타민

[해설] 당류의 캐러멜화 반응
- 아미노 화합물이나 유기산이 존재하지 않는 상황에서 주로 당류의 가열분해물, 또는 가열산화물에 의한 갈변 반응을 캐러멜화라 한다.
- 당류를 가열하면 설탕은 160~180℃, 글루코오스는 147℃에서 분해되기 시작하는데 설탕은 글루코오스와 과당으로 분해되고, 이어서 과당은 탈수되어 히드록시메틸푸르푸랄이 되며 이것이 중합되어 착색물질이 생긴다.
- 글루코오스는 과당에 비하여 탈수되기 어려워 캐러멜화가 잘 안 된다.
- 당류의 캐러멜화에 필요한 최적 pH는 6.5~8.2이다.

06 함유된 주요 영양소가 바르게 짝지어진 것은?

① 뱅어포: 당질, 비타민 B1
② 밀가루: 지방, 지용성 비타민
③ 사골: 칼슘, 비타민B2
④ 두부: 지방, 철분

[해설] ① 뱅어포: 칼슘이 멸치보다 많이 들어있어 골다공증 예방에 좋다.
② 밀가루: 무기질, 비타민 등이 많이 함유되어 있다.
④ 두부: 식물성 단백질이 풍부한 식품이다.

07 비타민 A의 전구물질로 당근, 호박, 고구마, 시금치에 많이 들어 있는 성분은?

① 안토시아닌
② 카로틴
③ 리코펜
④ 에르고스테롤

[해설] ① 안토시아닌: 꽃이나 과실 등에 포함되어 있는 안토시아니딘의 색소배당체로 가수분해에 의해 하나 또는 둘의 단당류와 아글리콘으로 분류된다.
③ 리코펜: 잘 익은 토마토 등에 존재하는 일종의 카로티노이드 색소이다. 항암 작용을 하며, 성질은 카로틴과 비슷하다.
④ 에르고스테롤: 효모나 맥각(麥角)을 비롯하여 표고버섯 등 균류에 들어 있는 스테로이드로 에르고스테린이라고도 한다.

08 밀가루를 물로 반죽하여 면을 만들 때 반죽의 점성에 관계하는 주성분은?

① 글로불린(globuiln) ② 글루텐(gluten)
③ 아밀로펙틴(amylopectin) ④ 덱스트린(dextrin)

[해설] ① 글로불린: 단순단백질 중 물에 잘 용해되지 않는 단백질군을 글로불린이라 총칭한다. 약산성으로 열에 응고되며 순수한 단백질로서 얻어지는 것은 적다.
③ 아밀로펙틴: 녹말 입자에서 물에 녹지 않는 부분을 구성하는 다당류의 한 종류로서 무미·무취의 흰색 가루이다.
④ 덱스트린: 녹말을 산·열·효소 등으로 가수분해시킬 때 녹말에서 말토스에 이르는 중간단계에서 생기는 여러 가지 가수분해 산물이다.

09 완전 단백질(complete protein)이란?

① 필수아미노산과 불필수아미노산을 모두 함유한 단백질
② 함유황아미노산을 다량 함유한 단백질
③ 성장을 돕지는 못하나 생병을 유지시키는 단백질
④ 정상적인 성장을 돕는 필수아미노산이 충분히 함유된 단백질

[해설] 완전단백질: 생명체의 성장과 유지에 필요한 필수 아미노산을 모두 충분한 양 가지고 있는 단백질로 젤라틴을 제외한 대부분의 동물성 단백질, 우유의 카세인, 락트알부민, 달걀의 오브알부민, 오보비텔린(동물성 단백질, 콩 단백질) 등이 있다.

10 식품의 조리, 가공 시 발생하는 갈변현상 중 효소가 관계하는 것은?

① 페놀성 물질의 산화, 축합에 의한 멜라닌(Melanin)형성 반응
② 마이야르(Maillard) 반응
③ 캐러멜화(Caramelization) 반응
④ 아스코르빈산(Ascorbic acid) 산화 반응

[해설] 식품의 조리, 가공 시 발생하는 갈변현상 중 효소가 관계하는 것은 페놀성 물질의 산화, 축합에 의한 멜라닌형성 반응이다.

11 다음 중 근원섬유를 구성하는 단백질은?

① 헤모글로빈 ② 콜라겐
③ 미오신 ④ 엘라스틴

[해설] ① 헤모글로빈: 척추동물의 적혈구 속에 다량으로 들어 있는 색소단백질. 혈색소라고도 한다. 피의 색이 붉은 것은 헤모글로빈의 색깔 때문이다.
② 콜라겐: 동물의 뼈·연골·이·건·피부 외에 물고기의 비늘 등을 구성하는 경단백질로 교원질이라고도 한다.
④ 엘라스틴: 경단백질의 하나로 혈관벽, 인대, 근육 등 결합조직의 탄성섬유를 구성하는 불용성 고무상의 단백질이다.

12 지방의 산패를 촉진시키는 요인이 아닌 것은?

① 효소
② 자외선
③ 금속
④ 토코페롤

[해설] 지방의 변질요인: 큰 의미에서의 변질에는 냄새의 흡수, 가수분해에 의한 변질, 산화에 의한 변패가 있다. 좁은 의미의 산패의 요인은 유지의 불포화도, 온도, 산소, 광선, 방사선, 산화촉진제 등이 있다.

13 영양섭취기준 중 권장섭취량을 구하는 식은?

① 평균필요량+표준편차×2
② 평균필요량+표준편차
③ 평균필요량+충분섭취량×2
④ 평균필요량+충분섭취량

[해설] 권장섭취량: 평균 필요량에 표준편차의 2배를 더하는 것이다.

14 다음 중 물에 녹는 비타민은?

① 레티놀
② 토코페롤
③ 리보플라빈
④ 칼시페롤

[해설] ① 레티놀: 비타민 A의 한 종류로, 순수비타민이라고도 한다. 피부의 표피세포가 원래의 기능을 유지하는데에 중요한 역할을 한다.
② 토코페롤: 비타민E의 종류로 소맥과 쌀의 배자유에 특히 많지만 동물성 유지에는 거의 존재하지 않는다.
④ 칼시페롤: 비타민 D의 화학명이다. 음식 중 계란 노른자에 비교적 풍부하며 버터나 우유에도 함유되어 있다.

15 다음 식품 성분 중 지방질은?

① 프로라민
② 글리코겐
③ 카라기난
④ 레시틴

[해설] ① 프로라민: 끈기있는 단백질이다.
② 글리코겐: 간과 근육에 축적(이외 뇌, 자궁에도 있다)되어 있는 동물의 다당류 이다.
③ 카라기난: 홍조류에 존재하는 황을 포함하는 세포벽 다당류이다. 황화 갈락토스의 이탄당이 반복되는 구조로, 상업적으로 식품의 에멀션제와 농후제로 이용된다.

16 다음 중 동물성 색소는?

① 클로로필　　　　　　　② 안토시안
③ 미오글로빈　　　　　　④ 플라보노이드

[해설] 클로로필, 안토시안, 플라보노이드는 식물성 색소이다.

17 다음중 이당류가 아닌 것은?

① 설탕(sucrose)　　　　　② 유당(lactose)
③ 과당(fructose)　　　　　④ 맥아당(maltose)

[해설] 과당은 단당류이다.

18 다음 중 유도지질(derived lipids)은?

① 왁스　　　　　　　　　② 인지질
③ 지방산　　　　　　　　④ 단백지질

[해설] 유도지질: 단순 지질과 복합 지질의 전구물질이나 대사산물로 볼 수 있는 지방산, 고급 알코올, 스테롤 따위를 이르는 말이다.

19 짠맛에 소량의 유기산이 첨가되면 나타나는 현상은?

① 떫은맛이 강해진다.　　② 신맛이 강해진다.
③ 단맛이 강해진다.　　　④ 짠맛이 강해진다.

[해설] 짠맛에 소량의 유기산이 첨가되면 짠맛은 더욱 강화된다.

20 사과를 깎아 방치했을 때 나타나는 갈변현상과 관계없는 것은?

① 산화효소　　　　　　　② 산소
③ 페놀류　　　　　　　　④ 섬유소

[해설] 사과를 깎아 방치했을 때 나타나는 갈변현상에 섬유소는 관계가 없다.

21 카로티노이드(carotenoid) 색소와 소재식품의 연결이 틀린 것은?

① 베타카로틴(β-carotene)-당근, 녹황색 채소
② 라이코펜(lycopene)-토마토, 수박
③ 아스타크산틴(astaxanthin)-감, 옥수수, 난황
④ 푸코크산틴(fucoxanthin)-다시마, 미역

[해설] 아스타크산틴: 게, 새우 등의 갑각류에서 가장 보편적으로 볼 수있는 카로티노이드의 일종이다.

22 밀가루에 중조를 넣으면 황색으로 변하는 원리는?

① 효소적 갈변
② 비효소적 갈변
③ 알칼리에 의한 변색
④ 산에 의한 변색

[해설] 밀가루에 중조를 넣으면 황색으로 변하는 원리는 알칼리에 의한 변색이다.

23 버터의 수분함량이 17% 라면 버터 15g은 몇 칼로리(kcal)정도의 열량을 내는가?

① 10kcal
② 112kcal
③ 210kcal
④ 315kcal

[해설] 버터에서 수분을 빼면 나머지는 모두 지방이므로 버터는 83%이다.
15g 중 버터의 함량이 83%이므로 15×0.83=12.45
지방은 1g당 9kcal이므로 12.45×9=112.05
따라서 버터의 수분함량이 17% 라면 버터 15g에는 약 112kcal 정도의 열량을 낸다.

24 전화당의 구성 성분과 그 비율로 옳은 것은?

① 포도당:과당이 3:1인 당
② 포도당:맥아당이 2:1인 당
③ 포도당:과당이 1:1인 당
④ 포도당:자당이 1:2인 당

[해설] 전화당의 구성 성분은 포도당:과당의 비율이 1:1인 당이다.

25 영양소와 그 기능의 연결이 틀린 것은?

① 유당(젖당)-정장 작용 ② 셀룰로오스-변비 예방
③ 비타민K-혈액응고 ④ 칼슘-헤모글로빈 구성성분

[해설] 칼슘은 뼈와 치아에 구성 요소이며, 근육, 신경 기능 조절, 혈액 응고에 도움을 준다.

26 중성지방의 구성 성분은?

① 탄소와 질소 ② 아미노산
③ 지방산과 글리세롤 ④ 포도당과 지방산

[해설] 중성지방: 트리글리세라이드라고도 하며, 지방산이 1분자의 글리세롤과 에스텔이 결합한 것이다. 동물의 저장 지방이나 식사중의 주요한 지질성분은 중성지방이다.

27 단백질의 변성 요인 중 그 효과가 가장 적은 것은?

① 가열 ② 산
③ 건조 ④ 산소

[해설] 단백질의 변성 요인
- 물리적인 요인: 가열, 건조, 교반, 압력, X선, 초음파, 진동, 동결 등이 있다.
- 화학적인 요인: 산, 염기, 요소, 유기용매, 중금속, 계면활성제 등이 있다.

28 비타민에 관한 설명 중 틀린 것은?

① 카로틴은 프로비타민A이다.
② 비타민E는 토코페롤이라고도 한다.
③ 비타민 B12는 코발트를 함유한다.
④ 비타민C가 결핍되면 각기병이 발생한다.

[해설] 비타민C가 결핍되면 괴혈병, 체중저하가 일어난다.

29 된장국물 등과 같이 분산상의 고체이고 분산매가 액체인 콜로이드 상태를 무엇이라 하는가?

① 진용액 ② 유화액
③ 졸 ④ 겔

[해설] 졸(sol): 액체인 분산매에 기체, 액체, 고체인 분산질이 분산되어 있는 유동성이 있는 콜로이드 용액으로 된장국물, 수프, 우유 등이 있다.

제2장 한식 재료관리

30 다음 중 어떤 무기질이 결핍되면 갑상선종이 발생 될 수 있는가?
① 칼슘(Ca)   ② 요오드(I)
③ 인(P)   ④ 마그네슘(Mg)

[해설] 요오드(I)가 결핍되면 갑상선종, 갑상선 기능 부전증(권태감, 기초대사율 저하, 추위민감증), 크레틴증(성장지연) 등을 유발할 수 있다.

31 비타민B2가 부족하면 어떤 증상이 생기는가?
① 구각염   ② 괴혈병
② 야맹증   ④ 각기병

[해설] 비타민B2 결핍 시 증세로는 구각염, 소화 흡수의 약화, 안질환 등이 일어나기 쉽다.

32 급식재료의 소비량을 계산하는 방법이 아닌 것은?
① 선입선출법   ② 재고조사법
③ 계속기록법   ④ 역계산법

[해설] ① 선입선출법: 장부상에 먼저 입고된 것부터 순차적으로 출고되는 것을 간주하여 출고단가를 결정하는 것이다.
② 재고조사법: 자산과 부채를 실제로 조사하여 그 현재액을 구하고 이때 자산과 부채의 차액으로 자본을 산정하여 대차대조표를 작성하는 방법이다.
③ 계속기록법: 재고자산의 수량을 결정하는 방법 중의 하나로서, 재고자산의 입고 및 출고상황을 계속적으로 장부에 기록하여 그 기록된 내용에 의해 일정시점의 재고자산을 파악하는 방법이다.
④ 역계산법: 제품의 수량으로 그 제품에 들인 재료 및 비용 따위를 셈하는 법이다.

33 다음 자료로 계산한 제조원가는 얼마인가?

```
-직접재료비 ₩180000   -간접재료비 ₩50000   -직접노무비 ₩100000
-간접노무비 ₩30000    -직접경비  ₩10000   -간접경비  ₩100000
-판매관리비 ₩120000
```

① ₩590000   ② ₩470000
③ ₩410000   ④ ₩290000

[해설] 제조원가=직접재료비+직접노무비+직접경비+제조간접비
=180000+50000+100000+30000+10000+100000=470000원이다.

34 가공식품, 반제품, 급식 원재료 및 조미료 등 급식에 소요되는 모든 재료에 대한 비용은?

① 관리비　　　　　　　　　② 급식재료비
③ 소모품비　　　　　　　　④ 노무비

[해설] ② 급식 재료비: 식품, 반제품, 급식 원재료 또는 조미료 등 급식에 소요되는 모든 재료에 소비되는 비용이다.
　　　① 관리비: 단체급식시설의 규모가 큰 경우 별도로 계산되는 간접경비이다.
　　　③ 소모품비: 급식업무에 소요되는 각종 소모품비이며, 식기, 집기, 등의 내구성 소모품과 소독제, 세제 등 완전 소모품으로 구분된다.
　　　④ 노무비: 급식업무에 종사하는 사람들의 노동력의 대가로 지불되는 비용이다.

35 구매한 식품의 재고관리 시 적용되는 방법 중 최근에 구입한 식품부터 사용하는 것으로 가장 오래된 물품이 재고로 남게 되는 것은?

① 선입선출법(First-In, First-Out)
② 후입선출법(Last-In, First-Out)
③ 총 평균법
④ 최소-최대관리법

[해설] • 후입선출법: 최근에 구입한 식품부터 사용하는 것으로 가장 오래된 물품이 재고로 남게 되는 것이다.
　　　• 선입선출법: 장부상에 먼저 입고된 것부터 순차적으로 출고되는 것을 간주하여 출고단가를 결정하는 것이다.
　　　• 총 평균법: 재고자산의 원가를 평가하는 방법의 하나로 기초의 재고자산 금액에 기중에 취득한 재고자산금액을 합하고 이를 총수량으로 나누어 평균원가를 산출하는 방식을 말한다.

36 1일 총 급여 열량 2000Kcal 중 탄수화물 섭취 비율을 65%로 한다면, 하루 세끼를 먹을 경우 한 끼당 쌀 섭취량은 약 얼마인가? (단, 쌀 100g 당 371kcal)

① 98g　　　　　　　　　　② 107g
③ 117g　　　　　　　　　 ④ 125g

[해설] 2000kcal의 65%라면 2000×0.65=1300kcal
　　　이것을 하루 세끼를 먹을 경우 1300kcal/3=433kcal
　　　100:371=x:433
　　　x≒116.71
　　　따라서 한 끼당 쌀 섭취량은 약 117g이다.

제2장 한식 재료관리

37 다음 중 급식 부문의 간접원가에 속하지 않는 것은?
① 외주가공비
② 보험료
③ 연구연수비
④ 감가상각비

[해설] 급식 부문의 간접원가에 속하는 것은 보험료, 연구연수비, 감가상각비이다.

38 한국인의 영양섭취기준에 의한 성인의 탄수화물 섭취량은 전체 열량의 몇 %정도인가?
① 20~35%
② 55~70%
③ 75~90%
④ 90~100%

[해설] 한국인의 영양섭취기준에 의한 탄수화물의 섭취량은 총열량의 60~70% 정도이다.

39 국이 짜게 되었을 때 국물의 짠맛을 감소시킬 수 있는 방법으로 타당한 것은?
① 달걀흰자를 거품 내어 끓을 때 넣어 준다.
② 잘 저은 젤라틴 용액을 끓을 때 넣어 준다.
③ 2% 설탕용액이나 술을 넣어 준다.
④ 건조된 월계수 잎을 끓을 때 넣어 준다.

[해설] 국이 짜게 되었을 때 달걀흰자를 거품 내어 넣으면 달걀흰자가 염분을 빨아들여 국물의 짠맛을 감소시킬 수 있다.

40 꽃게탕을 하면 꽃게 껍질은 붉은색으로 변하는데, 이 현상과 관련된 꽃게에 함유된 색소는?
① 루테인(lutein)
② 멜라닌(melanin)
③ 아스타잔틴(astaxanthin)
④ 구아닌(guanine)

[해설] 꽃게 껍데기에는 아스타산틴(astaxanthin)이라는 물질이 있어 단백질과 결합하여 다양한 색을 내는데, 가열하면 결합이 끊어져 본래의 색인 붉은색을 나타내기 때문에 삶으면 껍질이 붉은색을 띠게 된다.

41 재료의 소비액을 산출하는 계산식은?
① 재료 구입량×재료 소비단가
② 재료 소비량×재료 구입단가
③ 재료 소비량×재료 소비단가
④ 재료 구입량×재료 구입단가

42 다음 중 고정비에 해당되는 것은?

① 노무비   ② 연료비
③ 수도비   ④ 광열비

[해설] 고정비: 일정한 기간 동안 조업도의 변동에 관계없이 항상 일정액으로 발생하는 원가로 노무비, 제조공정비, 판매관리비, 영업외수익, 영업외비용 등이 있다.

43 우유에 들어있는 비타민 중에서 함유량이 적어 강화우유에 사용되는 지용성 비타민은?

① 비타민D   ② 비타민C
③ 비타민B1   ④ 비타민E

[해설] 강화우유: 우유에 비타민이나 무기질을 강화한 것으로 우유 1L당 비타민A는 200IU, 비타민D는 400IU, 철분은 10mg 이상이어야 한다.

44 수분 70g, 당질 40g, 섬유질 7g, 단백질 5g, 무기질 4g, 지방 2g이 들어있는 식품의 열량은?

① 141 kcal   ② 144 kcal
③ 165kcal   ④ 198kcal

[해설] 당질: 1kg당 4kcal, 단백질: 1kg당 4kcal, 지방: 1kg당 9kcal
따라서 열량=(40×4)+(5×4)+(2×9)=198kcal

45 미역국을 끓일 때 1인분에 사용되는 재료와 필요량, 가격이 아래와 같다면 미역국 10인분에 필요한 재료비는? (단, 총 조미료의 가격 70원은 1인분 기준임)

재료	필요량(g)	가격 (원/100g당)
미역	20	150
쇠고기	60	850
총 조미료	-	70(1인분)

① 610원   ② 6100원
③ 870원   ④ 8700원

[해설] 미역: 150원×0.2=30원, 쇠고기: 850원×0.6=510원, 총 조미료: 70
1인분에 필요한 재료비=30+510+70=610
따라서 구하는 10인분에 필요한 재료비는 610×10=6100 원이다.

46 4가지 기본적인 맛이 아닌 것은?

① 단맛　　　　　　　　　② 신맛
③ 떫은맛　　　　　　　　④ 쓴맛

[해설] 4가지 기본적인 맛: 단맛, 짠맛, 쓴맛, 신맛

47 어떤 제품의 원가구성이 다음과 같을 때 제조원가는?

이익	20000원	제조간접비	15000원
판매관리비	17000원	직접재료비	10000원
직접노무비	23000원	직접경비	15000원

① 40000원　　　　　　　② 63000원
③ 80000원　　　　　　　④ 100000원

[해설] 제조원가=직접재료비+직접노무비+직접경비+제조간접비
　　　=10000+23000+15000+15000=63000 원이다.

48 식품의 수분활성도(Aw)란?

① 식품의 수증기압과 그 온도에서의 물의 수증기압의 비
② 자유수와 결합수의 비
③ 식품의 단위시간당 수분증발량
④ 식품의 상대습도와 주위의 온도와의 비

[해설] 식품의 수분활성도(Aw): 동일 온도에서 순수한 물의 증기압(Ps)에 대한 그 식품 중에 수분의 증기압(Pr)의 비율로 정의된다.

49 신맛성분과 주요 소재식품의 연결이 틀린 것은?

① 초산(Acetic acid)-식초
② 젖산(Lactic acid)-김치류
③ 구연산(Citric acid)-시금치
④ 주석산(Tartaric acid)-포도

[해설] 구연산: 많은 식물의 씨나 과즙 속에 유리상태의 산으로 함유되어 있다.

50 무기질만으로 짝지어진 것은?

① 지방, 나트륨, 비타민A
② 칼슘, 인, 철
③ 지방산, 염소, 비타민B
④ 아미노산, 요오드, 지방

[해설] 무기질의 종류: 칼슘, 칼륨, 철분, 나트륨, 아연, 마그네슘, 몰리브덴, 크롬, 셀렌, 망간, 인, 요오드 등이 있다.

51 다음 중 다당류에 속하는 탄수화물은?

① 전분 ② 포도당
③ 과당 ④ 갈락토오스

[해설] 포도당, 과당, 갈락토오스는 단당류이다.

52 다음 식품 중 이소티오시아네이트(isothiocyanates)화합물에 의해 매운맛 내는 것은?

① 양파 ② 겨자
③ 마늘 ④ 후추

[해설] 겨자의 매운맛과 방향은 씨 안에 들어있는 이소티오시아네이트란 성분에 기인한다.

53 당질의 기능에 대한 설명 중 틀린 것은?

① 당질은 평균 1g당 4kcal를 공급한다.
② 혈당을 유지한다.
③ 단백질 절약작용을 한다.
④ 당질을 섭취가 부족해도 체내 대사의 조절에는 큰 영향이 없다.

[해설] 당질이 부족하면
- 저혈당이 되면 뇌에 포도당 공급이 적어지며, 심하면 의식장애를 일으키게 된다.(특히 당뇨인들은 주의를 해야한다.)
- 온몸이 에너지부족에 빠지고 피로감이 생긴다.
- 혈액속의 포도당 농도를 유지하기위해 세포내의 단백질로부터 포도당을 합성한다.(이로 인하여 단백질 본래의 효과가 저하된다.)

54 다음 자료에 의하여 제조원가를 산출하면?

직접재료비	60000원
직접임금	100000원
소모품비	10000원
통신비	10000원
판매원급여	50000원

① 175000원 ② 180000원
③ 220000원 ④ 230000원

[해설] 판매원급여는 판매관리비에 포함되므로 제조원가를 구할 때는 제외한다.
따라서 제조원가=60000+1000000+10000+10000=180000원

55 다음 중 신선란의 특징은?

① 난황이 넓적하게 퍼진다.
② 기실부가 거의 생성되지 않았다.
③ 수양난백이 농후난백보다 많다.
④ 삶았을 때 난황표면이 쉽게 암록색으로 변한다.

[해설] 신선란의 특징
- 껍질이 까칠까칠하며, 빛에 비추어 보았을 때 투명해 보인다.
- 물에 넣어 보았을 때 수평으로 눕는다.
- 깨뜨려 보았을 때 흰자는 퍼지지 않으며, 노른자의 형태도 그대로이다.
- 기실부가 거의 생성되지 않았다.

56 다음 중 오탄당이 아닌 것은?

① 리보즈(ribose)   ② 자일로즈(xylose)
③ 갈락토즈(Galactose) ④ 아라비노즈(arabinose)

[해설] 오탄당: 탄소원자가 5개로 이루어진 단당류로 리보즈, 아라비노즈, 자일로즈 등이 있다.

57 20%의 수분(분자량:18)과 20%의 포도당(분자량:180)을 함유하는 식품의 이온적인 수분 활성도는 약 얼마인가?

① 0.82　　　　　　　　　　② 0.88
③ 0.91　　　　　　　　　　④ 1

[해설] 수분활성도(Aw)=P/P° (P: 그 식품이 나타내는 수증기압, P° : 같은 온도에서 순수한 물의 수증기압)
따라서 수분활성도(Aw)==0.9090900.91

58 다음 중 열량을 내지 않는 영양소로만 짝지어진 것은?

① 단백질, 당질　　　　　　② 당질, 지질
③ 비타민, 무기질　　　　　④ 지질, 비타민

[해설] • 탄수화물: 1g당 4kcal
　　　 • 단백질: 1g당 4kcal
　　　 • 지방(지질): 1g당 9kcal

59 대표적인 콩 단백질인 글로불린(globulin)이 가장 많이 함유하고 있는 성분은?

① 글리시닌(glycinin)　　　② 알부민(albumin)
③ 글루텐(gluten)　　　　　④ 제인(zein)

[해설] 콩에 많이 함유된 단백질은 글로불린에 속하는 글리시닌이 대부분을 차지하고 그 외 알부민과 글루텔린이 있다.

60 불고기를 만들어 파는데 비용으로 1kg 기준으로 등심은 18000원, 양념비는 3500원이 소요되었다. 1인분에 200g을 사용하고 식재료 비율을 40%로 하려고 할 때 판매가격은?

① 9000원　　　　　　　　② 8600원
③ 17750원　　　　　　　　④ 10750원

[해설] 1kg 기준원가=18000+3500=21,500원
그런데 1인분에 200g을 사용하기 때문에
1인 분당 원가=21,500원/5=4,300원
따라서 판매가격은 4,300(40%)+6,450(60%)=10,750(원)

정답

1.②	2.④	3.③	4.①	5.①	6.③	7.②	8.②	9.④	10.①
11.③	12.④	13.①	14.③	15.④	16.③	17.②	18.③	19.④	20.④
21.③	22.③	23.②	24.③	25.④	26.③	27.④	28.④	29.③	30.②
31.①	32.①	33.②	34.②	35.②	36.③	37.①	38.②	39.①	40.③
41.③	42.①	43.①	44.④	45.②	46.③	47.②	48.①	49.③	50.②
51.①	52.②	53.④	54.②	55.②	56.③	57.③	58.③	59.①	60.④

Chepter 03
음식조리

한식 기초 조리실무

1 조리 준비

1. 조리의 정의 및 기본 조리조작

① 조리의 정의: 식품에 물리적 및 화학적 조작을 가하여 합리적인 음식물로 하는 과정을 말한다.

② 조리의 목적
- ㉠ 기호성: 식품의 외관을 좋게 하며 맛있게 하기 위하여 행한다.
- ㉡ 영양성: 소화를 용이하게 하며 식품의 영양효율을 높이기 위하여 행한다.
- ㉢ 저장성: 저장성을 높이기 위하여 행한다.
- ㉣ 위생, 안정성: 위생상 안전한 음식으로 만들기 위하여 행한다.

③ 조리의 준비조작
- ㉠ 계량: 양의 크기나 무게 등을 재는 것을 말한다.
  - ⓐ 계량기의 종류: 저울, 온도계, 계량컵, 계량스푼 등이 있다.
    - 저울: 물체의 무게(질량 또는 중량)을 측정하는 기계나 기구 또는 장치를 말한다.
    - 온도계: 물체의 뜨거운 정도를 수치로 나타낸 것을 온도라 하고, 측정하는 장치를 온도계라 한다.
    - 계량컵: 조리를 할 때에 재료의 분량을 재는 데 쓰는 컵으로 보통 180mL, 200mL, 500mL, 1리터, 2리터들이가 있다.
    - 계량스푼: 조리를 할 때에 가루나 조미료, 액체 따위의 용량을 재는 기구로 5mL들이부터 15mL들이까지 있다.
- ㉡ 계량의 크기

구분	계량단위	한글표기	계량비교
부피	ts(teaspoon)	티스푼	1ts=5ml
	TS(tablespoon)	테이블스푼	1TS=3ts=15ml
	C(cup)	컵	1C=240ml
	Pt(pint)	파인트	1Pt=2C=480ml
	qt(quart)	쿼트	1qt=2Pt=960ml
		국자	1국자 = 100cc

④ 음식의 적온

조리의 온도, 맛있게 먹는 적온이 있는데 음식 맛을 가장 잘 감지하는 온도는 25~30℃의 범위이다.

㉠ 끓이는것(국의 적온): 끓이는 국은 100℃이다.

㉡ 찌는것: 수증기 속 100℃에서 가열한다(요리에 따라 85~90℃이다).

㉢ 굽는것

　ⓐ 간접구이: 오븐에 굽는 것을 말한다.

　ⓑ 직접구이: 금속이나 석쇠의 열로 160℃이상의 온도에서 가열하는 것을 말한다.

　ⓒ 식품의 종류에 따라 200℃를 넘게 굽는 경우도 많다.

㉣ 튀기는 것: 튀김의 적온은 보통 160~180℃이다.

　ⓐ 수분이 많은 식품의 적온은 150℃이다.

　ⓑ 튀김 껍질이 없는 식품의 적온은 130~140℃이다.

　ⓒ 크로켓과 같이 내용이 미리 가열된 것은 180~190℃에서 빨리 튀겨야한다.

㉤ 청량음료의 적온: 0~5℃이다.

㉥ 맥주의 적온: 6~12℃이다.

㉦ 이스트의 발효온도: 25~30℃이다.

㉧ 밥, 청국장 발효온도: 40~45℃이다.

㉨ 식혜 당화 온도: 55~65℃이다.

㉩ 커피, 차의 적온: 70~75℃이다.

㉪ 전골, 찌개의 적온: 95℃이다.

2. 기본조리법

① 가열조리

㉠ 특징

　ⓐ 병원균, 부패균, 기생충 알을 살균해 안전한 음식물을 만든다.

　ⓑ 식품의 조직이나 성분에 변화를 준다(결합 조직의 연화, 전분의 호화, 단백질의 변성, 지방의 용해, 수분의 감소 또는 증가 등).

　ⓒ 소화흡수율을 증가시켜 준다.

　ⓓ 풍미가 증가된다(불미 성분제거, 식품감촉의 변화, 조미료, 향신료성분의 침투 등).

㉡ 종류

　ⓐ 습열 조리: 삶기, 조림, 끓이기, 찌기 등이 있다.

　ⓑ 건열 조리: 구이, 전, 볶기, 튀김 등이 있다.

　ⓒ 마이크로웨이브 조리: 전자레인지에 의한 조리가 있다.

② 생식품 조리
　㉠ 특징: 식품 그대로의 감촉과 풍미를 느끼기 위한 조리법으로 위생적이어야 하며, 식품의 조직이나 섬유는 연하고 불미 성분이 없는 것이어야 한다.
　㉡ 종류: 생채류, 회 등이 있다.

3. 단체급식

① 단체급식의 정의
　특정한 단체에 소속된 사람들을 대상으로 식사를 제공하는 것을 말한다.

② 단체급식의 목적
　㉠ 급식대상자에게 영양 지식을 익혀준다.
　㉡ 급식대상자에게 영양 개선을 도모한다.
　㉢ 지역사회의 식생활 개선을 도모한다.

③ 학교급식의 목적
　㉠ 성장기 아동들에게 급식을 통하여 필요한 영양을 공급한다.
　㉡ 심신의 건강한 발달과 편식교정, 올바른 식습관을 형성할 수 있다.
　㉢ 공동체 의식을 고취하여 전인격적인 교육을 돕는다.

④ 학교급식의 효과
　㉠ **신체 발달**: 체격, 체질(건강), 체력 등을 향상시킨다.
　㉡ **심성 발달**: 협동심, 봉사심, 우애심(교우관계 원만), 사회성, 감사하는 마음을 갖는다.
　㉢ **학력 향상**: 건강증진, 지능발달, 결석감소, 학교생활의 만족감 및 학습의욕을 향상시켜준다.
　㉣ **바른 생활 습관 형성**: 합리적인 식생활, 위생생활, 예의범절 등을 형성할 수 있다.
　㉤ **사회통합 기능**: 빈부차이로 인한 위화감 해소할 수 있다.(공동체의식, 일체감조성)
　㉥ **지역사회 계도**: 식생활 개선, 식량정책, 학교와 가정과의 유대 연계체제가 생긴다.

⑤ 산업장급식의 목적
　㉠ 필요한 영양을 섭취하고 영양개선의 효과를 높여준다.
　㉡ 건강을 증진시켜 행복하고 원만한 인간을 형성시켜 준다.

⑥ 병원급식
　환자에 따라 적당한 식사를 하게하여 질병의 치유 또는 병상의 회복을 촉진한다.

⑦ 급식의 운영 형태
　㉠ **직영급식**: 산업체, 학교, 복지시설 등에서 급식소를 직접 운영하는 형태로, 수익성 추구를 하지 않으므로 정해진 예산을 효과적으로 활용하고, 고객의 요구를 만족시킴으로서 급식 운영의 합리화를 도모한다.

ⓒ 임대급식: 산업체, 학교 등에서 급식 관련 시설 일체를 임대업자에서 빌려주고, 기관에서는 계약된 임대료를 받는다. 따라서 임대업자의 운영성과에 따라 손익이 결정된다.
　　ⓒ 위탁급식: 기관 내의 급식운영 및 관리업무를 외부 위탁급식업체에 의뢰하는 형태이다.
　　　▶위탁급식 절차: 위탁검토→업체선정→계약 체결

4. 기본 칼 기술 습득

① 칼 잡는 법
　㉠ 확실하게 꽉 잡아야 하는데, 손이 피곤할 정도로 꽉 잡을 필요는 없다.
　㉡ 칼은 엄지와 검지로 균형을 잡고, 나머지 세 손가락으로 칼의 손잡이를 잡는 것이 좋다.

② 식재료를 안전하고 일정하게 재단하는 방법
　㉠ 한 손으로는 칼의 방향을 조절하고, 나머지 손으로는 식재료를 잡아야 한다.
　㉡ 식재료는 칼의 날카로운 쪽으로 자르고, 일정한 힘으로 부드럽게 사용해 준다.
　㉢ 칼을 사용할 때 무리하게 힘을 주면 식재료를 잘못 자르게 될 뿐만 아니라 안전에 위험을 줄 수 있다.

③ 안전한 칼 사용법
　㉠ 조리공정에 적합한 칼을 사용한다.
　㉡ 자신의 안쪽에서 바깥쪽으로 사용한다.
　㉢ 칼의 날이 무디면 무리한 힘을 주어 미끄러질 수 있으므로, 항상 날을 세워준다.
　㉣ 칼을 들고 이동할 때는 날의 끝을 바닥 쪽으로 향하게 하고, 다리와 가깝게 평행을 유지시켜 준다.
　㉤ 칼이 바닥에 떨어질 때는 칼을 잡지 말고 그냥 뒤로 물러나 떨어지게 내버려 둔다.
　㉥ 칼을 싱크대 위에선 절대로 걸쳐 두면 안 된다. 다른 사람이 다칠 수 있고, 다른 주방기기 때문에 칼날이 휠 수도 있다.

④ 칼 사용법
　㉠ 밀어 썰기
　　ⓐ 칼은 도마에서 위로 향하게 하고, 내려 썰 때는 앞쪽으로 약 15° 정도 기울여 앞부분이 도마에 먼저 닿고, 앞으로 밀면서 칼 뒷부분이 도마에 닿게 하는 방법이다.
　　ⓑ 원위치 할 때는 뒷부분을 들고 앞쪽으로 당겨준다.
　　ⓒ 포괄적으로 쓰이는 방법이다.
　㉡ 당겨 썰기
　　ⓐ 앞쪽에서 시작해 뒤로 당기는 방법으로 밀어 썰기와 반대 방법이다.
　　ⓑ 앞쪽을 아래로 기울이고, 식재료의 굵기에 따라 뒷부분을 들어 뒤로 당겨준다.
　㉢ 작두 썰기

ⓐ 밀어 썰기와 비슷한 방법으로, 써는 식재료의 양이 적을 때 하는 방법이다.
ⓑ 칼의 앞부분을 거의 도마에 고정시켜, 뒷부분을 쓰는 방법이다.
ⓒ 빠르게 작업할 수 있어 많은 양식 조리사들이 많이 사용하는 방법이다.
② 비켜 썰기
ⓐ 저며 써는 방법으로, 외곽(바깥) 비켜 썰기와 내각(안쪽) 비켜 썰기가 있다.
⑩ 다지기
ⓐ 한 손으로 다지기: 왼손을 칼의 앞쪽의 칼등에 고정시킨 뒤에 오른손으로 칼자루를 쥐고 처대는 방법이다.
ⓑ 두 손으로 다지기: 양손에 칼을 들고 처대는 방법으로, 다지기 할 때는 일반 칼을 사용하지 않고 다지지 전용 칼을 사용하는 것이 좋다.

⑤ 재료 썰기
ⓐ 원형 썰기
- 주로 단면이 둥근 채소를 통째로 썰 때 쓰는 방법이다.
- 식자재를 평행하게 놓고 위에서부터 눌러 썰어준다.
- 찌개에는 2mm 정도의 두께로, 조림에는 1mm 정도의 두께로 썰어준다.

ⓑ 반달 썰기
- 둥근 채소가 클 경우에 가로로 반을 가른 후 썰어 반달 모양이 되게 써는 방법으로 비슷한 방법에는 눈썹 모양 썰기가 있다.
- 주로 찜에 사용한다.

ⓒ 은행잎 썰기
- 둥근 채소를 가로와 세로로 4등분을 한 뒤에 써는 방법이다.
- 주로 찌개나 조림 등에 사용한다.

ⓓ 얄팍 썰기
- 재료를 얄팍하게 써는 방법이다.
- 감자, 오이 등을 썰 때 주로 사용한다.
- 무침이나 볶음에 주로 이용한다.

ⓔ 어슷 썰기
- 무, 오이, 파 등 칼을 옆으로 세워 한쪽으로 비스듬하게 써는 방법이다.
- 채를 썰기 전에도 쓰는 방법으로, 조림에 주로 이용한다.

ⓕ 골패 썰기
- 둥근 모양 식재료의 가장자리를 잘라내어 사각형 모양으로 잘라내는 방법이다.
- 보통 가로로는 2cm, 세로로는 4~5cm 정도로 썰어준다.
- 주로 신선로나 볶음 등에 이용된다.

ⓖ **나박 썰기**
- 식재료를 네모나고 길게 썬 후에 다시 얄팍하게 썰어주는 방법이다.
- 나박김치나 무국 등에 이용된다.

ⓗ **깍둑 썰기**
- 가로로 평면으로 자르고 이것을 다시 몇 조각으로 평행하게 써는 방법이다.
- 깍두기, 조림, 찌개 등에 주로 이용된다.

ⓘ **채썰기**
- 채소를 5~6cm 길이로 썰어 세로로 얇게 저민 후에 비스듬히 포개어 손으로 가볍게 누르면서 실 같이 가늘게 써는 방법이다.
- 주로 생채나 생선회에 곁들이는 채소를 썰 때에 이용된다.

ⓙ **다져 썰기**
- 채 썬 것을 가지런히 모아서 잘게 썰어주는 방법이다.
- 마늘, 생강, 파, 양파 등의 양념을 만드는데 이용된다.

ⓚ **막대 썰기**
- 무나 오이 같은 채소를 알맞은 길이로 잘라낸 다음 적당한 굵기의 막대 모양으로 써는 방법이다.
- 산적 등을 만들 때 이용된다.

ⓛ **마구 썰기**
- 오이나 당근 등의 둥글고 긴 재료를 한 입 크기로 아무렇게나 자르는 방법이다.

ⓜ **저며 썰기**
- 기다란 야채를 연필 깎듯이 돌려 가며 비스듬히 써는 방법이다.
- 주로 찜이나 우엉조림에 이용된다.

ⓝ **빗살무늬 썰기**
- 얇게 썬 재료의 한쪽 면을 5~7mm깊이 간격 2~3mm로 일정하게 썰어주는 방법이다.
- 잡채나 죽순채 등의 요리에 이용된다.

ⓞ **토막 썰기**
- 좀 크게 덩어리로 잘라내는 것, 또는 파나 미나리 등의 가는 줄기를 여러 개 모아서 적당한 길이로 끊듯 써는 방법이다.

5. 조리기구의 종류와 용도

① **압력솥**
   ㉠ 밀폐 뚜껑이 있는 솥으로, 가압 증기로 음식을 빨리 익혀준다.
   ㉡ 가정용인 것은 압력 10~20lb 정도, 온도 110~126℃ 의 것이 많다.

ⓒ 밥이나 현미밥도 간단히 지을 수 있다.
② **구이용 팬**
　㉠ 속이 싶은 대용량 기구이다.
　ⓒ 고기를 오븐에서 굽기 위해 사용한다.
③ **프라이팬**
　㉠ 기름을 두르고 여러 가지 필요한 음식을 지지거나 부쳐 만드는 주방기구이다.
　ⓒ 주로 생선, 고기, 야채 등을 굽고 볶는데 사용된다.
④ **찜통**
　㉠ 음식을 뜨거운 수증기로 익히게 만드는 조리기구이다.
⑤ **소테 팬**
　㉠ 프라이팬과 비슷하지만 가장자리가 곧게 생긴 팬이다.
　ⓒ 고열로 기름에 조리할 때 사용한다.
⑥ **전자레인지**
　㉠ 극초단파 에너지를 이용하여 식품 내부의 물 분자를 회전, 진동시켜 열을 발생시킨다.
　ⓒ 그 열이 퍼지면서 단시간에 가열시키는 원리로 음식을 조리한다.
⑦ **필러**
　㉠ 껍질을 벗기는 주방조리 기기이다.
　ⓒ 감자 등의 구근(球根) 야채를 물로 씻으면서 단시간에 껍질을 효율적으로 벗겨준다.
⑧ **블렌더**: 재료의 분쇄, 혼합, 반죽 등 다양한 기능이 있는 주방기기이다.
⑨ **브로일러**: 그릴과 달리 열원이 위쪽에 있고, 육류, 생선, 가금류 등을 구울 때 사용한다.
⑩ **슬라이서**: 채소나 과일 등 다양한 식재료를 얇게 절삭하는 데 사용한다.
⑪ **그리들**: 두꺼운 철판으로 만들어졌으며 육류, 가금류, 야채, 생선을 볶을 때 사용한다.
⑫ **인덕션**
　㉠ 가스가 아닌 전기로써 열을 발생시키는 조리 기구다.
　ⓒ 가스레인지보다 비교적 안정적이며 더욱 **빠른** 조리시간과 인테리어적 아름다움 까지 갖추고 있다.
⑬ **거품기(휘퍼)**: 달걀의 흰자나 노른자, 생크림 등을 저어 거품을 일게 하거나, 소스 · 조제분유 · 풀 등 농도 짙은 액을 고루 섞는 데 쓰는 조리기구이다.

6. 식재료 계량방법
① **물**: 표면장력에 의해 양끝 위로 올라가므로, 가운데 부분을 눈높이와 수평으로 측정한다.
② **밀가루**: 체에 친 후 계량컵에 수북이 흔들지 않고 담아 칼등으로 위를 밀어 계량한다.
③ **설탕**: 백설탕은 누르지 말고 위를 밀어 계량하고, 흙설탕은 입자 사이에 틈이 많아 꾹 누른

후 계량한다.
④ 지방: 버터, 쇼트닝, 마가린 등의 고형 지방은 실온에서 부드러워졌을 때 스푼이나 컵에 꼭꼭 눌러 담은 후 윗면을 수평이 되도록 하여 계량한다.

7. 조리장의 시설 및 설비 관리
① 조리장의 시설
  ㉠ 조리장의 기본조건
    조리장 설비의 3원칙인 위생성, 능률성, 경제성을 고려하여 설비하여야 한다.
  ㉡ 조리장의 위치
    ⓐ 악취와 먼지, 유독가스 등이 들어오지 않으며, 고해가 없는 곳에 설치해야 한다.
    ⓑ 급수, 배수, 통풍, 채광 시설이 가능한 곳에 위치해야 한다.
    ⓒ 재래식 화장실과는 일정한 거리를 둔 곳에 위치해야 한다.
    ⓓ 비상시에 출입문과 통로의 이용에 지장이 없고, 식품의 구입과 반출이 쉬운 곳이 위치해야 한다.
  ㉢ 조리장의 면적
    ⓐ 일반적으로 식당 넓이의 1/3이 기준이다.
    ⓑ 학교 급식소는 아동 1인당 0.1m, 병원급식소는 침대 1개당 1.0m, 기숙사는 1인당 0.3m로서 설비와 기구 및 통행료를 갖추고 작업에 지장을 주지 않아야 한다.
    ⓒ 조리장의 폭을 1.0m로 한다면 길이는 폭의 2~3배로 하는 것이 능률적이다(정사각형이나 원형은 서로 마주하는 수가 많기 때문에 비능률적이다).
    ⓓ 조리장에 구획이 많으면 비능률적이고, 구획이 없으면 비위생적이다. 따라서 조리장 내에는 적당한 구획을 갖추어 주는 것이 좋다.
  ㉣ 조리장의 구조
    ⓐ 충분한 내구력을 가지고 있는 구조여야 한다.
    ⓑ 통풍과 채광, 배수 및 청소가 쉬워야 한다.
    ⓒ 바닥과 바닥으로부터 1m 까지의 내벽은 타일과 같은 내수성 자재를 사용하는 것이 좋다.
    ⓓ 싱크대와 뒷선반과의 간격은 최소 1.5m 이상이 되어야 한다.
    ⓔ 그리스트랩을 설치하여 지방이 히수구로 직접 흘러 내려가는 것을 방지한다.
    ⓕ 지하층은 환기와 채광이 어렵기 때문에 되도록 지하에 조리장을 설치하지 않는다.
    ⓖ 통로는 1.0~1.5m가 적당하다.
    ⓗ 조리장은 'ㄷ'자형으로 만들어 동선을 최소화시키는 것이 좋다.

② 조리장의 설비 및 관리
　㉠ 급수시설
　　ⓐ 급수는 수돗물, 공공시설 기관 음용 적합 인정한 것만 사용한다.
　　ⓑ 우물일 경우 화장실로부터 20m, 하수관에서 3m 떨어진 곳이어야 한다.
　　ⓒ 1인당 급수량은 급식센터 경우 6~10L/1식, 학교는 4~6L/1식이 필요하다.
　㉡ 환기시설
　　ⓐ 조리실의 증기, 냄새, 습기, 분진 등을 제거하기 위하여 환기장치를 설치해야 한다.
　　ⓑ 환기장치의 모양은 환기 속도와 주방의 위치에 따라 달라진다(4방형이 가장 효율적이다).
　㉢ 조명시설

유흥음식점	10lux	조리실	50lux	검수공간	500lux
식품저장실	200lux	전처리공간	200lux	주조리실	300lux
식기세척공간	200lux	탈의실	200lux	휴게실	200lux

　㉣ 작업대
　　ⓐ 팔굽보다 낮고, 서서 허리를 굽히지 않는 높이여야 한다.
　　ⓑ 신장의 52%(80~85cm)가량, 55~60cm 나비인 것이 효율적이다.
　　ⓒ 작업대와 뒤 선반 간격이 최소한 150cm 이상이어야 한다.
　　ⓓ 작업동선을 짧게 하기 위한 배치는 준비대(냉장고)-개수대-조리대-가열대-배선대가 이상적이다.
　㉤ 방충, 방서 시설
　　ⓐ 창문, 조리장, 출입구, 화장실, 배수구에 쥐, 해충 침입을 방지할 설비를 해야 한다.
　　ⓑ 가로, 세로 1인치 크기에 구멍이 30개인 것이 적당하다.
　㉥ 화장실
　　ⓐ 남녀용 구분과 불편 없는 구조이며 내수성 자제이어야 한다.
　　ⓑ 손 씻는 시설이 갖추어야져 있어야 한다.
③ 조리장의 관리
　㉠ 매일 1회 이상 청소를 하고, 매주 1회 이상 대청소를 하여 청결한 상태를 유지해 줘야 한다.
　㉡ 환기를 자주하여 조리장 내의 공기를 수시로 순환시켜 주어야 한다.
　㉢ 조리장 내의 조명을 기준조도인 50lux 이상으로 항상 유지시켜 주어야 한다.
　㉣ 조리기구와 식기류 등은 사용할 때마다 깨끗이 건조시켜 주고, 매일 1회 이상 멸균처리에 의한 소독을 해준다.
　㉤ 조리 전의 원재료와 음식물은 항상 보관시설 또는 냉장고 등이 위생적으로 보관한다.
　㉥ 손님에게 제공되었다 회수된 잔여음식물들은 반드시 폐기한다.

2. 식품의 조리원리

1. 농산물의 조리 및 가공·저장
① 쌀
  ㉠ 쌀의 선택
    ⓐ 눈으로 보아서 뉘, 싸라기, 벌레 먹은 쌀, 적색 쌀 등이 섞여 있지 않은 것을 선택한다.
    ⓑ 쌀눈이 붙어 있어 형태가 온전하고 잘 마른 것을 고른다.
    ⓒ 낟알의 크기가 고르고, 투명하며 광택이 있는 것이 좋다.
    ⓓ 오래된 쌀은 투명한 정도가 떨어지고 묵은 냄새가 나므로 주의한다.
  ㉡ 밥짓기
    ⓐ 수세: 가볍게 저어서 윗물 버리는 과정을 3~4회 정도 반복해서 씻는다.
    • 무기질과 비타민 B1의 손상도 크다.
    ⓑ 흡수: 보통 20~35%의 수분을 흡수한다.
    • 멥쌀은 30분, 찹쌀은 50분 후에 최대 흡수량 도달한다.
    ⓒ 가열: 쌀의 전분이 α화하려면 98℃에서 20~30분 동안 가열해야 한다.
  ㉢ 전분 조리에 따르는 변화
    ⓐ 전분의 호화: 전분에 물, 열을 가하면 전분립이 물을 흡수한 후 팽창해 점성이 높은 반투명의 콜로이드 상태가 된다.
    ⓑ 전분 호화에 영향을 끼치는 인자
    • 전분의 종류: 전분 입자가 클수록 빠른 시간에 호화가 된다.
    • 전분의 농도: 완전 호화를 위해 곡식과 물의 비율은 1:6이 적당하다.
    • 가열 온도: 온도가 높을수록 호화는 빨리 일어난다.
    • 젓는 속도와 양: 지나치게 저어주면 점성이 감소한다.
    • 전분액의 pH: 산을 넣으면 점도가 낮아진다.
    • 전분 입자의 호화 방해하는 것: 달걀, 지방, 소금, 분유 등이 있다.
  ㉣ 식품의 α화: 호화된 전분은 뜨거운 동안 α전분이다.
    ⓐ 전분은 소화하기 쉬운 형태이며, 생전분은 α전분이라 함.
  ㉤ 전분의 노화
    ⓐ 노화현상
    • 호화된 전분을 실온에 오래 방치하면, 생전분(β전분)으로 돌아가는데, 이 현상을 전분의 노화라고 한다.(예: 식은 밥, 굳은 떡)
    ⓑ 노화촉진에 관계하는 요인
    • 온도: 0~4℃일 때(냉장고에서 전분의 노화가 빨라진다.)

- 수분함량: 30~70%일 때
- pH: 수소이온이 많고, 산도가 높을 때
- 전분 분자의 종류: 아밀로스의 함량이 많을 때
- 멥쌀, 보리: 아밀로스 20~30%와 아밀로펙틴 70~80%일 때
- 찹쌀과 찰옥수수: 100% 아밀로펙틴 구성일 때

ⓒ 노화의 방지
- 전분을 80℃ 이상 유지하면서 급속 건조한다.
- 0℃ 이하로 얼려 급속 탈수한 후 수분의 함량을 15% 이하로 유지한다.
- 설탕 또는 유화제를 첨가한다.
- α화한 식품: 건조반, 오블라아트, 쿠키, 밥풀튀김, 냉동미, 떡가루 등이 있다.

ⓗ 전분의 호정화
ⓐ 전분에 물을 가하지 않고 160℃ 이상으로 가열하면 전분이 가용성이 되고, 이어 덱스트린(호정)이 되는데, 이러한 변화를 호정이라고 한다.
ⓑ 호정은 호화보다 물에 잘 녹고, 소화가 잘 된다.(미숫가루 등)

② 밀가루
㉠ 밀의 선택
ⓐ 시판되는 밀은 주로 밀가루의 형태로 나오는데, 밀가루는 단백질 함량에 따라 박력분, 중력분, 강력분으로 나뉘므로 용도에 따라 선택하여 사용한다.
ⓑ 잘 건조되고, 덩어리나 이상한 냄새와 맛이 없는 것이 좋다.

㉡ 밀가루 단백질의 특성
ⓐ 밀가루 글루텐 단백질이 물을 흡수하면 반죽을 할수록 점성과 탄성이 증가된다.
ⓑ 밀가루를 물을 섞어 반죽한 덩어리로 만든 후 물속에서 씻어내면 가용성 성분이나 전분류는 씻겨나가고 물에 녹지 않는 글루텐만 남게된다.
ⓒ 글루텐은 글루테닌과 글리아딘으로 되어 있다.

㉢ 밀가루의 조리
ⓐ 이스트 이용한 빵은 비타민B1의 손실이 20% 정도이며, 오븐 굽는 시간이 길면 길수록 손실이 크다. 또한 비타민B1은 알칼리에 불안정, 팽창제로 소다를 넣어 반죽하면 분해가 빠르다.
ⓑ 비타민B2는 열에 비교적 안정하며, 광선에 분해가 빠르다.
ⓒ **이스트의 발효온도**: 25℃~30℃
ⓓ 빵이나 마카로니는 강력분 사용하여 잘 반죽해야 하며, 소금, 기름을 첨가한다.
ⓔ 튀김옷은 글루텐함량이 적은 박력분을 사용하며, 가볍게 반죽해 준다.
ⓕ 국수 등 면류에는 중력분 사용하며 찬물 반죽한다.

ⓔ 밀가루 보관법
    ⓐ 저온, 저습하고 통풍이 잘 되는 곳에 보관한다.
    ⓑ 밀가루를 발이나 받침 위에 놓아 보관한다.
    ⓒ 다른 물건에 깔려 있지 않도록 보관한다.
    ⓓ 냄새가 강한 물질(등유, 화장품, 세제 등)과 함께 보관하지 않는다.
③ 두류 및 두제품의 조리법
    ㉠ 두류의 조리: 두류를 가열하면 독성성분(사포닌, 안티트립신, 헤마글루티닌 등)이 파괴되고, 소화흡수율을 증가시킨다.
    ㉡ 콩의 연화
        ⓐ 알칼리성 물질(중탄산소다 등)을 첨가하면 빨리 무르지만, 비타민B1의 파괴가 심하다.
        ⓑ 1%의 식염수에 담궜다가 연화시키면 빨리 무른다.
        ⓒ 압력 냄비 사용
    ㉢ 가열과 갈변: 카보닐기아 아미노기 반응으로 갈변한다.(대두의 특성)
        • 예)메주콩을 삶았을 때의 짙은 갈색, 간장의 색
    ㉢ 대두의 소화성: 가공하는 방법에 따라 소화율이 차이가 크다.

〈대두의 소화성〉

간장	98%	두부	93%
된장·청국장	85%	콩가루	83%
볶은콩	65%	콩조림	65%

    ㉣ 된장의 숙성 중에 나타나는 변화
        ⓐ 당화작용: 탄수화물→당분
        ⓑ 알코올 발효작용: 당분→알코올+CO_2
        ⓒ 단백질 분해작용: 단백질→아미노산
        ⓓ 신발효작용: 당분, 단백질→유기산
    ㉤ 두부의 조리
        ⓐ 소금, 전분, 중조, 글루타민산 나트륨을 첨가하여 가열하면 두부가 부드러워진다.
        ⓑ 식초를 첨가하면 두부가 단단해진다.
        ⓒ 유부는 두부를 이용해 튀긴 것이다.

2. 축산물의 조리 및 가공·저장
① 육류
    ㉠ 육류의 선택
        ⓐ 육류는 반드시 검사에 합격한 것을 냉장·냉동 설비를 갖춘 허가된 업소에서 구입해야

한다.
ⓑ 숙성이 잘 된 것을 선택한다(숙성된 고기가 연하고 맛이 좋다).
ⓒ 쇠고기는 선명한 붉은색을 띠는 것이 신선하다.
ⓓ 돼지고기는 선명한 분홍색으로 비계가 흰 것이 신선하다.
ⓔ 닭고기는 겉껍질이 누렇고 속살은 연한 분홍빛을 띠는 것이 신선하다.
ⓕ 부위에 따라 특징과 맛이 다르므로 조리 용도에 알맞은 부위를 선택한다.

ⓛ 육류의 조리방법
　ⓐ 습열 조리
　　• 액체에 넣어 찌거나 가열하는 방법으로 콜라겐이 젤라틴화하고, 고기가 연해진다.
　　• 탕류: 찬물에서부터 넣어 끓여야 성분 용출 잘 되어 국물이 맛있게 된다.
　　• 편육: 끓는 물에서 삶아야 고기의 맛이 빠지지 않는다.
　　• 사태육, 업진육, 장정육, 양지육을 조리할 때 적당하다(편육, 찜, 조림, 탕, 전골 등).
　　• 장조림: 끓는 물에 고기를 넣고 삶은 후에 간장을 넣어야 고기가 질기지 않게 된다.
　ⓑ 건열 조리
　　• 안심, 등심, 채끝, 우둔, 홍두깨, 염통, 콩팥, 간 등의 연한 부위의 조리에 적당하다(구이, 튀김, 전, 산적, 불고기, 로스팅, 브로일링 등)

ⓒ 가열에 의한 고기의 변화
　ⓐ 색의 변화: 육류를 가열하면 갈색으로 변한다.
　ⓑ 중량의 손실: 육류를 가열하면 중량이 약 20~40% 정도 감소한다(보수성 감소).
　ⓒ 용적의 수축: 고기 내부온도가 올라갈수록, 시간이 지날수록 수축은 심해진다.
　ⓓ 지방조직·단백질의 변화: 콜라겐은 65℃ 이상에서 분해되어 젤라틴화 한다.
　ⓔ 육류를 가열하면 풍미의 변화가 생기고 영양가의 손실을 가져온다.

조리명	고기의 부위
탕	양지, 사태, 업진육, 꼬리, 내장(양, 곱창)
조림	우둔살, 홍두깨살, 장정육, 대접살, 쐬악지
구이	등심, 안심, 채끝살, 갈비, 홍두깨살, 염통, 콩팥
찜	갈비, 사태, 등심, 쐬악지
편육	사태, 양지, 장정육, 우설, 업진육

3. 수산물의 조리 및 가공·저장
① 어류
　㉠ 어류의 선택
　　ⓐ 살아 있거나 사후 경직 중인 빳빳한 것이 좋다.

ⓑ 눈알이 투명하고 튀어 나왔으며, 아가미가 선홍색인 것이 좋다.
ⓒ 손가락으로 눌러 보았을 때 단단하고 탄력성이 강한 것이 좋다.
ⓓ 비린내가 나지 않는 것이 좋다.
ⓔ 산란기 직전이거나 알을 가지고 있을 때에는 지방 함량이 많아 맛이 좋다.
ⓕ 종류에 따라 색과 맛, 조직의 단단한 정도가 다르므로 용도에 맞는 것을 선택한다.

ⓒ 패류의 선택
  ⓐ 게나 조개류는 살아있는 것을 구입하여 조리할 때까지 살아 있도록 보관한다.
  ⓑ 조개류는 껍데기가 조금 열려 있고, 만졌을 때 즉시 오므리는 것이 신선하다.
  ⓒ 게나 새우는 몸이 단단하고 빛깔과 광택이 좋은 것이 신선하다.

ⓒ 생선 조리법
  ⓐ 생선구이: 소금구이의 경우 소금을 생선중량의 2~3% 정도만 뿌려야 탈수도 일어나지 않고 간도 맞다.
  ⓑ 생선조림
    • 처음 가열할 때 수분간은 뚜껑을 열어 비린내를 휘발시킨다.
    • 식초나 레몬을 뿌려주면 생선살이 단단해진다.
    • 생선은 물이 끓기 시작할 때 넣어야 모양이 흐트러지지 않는다.
  ⓒ 생선튀김: 튀김옷은 박력분을 사용하며 180℃에서 2~3분간 튀겨주는 것이 좋다.
  ⓓ 전유어: 재료를 얇게 썰어 밀가루와 달걀을 묻혀 기름에 지진 음식으로 생선의 비린 냄새를 제거하는데 효과적이다.

ⓔ 가열에 의한 변화
  ⓐ 단백질이 응고된다.
  ⓑ **탈수와 체적감소**: 보통 생선은 20~25%, 오징어는 30% 정도 탈수된다.
  ⓒ 수용성 성분의 용출이 일어난다.
  ⓓ 콜라겐의 젤라틴화가 일어난다.
  ⓔ 껍질이 수축된다.

ⓜ 비린내를 없애는 방법
  ⓐ 물로 씻기, 식초, 술, 간장, 된장, 고추장, 파, 마늘, 생강, 고추냉이, 겨자, 고추, 후추, 무, 쑥갓, 미나리 등을 첨가하거나 우유에 담가두었다가 조리한다.
  ⓑ 어육단백질은 생강의 탈취작용을 저해하기 때문에 반드시 단백질을 변화시킨 후 생강을 넣는 것이 효과적이다(생선이 익은 후 첨가해준다).
  ⓒ 생선의 비린내 성분: TMA(트리메틸아민)

4. 유지 및 유지 가공품

① 우유

　㉠ 우유의 선택
　　ⓐ 반드시 냉장 저장되어 있는 것을 선택한다.
　　ⓑ 유통 기한을 반드시 확인한다.
　　ⓒ 우유의 특유한 냄새가 나며, 유백색을 띠는 것이 신선하다.

　㉡ 유제품의 선택
　　ⓐ 분유는 분말의 상태가 균일하고, 밀봉된 것을 선택한다.
　　ⓑ 요구르트는 냉장 저장되어 있고, 유통 기한, 포장상태, 등을 확인하여 선택한다.
　　ⓒ 버터와 치즈는 특유의 풍미가 있고, 질감이 부드러우며 색깔과 조직이 고른 것을 선택한다.

　㉢ 우유의 조리성
　　ⓐ 요리의 색을 희게 한다(화이트 소스).
　　ⓑ 음식에 매끄러운 감촉과 유연한 맛, 방향을 준다.
　　ⓒ 우유는 단백질의 겔 강도를 높여준다(카스타드 푸딩).
　　ⓓ 식품이 갈색을 내는데 좋은 작용을 한다(과자류, 핫케이크).
　　ⓔ 생선의 비린내를 없애준다(우유 중 지방구, 카세인 때문).

　㉣ 우유의 가열처리에 의한 변화
　　ⓐ **피막의 형성**: 단백질이 표면에 집합되어 피막을 형성한다.
　　ⓑ **갈색화**: 고온에서 장시간동안 가열했을 때 발생한다.
　　ⓒ **익는 냄새**: 74℃ 이상으로 가열하면 익는 냄새가 난다.
　　ⓓ **눌어타기**: 바닥에 락토알부민이 응고되어 눌어탄다.
　　ⓔ **우유의 가열**: 우유를 데울 때는 중탕에서 저어가며 가열한다.

　㉤ 우유의 응고반응
　　ⓐ 효소(레닌, 브로멜린, 파파인), 산, 다량의 소금에 의해서 응고된다.
　　ⓑ 우유의 응고현상은 60~65℃ 이상에서 일어나기 때문에 우유를 가열할 때는 온도에 유의해야 한다.

5. 냉동식품의 조리

① 냉동식품

　식품에 함유된 수분을 가능한 한 전부 동결시켜 −18℃ 이하의 저온에 저장함으로써 부패 미생물들의 성장, 증식을 정지시킨 식품이다.

② 냉동식품 선택
- ㉠ 상품이 쇼 케이스 안에 있는 로드라인(냉기가 닿는 범위) 안에 놓여져 있고 영하 18℃이하에서 보존되어 있는 것을 고른다.
- ㉡ 포장 안에 성에가 붙어 있지 않고, 손으로 만져 보았을 때 단단하게 얼어 있어 형태의 변화가 없는 것을 고른다.
- ㉢ 포장이 잘 되어 있고, 유통기한을 확인하여 되도록 오래되지 않은 것을 고른다.

③ 냉동식품의 조리방법
- ㉠ **육류**: 덩어리는 냉동 한 채 필요한 양을 썰어 내고 나머지는 다시 냉동 보관한다. 해동시킬 때는 5~10℃의 비교적 낮은 온도에서 자연 해동시키면 맛의 손상이 없다.
- ㉡ **어패류**: 냉동 어패류는 반드시 반해동인 상태에서 조리하며 해동된 것은 곧바로 사용해야 한다.
- ㉢ **튀김 재료**: 냉동된 상태에서 기름에 튀긴다. 만약 해동시켜서 튀기면 튀김이 딱딱해지거나 부서지기 쉽다.
- ㉣ **냉동만두**: 얼어 있는 그대로 찜통에 찌거나 프라이팬에 넣고 뚜껑을 덮은 채 익힌다. 이때 간격을 어느 정도 두어서 익은 후 서로 붙지 않도록 한다.
- ㉤ **미트볼**: 포장된 채 그대로 따뜻한 물에 담가 녹이거나 냉동 상태로 그냥 조리한다. 프라이팬에 구울 때는 약한 불에서 7, 8분간 익힌다.
- ㉥ **야채·과일류**: 언 채 급속하게 가열하는 것이 좋고, 과일류는 반 해동 상태에서 조리하거나 얼린 채 주스로 만든다.

6. 조미료와 향신료

① 조미료

조미료는 식품의 조리, 가공, 섭취 시 맛을 개량하고 강화하는 목적으로 쓰이는 재료이다. 조미료에는 크게 발효조미료와 천연조미료로 나뉜다.
- ㉠ **발효조미료**: 글루탐산 일나트륨염으로 대표되는 화학적합성품을 배합한 조미료의 총칭이다.
- ㉡ **천연조미료**: 천연의 재료를 이용하여 만든 자연조미료로, 견과류, 버섯과 채소, 해산물, 잡곡 등을 이용하여 다양한 천연조미료를 만들 수 있다.
- ㉢ **천연조미료 장점**
  - ⓐ 천연조미료의 원료인 해산물, 건어물, 잡곡류 등은 영양섭취가 골고루 필요한 사람들에게 도움이 된다.
  - ⓑ 자연스러운 입맛형성이 필요한 성장기어린이, 소화력이 떨어진 노인, 비만과 당뇨, 고지혈증과 같은 성인병을 앓고 있는 중년들에게 도움이 된다.

② 향신료
음식에 풍미를 주거나 맵고 향기로운 맛을 더해 주어 식욕을 촉진시키는 조미료를 말한다.
㉠ 향신료의 종류

향신료	쓰임
올스파이스	절임, 스튜, 스프, 소시지 등에 사용한다.
아니시	커피 케이크, 쿠키, 시럽, 캔디 양조 산업에 쓰인다.
아테미시아	로스트 거위와 장어 요리에 사용되고 압신드리큐트와 베르머스 포도주 제조에 이용된다.
바질	자라와 감자스프, 스파게티, 토마토소스, 사슴고기, 계란요리 등에 사용한다. 토마토가 들어가는 음식에 중요한 향신료이다.
월계수 잎	피클, 스톡, 스튜, 토마토 요리, 미트소스 등에 사용하며, 사용하게 전에 잎을 깨끗하게 씻어 사용한다.
보라지	어린 생잎은 샐러드에 푸른 꽃은 식초의 착색에 이용하며, 건조시킨 것은 양배추 양념으로 이용된다.
버넷	스프, 소스, 야채, 생선요리에 사용하며 어린잎은 샐러드로 이용하고 건조시킨 뿌리는 약재로 사용한다.
케어퍼	생선, 닭고기, 샐러드, 청어절임 등에 사용하며, 음식과 함께 요리하지 않고 요리가 끝난 다음 첨가하는 경우가 많다.
커러웨이 씨드	보리빵, 감자, 사우어크라웃, 스튜, 케이크, 쿠키 등에 사용한다.
카더몬	쿠키, 빵류, 데니쉬페스트리, 커피 케이크, 포도, 젤리, 피클 등을 만들 때 사용한다.
카이엔 페퍼	크림스프, 고기, 생선, 치즈, 달걀요리에 사용한다.
처빌	신선한 것은 스프나 샐러드에 이용하고 건조시킨 처빌은 소스의 양념과 양고기에 이용한다.
차이브	잎은 다져서 쓰고, 가니쉬로 이용하고 샐러드, 생선, 스프, 크림치즈, 오믈렛에 이용한다.
계피	페스트리, 빵, 푸딩, 케이크, 캔디에는 가루를 사용하고 껍질은 과일 절임, 피클과일스프, 컴포트, 그리고 뜨거운 음료로 쓰임, 계피기름은 향료나 약재로 쓰인다.
코리안더	빵, 케이크, 카레, 절임 등에 사용한다.
정향	절임, 양고기, 스튜, 스프, 청어절임, 케이크, 빵, 쿠키 등에 사용함.
커리	고기, 생선, 달걀, 닭, 쌀, 송아지, 새우, 야채 등 다양하게 이용된다.
큐민	커리 파우더와 칠리 파우더에 이용되며, 소시지, 피클, 치즈, 미트, 빵 스프, 파이, 달걀 등에 사용된다.
샐러드 시드	피클, 샐러드 생선, 채소 요리에 사용된다.(통째로나 가루로 만들어 사용한다.)
딜	피클, 샐러드, 생선, 스프, 소스에 사용한다.
마늘	고기, 스프, 샐러드, 드레싱, 피클, 굴라쉬에 사용한다.
생강	피클, 스튜, 과일, 케이크, 아이스크림, 전저엘 등에 사용한다.
오레가노	신선한 허브는 피자나 파스타와 같은 이탈리아 요리와 멕시코 요리에 이용되며, 파우더는 소스, 스프 등에 이용된다.

제3장 음식조리

향신료	쓰임
박하/페퍼민트	리큐르, 코르디알, 캔디, 음료 등에 이용된다. 페퍼민트의 기름도 이용할수 있다. 양고기, 야채, 과일스프, 소스, 아이스크림 등에 사용한다.
겨자	매운 맛을 지니고 있으며, 소스, 샐러드, 마요네즈, 피클, 크레이비, 특히 돼지고기와 소시지에 많이 사용한다.
육두구	크림푸딩, 닭고기요리, 버섯요리, 시금치, 스프 등에 사용한다.
파프리카	헝가리 굴라쉬, 카나페 등 헝가리 음식에 많이 사용한다.
파슬리	소화를 돕는 소화 효소가 풍부하다. 샐러드, 스프, 야채, 생선, 고기에 쓰이고 모든 요리의 가니쉬 하는데 이용된다.
후추	통후추는 스프, 고기, 그레이비 등에 사용하고 분말은 야채, 고기, 생선, 계란 등에 다양하게 이용된다.
로즈마리	토마토와 계란을 주로 한 스프, 생선, 로스트 요리, 양고기, 돼지고기, 쇠고기, 오리고기 등에 이용하며, 스튜나 스프에도 이용됨, 스터핑 야채, 치즈 요리에 세이지와 함께 넣으면 그 맛을 더해준다.
샤프론	소스, 스프, 생선, 쌀, 감자, 페스트리에 이용된다.
세이지	송아지, 돼지고기, 소시지, 스터핑, 가금류, 토마토, 콩류에 사용된다.
양파	신선한 것은 샐러드와 가니쉬로 이용되고 탈수 건조된 양파는 스프, 스튜 고기 요리, 소스, 스레싱 조리에 사용함.(양파는 향신료라기보다 야채로서의 역할을 더 많이 한다.)
패널시스	이탈리아 음식, 스칸디나비아 음식에 많이 이용하며, 보리빵, 스프, 생선등에 사용된다.
홀스레디시	강판에 갈아서 소스, 생선, 고기 요리에 사용된다.
쥬니퍼	사워크라웃, 돼지구이, 진, 리큐르, 코르디알에 향을 돋구어 주며 피클,사슴, 양, 오리, 거위의 로스트요리, 스튜의 종류에도 이용된다.
로바지	꽃 수술과 뿌리는 약재로 쓰이며 토마토 주스, 스프, 스튜, 그레이비에 사용된다.
메이스	피클, 설탕 절임 소스, 파운드케이크, 빵, 푸딩, 소시지에 사용된다.
마조람	감자스프, 간요리, 달팽이 요리, 토끼구이, 햄 등에 사용된다.
참깨	볶아서 육류, 채소류, 빵류, 쿠키, 캔디 등에 사용한다.
타라곤	피클, 소스, 스프, 샐러드에 사용하고 식초나 겨자 제품의 방향제로 이용되며 육류, 토마토, 달걀 요리에 특히 많이 이용된다.
타임	꽃들이나 잎을 사용하며, 토끼구이, 스튜, 생선스프, 소스, 크로켓, 토마토음식에 많이 사용한다.
양귀비씨	빵, 케이크, 쿠키, 샐러드, 페스트리 필링에 사용한다.
빨간고추	레드 페퍼는 매우 강한 향을 내며 타바스코 소스와 카레 가루의 필수 재료이다. 피클이나 절임에 사용된다.
터메릭	피클, 계란, 육류요리에 사용하며 인도에서는 노란 염색약으로 제조되어 사용하기도 한다.
바닐라	디저트, 과일스트, 쿠키와 케이크, 라이스푸딩, 아이스크림, 팬 케이크, 와플 등에 이용한다.
세이보리	콩, 사워쿠라웃, 소시지, 스퍼핑, 야채, 스프, 양고기 구이에 넣어 사용하며 보일드피쉬, 계란 요리에도 사용한다.(이것은 음식과 같이 넣어 요리해야 한다.)

02 한식 조리

1 밥 조리

1. 밥 조리
  ① 밥 조리
    ㉠ 한식에서 밥 조리는 주재료를 쌀로 하거나 또는 다른 곡류나 견과류 등을 섞어 물을 붓고 불의 강약을 조절하면서 조리하는 것을 말한다.
    ㉡ 밥맛은 쌀의 저장 정도, 물과 쌀의 분량, 불의 조절, 용기의 크기, 밥 짓는 시간 등에 영향을 많이 받는다.
  ② 밥의 종류
    ㉠ **흰밥**: 잡곡을 섞지 않고 멥쌀(아밀로오스 25%, 아밀로펙틴 75%)인 흰쌀만 가지고 지은 밥이다.
    ㉡ **보리밥**: 보리를 섞어 짓거나 보리만으로 지은 밥으로, 흰밥보다 뜸을 오래 들여야 맛이 있다.
    ㉢ **콩밥**: 쌀에 콩을 섞어서 지은 밥으로 콩밥에는 단백질이 풍부하다.
    ㉣ **현미밥**: 현미와 쌀을 섞어 지은 밥 또는 현미로 지은 밥을 말한다.
    ㉤ **찰밥**: 찹쌀로 지은 밥으로 찹쌀에 삶은 팥, 대추, 밤 등을 고루 섞고 소금으로 간하여 찐 밥이다.
    ㉥ **오곡밥**: 찹쌀에 기장, 찰수수, 검정콩, 붉은팥의 다섯 가지 곡식을 섞어 지은 밥이다.
    ㉦ **콩나물밥**: 콩나물을 넣고 지은 밥으로 밥을 지을 때 소금이나 간장으로 간을 맞추기도 하고, 퍼서 먹을 때 양념장을 치기도 한다.
    ㉧ **비빔밥**: 밥 위에 갖은 나물과 볶은 고기를 올리고 고추장을 넣어 모든 재료를 비벼 먹는 밥이다.

2. 밥 짓기
  ① 쌀을 물에 불려주면 쌀이 빨리 퍼져 맛있는 밥이 된다.
  ② 밥솥이 가볍고 얇을 경우에 쌀을 미리 물에 불려 밥을 지으면 효과적이다.
  ③ 쌀과 물의 비율
    ㉠ 햅쌀의 경우: 1:1

ⓒ 묵은 쌀의 경우: 1:1.5
④ 얇은 밥솥은 두꺼운 밥솥보다 물이 더 많이 필요하며, 압력솥은 물을 적게 부어준다.
⑤ 밥 짓는 시간은 쌀의 양에 따라 다르며, 처음엔 센 불에서 끓이다, 불을 중불로 줄여주고, 약한 불에서 뜸을 들인다.

2 죽 조리

1. 죽 조리
① 죽
곡식을 오래 끓여 알갱이가 흠씬 무르게 만든 음식을 말한다.
② 죽의 분류
  ㉠ 쌀을 빻는 정도에 따른 죽
    ⓐ 옹근죽: 쌀알을 빻지 않고 통으로 쑤는 죽으로 흰죽, 팥죽, 녹두죽, 채소죽 등이 있다.
    ⓑ 원미죽: 쌀알을 반쯤 갈아서 쑤는 죽으로 장국죽, 콩죽 등이 있다.
    ⓒ 무리죽(비단죽): 쌀알을 곱게 갈아서 쑤는 죽으로 잣죽, 호두죽, 흑임자죽, 밤죽 등이 있다.
  ㉡ 기능별 분류
    ⓐ 성장에 도움을 주는 죽: 시금치죽, 장국죽, 아욱죽, 들깨죽 등
    ⓑ 아이 두뇌활동에 좋은 죽: 콩죽, 서리태죽, 호두죽, 땅콩죽, 참치죽, 굴죽 등
    ⓒ 피부미용에 좋은 죽: 팥죽, 녹두죽, 호박죽, 애호박죽, 채소죽, 연자죽, 근대죽, 죽순죽 등
    ⓓ 숙취해소에 좋은 죽: 콩나물죽, 게살죽, 김치죽, 홍합죽, 소라죽 등
    ⓔ 원기회복에 좋은 죽: 전복죽, 닭죽, 버섯죽, 흑미죽, 장어죽, 인삼죽 등
    ⓕ 회복환자에게 좋은 죽: 잣죽, 흰죽, 타락죽 등
  ㉢ 조리법에 따른 분류
    ⓐ 암죽: 곡식이나 밤 등의 가루를 밥물에 타서 끓인 죽으로 환자식, 이유식, 노인식 등으로 많이 쓰인다.
    ⓑ 미음: 곡물을 껍질만 남을 정도로 푹 끓여서 체로 받쳐 내린, 마실 수 있는 묽은 죽으로 흔히 환자나 어린아이들에게 많이 쓰인다.
    ⓒ 응이: 물에 녹말을 묽게 풀어서 쑤는 죽으로 노약자나 아기에게 적합하다.
    ⓓ 즙: 육류나 채소를 푹 끓여서 고운체에 받친 즙으로 환자들의 영양식으로 많이 쓰인다.

ⓔ **범벅**: 곡식 가루에 감자, 옥수수, 호박 같은 것을 섞어서 풀처럼 되게 쑨 죽의 일종이다.

2. 죽 만드는 법

① 주재료인 곡물을 물에 충분히 불린 뒤에 사용한다.
② 죽을 쑬 때 물은 처음부터 정량을 넣어 끓여야 부드럽고 어우러지는 죽이 된다. 중간에 물을 첨가해 주면 잘 어우러지지 않는다.
③ 죽은 오랜 시간 끓여주어야 하기 때문에 약한 불에서 서서히 끓여주어야 하며, 그릇은 두꺼운 냄비나 솥을 이용하는 것이 좋다.
④ 죽을 쑬 때 나무주걱으로 저어주면 좋으며, 끓기 시작하면 자주 젓지 말아야 한다.
⑤ 간은 처음부터 하는 것보다 완전히 퍼진 후에 하는 것이 좋다. 또는 먹는 사람의 기호에 따라 간을 해 주는 것이 좋다.
⑥ 죽을 상에 낼 때는 나박김치나 동치미와 같이 내어 주는 것이 좋으며, 간장이나 소금, 설탕 등을 함께 내어 간을 맞출 수 있게 해주는 것이 좋다.

3 국·탕 조리

1. 국·탕

① 국·탕
   국은 탕이라고도 하며, 고기, 생선, 채소 따위에 물을 많이 붓고 간을 맞추어 끓인 음식으로 찌개보다 국물이 많고 건더기가 적으며 간이 약한 편이다.
② 국에 사용되는 재료
   육류·채소류·해조류·어패류 등은 물론이고 소고기의 뼈, 내장류·선지까지도 사용된다.

2. 국·탕의 종류

① 맑은장국
   ㉠ 간장으로 간을 맞추어 국물을 맑게 끓인 국으로 격식을 갖춘 반상차림에 차려진다.
   ㉡ 주재료로는 쇠고기·생선류·채소류·해조류 등이 사용된다.
   ㉢ 쇠고기로 맑은장국을 끓일 때는 고기를 푹 곤 국물을 거른 육수로 끓이는 경우와 고기를 채 썰어서 양념을 하여 끓인다.
   ㉣ 생선맑은장국은 국물이 끓을 때 생선을 넣어 생선이 풀어지지 않도록 한다.
   ㉤ 채소류는 오래 끓이면 질겨지고 풍미가 적어지기 때문에 너무 오래 끓이지 않는다.

② 토장국
　㉠ 육수에 된장을 풀어 끓인 국으로 구수하면서도 깊은 맛이 있다.
　㉡ 멸치국물이 잘 어울리나 겨울철에는 쇠뼈를 곤 국물을 이용하면 맛과 영양면에서 더욱 좋다.
③ 곰국
　㉠ 쇠머리 · 사골 · 도가니 · 양지머리 · 갈비 · 꼬리 · 양 · 곱창 · 곤자소니 같은 소의 여러 부위를 여러 시간 푹 고아내 국물이 진하게 우러나게 끓인 국이다.
　㉡ 소금을 따로 상에 내어 먹는 사람이 간을 맞추어 먹도록 한다.
④ 냉국
　㉠ 오이나 미역 등으로 약한 신맛을 내어 차게 해서 먹는 국이다.
　㉡ 국물을 더욱 차갑게 하기 위해서 얼음을 띄우기도 한다.

4 찌개조리

1. 찌개

① 찌개
　㉠ 뚝배기나 작은 냄비에 국물을 바특하게 잡아 고기 · 채소 · 두부 따위를 넣고, 간장 · 된장 · 고추장 · 젓국 따위를 쳐서 갖은 양념을 하여 끓인 반찬이다.
　㉡ 끓이는 음식 중 국물이 많은 것은 탕 또는 국이라 하고 국물이 좀 적은 것은 찌개라 한다.

2. 찌개의 종류

① 맑은 찌개
　㉠ 소금이나 새우젓국으로 넣어 간을 한 찌개이다.
　㉡ 두부, 호박, 소고기, 조개류 등이 주재료이다.
② 된장찌개
　㉠ 육수를 낸 국물에 된장을 푼 찌개로 두부와 버섯, 채소 등을 넣고 끓인다.
　㉡ 뚝배기에 서서히 끓이면 더 맛이 있다.
③ 고추장찌개(매운 찌개)
　㉠ 국물에 매운맛을 내기 위해 고춧가루나 고추장을 풀어서 끓인 찌개이다.
　㉡ 반상차림에서 가장 많이 쓰이는 보편적인 찌개로 두부고추장찌개 · 생선고추장찌개 등이 있다.

5. 전·적 조리

1. 전·적
① 전·적
- ㉠ **전**: 생선이나 고기, 채소 따위를 얇게 썰거나 다져 양념을 한 뒤, 밀가루를 묻혀 기름에 지진 음식이다.
- ㉡ **적**: 생선이나 고기, 채소 따위를 양념하여 대꼬챙이에 꿰어 불에 굽거나 지진 음식이다.

2. 전·적의 종류
① 전
- ㉠ 풋고추전
  - ⓐ 풋고추를 반으로 갈라 씨를 털어낸 후에 소를 채워 넣어 부친 전이다.
  - ⓑ 풋고추의 속을 너무 많이 채워 넣지 않는 것이 전을 부친 후에 모양이 좋고, 파란 쪽은 살짝 지졌다가 바로 뒤집어야 색이 곱다.
- ㉡ 표고전
  - ⓐ 말린 표고버섯을 물에 불려서 갓의 안쪽에 양념한 고기를 소로 채워서 만든 전이다.
  - ⓑ 생 표고버섯보다는 말린 표고버섯이 여러 가지 면에서 훨씬 더 맛있고 좋다.
  - • 표고버섯의 특징
    - 활엽수에 기생하는 송이과에 속하는 식용버섯으로서 항암작용 등 약리효과가 있다.
    - 식이섬유가 많이 들어 변비예방에 도움을 준다.
    - 대장 내에서 물을 흡수하여 변을 연하게 하고 부피를 크게 한다.
    - 말린 표고버섯에는 생 표고버섯보다 비타민D가 풍부하다.
- ㉢ **녹두전**: 물에 불려서 맷돌에 간 녹두에 여러 가지 부재료를 넣어 기름에 지진 전이다.
- ㉣ 육원전
  - ⓐ 다진 쇠고기나 돼지고기를 곱게 다져 물기를 짠 두부에 갖은 양념을 해서 구운 전이다.
  - ⓑ 동전처럼 생겼다고 해서 동그랑땡이라고도 한다.
- ㉤ **생선전**: 동태나 민어, 명태 등의 흰살 생선을 이용해 포를 떠 소금, 후춧가루를 뿌려 재워 둔 다음 밀가루와 계란 옷을 입힌 후 달궈진 팬에 기름을 두르고 부친 전이다.

② 적
- ㉠ **김치적**: 김치와 쪽파, 양념한 쇠고기를 꼬치에 꿰어 밀가루 반죽을 묻혀 식용유를 두른 팬에 지진 것이다.
- ㉡ **떡산적**: 꼬챙이에 떡, 파, 쇠고기를 꿴 다음 기름을 두른 팬에 지진 음식이다.

ⓒ 섭산적: 고기를 다져 양념하여 구운 적이다.
ⓓ 화양적: 쇠고기와 도라지·표고·달걀 등을 익혀서 꼬치에 꿴 누름적이다.
ⓔ 어산적: 흰살생선과 양념한 쇠고기를 꼬치에 꿰어 구운 적이다.

6. 생채·회 조리

1. 생채·회

① 생채·회
  ㉠ 생채: 계절별로 나오는 싱싱한 채소를 익히지 않고 초장, 고추장, 겨자장 등으로 새콤하게 무쳐 먹는 음식이다.
  ㉡ 회: 육류나 어류를 생으로 먹는 생회와, 살짝 데쳐서 썬 다음 양념초고추장을 곁들여 먹는 숙회가 있다.

2. 생채·회의 종류

① 생채
  ㉠ 무생채
    ⓐ 무를 채 썰어 식초, 설탕, 고춧가루 등의 양념을 넣고 무쳐 먹는 생채다.
    ⓑ 무를 썰 때에는 결 방향으로 썰어야 부서지지 않고 제 맛을 낸다.
  ㉡ 오이생채
    ⓐ 오이를 얇게 썰어 식초와 고춧가루 등을 넣어 새콤달콤하게 매운 맛을 낸 생채이다.
    ⓑ 고춧가루 대신에 초고추장을 넣어 무쳐도 맛이 있다.
  ㉢ 도라지생채
    ⓐ 껍질을 벗기고 먹기 좋은 크기로 잘라 손질한 생도라지에 설탕, 식초, 고춧가루 등을 넣어 맛을 낸 생채다.
    ⓑ 도라지는 쓴맛이 많으므로 물에 오랫동안 담가 쓴맛을 우려낸 뒤 소금을 넣고 주물러 씻어준다.
  ㉣ 더덕생채
    ⓐ 더덕을 소금물에 담가 쓴맛을 우려낸 후 물기를 없애고 두들겨 가늘게 찢어서 매콤 새콤하게 무친 생채다.
    ⓑ 더덕은 사포닌을 풍부하게 함유하고 있어 쌉싸름한 맛이 나며, 고유의 향이 매우 강하다.

② 회
- ㉠ 육회
    - ⓐ 쇠고기의 살코기를 얇게 저며 양념에 날로 무친 회다.
    - ⓑ 육회의 재료는 날것으로 먹는 것이므로 신선한 것을 선택해야 한다.
    - ⓒ 육회는 결 반대방향으로 채 썰어줘야 연하고 좋다.
- ㉡ 홍어회: 홍어를 발효시켜 초고추장이나 양념장에 찍어 먹거나 묵은 김치에 싸서 먹는 회다.
- ㉢ 오징어숙회: 안쪽에 칼집을 넣어 데친 물오징어를 썰어 초고추장을 곁들인 숙회이다.
- ㉣ 미나리강회
    - ⓐ 미나리의 잎과 뿌리를 따고 소금물에 살짝 데친 뒤에 달걀지단, 편육이나 쇠고기볶음, 버섯 등을 가늘게 채 썰어서 말아놓은 회이다.
    - ⓑ 강회란 숙회의 일종으로 미나리나 파와 같은 채소를 소금물에 데친 다음, 다른 채소와 함께 말아놓은 것이다.
- ㉤ 두릅회
    - ⓐ 두릅순을 데쳐서 초고추장과 곁들여 내는 채소 숙회이다.
    - ⓑ 두릅에는 단백질, 비타민, 철 등이 풍부하게 들어있다.
- ㉥ 어채
    - ⓐ 민어나 광어, 도미 같은 살이 부드럽고 담백하여 비리지 않은 흰 살 생선을 포를 떠서 녹말가루를 묻혀 끓는 물에 잠깐 데친 숙회이다.
    - ⓑ 차게 먹는 음식이므로 생선은 비린내가 나지 않는 것을 골라야 한다.

7 조림 · 초 조리

1. 조림 · 초
    ① 조림 · 초
    - ㉠ 조림
        - ⓐ 육류, 채소류, 어패류를 간장이나 고추장에 조려서 만든 음식이다.
        - ⓑ 생선 조림할 때 흰살 생선은 주로 간장으로 조려주며, 붉은 살 생선이나 비린내가 나는 생선은 고춧가루나 고추장을 이용해 조려준다.
        - ⓒ 예부터 장조림법이 발달하였다.

ⓒ 초
  ⓐ 조리법이 조림과 비슷하다.
  ⓑ 조림의 국물에 녹말을 풀어 재료들이 엉기도록 익힌 요리이다.
  ⓒ 국물이 걸쭉하고 윤기가 나게 한다.

2. 조림 · 초의 종류

① 조림
  ㉠ 닭조림: 냄비에 지진 닭과 감자, 양파, 마늘, 생강, 홍고추를 넣고 양념장을 넣어 20~30분간 조린 것이다.
  ㉡ 장똑똑이
    ⓐ 쇠고기를 채 썰어서 여러 가지 양념(간장, 설탕, 후춧가루, 다진 파·마늘, 깨소금, 참기름)을 하여 볶은 요리다.
    ⓑ 궁중에서 쌈을 먹을 때 밑반찬으로 이용하였다.
  ㉢ 장조림
    ⓐ 기름기가 없는 소고기나 돼지고기 살코기를 큼직하게 토막 내어 마늘, 생강과 함께 간장에 조린 것이다.
    ⓑ 삶은 계란이나 삶은 메추리알을 장조림 간장에 조려도 맛있다.
  ㉣ 두부조림: 두부를 기름을 두른 팬에 지져서 냄비에 켜켜이 놓으면서 고명을 얹어 간장에 짜지 않게 조린 것이다.
  ㉤ 갈치조림: 갈치에 감자, 무 등을 넣고 고추장을 풀어 매콤하게 조린 것이다.
  ㉥ 감자조림: 감자를 썰어 기름에 살짝 볶은 다음 간장과 설탕을 넣어 조린 것이다.

② 초
  ㉠ 홍합초: 마른 홍합을 불려 푹 삶은 뒤, 간장·설탕·기름 따위를 넣고 조린 반찬이다.
  ㉡ 전복초: 마른 전복을 물에 불려 얇게 저미서 푹 익힌 뒤에 쇠고기를 조금 섞고 간장, 기름, 꿀을 넣어 졸인 다음 후춧가루를 쳐서 버무리고 그 위에 잣가루를 뿌린 반찬이다.
  ㉢ 삼합초: 양념한 쇠고기에 육수를 붓고 간장, 물엿을 넣고 약한 불에서 끓이다가 홍합, 전복, 해삼을 넣어 국물이 자작해질 때까지 서서히 조린 음식이다.

8 구이 조리

1. 구이
① 구이
  ㉠ 육류나 어패류, 가금류, 채소류 등을 소금이나 양념을 해 불에 직접 굽거나 철판 등의 도구를 이용하여 구운 음식이다.
  ㉡ 구이는 인류가 불을 발견하면서 시작된 것으로 여러가지 조리법 중 가장 일찍부터 발달된 조리법이다.

2. 구이의 종류
① 더덕구이
  ㉠ 더덕을 얇게 두들겨 펴서 고추장양념을 발라 구운 구이의 대표적인 음식이다.
  ㉡ 고추장 양념을 해서 구우면 타기 쉬우므로, 유장으로 애벌굽고 고추장양념을 덧발라 약한 불에서 서서히 굽는 것이 좋다.
② 북어양념구이: 말린 북어를 물에 불린 후 간장 양념(간장, 설탕, 다진 파·마늘, 생강, 참기름)하여 석쇠나 철판에 구운 것이다.
③ 조기구이: 칼집을 넣은 조기에 소금을 뿌리고 양념장을 만들어 절인 조기에 물기를 거두어 양념장을 발라 재웠다가 석쇠에 구운 것이다.
④ 대하구이: 굵은 소금을 팬에 깔고 그 위에 대하를 올려 굽는 것이다.
⑤ 너비아니
  ㉠ 얇게 저민 쇠고기의 등심이나 안심을 양념(간장, 꿀, 설탕, 참기름, 깨소금, 다진 파·마늘, 후춧가루)한 뒤 석쇠에 구운 것이다.
  ㉡ 고기구이 가운데 대표적인 것으로서 너붓너붓 썰었다고 하여 너비아니라고 한다.
  ㉢ 너비아니구이를 할 때는 쇠고기를 결 반대 방향으로 썰어야 연하다.
⑥ 제육구이
  ㉠ 돼지고기를 도톰하게 저며 잔칼질 자근자근 하여 갖은 양념에 재여 석쇠에서 구운 것이다.
  ㉡ 센 불에서만 구우면 양념장이 타고 속은 익지 않기 때문에 불 조절을 하고 석쇠를 상하좌우로 움직이며 굽는다.
  ㉢ 제육구이를 할 때 양념장을 덧발라 구워주면 표면이 촉촉하다.

3. 양념에 따른 구이의 종류
① 생구이

㉠ 재료를 손질한 후에 양념을 하지 않고 바로 굽는 것으로, 원재료의 맛과 향을 그대로 살리기 위한 방법이다.

㉡ **생구이를 하는 재료**: 옥수수, 말린 생선, 말린 해물, 피망, 버섯 등

② 소금구이

㉠ 재료에 소금·후추를 뿌린 뒤 굽는 방법으로, 원재료의 맛을 살리기에 좋은 구이법이다.

㉡ **소금구이를 하는 재료**: 김, 생선, 육류 등

③ 간장 양념구이

㉠ 간장 양념에 재료를 재워 두었다가 굽는 방법으로, 간장 양념이 재료에 배어 잡냄새를 없애주는 동시에 양념의 맛을 더해 준다.

㉡ **간장 양념구이를 하는 재료**: 육류 등

④ 고추장 양념구이

㉠ 고추장 양념을 재료에 바르거나, 재료를 고추장 양념에 재워 두었다가 굽는 방법으로, 육류의 잡내나 생선의 비린내를 없애기에 좋은 방법이다.

㉡ 고추장 양념은 재료가 익기 전에 탈 수 있기 때문에 초벌구이를 한 뒤에 고추장 양념을 발라 구워주는 것이 좋다.

㉢ 제육은 고추장 양념 맛이 배어들게 할 경우엔 고추장 양념만 바른 뒤 재워 두었다가 구워주는 것이 좋다.

㉣ 초벌구이는 대개 유장을 발라서 구워주는데, 유장은 참기름대 간장의 비율을 3:1로 해서 완전히 혼합되게 만들어 준다.

㉤ 초벌구이에서 재료를 완전히 익힌 뒤에 고추장 양념을 발라 구워주는데 고추장 양념이 노릇하게 익을 정도로만 구워준다.

㉥ 고추장 양념은 재료에 따라 농도를 조절해 주는데, 가장 알맞은 농도는 숟가락으로 떠서 떨어뜨렸을 때, 덩어리로 뚝뚝 떨어졌을 때이다.

㉦ **고추장 양념구이를 하는 재료**: 더덕, 육류, 생선, 도라지 등

⑤ 된장구이

㉠ 만들은 된장 양념을 재료에 바르거나 또는 재워 두었다가 굽는 방법이다.

㉡ 생선이나 육류의 냄새를 제거하기에 효과적인 방법이다.

㉢ **된장구이를 하는 재료**: 생선, 돼지고기 등

9 숙채조리

1. 숙채
① 숙채
  ㉠ 채소나 산채, 돌나물 등을 손질하여 물에 데치거나 기름에 볶아 익힌 나물이다.
  ㉡ 데치는 나물: 시금치, 숙주, 미나리, 콩나물 등이 있다.
  ㉢ 볶는 나물: 고사리, 도라지, 버섯, 호박 등이 있다.

2. 숙채의 종류
① 콩나물: 살이 통통한 콩나물을 옅은 소금물에 삶아 갖은 양념을 넣고 뽀얀 국물이 나오도록 주물러 무쳐준 것이다.
② 잡채: 당면을 투명하게 삶아 건져 시금치, 당근, 버섯, 고기, 양파 등을 넣고 따끈하게 무쳐 내는 음식으로 잡채는 채이기 때문에 당면보다는 채소를 많이 넣어야 한다.
③ 탕평채: 녹두묵에 고기볶음, 미나리, 김 등을 섞어 만든 묵무침으로 잔치에서 묵에다 채소를 섞어서 묵무침을 한 것에서 유래하였다.
④ 겨자채: 긴 직사각형 모양으로 썬 오이·당근·양배추·편육·배·황백지단과 빗살 모양으로 썰어 데친 죽순, 얇게 편 썰기 한 전복·밤에 겨잣가루를 개어 매운맛을 낸 후 식초, 설탕, 소금을 넣어 만든 겨자즙과 연유를 넣어 무친 음식이다.
⑤ 죽순채: 삶은 죽순을 얄팍얄팍하게 썰어 쇠고기 또는 돼지고기를 섞어 양념을 하여 볶은 나물이다.
⑥ 칠절판: 쇠고기, 석이, 오이, 당근, 황/백 지단의 6가지 재료를 채 썰어 볶아 밀전병에 싸서 먹는 음식이다.
⑦ 밀쌈: 밀전병을 얇게 부쳐서 오이, 버섯, 고기 등을 채 썰어 볶아 넣거나 깨를 꿀로 버무려 소를 만들어 넣고 밀전병으로 말아 놓은 음식이다.

10 볶음조리

1. 볶음
① 볶음
㉠ 고기, 채소, 해조류 등을 손질하고 썬 후에 기름에 볶으면서 양념하여 간을 맞춘 음식이다.
㉡ 볶음요리는 200℃ 이상의 고온에서 볶아줘야 물기가 흐르지 않는다.

2. 볶음의 종류
① 오징어볶음: 손질한 오징어에 갖은 채소와 고추장 양념을 넣어 매콤하게 볶은 요리다.
② 낙지볶음: 손질한 낙지를 고춧가루와 고추장, 갖은 양념을 넣고 버무려 매콤하게 볶은 음식이다.
③ 떡볶이: 가래떡을 적당한 크기로 잘라 여러 가지 채소를 넣고 양념을 하여 볶은 음식이다.

11 김치조리

1. 김치 재료 준비
① 김치의 정의
　김치는 주원료인 절임 채소에 고춧가루, 마늘, 생강, 파 및 무 등의 여러 가지 양념류와 젓갈을 혼합하여 제품의 보존성과 숙성도를 확보하기 위하여 저온에서 젖산 생성을 통해 발효된 식품을 통틀어 일컫는다.
② 배추의 특성과 유형
㉠ 배추는 서늘한 기후를 좋아하는 식물로 우리나라 전역에 걸쳐 재배된다.
㉡ 발육 적온이 20℃이고, 배추 포기가 결구(結球)되는 온도는 15~16℃이다. 동해(凍害)를 입는 최저 온도는 ?8℃이고 생육 기간은 60~90일이다.
③ 김치의 성분
㉠ 배추김치에 들어가는 주재료의 성분
　ⓐ 김치에 들어가는 재료는 지역, 계절, 가정에 따라 다르나 배추김치의 경우, 배추, 무, 고추, 마늘, 생강, 파, 오이, 부추, 젓갈 등이 주재료이다.
　ⓑ 고추, 파, 배추에 상당량 함유되어 있는 카로틴은 신체 내에서 비타민A로 작용하며, 고추, 무, 배추, 파에는 비타민C가 많이 함유되어 있다.
④ 배추김치 재료 준비하기

㉠ 배추 품질을 확인한다.
　ⓐ 배추김치의 맛은 주재료인 배추의 품질이 좌우하다.
　ⓑ 결구 정도가 단단하고 배추 속 잎이 노란색이고, 단맛과 고소한 맛이 나며, 잎의 백색 부가 넓고 얇으며, 겉잎의 색은 진한 녹색이고, 엽수가 많은 것이 좋다.
　ⓒ 냉해, 상해(짓눌림)의 상처 또는 벌레, 흙, 지푸라기 등의 이물질이 없는 것이 좋다
㉡ 배추를 다듬기 한다.
㉢ 배추를 자르기 한다.
　ⓐ 배추를 절임하기 위해서는 다듬어진 배추를 2등분하여 배추 잎 사이로 소금물이 잘 스며들게 하여야 한다.
　ⓑ 칼로 밑둥 부분을 먼저 5~10cm가량 칼집을 낸 다음 양손으로 벌려서 이등분하거나 그대로 칼로 잘라서 이등분한다.
㉣ 배추를 절이기 한다.
　ⓐ 절이기는 주재료에 알맞게 간이 배게 하고 재료의 숨을 죽여 부재료의 혼합이 용이하도록 한다.
　ⓑ 절이기는 소금의 삼투압작용으로 염분이 식물 세포 안으로 침투하고 세포 안의 수분이 외부로 용출되는 과정이다.
　ⓒ 절이기의 가장 중요한 목적은 식물성 주재료인 배추의 세포 활동을 정지시키는 것이다.
㉤ 절이기 방법에
　ⓐ 마른 소금을 배추 사이에 직접 뿌리는 마른 소금법과 염수에 주재료를 담가 놓는 염수법이 있다.
　ⓑ 봄과 여름에는 소금 농도를 7~10%로 8~9시간 정도를, 겨울에는 12~13%로 12~16시간 정도 절이는 것이 좋다.
㉥ 배추를 세척 및 물 빼기 한다.
　ⓐ 물빼기 정도는 배추의 염농도가 2~3%가 되도록 맞추고, 이물질이 발생하지 않도록 3-4회 세척한다. 이때 염분 제거와 함께 맛 성분도 일부 손실된다.
　ⓑ 염도가 낮으면 김치의 조직감이 아삭아삭하고 색은 좋으나 저장성이 나쁘고, 염도가 6% 이상에서는 배추가 너무 짤뿐만 아니라 배추 조직에서 수분이 과도하게 빠져 질긴 느낌을 줄 수 있다.

2. 김치 조리

① 배추김치 담그기를 한다.
　㉠ 양념소 넣기 작업대의 양념 배합 용기에 양념을 담아 양념소 넣기를 준비한다.

ⓒ 절임 배추의 바깥쪽 잎부터 차례로 펴서 배춧잎 사이사이에 고르게 양념소를 넣는다.
ⓒ 배추 밑동 안쪽부터 양념소를 넣어 펴 바른다. 이때 양념의 밑동 쪽에 양념소가 충분히 들어가도록 넣고 잎 부위는 양념이 묻도록 고루 바른다.
㉣ 맨 겉쪽 부위의 잎을 바른 다음 차례로 다음 겹의 잎을 펼쳐서 같은 방법으로 양념소를 펼쳐 바른다.
㉤ 양념소 넣기가 끝나면 김치 포기 형태가 이루어지도록 모은 다음 보관할 용기에 담는다.

3. 김치 담기

① 배추김치를 담아 완성한다.
 ㉠ 배추김치를 담을 그릇을 준비한다.
 ㉡ 양념소를 넣은 배추를 반으로 접어서 겉잎으로 잘 싼 후 그릇에 차곡차곡 담는다.
 ㉢ 배추김치를 담은 용기의 제일 위는 배추 겉대 절인 것으로 덮는다.
 ㉣ 담은 배추김치를 김치냉장고에 보관하여 숙성시킨다.
 ㉤ 김장철에 담글 시 약 3주일 정도 지나야 맛있게 익는다.
 ㉥ 김치는 필요한 만큼씩만 꺼내어 바로 썰어야 맛이 있다.
 ㉦ 김치를 꺼내고 나서는 반드시 꼭꼭 눌러 두어야 김치맛이 변하지 않는다.

OK, 실전문제

01 식품을 삶는 방법에 대한 설명으로 틀린 것은?

① 연근을 엷은 식초물에 삶으면 하얗게 삶아 진다.
② 가지를 백반이나 철분이 녹아있는 물에 삶으면 색이 안정된다.
③ 완두콩은 황산구리를 적당량 넣은 물에 삶으면 푸른빛이 고정된다.
④ 시금치를 저온에서 오래 삶으면 비타민 C의 손실이 적다.

[해설] 시금치를 삶을 때에는 팔팔 끓는 물에 소금을 티스푼 반 정도를 넣은 뒤에 시금치를 넣고 1~2분 정도 삶은 뒤에 건져 준다. 그리고 바로 찬물로 헹구어 준다.

02 끓이는 조리법의 단점은?

① 식품의 중심부까지 열이 전도되기 어려워 조직이 단단한 식품의 가열이 어렵다.
② 영양분의 손실이 비교적 많고 식품의 모양이 변형되기 쉽다.
③ 식품의 수용성분이 국물 속으로 유출되지 않는다.
④ 가열 중 재료식품에 조미료의 충분한 침투가 어렵다.

[해설] • 끓이는 조리법의 단점: 식품의 모양이 변형되기 쉽다.
• 장점: 다량의 음식을 한 번에 조리 가능, 조리방법이 편함, 국물이 우러나와 영양손실을 방지할 수 있다.

03 가공 육제품의 내포장재인 케이싱(Casing)에 대한 설명으로 옳은 것은?

① 가식성 콜라겐(Collagen) 케이싱은 동물의 콜라겐을 가공하여 튜브상으로 제조된 인조 케이싱이다.
② 셀룰로오스(Cellulose) 케이싱은 목재의 펄프와 목화의 식물성 셀룰로오스를 가공하여 다양한 크기로 만든 것으로 천연의 가식성 케이싱이다.
③ 파이브로스(Fibrous) 케이싱은 비교적 큰 직경의 육제품에 이용되는 것으로 셀룰로오스를 주재료로 가공한 천연의 케이싱이다.
④ 플라스틱(Plastic) 케이싱은 훈연제품에 이용되는 가식성 케이싱이다.

[해설] • 조제 케이싱에는 섬유상 케이싱, 재생 콜라겐케이싱, 플라스틱 케이싱 등이 있다.
• 화이브로스 케이싱은 면화 섬유를 용해시킨 것에 셀로판의 원료인 비스코스를 함침시켜 케이싱으로 만든 것으로 강도가 있기 때문에 등심햄이나 프레스햄, 볼로니 소시지 등의 제품에 사용된다.
• 셀룰로오스 케이싱은 비스코스만으로 된 것으로 비스코스 케이싱이라고도 한다.

04 냉동식품과 관계가 없는 내용은?

① 전처리를 하고 품온이 −18℃ 이하가 되도록 급속동결하여 포장한 식품
② 유통시에 낭비가 없는 인스턴트성 식품
③ 수확기나 어획기에 관계없이 항상 구입할 수 있는 식품
④ 일반적으로 온도가 10℃ 정도 상승해도 품질의 변화가 없는 식품

[해설] 냉동식품은 온도가 상승하게 되면 조직이 빨리 상하게 된다.

05 구이에 의한 식품의 변화 중 틀린 것은?

① 살이 단단해 진다.
② 기름이 녹아 나온다.
③ 수용성 성분의 유출이 매우 크다.
④ 식욕을 돋우는 맛있는 냄새가 난다.

[해설] 구이에 의한 식품의 변화: 살이 단단해지고 기름이 녹아 나오며 식욕을 돋우는 맛있는 냄새가 난다.

06 생선조림 방법으로 적합하지 않은 것은?

① 탕을 끓일 경우 국물을 먼저 끓인 후에 생선을 넣는다.
② 생강은 처음부터 넣어야 어취 제거에 효과적이다.
③ 생선조림은 간장을 먼저 살짝 끓이다가 생선을 넣는다.
④ 생선 표면을 물로 씻으면 어취가 많이 감소된다.

[해설] 생선조림을 할 때 생강은 단백질이 변성한 후에 넣어야 비린내 제거에 효과적이다.

07 유지의 산패에 영향을 미치는 인자에 대한 설명으로 맞는 것은?

① 저장 온도가 0℃이하가 되면 산패가 방지된다.
② 광선은 산패를 촉진하나 그 중 자외선은 산패에 영향을 미치지 않는다.
③ 구리, 철은 산패를 촉진하나 납, 알루미늄은 산패에 영향을 미치지 않는다.
④ 유지의 불포화도가 높을수록 산패가 활발하게 일어난다.

[해설] 유지의 산패에 영향을 미치는 인자
- 불포화도가 높은 지방산일수록 산화하기 쉽다.
- 온도의 영향: 높을수록 산화 반응 속도가 커진다.
- 효소의 영향: lipoxidase는 불포화지방산의 자동 산화를 촉매한다.
- 금속, 금속염의 영향: 구리, 철, 코발트, 니켈, 주석 등 산화 환원이 용이한 금속이 문제가 된다.
- 광선의 영향: 빛에 의해 산화촉진, 에너지가 큰 자외선은 더욱 영향이 크다.
- 산소 분압의 영향: 산소 분압이 높아질수록 산화가 증가한다.
- 수분의 영향: 금속의 촉매 작용에 영향을 미친다.

08 가정에서 식품의 급속냉동방법으로 부적절한 것은?
① 충분히 식혀 냉동한다.
② 식품의 두께를 얇게 하여 냉동한다.
③ 열전도율이 낮은 용기에 넣어 냉동한다.
④ 식품 사이에 적절한 간격을 두고 냉동한다.
[해설] 가정에서 식품의 급속냉동방법은 열전도율이 높은 용기에 넣어 냉동실에서 얼린다. 냉동시간이 짧을수록 식품의 조직이 덜 파괴되기 때문이다.

09 곡물의 저장 과정에서 변화에 대한 설명으로 옳은 것은?
① 곡류는 저장 시 호흡작용을 하지 않는다.
② 곡물 저장 때 벌레에 의한 피해는 거의 없다.
③ 쌀의 변질에 가장 관계가 깊은 것은 곰팡이이다.
④ 수분과 온도는 저장에 큰 영향을 주주 못한다.

10 채소를 데치는 요령으로 적합하지 않은 것은?
① 1~2% 식염을 첨가하면 채소가 부드러워지고 푸른색을 유지할 수 있다.
② 연근을 데칠 때 식초를 3~5% 첨가하면 조직이 단단해져서 씹을 때의 질감이 좋아진다.
③ 죽순을 쌀뜨물에 삶으면 불미 성분이 제거된다.
④ 고구마를 삶을 때 설탕을 넣으면 잘 부스러지지 않는다.
[해설] 고구마를 데칠 때는 명반수를 넣어주면 단백질이 응고되어 잘 부스러지지 않는다.

11 신선한 생선의 특징이 아닌 것은?
① 눈알이 밖으로 돌출된 것
② 아가미의 빛깔이 선홍색인 것
③ 비늘이 잘 떨어지며 광택이 있는 것
④ 손가락으로 눌렀을 때 탄력성이 있는 것
[해설] 신선한 생선의 특징
• 눈알이 밖으로 돌출된 것
• 아가미의 빛깔이 선홍색인 것
• 손가락으로 눌렀을 때 탄력성이 있는 것

12 육류를 가열 조리할 때 일어나는 변화로 맞는 것은?

① 보수성의 증가
② 육단백질의 변패
③ 육단백질의 응고
④ 미오글로빈이 옥시미오글로빈으로 변화

[해설] 육류를 가열 조리하면 육단백질의 응고가 일어난다.

13 가정에서 식품의 급속냉동방법으로 부적절한 것은?

① 충분히 식혀 냉동한다.
② 식품의 두께를 얇게하여 냉동한다.
③ 열전도율이 낮은 용기에 넣어 냉동한다.
④ 식품 사이에 적절한 간격을 두고 냉동한다.

[해설] 열전도율이 높은 스테인리스 스틸 용기 등에 넣어 급속냉동해야 해동 시에도 최대한 처음과 같은 맛을 내는 것이 가능하다.

14 냉동된 육, 어류의 해동방법으로 가장 바람직한 것은?

① 5~10℃에서 자연 해동
② 0℃ 이하 저온해동
③ 전자렌인지 고주파 해동
④ 비닐팩에 넣어 온탕해동

[해설] 냉동육을 해동시키는 방법 중 가장 바람직한 것은 요리하기 하루 전에 냉동육을 냉장실(0~5℃)로 옮겨놓고 서서히 해동되도록 기다리는 것이 좋다. 급히 해동시킬수록 육즙 손실이 심해진다.

15 조리기기와 사용 용도의 연결이 적절하지 않은 것은?

① 살라만더-볶음하기
② 전자레인지-냉동식품의 해동
③ 블랜더-불린 콩 갈기
④ 압력솥-갈비찜하기

[해설] 살라만더: 열원이 위에 있고 주열원은 가스 또는 전기를 이용, 작은 브로일러, 벽이나 선반에 고정시켜 사용, 생선구이나 음식을 광택낼 때 사용한다.

16 다음 중 도마에서 위로 향하게 하고, 내려 썰 때는 앞쪽으로 약 15° 정도 기울여 앞부분이 도마에 먼저 닿고, 앞으로 밀면서 칼 뒷부분이 도마에 닿게 하는 칼 사용 방법은?

① 당겨 썰기　　　　　　　　② 작두 썰기
③ 밀어 썰기　　　　　　　　④ 비켜 썰기

[해설] 칼을 도마에서 위로 향하게 하고, 내려 썰 때는 앞쪽으로 약 15° 정도 기울여 앞부분이 도마에 먼저 닿고, 앞으로 밀면서 칼 뒷부분이 도마에 닿게 하는 방법은 밀어 썰기다.

17 우유를 응고시키는 요인과 거리가 먼 것은?

① 가열　　　　　　　　　　② 레닌
③ 산　　　　　　　　　　　④ 당류

[해설] 우유의 응고는 가열, 레닌, 산 등의 원인에 의해 나타난다.

18 우리나라의 전통적인 향신료가 아닌 것은?

① 겨자　　　　　　　　　　② 생강
③ 고추　　　　　　　　　　④ 팔각

[해설] 팔각: 중국요리에서 빠져서는 안 되는 향신료로 목련과 상록수의 열매를 말한다. 이 열매를 건조한 후 분말형태로 만든 후 향신료로 이용한다.

19 국수를 삶는 방법으로 부적합한 것은?

① 끓는 물에 넣는 국수의 양이 지나치게 많아서는 안 된다.
② 국수 무게의 6~7배 정도의 물에서 삶는다.
③ 국수를 넣은 후 물이 다시 끓기 시작하면 찬물을 넣는다.
④ 국수가 다 익으면 많은 양의 냉수에서 천천히 식힌다.

[해설] 국수가 다 익으면 많은 양의 냉수에서 급격히 식혀야 하는데 그 이유는 국수 중심부의 지나친 호화를 막고 표면 특성을 좋게 하는 것이다.

제3장 음식조리

20 쌀의 조리에 관한 설명으로 옳은 것은?

① 쌀을 너무 문질러 씻으면 지용성 비타민의 손실이 크다.
② pH 3~4의 산성물을 사용해야 밥맛이 좋아진다.
③ 수세한 쌀은 3시간 이상 물에 담가 놓아야 흡수량이 적당하다.
④ 묵은 쌀로 밥을 할 때는 햅쌀보다 밥물량을 더 많이 한다.

[해설] 동일한 품종과 양의 쌀을 이용하여 밥을 지을 때 햅쌀보다 묵은 쌀로 밥을 지을 때는 물의 양을 더 많이 필요로 하는데 그 이유는 묵은쌀은 수분이 많이 손실되었으며 점성도 약하고 각종 영양소도 일부 파괴되어 향기와 맛의 감도가 떨어졌기 때문이다.

21 다음 중 배추김치 담그기 작업 중 잘못된 것은 어느 것인가?

① 양념소 넣기 작업대의 양념 배합 용기에 양념을 담아 양념소 넣기를 준비한다.
② 배추 밑둥 안쪽부터 양념소를 넣어 펴 바른다. 이때 양념의 밑둥 쪽에 양념소가 충분히 들어가도록 넣고 잎 부위는 양념이 묻도록 고루 바른다.
③ 절임 배추의 안쪽 잎부터 차례로 펴서 배춧잎 사이사이에 고르게 양념소를 넣는다.
④ 맨 겉쪽 부위의 잎을 바른 다음 차례로 다음 겹의 잎을 펼쳐서 같은 방법으로 양념소를 펼쳐 바른다.

[해설] 절임 배추의 바깥쪽 잎부터 차례로 펴서 배춧잎 사이사이에 고르게 양념소를 넣는다.

22 콩이나 콩나물을 삶을 때 뚜껑을 닫으면 콩 비린내 생성을 방지할 수 있다. 그 이유는?

① 건조를 방지해서
② 산소를 차단해서
③ 색의 변화를 차단해서
④ 오래 삶을 수 있어서

[해설] 콩이나 콩나물을 삶을 때 완전히 익기 전에는 뚜껑을 열면 콩 비린내가 난다. 따라서 완전히 익기 전에는 뚜껑을 열어서는 안 된다.

23 고기의 질긴 결합조직 부위를 물과 함께 장시간 끓였을 때 연해지는 이유는?

① 엘라스틴이 알부민으로 변화되어 용출되어서
② 엘라스틴이 젤라틴으로 변화되어 용출되어서
③ 콜라겐이 알부민으로 변화되어 용출되어서
④ 콜라겐이 젤라틴으로 변화되어 용출되어서

[해설] 고기의 질긴 결합조직 부위를 물과 함께 장시간 끓여주면 고기 중에 함유되어 있는 콜라겐이 가용성 젤라틴으로 변화되어 용출되기 때문에 연해진다.

24 다음 중 계량방법이 올바른 것은?

① 마가린을 잴 때는 실온일 때 계량컵에 꼭꼭 눌러 담고, 직선으로 된 칼이나 spatula로 깎아 계량한다.
② 밀가루를 잴 때는 측정 직전에 체로 친 뒤 눌러서 담아 직선 spatula로 깎아 측정한다.
③ 흑설탕을 측정할 때는 체로 친 뒤 누르지 말고 가만히 수북하게 담고 직선 spatula로 깎아 측정한다.
④ 쇼트닝을 계량할 때는 냉장온도에서 계량컵에 꼭 눌러 담은 뒤, 직선 spatula로 깎아 측정한다.

[해설] ② 밀가루를 잴 때는 체에 거른 밀가루를 계량컵에 수북하게 담은 후 편편하게 깎을 수 있는 젓가락 같은 도구로 깎아서 계량해준다.
③ 흑설탕을 측정할 때는 입자사이사이 틈이 많아서 꾹 누른 후 계량한다.
④ 쇼트닝을 계량할 때는 냉장온도보다 실온일 때 계량컵에 꼭꼭 눌러 담고 직선으로 된 칼이나 주걱으로 깎아 계량한다.

25 마요네즈를 만들 때 기름의 분리를 막아주는 것은?

① 난황　　　　　　　　　　② 난백
③ 소금　　　　　　　　　　④ 식초

[해설] 마요네즈를 만들 때 난황은 기름의 분리를 막아주는 유화제 역할을 한다.

26 단체급식에 대한 설명으로 옳은 것은?

① 학교, 병원, 기숙사, 대중식당에 특정 다수인에게 계속적으로 음식을 공급하는 것 →대중식당은 불포함
② 학교, 병원, 공장, 사업장에서 특정 다수인에게 계속적으로 음식을 공급하는 것
③ 학교, 병원 등에서 불특정다수인에게 계속적으로 음식을 공급하는 것
④ 사회복지시설, 고아원 등에서 불특정다수인에게 계속적으로 음식을 공급하는 것

[해설] 단체급식이란 학교, 병원, 기숙사, 공장, 사업장, 기타 후생기관 등의 급식시설에서 다수인에게 비영리로 계속적으로 음식물을 공급하는 것이다.

27 단체급식시설의 작업장별 관리에 대한 설명으로 잘못된 것은?

① 개수대는 생선용과 채소용을 구분하는 것이 식중독균의 교차오염을 방지하는데 효과적이다.
② 가열, 조리하는 곳에는 환기장치가 필요하다.
③ 식품보관 창고에 식품을 보관시 바닥과 벽에 식품이 직접 닿지 않게 하여 오염을 방지한다.
④ 자외선 등은 모든 기구와 식품내부의 완전살균에 매우 효과적이다.

[해설] 자외선 등은 투과력이 약하다 따라서 식품표면이나 물 등의 살균에 효과적이다.

28 주방 설비 구역 중 특히 다음과 같은 점에 유의하여 설비해야 하는 곳은?

- 물을 많이 사용하므로 급/배수 시설이 중요하다.
- 흙이나 오물, 쓰레기 등의 처리가 용이해야한다
- 냉장 보관시설이 잘 되어야 한다.

① 가열조리 구역　　　　② 식기세척 구역
③ 육류처리 구역　　　　④ 채소/과일처리 구역

[해설] 채소와 과일을 처리하는 곳에서는 오물이나 쓰레기, 흙 등이 많이 발생하기 때문에 보기와 같은 설비를 해야 한다.

29 경영형태별로 단체급식을 분류할 때 직영방식의 장점은?

① 인건비가 감소된다.
② 시설설비 투자액이 적다.
③ 영양관리와 위생관리가 철저하다.
④ 이윤의 추구가 극대화된다.

[해설] **단체급식에서 직영방식의 장점**
• 영양관리와 위생관리가 철저하다.
• 재료를 사용함에 있어서 이윤을 생각하지 않는다.

30 외식산업의 특성에 대한 설명으로 틀린 것은?

① 소자본의 시장참여가 용이하다.
② 유통과 제조업인 동시에 서비스산업이다.
③ 내방 고객의 수요예측이 용이하다.
④ 사회, 문화 환경의 변화가 소비자 기호를 변화시킨다.

[해설] 외식 산업의 특성
 • 소자본의 시장 참여가 용이하다.
 • 유통과 제조업이며 서비스 산업이다.
 • 내방 고객의 수요 예측이 어렵다.
 • 사회, 문화 환경의 변화가 소비자의 기호를 변화시킨다.

31 기름성분이 하수구로 들어가는 것을 방지하기 위해 가장 바람직한 하수관의 형태는?

① S 트랩   ② P 트랩
③ 드럼   ④ 그리스 트랩

[해설] 그리스 트랩: 요리나 설거지 등을 하고 난 후 허드렛물이 흘러내려가는 유출구 뒤에 접속한 것으로, 배수 안에 녹은 지방류가 배수관 내벽에 부착되어 막히는 것을 막기 위해 설치한 것이다.

32 급식시설의 유형 중 1인 1식을 제공하는데 사용하는 물의 양이 가장 많은 곳은?

① 학교급식   ② 병원급식
③ 사업체급식   ④ 기숙사급식

[해설] 1인 1식을 제공하는데 사용하는 물의 양이 가장 많은 곳
 • 병원급식: 10~20   • 학교급식: 4~6
 • 사업체 급식: 5~10   • 기숙사 급식: 7~15

33 육류조리방법에 대한 설명으로 옳은 것은?

① 돼지고기찜에 토마토를 넣으려면 처음부터 함께 넣는다.
② 편육은 끓는 물에 넣어 삶는다.
③ 탕을 끓일 때는 끓는 물에 소금을 약간 넣은 후 고기를 넣는다.
④ 장조림을 할 때는 먼저 간장을 넣고 끓여야 한다.

[해설] 육류의 조리방법
 • 습열 조리
  - 액체에 넣어 찌거나 가열하는 방법으로 콜라겐이 젤라틴화하고, 고기가 연해진다.
  - 탕류: 찬물에서부터 넣어 끓여야 성분 용출 잘 되어 국물이 맛있게 된다.
  - 편육: 끓는 물에서 삶아야 고기의 맛이 빠지지 않는다.
  - 사태육, 업진육, 장정육, 양지육을 조리할 때 적당하다(편육, 찜, 조림, 탕, 전골 등).

- 장조림: 끓는 물에 고기를 넣고 삶은 후에 간장을 넣어야 고기가 질기지 않게 된다.
• 건열 조리
  - 안심, 등심, 채끝, 우둔, 홍두깨, 염통, 콩팥, 간 등의 연한 부위의 조리에 적당하다(구이, 튀김, 전, 산적, 불고기, 로스팅, 브로일링 등)

34 다음 중 저온저장의 효과가 아닌 것은?

① 미생물의 생육을 억제할 수 있다.
② 효소활성이 낮아져 수확 후 호흡, 발아 등의 대사를 억제할 수 있다.
③ 살균효과가 있다.
④ 영양가 손실 속도를 저하시킨다.

[해설] 저온 저장 중 저온 미생물의 증식과 효소반응이 서서히 일어나 식품이 변질될 수 있다.

35 식품의 풍미를 증진시키는 방법으로 적합하지 않은 것은?

① 부드러운 채소 조리 시 그 맛을 제대로 유지하려면 조리시간을 단축해야 한다.
② 빵을 갈색이 나게 잘 구우려면 건열로 갈색반응이 일어날 때까지 충분히 구워야 한다.
③ 사태나 양지머리와 같은 질긴 고기의 국물을 맛있게 맛을 내기 위해서는 약한 불에 서서히 끓인다.
④ 빵은 증기로 찌거나 전자오븐으로 시간을 단축시켜 조리한다.

[해설] 빵을 증기로 찌거나 전자오븐으로 시간을 단축시켜 조리하면 건열로 구운 것처럼 갈색반응이 일어나지 않으며 구수한 맛이나 풍미가 거의 나지 않는다.

36 생선의 조리 방법에 관한 설명으로 옳은 것은?

① 신선도가 낮은 생선은 양념을 담백하게 하고 뚜껑을 닫고 잠깐 끓인다.
② 지방함량이 높은 생선보다는 낮은 생선으로 구이를 하는 것이 풍미가 더 좋다.
③ 생선조림은 오래 가열해야 단백질이 단단하게 응고되어 맛이 좋아진다.
④ 양념간장이 끓을 때 생선을 넣어야 맛 성분의 유출을 막을 수 있다.

[해설] 생선을 조리할 때는 양념간장이 끓을 때 생선을 넣어야 생선의 모양을 그대로 유지할 수 있고 맛 성분이 밖으로 유출되는 것을 막을 수 있다.

37 뜨거워진 공기를 팬(fan)으로 강제 대류시켜 균일하게 열이 순환되므로 조리시간이 짧고 대량조리에 적당하나 식품표면이 건조해지기 쉬운 조리기기는?

① 틸팅튀김팬(rilring fry pan)
② 튀김기(fryer)
③ 증기솥(steam kettles)
④ 컨벡션오븐(convectioin oven)

[해설] 컨벡션오븐: 전기를 이용, 뜨거운 열을 발생시켜 이 열기를 이용해 로스팅하는 대류식 전기 오븐으로 단 시간 내 내용물을 익힐 수 있지만 수분 증발로 인하여 딱딱해지는 예가 있다.

38 채소류, 두부, 생선 등 저장성이 낮고 가격변동이 많은 식품 구매 시 적합한 계약방법은?

① 수의계약
② 장기계약
③ 일반경쟁계약
④ 지명경쟁입찰계약

[해설] 수의계약: 경쟁계약에 의하지 아니하고 임의로 적당한 상대자를 선정하여 체결하는 계약으로 채소류, 두부, 생선 등 저장성이 낮고 가격변동이 많은 식품 구매 시 적합한 계약방법이다.

39 시금치의 녹색을 최대한 유지시키면서 데치려고 할 때 가장 좋은 방법은?

① 100℃다량의 조리수에서 뚜껑을 열고 단시간에 데쳐 재빨리 헹군다.
② 100℃다량의 조리수에서 뚜껑을 닫고 단시간에 데쳐 재빨리 헹군다.
③ 100℃소량의 조리수에서 뚜껑을 열고 단시간에 데쳐 재빨리 헹군다.
④ 100℃소량의 조리수에서 뚜껑을 닫고 단시간에 데쳐 재빨리 헹군다.

[해설] 시금치의 녹색을 최대 유지시키면서 데치려고 할 때에는 100℃다량의 조리수에서 뚜껑을 열고 단시간에 데쳐 재빨리 헹군다.

40 주방의 바닥조건으로 맞는 것은?

① 산이나 알칼리에 약하고 습기, 열에 강해야 한다.
② 바닥전체의 물배는 1/20이 적당하다.
③ 조리작업을 드라이 시스템화 할 경우의 물매는 1/100정도가 적당하다.
④ 고무타일, 합성수지타일 등이 잘 미끄러지지 않으므로 적당하다.

[해설] ① 산이나 알칼리, 열에 강해야 한다.
② 바닥전체의 물배는 1/100이 적당하다.
③ 조리작업을 드라이 시스템화 할 경우의 물매는 1/200정도가 적당하다.

41 육류 조리 과정 중 색소의 변화 단계가 바르게 연결된 것은?

① 미오글로빈-메트미오글로빈-옥시미오글로빈-헤마틴
② 메트미오글로빈-옥시미오글로빈-미오글로빈-헤마틴
③ 미오글로빈-옥시미오글로빈-메트미오글로빈-헤마틴
④ 옥시미오글로빈-메트미오글로빈-미오글로빈-헤마틴

[해설] 육류 조리 과정 중 색소는 미오글로빈→옥시미오글로빈→메트미오글로빈→헤마틴 의 단계로 변화된다.

42 식품의 구매방법으로 필요한 품목, 수량을 표시하여 업자에게 견적서를 제출받고 품질이나 가격을 검토한 후 낙찰자를 정하여 계약을 체결하는 것은?

① 수의계약　　　　　　　　　　② 경쟁입찰
③ 대량구매　　　　　　　　　　④ 계약구입

[해설] 수의계약: 경쟁계약에 의하지 아니하고 임의로 적당한 상대자를 선정하여 체결하는 계약으로 채소류, 두부, 생선 등 저장성이 낮고 가격변동이 많은 식품 구매 시 적합한 계약방법이다.

43 과실 저장고의 온도, 습도, 기체의 조성 등을 조절하여 장기간 동안 과실을 저장하는 방법은?

① 산 저장　　　　　　　　　　② 자외선 저장
③ 무균포장 저장　　　　　　　④ CA 저장

[해설] ① 산 저장: 초산, 젖산, 구연산 이용 저장, 미생물 생육에 필요한 pH 벗어나게 하는 방법으로 초산농도는 3~4% 이상이며 오이피클 저장에 적당하다.
② 자외선 저장: 자외선의 살균력을 이용하여 식품을 보존하는 방법이다.
③ 무균포장 저장: 식품을 무균상태로 포장하는 기술과 포장된 상태를 가리키는 것이다.

44 재료소비량을 알아내는 방법과 거리가 먼 것은?

① 계속기록법　　　　　　　　　② 재고조사법
③ 선입선출법　　　　　　　　　④ 역계산법

[해설] 선입선출법: 매출했을 때 잔액란에 남아있는 상품 중 먼저 매입한 것을 먼저 매출하는 형식으로 기입하는 방법이다.

45 주방에서 후드(hood)의 가장 중요한 기능은?

① 실내의 습도를 유지시킨다.
② 실내의 온도를 유지시킨다.
③ 증기, 냄새 등을 배출시킨다.
④ 바람을 들어오게 한다.

[해설] 후드는 나쁜 공기는 내보내고 신선한 공기를 들이는 환기 효과, 조리 시 나는 냄새, 음식냄새 등을 탈취 시키는 탈취효과가 있다. 조리 시 발생하는 먼지, 세균, 박테리아 등을 배출하는 먼지제거 효과 등이 있다.

46 다음 중 식육의 동결과 해동 시 조직 손상을 최소화 할 수 있는 방법은?

① 급속동결, 급속해동   ② 급속동결, 완만해동
③ 완만동결, 급속해동   ④ 완만동결, 완만해동

[해설] 식육을 냉동할 때는 급속냉동을 하고 해동할 때는 완만히 해동해야 조직 손상을 최소화할 수 있다.

47 다음 중 급식소의 배수시설에 대한 설명으로 옳은 것은?

① S트랩은 수조형에 속한다.
② 배수를 위한 물매는 1/10 이상으로 한다.
③ 찌꺼기가 많은 경우는 곡선형 트랩이 적합하다.
④ 트랩을 설치하면 하수도로부터의 악취를 방지할 수 있다.

[해설] 트랩장치를 개수대의 배수관에 설치하여 악취나 해충 등의 침입을 막을 수 있다.

48 오징어에 대한 설명으로 틀린 것은?

① 가로로 형성되어 있는 근육섬유는 열을 가하면 줄어드는 성질이 있다.
② 무늬를 내고자 오징어에 칼집을 넣을 때에는 껍질이 붙어있던 바깥쪽으로 넣어야 한다.
③ 오징어의 4겹 껍질 중 제일 안쪽의 진피는 몸의 축 방향으로 크게 수축한다.
④ 오징어는 가로방향으로 평행하게 근섬유가 발달되어 있어 말린 오징어는 옆으로 잘 찢어진다.

[해설] 오징어에 칼집을 넣을 때는 오징어 몸통 안쪽에 넣어야 한다.

49 음식의 색을 고려하여 녹색채소를 무칠 때 가장 나중에 넣어야 하는 조미료는?

① 설탕
② 식초
③ 소금
④ 고추장

[해설] 녹색채소에 산(식초나 간장, 된장 등)이 첨가되면 갈색으로 쉽게 변화가 되기 때문에 녹색채소를 부칠 때 가장 나중에 넣어야 한다.

50 두류 조리 시 두류를 연화시키는 방법으로 틀린 것은?

① 1% 정도의 식염용액에 담갔다가 그 용액으로 가열한다.
② 초산용액에 담근 후 칼슘, 마그네슘이온을 첨가한다.
③ 약알칼리성의 중조수에 담갔다가 그 용액으로 가열한다.
④ 습열조리 시 연수를 사용한다.

[해설] 칼슘과 마그네슘이온은 두부의 응고제로 사용된다.

51 다음 중 밥맛에 영향을 주는 요인이 아닌 것은?

① 쌀의 저장 정도
② 용기의 모양
③ 물과 쌀의 분량
④ 밥 짓는 시간

[해설] 밥맛은 쌀의 저장 정도, 물과 쌀의 분량, 불의 조절, 용기의 크기, 밥 짓는 시간 등에 영향을 많이 받는다.

52 다음 중 쌀을 빻는 정도에 따른 죽에 해당하지 않는 것은?

① 옹근죽
② 무리죽
③ 응이
④ 원미죽

[해설] 응이는 물에 녹말을 묽게 풀어서 쑤는 죽으로 노약자나 아기에게 적합하다.

53 육수에 된장을 풀어 끓인 국으로 구수하면서도 깊은 맛이 있는 국은?

① 냉국 ② 곰국
③ 토장국 ④ 맑은장국

[해설] ① 냉국: 오이나 미역 등으로 약한 신맛을 내어 차게 해서 먹는 국이다.
② 곰국: 쇠머리·사골·도가니·양지머리·갈비·꼬리·양·곱창·곤자소니 같은 소의 여러 부위를 여러 시간 푹 고아내 국물이 진하게 우러나게 끓인 국이다.
④ 맑은장국: 간장으로 간을 맞추어 국물을 맑게 끓인 국으로 격식을 갖춘 반상차림에 차려진다.

54 다음 중 반상차림에서 가장 많이 쓰이는 보편적인 찌개는?

① 고추장찌개 ② 된장찌개
③ 순두부찌개 ④ 맑은 찌개

[해설] 고추장찌개는 반상차림에서 가장 많이 쓰이는 보편적인 찌개로 두부고추장찌개·생선고추장찌개 등이 있다.

55 생선이나 고기, 채소 따위를 양념하여 대꼬챙이에 꿰어 불에 굽거나 지진 음식은?

① 구이 ② 적
③ 무침 ④ 튀김

[해설] 적: 생선이나 고기, 채소 따위를 양념하여 대꼬챙이에 꿰어 불에 굽거나 지진 음식이다.

56 무를 채 썰어 식초, 설탕, 고춧가루 등의 양념을 넣고 무쳐 먹는 음식은?

① 더덕생채 ② 무생채
③ 오이생채 ④ 도라지생채

[해설] 무를 채 썰어 식초, 설탕, 고춧가루 등의 양념을 넣고 무쳐 먹는 음식은 무생채이다.

57 육류나 어패류, 가금류, 채소류 등을 소금이나 양념을 해 불에 직접 굽거나 철판 등의 도구를 이용한 음식은?

① 탕 ② 구이
③ 조림 ④ 전

[해설] 육류나 어패류, 가금류, 채소류 등을 소금이나 양념을 해 불에 직접 굽거나 철판 등의 도구를 이용한 음식은 구이다.

제3장 음식조리

58 육류, 채소류, 어패류를 간장이나 고추장에 조려서 만든 음식은?

① 찌개
② 무침
③ 찜
④ 조림

[해설] 육류, 채소류, 어패류를 간장이나 고추장에 조려서 만든 음식은 조림이다.

59 숙채의 종류 중 당면을 투명하게 삶아 건져 시금치, 당근, 버섯, 고기, 양파 등을 넣고 따끈하게 무쳐내는 음식은?

① 콩나물
② 잡채
③ 겨자채
④ 탕평채

[해설] ① 콩나물: 살이 통통한 콩나물을 옅은 소금물에 삶아 갖은 양념을 넣고 뽀얀 국물이 나오도록 주물러 무쳐준 것이다.
③ 겨자채: 긴 직사각형 모양으로 썬 오이·당근·양배추·편육·배·황백지단과 빗살 모양으로 썰어 데친 죽순, 얇게 편 썰기 한 전복·밤에 겨잣가루를 개어 매운맛을 낸 후 식초, 설탕, 소금을 넣어 만든 겨자즙과 연유를 넣어 무친 음식이다.
④ 탕평채: 녹두묵에 고기볶음, 미나리, 김 등을 섞어 만든 묵무침이다.

60 볶음요리는 몇℃ 이상의 고온에서 볶아줘야 물기가 흐르지 않는가?

① 100
② 150
③ 200
④ 250

[해설] 볶음요리는 200℃ 이상의 고온에서 볶아줘야 물기가 흐르지 않는다.

정답									
1.④	2.②	3.①	4.④	5.③	6.②	7.④	8.③	9.②	10.④
11.③	12.③	13.③	14.①	15.①	16.③	17.④	18.④	19.④	20.④
21.③	22.②	23.④	24.①	25.①	26.②	27.④	28.④	29.③	30.③
31.④	32.②	33.②	34.③	35.④	36.④	37.④	38.①	39.①	40.④
41.③	42.②	43.④	44.③	45.③	46.②	47.④	48.②	49.②	50.②
51.②	52.③	53.③	54.①	55.②	56.②	57.②	58.④	59.②	60.③

Chepter 04
CBT 예상문제

1회 CBT 예상문제

01 다음 중 조리원의 복장에 대한 설명 중 틀린 것은?
① 위생모는 머리카락이 외부로 노출되지 않도록 착용한다.
② 위생복은 밝은 색으로 긴 소매, 주머니가 없는 것이 적합하다.
③ 위생화는 바닥이 미끄럽지 않은 방수소재로 착용한다.
④ 앞치마는 조리 작업용과 청소용을 구분하지 않고 착용한다.
[해설] 앞치마는 조리 작업용과 청소용으로 구분하여 착용한다.

02 바이러스(virus)에 의하여 발병되지 않는 것은?
① 돈단독증　　　　　② 유행성간염
③ 급성회백수염　　　④ 감염성 설사증
[해설] 돈단독증: 인수공통전염병으로, 이환동물과의 접촉이나 처리, 조리·가공할 때에 감염되는 전염병이다.

03 기생충과 인체 감염원인 식품의 연결이 틀린 것은?
① 유구조충-돼지고기
② 무구조충-민물고기
③ 동양모양선충-채소류
④ 아니사키스-바다생선
[해설] 무구조충: 무구조충의 유충(무구낭충)이 포함된 쇠고기를 생식함으로써 감염된다.

04 발아한 감자와 청색 감자에 많이 함유된 독성분은?
① 리신　　　　　　　② 엔테로톡신
③ 무스카린　　　　　④ 솔라닌
[해설] ① 리신: 피자마유
　　　② 엔테로톡신: 식중독 원인균이나 콜레라균 등이 생산하는 설사 원인독소의 총칭으로 장관독이라고도 한다.
　　　③ 무스카린: 독버섯

05 생육이 가능한 최저수분활성도가 가장 높은 것은?

① 내건성포자 ② 세균
③ 곰팡이 ④ 효모

[해설] 최저수분활성도
• 세균: 0.91 • 효모: 0.88 • 곰팡이: 0.80

06 다음 중 국내에서 허가된 인공감미료는?

① 둘신(dulcin)
② 사카린나트륨(sodium saccharin)
③ 사이클라민산나트륨(sodium cyclamate)
④ 에틸렌글리콜(ethylene glycol)

[해설] 사카린나트륨: 식품의 가공·조리에 있어서 단맛을 주기 위해 사용되는 식품첨가물로 김치·절임류, 음료류, 어육가공품, 영양보충용식품·환자용식품·식사대용식품, 뻥튀기 등에 사용된다.
• 둘신: 1968년부터 사용금지
• 사이클라민산나트륨: 1969년에 식품첨가물의 지정이 삭제되었다.
• 에틸렌글리콜: 자동차 부동액으로 널리 사용되는 화합물로서 알키드 수지의 제조원료나 내한성 냉각액, 의약품·화장품 등으로도 사용된다.

07 식품첨가물과 사용목적을 표시한 것 중 잘못된 것은?

① 글리세린-용제 ② 초산비닐수지-껌기초제
③ 탄산암모늄-팽창제 ④ 규소수지-이형제

[해설] 규소수지: 소포제

08 영업을 하려는 자가 받아야 하는 식품위생에 관한 교육시간으로 옳은 것은?

① 식품제조가공업: 36시간
② 식품운반업: 12시간
③ 단란주점영업: 6시간
④ 용기류제조업: 8시간

[해설] ① 식품제조가공업: 8시간
② 식품운반업: 4시간
④ 용기류제조업: 4시간

한식조리기능사

09 식품위생법상 허위표시과대광고로 보지 않는 것은?
① 수입신고한 사항과 다른 내용의 표시광고
② 식품의 성분과 다른 내용의 표시광고
③ 인체의 건전한 성장 및 발달과 건강한 활동을 유지하는 데 도움을 준다는 표현의 표시광고
④ 외국어 사용 등으로 외국제품으로 혼동할 우려가 있는 표시광고
[해설] 인체의 건전한 성장 및 발달과 건강한 활동을 유지하는 데 도움을 준다는 표현의 표시광고는 식품위생법상 허위표시과대광고로 보지 않는다.

10 식품위생법상 영업신고를 하여야 하는 업종은?
① 유흥주점영업
② 즉석판매제조가공업
③ 식품조사처리업
④ 단란주점영업
[해설] 식품위생법상 즉석판매제조가공업은 영업신고를 하여야 하는 업종이다.

11 식품의 부패 과정에서 생성되는 불쾌한 냄새 물질과 거리가 먼 것은?
① 암모니아
② 포르말린
③ 황화수소
④ 인돌
[해설] 포르말린: 자극성 냄새를 갖는 가연성 무색 물질로 소독제·살균제·방부제 등으로 광범위하게 이용된다.

12 과일이나 과채류를 채취 후 선도 유지를 위해 표면에 막을 만들어 호흡 조절 및 수분 증발 방지의 목적에 사용되는 것은?
① 품질개량제
② 이형제
③ 피막제
④ 영양강화제
[해설] ① 품질개량제: 식품의 품질을 향상시키기 위하여 사용하는 식품첨가물이다.
② 이형제: 빵이나 비스킷류 등의 식품제조 시 그 형태를 유지하기 위하여 사용하는 식품첨가물로 유동파라핀이 있다.
④ 영양강화제: 원료에 부족한 영양소 또는 가공과정에서 파괴되는 영양소를 보충하기 위해 사용하는 식품첨가물이다.

13 호염성의 성질을 가지고 있는 식중독 세균은?
① 황색포도상구균(Staphylococcus aureus)
② 병원성 대장균(E. coli O157 : H7)

③ 장염 비브리오(Vibrio parahaemolyticus)
④ 리스테리아모노사이토제네스(Listeria monocytogenes)

[해설] 장염비브리오는 호염성 해수세균으로 여름철 연안해수(수온 20℃)와 개펄에 많이 분포한다.

14 기구 또는 용기·포장 등에 표시하여야 하는 사항이 아닌 것은?

① 재질
② 소비자 안전을 위한 주의사항
③ 유통기한
④ 영업소 명칭 및 소재지

[해설] 기구 또는 용기·포장 등에 표시하여야 하는 사항
- 재질
- 영업소 명칭 및 소재지
- 소비자 안전을 위한 주의사항
- 그 밖에 소비자에게 해당 기구 또는 용기·포장에 관한 정보를 제공하기 위하여 필요한 사항으로서 총리령으로 정하는 사항

15 결합수의 특징이 아닌 것은?

① 수증기압이 유리수보다 낮다.
② 압력을 가해도 제거하기 어렵다.
③ 0℃에서 매우 잘 언다.
④ 용질에 대해서 용매로서 작용하지 않는다.

[해설] 0℃에서 매우 잘 어는 것은 자유수의 특징이다.

16 소음으로 인한 피해와 거리가 먼 것은?

① 불쾌감 및 수면 장애
② 작업능률 저하
③ 위장기능 저하
④ 맥박과 혈압의 저하

[해설] 소음으로 인한 피해

정신적인 피해	대화 장애, 불쾌감, 정서 불안, 수면 장애, 스트레스 등이 있다.
신체적인 피해	혈관 수축에 의한 맥박수의 증가, 혈압 상승, 호르몬의 이상 분비, 위장병, 심장병, 태아의 발육 장애, 청력 상실, 고막 파열 등이 있다.

17 법정 제3군 감염병이 아닌 것은?

① 결핵 ② 세균성 이질
③ 한센병 ④ 후천성면역결핍증(AIDS)

[해설] 법정 제3군 감염병: 간헐적으로 유행할 가능성이 있어 지속적으로 그 발생을 감시하고 방역대책의 수립이 필요한 전염병으로 결핵, 말라리아 성병, 발진티푸스, 레지오넬라증, 부르셀라증, 탄저, 한센병, 인플루엔자, AIDS 등이 있다.

18 동물과 관련된 감염병의 연결이 틀린 것은?

① 소-결핵 ② 고양이-디프테리아
③ 개-광견병 ④ 쥐-페스트

[해설] 디프테리아: 주로 겨울철에 유행하며 사람이 유일한 디프테리아균의 숙주로 환자나 보균자와 직접 접촉하여 전염된다.

19 중간숙주 없이 감염이 가능한 기생충은?

① 아니사키스 ② 회충
③ 폐흡충 ④ 간흡충

[해설] 회충: 인체에 기생하는 연충의 일종이며, 우리나라에서는 장내 기생충으로서 가장 많이 알려진 것의 하나이다. 회충은 중간숙주 없이 감염이 가능한 기생충이다.

20 다음 중 조리원의 안전사고 중 골절, 낙상에 대한 원인인 것은 어느 것인가?

① 바닥에 놓여있는 물건에 의해 걸려 넘어지는 경우
② 작업대나 운반차 등의 모서리에 부딪치는 경우
③ 뜨거운 물이나 튀김기름이 튈 경우
④ 전기기구에 물기가 닿는 경우

[해설] ② 는 근육통, 요통 및 타박상이 원인이다.
③ 는 화상이 원인이다.
④ 는 감전사고가 원인이다.

21 다음 중 화재 예방 요령에 대한 설명으로 틀린 것은?

① 조리를 할 때 화기 주변에 종이와 같은 가연성 물질을 가까이 하지 않는다.
② 평소에 소화기 사용법과 소화기가 놓여있는 장소는 잘 숙지하고 있어야 한다.

③ 이상이 있는 코드나 전기 기구는 사용하지 않는다.
④ 불을 끌 땐 발로 밟아 끈다.
[해설] 불을 끌 땐 소화기나 소화전을 이용한다.

22 글루텐을 형성하는 단백질을 가장 많이 함유한 것은?
① 밀
② 쌀
③ 보리
④ 옥수수
[해설] 밀 단백질에는 비글루텐 15% 글루텐 단백질이 85%이다.

23 비타민 E에 대한 설명으로 틀린 것은?
① 물에 용해되지 않는다.
② 항산화작용이 있어 비타민 A나 유지 등의 산화를 억제해준다.
③ 버섯 등에 에르고스테롤(ergosterol)로 존재한다.
④ 알파 토코페롤(α-tocopherol)이 가장 효력이 강하다.
[해설] 버섯의 에르고스테롤은 비타민 D의 전구체이다.

24 식품의 갈변 현상 중 성질이 다른 것은?
① 고구마 절단면의 변색
② 홍차의 적색
③ 간장의 갈색
④ 다진 양송이의 갈색
[해설] • 효소적 갈변: 고구마 절단면의 변색, 홍차의 적색, 다진 양송이의 갈색
• 비효소적 갈변: 간장의 갈색

25 매운맛 성분과 소재 식품의 연결이 올바르게 된 것은?
① 알릴이소티오시아네이트(allyl isothiocyanate)-고추냉이
② 캡사이신(capsaicin)-마늘
③ 진저롤(gingerol)-고추
④ 차비신(chavicine)-생강
[해설] ② 캡사이신: 고추
③ 진저롤: 생강
④ 차비신: 후추

26 클로로필(chlorophyll)에 관한 설명으로 틀린 것은?

① 포르피린환(porphyrin ring)에 구리(Cu)가 결합되어 있다.
② 김치의 녹색이 갈변하는 것은 발효 중 생성되는 젖산 때문이다.
③ 산성식품과 같이 끓이면 갈색이 된다.
④ 알칼리 용액에서는 청록색을 유지한다.

[해설] 시토크롬(cytochrome): 호흡색소, 포르피린환에 Cu 함유

27 우유에 함유된 단백질이 아닌 것은?

① 락토오스(lactose) ② 카제인(casein)
③ 락토알부민(lactoalbumin) ④ 락토글로불린(lactoglobulin)

[해설] 락토오스는 포유류의 유선에서 분비되는 젖에 함유된 환원성 이당류이다.

28 유지의 산패도를 나타내는 값으로 짝지어진 것은?

① 비누화가, 요오드가 ② 요오드가, 아세틸가
③ 과산화물가, 비누화가 ④ 산가, 과산화물가

[해설] 유지의 산패도를 나타내는 값은 유리지방산(산가) 함량, 과산화물가 함량이다.

29 탄수화물이 아닌 것은?

① 젤라틴 ② 펙틴
③ 섬유소 ④ 글리코겐

[해설] 젤라틴은 유도단백질의 일종이다.

30 소시지 100g당 단백질 13g, 지방 21g, 당질 5.5g이 함유되어 있을 경우, 소시지 150g의 열량은?

① 158kcal ② 263kcal
③ 322kcal ④ 395kcal

[해설] 소시지 100g당 단백질 13g, 지방 21g, 당질 5.5g이고,
1g 당 칼로리는 단백질 4kcal, 지방 9kcal, 당질 4kcal 이므로
소시지 100g당 단백질 13g, 지방 21g, 당질 5.5g이면
$(13 \times 4)+(21 \times 9)+(5.5 \times 4)=52+189+22=263$
따라서 $100:263=150:x$ 이므로 $100x=39,450$

$x ≒ 395$

따라서 소시지 150g의 열량은 395kcal이다.

31 우유를 높은 온도로 가열하면 Maillard 반응이 일어난다. 이때 가장 많이 손실되는 성분은?

① lysine ② arginine
③ sucrose ④ Ca

[해설] 우유를 높은 온도로 가열하면 메일라드 반응이 일어나는데, 그 때 리신이 가장 많이 손실된다.

32 교질용액(colloidal solution)의 특징으로 옳은 것은?

① 오래 방치하면 입자가 중력에 의해 가라앉는다.
② 빛을 산란시킨다.
③ 입자의 직경이 1~10μm이다.
④ 일반 현미경으로 입자를 관찰할 수 있다.

[해설] 교질용액은 빛을 회절하여 산란시키므로 투명하지 않고 탁하게 보인다.

33 토마토 크림수프를 만들 때 일어나는 우유의 응고 현상을 바르게 설명한 것은?

① 산에 의한 응고 ② 당에 의한 응고
③ 효소에 의한 응고 ④ 염에 의한 응고

[해설] 토마토 크림스프를 만들 때 일어나는 우유의 응고현상은 산에 의한 응고현상이다.

34 기름을 여러 번 재가열할 때 일어나는 변화에 대한 설명으로 맞는 것은?

> ㉠ 풍미가 좋아진다.
> ㉡ 색이 진해지고, 거품 현상이 생긴다.
> ㉢ 산화중합반응으로 점성이 높아진다.
> ㉣ 가열분해로 황산화 물질이 생겨 산패를 억제한다.

① ㉠, ㉡ ② ㉠, ㉢
③ ㉡, ㉢ ④ ㉢, ㉣

[해설] 기름을 여러 번 재가열할 때 일어나는 변화
• 색이 진해지고, 거품 현상이 생긴다.
• 산화중합반응으로 점성이 높아진다.

35 사과나 딸기 등이 잼에 이용되는 가장 중요한 이유는?

① 과숙이 잘되어 좋은 질감을 형성하므로
② 펙틴과 유기산이 함유되어 잼 제조에 적합하므로
③ 색이 아름다워 잼의 상품 가치를 높이므로
④ 새콤한 맛 성분이 잼 맛에 적합하므로

[해설] 유기산과 펙틴이 풍부한 것으로는 사과, 포도, 딸기, 감귤 등으로 건물량의 5~8%를 함유하고 있어 잼에 많이 이용된다.

36 음식의 온도와 맛의 관계에 대한 설명으로 틀린 것은?

① 국은 식을수록 짜게 느껴진다.
② 커피는 식을수록 쓰게 느껴진다.
③ 차게 먹을수록 신맛이 강하게 느껴진다.
④ 녹은 아이스크림보다 얼어 있는 것의 단맛이 약하게 느껴진다.

[해설] 신맛은 온도가 상승할수록 증가하게 된다.

37 재고회전율이 표준치보다 낮은 경우에 대한 설명으로 틀린 것은?

① 긴급구매로 비용 발생이 우려된다.
② 종업원들이 심리적으로 부주의하게 식품을 사용하여 낭비가 심해진다.
③ 부정 유출이 우려된다.
④ 저장기간이 길어지고 식품 손실이 커지는 등 많은 자본이 들어가 이익이 줄어든다.

[해설]
• 재고회전율이 표준치보다 낮은 경우: 재고가 과잉수준임을 나타내는 의미로 식품의 부정유출이나 식품의 낭비가 심해질 수 있다.
• 재고회전율이 표준치보다 높은 경우: 재고식품이 고갈될 위험이 있고 이로 인하여 급히 물품을 구매하여야 할 경우에 구입비용이 증가할 가능성이 있다.

38 채소 조리 시 색의 변화로 맞는 것은?

① 시금치는 산을 넣으면 녹황색으로 변한다.
② 당근은 산을 넣으면 퇴색된다.
③ 양파는 알칼리를 넣으면 백색으로 된다.
④ 가지는 산에 의해 청색으로 된다.

[해설] 엽록소는 산에 의해 녹황색으로, 알칼리에 의하여 선명한 녹색으로 변한다.

39 가식부율이 70%인 식품의 출고계수는?

① 1.25
② 1.43
③ 1.64
④ 2.00

[해설] 식품의 출고계수 = $\dfrac{\text{필요량 1개}}{\text{가식부율}}$

가식부율이 70% = $\dfrac{70}{100}$ = 0.7

따라서 $\dfrac{1}{0.7}$ = 1.42857 ≒ 1.43

40 비타민A가 부족할 때 나타나는 대표적인 증세는?

① 괴혈병
② 구루병
③ 불임증
④ 야맹증

[해설] 비타민A가 부족할 때 나타나는 대표적인 증세에는 야맹증과 안구 건조증 등이 있다.

41 배추김치를 만드는 데 배추 50kg이 필요하다. 배추 1kg의 값은 1,500원이고 가식부율은 90%일 때 배추 구입비용은 약 얼마인가?

① 67,500원
② 75,000원
③ 82,500원
④ 83,400원

[해설] 구입비용 = $\dfrac{\text{필요량} \times 100}{\text{가식부율}} \times$ 1kg 양의 단가

구입비용 = $\dfrac{60 \times 100}{90} \times 1{,}500$ = 55.55556 × 1,500 = 83,333 ≒ 83,400원

42 단체급식 시설별 고유의 목적과 거리가 먼 것은?

① 학교급식-편식 교정
② 병원급식-건강회복 및 치료
③ 산업체급식-작업능률 향상
④ 군대급식-복지 향상

[해설] 군대급식의 목적은 군인 개인의 건강 증진 위해 적절한 급식을 제공하고 전투력의 최대 발휘가 목적이다.

43 당근 등의 녹황색 채소를 조리할 경우 기름을 첨가하는 조리방법을 선택하는 주된 이유는?

① 색깔을 좋게 하기 위하여
② 부드러운 맛을 위하여
③ 비타민 C의 파괴를 방지하기 위하여
④ 지용성 비타민의 흡수를 촉진하기 위하여

[해설] 당근 등의 녹황색 채소를 조리할 경우 기름을 첨가하는 조리방법을 선택하는 주된 이유는 지용성 비타민의 흡수를 촉진하기 위해서이다.

44 단백질의 구성단위는?

① 아미노산
② 지방산
③ 과당
④ 포도당

[해설] 단백질의 구성단위는 아미노산이다.

45 고기를 요리할 때 사용되는 연화제는?

① 소금
② 참기름
③ 파파인(papain)
④ 염화칼슘

[해설] 연화제는 고기를 부드럽게 하는 데 이용되는 것으로 보통 단백질분해효소인 파파인이 사용된다.

46 청과물의 저장 시 변화에 대하여 옳게 설명한 것은?

① 청과물은 저장중이거나 유통과정 중에도 탄산가스와 열이 발생한다.
② 신선한 과일의 보존기간을 연장시키는 데 저장이 큰 역할을 하지 못한다.
③ 과일이나 채소는 수확하면 더 이상 숙성하지 않는다.
④ 감의 떫은맛은 저장에 의해서 감소되지 않는다.

[해설] 과일이나 채소는 수확한 후에도 계속 숙성되어 저장중이거나 유통과정 중에도 탄산가스와 열이 발생한다. 따라서 CA저장을 통해 저장 중에 생기는 조직변화와 숙성을 지연시켜 준다.

47 달걀의 가공 적성이 아닌 것은?

① 열응고성
② 기포성
③ 쇼트닝성
④ 유화성

[해설] 계란의 가공적성: 열응고성, 기포성, 유화성, 가열에 의한 변색 등이 있다.

48 참기름이 다른 유지류보다 산패에 대하여 비교적 안정성이 큰 이유는 어떤 성분 때문인가?

① 레시틴(lecithin) ② 세사몰(sesamol)
③ 고시폴(gossypol) ④ 인지질(phospholipid)

[해설] 참기름은 저장성과 항산화성인 토코페롤과 세사몰을 함유하고 있어 비교적 산패에 안정된다.

49 훈연에 대한 설명으로 틀린 것은?

① 햄, 베이컨, 소시지가 훈연제품이다.
② 훈연 목적은 육제품의 풍미와 외관 향상이다.
③ 훈연재료는 침엽수인 소나무가 좋다.
④ 훈연하면 보존성이 좋아진다.

[해설] 훈연재료로 우리나라에서 널리 쓰이고 있는 것은 솔참나무, 떡갈나무, 벗나무 등이다. 소나무나 삼나무 등의 침엽수목은 수지분이 많아 제품이 검게 되고 송진냄새가 나기 때문에 쓰고 있지 않다.

50 조리식품이나 반조리식품의 해동방법으로 가장 적합한 방법은?

① 상온에서의 자연 해동
② 냉장고를 이용한 저온 해동
③ 흐르는 물에 담그는 청수 해동
④ 전자레인지를 이용한 해동

[해설] 식품의 해동방법
- 급속해동: 조리식품이나 반조리식품을 전자레인지를 이용해 가열조리를 하여 해동하는 방법이다.
- 완만해동: 냉장고나 실온의 서늘한 곳에서 천천히 해동하는 방법으로 어육류를 해동하는데 이용하는 방법이다.

51 생선튀김의 조리법으로 가장 알맞은 것은?

① 180℃에서 2~3분간 튀긴다.
② 150℃에서 4~5분간 튀긴다.
③ 130℃에서 5~6분간 튀긴다.
④ 200℃에서 7~8분간 튀긴다.

[해설] 보통 채소류는 170℃, 생선이나 고기류는 180℃, 특히 굴튀김 같은 것은 180~200℃ 정도의 고온에서 빨리 튀겨야 맛있다.

52 달걀의 기포성을 이용한 것은?

① 달걀찜　　　　　　　　② 푸딩(pudding)
③ 머랭(meringue)　　　　④ 마요네즈(mayonnaise)

[해설] 머랭: 계란 흰자의 기포성을 증가하기 위해 주석산크림에 많이 사용되고 있다.

53 돼지고기 편육을 할 때 고기를 삶는 방법으로 가장 적합한 것은?

① 한 번 삶아서 찬물에 식혔다가 다시 삶는다.
② 물이 끓으면 고기를 넣어서 삶는다.
③ 찬물에 고기를 넣어서 삶는다.
④ 생강은 처음부터 같이 넣어야 탈취 효과가 크다.

[해설] 돼지고기편육의 조리법: 돼지고기를 찬물에 담가 핏물을 뺀 다음 펄펄 끓는 물에 넣고 푹 무르게 삶는다.

54 소금의 용도가 아닌 것은?

① 채소 절임 시 수분 제거
② 효소 작용 억제
③ 아이스크림 제조 시 빙점 강하
④ 생선구이 시 석쇠 금속의 부착 방지

[해설] 생선구이를 할 때 석쇠에 식초를 바른 뒤에 생선을 구우면, 생선껍질이 석쇠에 눌러 붙거나 형태가 부서지지 않는다.

55 생선 조리 시 식초를 적당량 넣었을 때 장점이 아닌 것은?

① 생선의 가시를 연하게 해준다.
② 어취를 제거한다.
③ 살을 연하게 하여 맛을 좋게 한다.
④ 살균 효과가 있다.

[해설] 생선 조리 시 식초를 적당량 넣었을 때 장점
- 생선껍질이 석쇠에 눌러 붙거나 형태가 부서지지 않는다.
- 생선을 오래 보관할 수가 있다.
- 생선 조리 시 식초를 살짝 넣으면 뼈까지 부드러워져 먹기 좋다.
- 살균 효과가 있다.
- 식초가 '트리메틸아민'이라는 냄새 성분을 중화시켜 비린내를 없앤다.

56 안전한 칼 사용법이 아닌 것은?
① 조리공정에 적합한 칼을 사용한다.
② 자신의 안쪽에서 바깥쪽으로 사용한다.
③ 칼이 바닥에 떨어질 때는 칼이 바닥에 떨어지기 전에 얼른 잡는다.
④ 칼을 들고 이동할 때는 날의 끝을 바닥 쪽으로 향하게 하고, 다리와 가깝게 평행을 유지시켜 준다.

[해설] 칼이 바닥에 떨어질 때는 칼을 잡지 말고 그냥 뒤로 물러나 떨어지게 내버려 둔다.

57 햅쌀로 밥을 할 때 쌀과 물의 비율로 알맞은 것은?
① 1:1.5
② 1:2
③ 1:0.5
④ 1:1

[해설] 햅쌀로 밥을 할 때 쌀과 물의 비율은 1:1이 좋다.

58 소금이나 새우젓국으로 넣어 간을 한 것으로 주재료가 두부, 호박, 소고기, 조개류 등인 찌개는?
① 고추장찌개
② 된장찌개
③ 순두부찌개
④ 맑은 찌개

[해설] ① 고추장찌개(매운 찌개): 국물에 매운맛을 내기 위해 고춧가루나 고추장을 풀어서 끓은 찌개이다.
② 된장찌개: 육수를 낸 국물에 된장을 푼 찌개로 두부와 버섯, 채소 등을 넣고 끓인 것으로 뚝배기에 서서히 끓이면 더 맛이 있다.
③ 순두부찌개: 순두부를 넣고 양념하여 끓인 찌개이다.

59 계절별로 나오는 싱싱한 채소를 익히지 않고 초장, 고추장, 겨자장 등으로 새콤하게 무쳐 먹는 음식은?
① 회
② 적
③ 생채
④ 전

[해설] 생채: 계절별로 나오는 싱싱한 채소를 익히지 않고 초장, 고추장, 겨자장 등으로 새콤하게 무쳐 먹는 음식이다.

60 다음 중 데치는 나물에 속하지 않는 것은?

① 시금치 ② 호박
③ 미나리 ④ 숙주

[해설] 호박은 볶는 나물에 속한다.

정답										
	1.④	2.①	3.②	4.④	5.②	6.②	7.④	8.③	9.③	10.②
	11.②	12.③	13.③	14.③	15.③	16.④	17.②	18.②	19.②	20.①
	21.④	22.①	23.③	24.③	25.①	26.①	27.①	28.④	29.①	30.④
	31.①	32.②	33.①	34.③	35.②	36.③	37.①	38.①	39.②	40.④
	41.④	42.④	43.④	44.①	45.③	46.①	47.③	48.②	49.③	50.④
	51.①	52.③	53.②	54.④	55.③	56.③	57.④	58.④	59.③	60.②

2회 CBT 예상문제

01 다음 중 조리사의 일회용장갑의 사용에 대한 설명 중 잘못된 것은?

① 일회용장갑은 한 번만 사용한다.
② 같은 작업을 지속하더라도 4시간마다 장갑을 교체해 준다.
③ 일회용장갑을 착용 전 올바른 손씻기 방법에 준한 손 세정을 해준다.
④ 일회용장갑을 교체하지 않고 작업하다가 파손이 되더라도 그냥 사용한다.

[해설] 일회용장갑은 교체하지 않고 작업하다가 파손이 되면, 교차오염을 일으킬 수 있으므로 교체를 해 준다.

02 식품에 존재하는 유기물질을 고온으로 가열할 때 단백질이나 지방이 분해되어 생기는 유해 물질은?

① 에틸카바메이트(ethylcarbamate)
② 다환방향족탄화수소(polycyclic aromatic hydrocarbon)
③ 엔-니트로소아민(N-nitrosoamine)
④ 메탄올(methanol)

[해설] 다환방향족탄화수소는 고기를 불 위에서 굽거나, 훈연을 하거나 또는 유기물(모든 식품들)이 열분해 되는 환경에 고기를 노출시킬 때 발생되어 오염되거나 식품자체가 부분적으로 열분해 될 때 직접 생성되기도 한다.

03 다음 중 대장균의 최적 증식 온도 범위는?

① 0~5℃
② 5~10℃
③ 30~40℃
④ 55~75℃

[해설] 대장균의 최적 증식 온도 범위: 30~37℃

04 60℃에서 30분간 가열하면 식품 안전에 위해가 되지 않는 세균은?

① 살모넬라균
② 클로스트리디움 보틀리늄균
③ 황색포도상구균
④ 장구균

[해설] 살모넬라 식중독: 살모넬라균은 주로 동물에 분포되어 있으며 그람음성이며 통성 혐기성 균이다. 주 감염원은 고기류, 동물들의 알 그리고 복합 조리식품이다. 고기를 덜 익혀 먹거나 살모넬라균에 감염된 동물들의 알로 빵이나 제과류를 만들 때, 복합 조리식품이 공기 중에 오래 있을 때 이 식중독이 발병하는 원인이 된다. 살모넬라균의 예방 방법은 60℃에서 30분간 가열하여 섭취하는 것이다.

05 식품의 위생과 관련된 곰팡이의 특징이 아닌 것은?

① 건조식품을 잘 변질시킨다.
② 대부분 생육에 산소를 요구하는 절대 호기성 미생물이다.
③ 곰팡이독을 생성하는 것도 있다.
④ 일반적으로 생육 속도가 세균에 비하여 빠르다.

[해설] 곰팡이의 생육속도는 세균이나 효모에 비해 떨어진다.

06 육류의 발색제로 사용되는 아질산염이 산성 조건에서 식품 성분과 반응하여 생성되는 발암성 물질은?

① 지질 과산화물(aldehyde)
② 벤조피렌(benzopyrene)
③ 니트로사민(nitrosamine)
④ 포름알데히드(formaldehyde)

[해설] 아질산염(아질산나트륨)은 단백질의 분해산물인 아민류와 반응하여 발암성 물질인 니트로사민을 형성한다.

07 식품과 자연독의 연결이 맞는 것은?

① 독버섯-솔라닌(solanine)
② 감자-무스카린(muscarine)
③ 살구씨-파세오루나틴(phaseolunatin)
④ 목화씨-고시폴(gossypol)

[해설] ① 독버섯: 무스카린, 무스카리딘
② 감자: 솔라닌
③ 살구씨: 아미그달린

08 식품위생법상 식품위생 수준의 향상을 위하여 필요한 경우 조리사에게 교육을 받을 것을 명할 수 있는 자는?

① 관할시장
② 보건복지부장관
③ 식품의약품안전처장
④ 관할 경찰서장

[해설] 식품위생법상 식품위생 수준의 향상을 위하여 필요한 경우 조리사에게 교육을 받을 것을 명할 수 있는 자는 식품의약품안전처장이다.

09 식품위생법의 정의에 따른 "기구"에 해당하지 않는 것은?

① 식품 섭취에 사용되는 기구
② 식품 또는 식품첨가물에 직접 닿는 기구
③ 농산품 채취에 사용되는 기구
④ 식품 운반에 사용되는 기구

[해설] 기구: 음식을 먹을 때 사용하거나 담는 것, 식품 또는 식품첨가물을 채취, 제조, 가공, 조리, 저장, 소분, 운반, 진열할 때 사용, 식품 또는 식품첨가물에 직접 닿는 기계, 기구 그 밖의 물건, 농업, 수산업에서 식품을 채취하는 데 쓰는 기계, 기구 그 밖의 물건 제외

10 즉석판매제조·가공업소 내에서 소비자에게 원하는 만큼 덜어서 직접 최종 소비자에게 판매하는 대상 식품이 아닌 것은?

① 된장
② 식빵
③ 우동
④ 어육제품

[해설] 식품제조·가공업 영업자가 제조·가공한 식품 또는 식품등수입판매업 영업자가 수입·판매한 식품으로 즉석판매제조·가공업소 내에서 소비자가 원하는 만큼 덜어서 직접 최종 소비자에게 판매하는 식품. 다만, 다음 각 목의 어느 하나에 해당하는 식품은 제외한다.
• 통·병조림 제품 • 레토르트식품 • 냉동식품 • 어육제품
• 특수용도식품(체중조절용 조제식품은 제외한다) • 식초 • 전분

11 식품위생법상 조리사가 식중독이나 그 밖에 위생과 관련한 중대한 사고 발생의 직무상 책임에 대한 1차 위반 시 행정처분기준은?

① 시정명령
② 업무정지 1개월
③ 업무정지 2개월
④ 면허취소

[해설] 식품위생법상 조리사가 식중독이나 그 밖에 위생과 관련한 중대한 사고 발생의 직무상 책임에 대한 1차 위반 시 행정처분기준은 업무정지 1개월이다.

12 식품위생법상 식품접객업 영업을 하려는 자는 몇 시간의 식품위생교육을 미리 받아야 하는가?

① 2시간
② 4시간
③ 6시간
④ 8시간

[해설] 식품위생법상 식품접객업 영업을 하려는 자는 6시간의 식품위생교육을 미리 받아야 한다.

13 사용이 허가된 산미료는?

① 구연산　　　　　　　　② 계피산
③ 말톨　　　　　　　　　④ 초산에틸

[해설] 산미료: 식품의 조리, 가공 시 신맛을 내기 위해 사용하는 것으로 대표적인 산미료는 구연산, 구연산칼륨, 글루콘산, 초산나트륨, 젖산나트륨, 호박산 등이 있다.

14 식품첨가물 중 보존료의 목적을 가장 잘 표현한 것은?

① 산도 조절
② 미생물에 의한 부패 방지
③ 산화에 의한 변패 방지
④ 가공과정에서 파괴되는 영양소 보충

[해설] 보존료(방부제): 미생물의 발육을 억제하는 정균작용과 미생물을 살균시키는 살균작용, 식품 또는 세균이 생산하는 효소작용을 억제한다.

15 알레르기성 식중독을 유발하는 세균은?

① 병원성 대장균(E. coli 0157 : H7)
② 모르가넬라 모르가니(Morganella morganii)
③ 엔테로박터 사카자키(Enterobacter sakazakii)
④ 비브리오 콜레라(Vibrio cholerae)

[해설] 알레르기성 식중독 원인: 어육에 있는 히스티딘에 모르가나균 등의 균들이 침투해 생성되는 히스타민에 의해 일어난다. 적색의 어육류나 그 가공품에 히스타민이 쌓이면서 일어나는 식중독이다.

16 하수오염 조사 방법과 관련이 없는 것은?

① THM의 측정　　　　　② COD의 측정
③ DO의 측정　　　　　　④ BOD의 측정

[해설] 하수시험

- 생물학적 산소요구량(BOD): 오염된 물의 수질을 표시하는 한 지표로 BOD가 높다는 것은 유기물질이 많고 오염도가 크다는 것이다.
- 용존산소(DO): 물 또는 용액 속에 녹아 있는 분자상태의 산소량을 말하며 mg/ℓ로 표시한 것이다. DO가 5mg/ℓ 이하가 되면 어패류가 살 수 없는 상태를 나타내는 것이다.
- 화학적 산소요구량(COD): 일정한 용적의 수중에 있는 물질을 산화하는 데 요구되는 산소량으로 자연수 중의 피산화물질은 주로 유기물이기 때문에, 생화학적 산소요구량(BOD)과 같이 물의 유기물오염시간의 지표가 된다.

17 다음 중 가장 강한 살균력을 갖는 것은?

① 적외선　　　　　　　② 자외선
③ 가시광선　　　　　　④ 근적외선

[해설] 자외선: 스팩트럼의 자색광선밖에 있는 광선이며 파장 100~400nm의 것으로 가장 강한 살균력을 갖고 있다.

18 호흡기계 감염병이 아닌 것은?

① 폴리오　　　　　　　② 홍역
③ 백일해　　　　　　　④ 디프테리아

[해설] 폴리오 바이러스는 향신경성 바이러스다.

19 채소로부터 감염되는 기생충으로 짝지어진 것은?

① 편충, 동양모양선충　　② 폐흡충, 회충
③ 구충, 선모충　　　　　④ 회충, 무구조충

[해설] 채소류를 통하여 감염되는 기생충에는 회충, 십이지장충, 아메리카 구충, 요충, 편충, 동양모양선충 등이 있다.

20 인수공통감염병에 속하지 않는 것은?

① 광견병
② 탄저
③ 고병원성조류인플루엔자
④ 백일해

[해설] 인수공통감염병: 장출혈성대장균감염증, 일본뇌염, 브루셀라증, 탄저, 공수병(광견병), 고병원성조류인플루엔자 인체감염증, 중증급성호흡기증후군, 야콥병, 큐열, 결핵 등이 있다.

21 아메바에 의해서 발생되는 질병은?

① 장티푸스　　　　　　② 콜레라
③ 유행성 간염　　　　　④ 이질

[해설] 이질: 대장에서 발병하는 급성 또는 만성 질병으로 전형적인 증세로는 액체와 같은 소량의 설사에 피와 점액이 섞여 나오며 심한 복통이 따른다. 발병 원인에 따라 아메바성 이질과 세균성 이질로 나뉜다.

22 카제인(casein)은 어떤 단백질에 속하는가?

① 당단백질　　　　　　　② 지단백질
③ 도단백질　　　　　　　④ 인단백질

[해설] 카제인: 우유의 단백질로 치즈의 원료로 대표적인 인단백질 중 하나이다.

23 전분 식품의 노화를 억제하는 방법으로 적합하지 않은 것은?

① 설탕을 첨가한다.
② 식품을 냉장 보관한다.
③ 식품의 수분함량을 15% 이하로 한다.
④ 유화제를 사용한다.

[해설] 전분의 노화촉진에 관계하는 요인
- 온도: 0~4℃일 때(냉장고에서 전분의 노화가 빨라진다.)
- 수분함량: 30~70%일 때
- pH: 수소이온이 많고, 산도가 높을 때
- 전분 분자의 종류: 아밀로스의 함량이 많을 때
- 멥쌀, 보리: 아밀로스 20~30%와 아밀로펙틴 70~80%일 때
- 찹쌀과 찰옥수수: 100% 아밀로펙틴 구성일 때

24 완두콩 통조림을 가열하여도 녹색이 유지되는 것은 어떤 색소 때문인가?

① chlorophyll(클로로필)
② Cu-chlorophyll(구리-클로로필)
③ Fe-chlorophyll(철-클로로필)
④ chlorophylline(클로로필린)

[해설] 완두콩으로 통조림을 할 경우 가열에 의한 변색을 막기 위해 0.05%의 황산구리로 처리하는데, 클로로필이 안정적인 구리-클로로필이 되므로 녹색을 보존할 수 있다.

25 신맛 성분과 주요 소재 식품의 연결이 틀린 것은?

① 구연산(citric acid)-감귤류
② 젖산(lactic acid)-김치류
③ 호박산(succinic acid)-늙은 호박
④ 주석산(tartaric acid)-포도

[해설] 호박산은 조개류에 특히 많은 성분으로 소라에 들어 있으며 소라의 독특한 감칠맛을 내는 성분이다.

26 미생물의 생육에 필요한 수분활성도의 크기로 옳은 것은?

① 세균＞효모＞곰팡이
② 곰팡이＞세균＞효모
③ 효모＞곰팡이＞세균
④ 세균＞곰팡이＞효모

[해설] 수분활성도
- 식품의 수분활성도는 그 식품이 나타내는 수증기압(P)에 대한 같은 온도에서 순수한 물의 수증기압(P^o)의 비율이다.
- 세균: 0.90이상, 효모: 0.88이상, 곰팡이: 0.80이상

27 달걀 100g 중에 당질 5g, 단백질 8g, 지질 4.4g이 함유되어 있다면 달걀 5개의 열량은 얼마인가? (단, 달걀 1개의 무게는 50g이다.)

① 91.6kcal
② 229kcal
③ 274kcal
④ 458kcal

[해설] 당질은 1g당 4Kcal의 열량을 내고, 단백질은 1g당 4Kcal의 열량을 내며, 지질은 1g당 9Kcal의 열량을 낸다.
따라서 달걀 5개의 열량은 = $\frac{250}{100} \times (5 \times 4Kcal + 8 \times 4Kcal + 4.4 \times 9Kcal)$ = 229kcal

28 다음 중 단백가가 가장 높은 것은?

① 쇠고기
② 달걀
③ 대두
④ 버터

[해설] 각종 제품의 단백가 비교(보통 70 이상이면 양질의 단백질이라 함)
- 달걀(100)＞돼지고기(85)＞오징어(83)＞소고기(80)＞우유, 생선(70)＞콩(50)＞옥수수(40)＞쌀, 밀(30)

29 산성 식품에 해당하는 것은?

① 곡류
② 사과
③ 감자
④ 시금치

[해설] 산성식품: 음식을 섭취한 후 체내에서 연소될 때 산을 형성하는 물질이 많이 생기는 식품으로 육류, 육가공품 어류 달걀노른자 곡류, 백미, 국수, 빵 굴 치즈, 버터 탄산음료류 햄버거, 피자 등 인스턴트식품 커피, 초콜릿 등이 있다.

30 아미노산, 단백질 등이 당류와 반응하여 갈색 물질을 생성하는 반응은?

① 폴리페놀 옥시다아제 (polyphenol oxidase)
② 마이야르(Maillard) 반응
③ 캐러멜화(caramelization) 반응
④ 티로시나아제 (tyrosinase) 반응

[해설] 메일라드(마이야르) 반응: 아미노산, 펩티드, 단백질, 아민 등 아미노화합물과 환원당, 알데히드, 케톤, 아스코르브산 등 카르보닐 화합물과의 반응에 의한 것이다.

31 제조 과정 중 단백질 변성에 의한 응고 작용이 일어나지 않는 것은?

① 치즈 가공
② 두부 제조
③ 달걀 삶기
④ 딸기잼 제조

[해설] 잼은 펙틴의 응고성을 이용하는 것이다.

32 난황에 주로 함유되어 있는 색소는?

① 클로로필
② 안토시아닌
③ 카로티노이드
④ 플라보노이드

[해설] 난황의 색소는 카로티노이드계로, 크산토필의 비텔린뿐만 아니라 카로틴도 포함되어 있기 때문에 비타민A 효력이 크다.

33 식품구매 시 폐기율을 고려한 총발주량을 구하는 식은?

① 총발주량=(100-폐기율)×100×인원수
② 총발주량=[(정미중량-폐기율)/(100-가식률)]×100
③ 총발주량=(1인당 사용량-폐기율)×인원수
④ 총발주량=[정미중량/(100-폐기율)]×100×인원수

[해설] 총발주량=[정미중량×100/(100-폐기율)]×인원수

34 식품을 고를 때 채소류의 감별법으로 틀린 것은?

① 오이는 굵기가 고르며 만졌을 때 가시가 있고 무거운 느낌이 나는 것이 좋다.
② 당근은 일정한 굵기로 통통하고 마디나 뿔이 없는 것이 좋다.
③ 양배추는 가볍고 잎이 얇으며 신선하고 광택이 있는 것이 좋다.
④ 우엉은 껍질이 매끈하고 수염뿌리가 없는 것으로 굵기가 일정한 것이 좋다.

[해설] 유기재배한 양배추의 특징
- 잎이 두껍고 색이 연함
- 섬유질이 많고 무거우며 당도가 높음
- 육질이 질기다.

35 조리장의 설비에 대한 설명 중 부적합한 것은?

① 조리장의 내벽은 바닥으로부터 5cm까지 수성 자재로 한다.
② 충분한 내구력이 있는 구조여야 한다.
③ 조리장에는 식품 및 식기류의 세척을 위한 위생적인 세척 시설을 갖춘다.
④ 조리원 전용의 위생적 수세 시설을 갖춘다.

[해설] 조리장의 내벽은 바닥으로부터 1m까지 내벽은 타일 내수성 자재를 사용한다.

36 다음 원가의 구성에 해당하는 것은?

직접원가 + 제조간접비

① 판매가격 ② 간접원가
③ 제조원가 ④ 총원가

[해설] 원가의 분류

			매출이익	
		판매비와 일선관리비	총원가 매출제품 원가	매출액
	제조 간접비	제조원가 공장원가		
직접 재료비 직접 노무비 직접 경비	직접 원가			

37 쇠고기 40g을 두부로 대체하고자 할 때 필요한 두부의 양은 약 얼마인가? (단, 100g당 쇠고기 단백질 함량은 20.1g, 두부 단백질 함량은 8.6g으로 계산한다.)

① 70g ② 74g
③ 90g ④ 94g

[해설] 쇠고기 40g의 단백질 함량은
$100:20.1=40:x$ 에서 $x=8.04$
따라서 쇠고기 100g당 단백질 함량이 20.1g이라면, 쇠고기 40g당 단백질 함량이 8.04g 이므로 두부의 단백질 함량이 8.04g인 경우를 구하면 된다.
따라서 $100:8.6=x:8.04$ 에서 $x≒93.49$
따라서 대체하고자 필요한 두부의 양은 약 94g이다.

38 다음 중 겔(gel)상태 식품이 아닌 것은?

① 양갱   ② 치즈
③ 두부   ④ 마요네즈

[해설] • 졸(sol): 액체 중에 콜로이드입자가 분산하고 유동성을 가지고 있는 액체로, 우유, 수프, 전분용액, 된장국물, 마요네즈 등이 있다.
• 겔(gel): 콜로이드 용액이 일정한 농도 이상으로 진해져서 튼튼한 그물조직이 형성되어 굳어진 것으로 젤리, 한천, 묵, 두부, 양갱, 치즈 등이 있다.

39 유지를 가열할 때 생기는 변화에 대한 설명으로 틀린 것은?

① 유리지방산의 함량이 높아지므로 발연점이 낮아진다.
② 연기 성분으로 알데히드(aldehyde), 케톤(ketone) 등이 생성된다.
③ 요오드값이 높아진다.
④ 중합반응에 의해 점도가 증가된다.

[해설] 유지를 가열하면 요오드값은 낮아진다.

40 식단을 작성할 때 구비해야 하는 자료로 가장 거리가 먼 것은?

① 계절 식품표   ② 비, 기기 위생점검표
③ 대치 식품표   ④ 식품영양구성표

[해설] 식단을 작성할 때 구비해야 하는 자료: 계절 식품표, 대치 식품표, 식품영양구성표

41 다음 중 안전사고 발생 시 대처요령으로 잘못된 것은?

① 작업을 멈추고 관리자에게 즉각 보고한다.
② 다른 조리원과 접촉을 피한 후 조리장소로부터 격리시킨다.
③ 경미한 상처에는 아무 조치 없이 그냥 작업에 임한다.
④ 치료되지 않은 상처는 박테리아균의 원인이 되므로 반창고로 상처부위를 감싸준다.

[해설] 경미한 상처는 과산화수소로 소독하고 항생제 성분이 있는 연고 등을 발라준다.

42 [보기]에서 소화기의 사용방법을 옳게 설명한 것을 모두 나열한 것은?

[보기]
- ㉠ 소화기의 안전핀을 뽑는다.
- ㉡ 양 손으로 소화기의 호스를 잡는다.
- ㉢ 양옆으로 빗자루로 쓸 듯이 골고루 사용할 것
- ㉣ 호스를 불의 반대방향으로 향하게 한다.

① ㉠, ㉡
② ㉠, ㉢
③ ㉠, ㉣
④ ㉠, ㉢, ㉣

[해설] 소화기 사용법
- 소화기의 안전핀을 뽑는다.
- 한 손은 손잡이를, 다른 한 손은 호스를 잡는다.
- 호스를 불쪽으로 향하게 한다.
- 상하 손잡이를 누르고 빗자루로 쓸 듯이 뿌린다.

43 다음 중 일반적으로 폐기율이 가장 높은 식품은?

① 살코기
② 달걀
③ 생선
④ 곡류

[해설] 식품의 폐기율(버려지는무게/식품전체무게×100)
- 식품에서 다듬을 때 버려지거나 먹지 못하는 부분의 비율을 폐기율이라고 한다.
- 어패류는 다른 식품에 비해 폐기율이 높고, 과일이나 채소류는 신선하지 않을 경우 폐기율이 높아진다.

44 과실 저장고의 온도, 습도, 기체 조성 등을 조절하여 장기간 동안 과실을 저장하는 방법은?

① 산 저장
② 자외선 저장
③ 무균포장 저장
④ CA 저장

[해설] 공기조절법: 과일·채소의 호흡을 억제하고 저장 수명을 연장하기 위하여 저장 공간의 가스 조성·온도·습도를 조정하는 방법으로서 CA(controlled atmosphere)저장이라고도 한다.

45 근채류 중 생식하는 것보다 기름에 볶는 조리법을 적용하는 것이 좋은 식품은?

① 무
② 고구마
③ 토란
④ 당근

[해설] 당근이 갖고 있는 비타민A는 기름에 볶으면 영양성분이 활성화된다.

46 가정에서 많이 사용되는 다목적 밀가루는?

① 강력분　　　　　　　　② 중력분
③ 박력분　　　　　　　　④ 초강력분

[해설] • 중력분: 가정에서 주로 쓰는 다목적용 밀가루로 수제비, 칼국수 등을 만드는데 쓰인다.
　　　• 강력분: 글루텐 함량이 13% 이상으로 주로 빵을 만드는 데 쓰인다.
　　　• 박력분: 박력분은 글루텐의 함량이 10% 이하로 과자, 비스킷 제조에 알맞다.

47 튀김옷의 재료에 관한 설명으로 틀린 것은?

① 중조를 넣으면 탄산가스가 발생하면서 수분도 증발되어 바삭하게 된다.
② 달걀을 넣으면 달걀 단백질의 응고로 수분 흡수가 방해되어 바삭하게 된다.
③ 글루텐 함량이 높은 밀가루가 오랫동안 바삭한 상태를 유지한다.
④ 얼음물에 반죽을 하면 점도를 낮게 유지하여 바삭하게 된다.

[해설] 튀김옷에 사용하는 밀가루는 점성과 글루텐 함량이 적은 박력분을 사용해야 오랫동안 바삭한 상태를 유지한다.

48 달걀의 기능을 이용한 음식의 연결이 잘못된 것은?

① 응고성-달걀찜　　　　② 팽창제-시폰케이크
③ 간섭제-맑은 장국　　　④ 유화성-마요네즈

[해설] 간섭제-셔벗, 캔디

49 냉장고 사용방법으로 틀린 것은?

① 뜨거운 음식은 식혀서 냉장고에 보관한다.
② 문을 여닫는 횟수를 가능한 한 줄인다.
③ 온도가 낮으므로 식품을 장기간 보관해도 안전하다.
④ 식품의 수분이 건조되므로 밀봉하여 보관한다.

[해설] 식약처에서 추천하는 올바른 냉장고 사용법
• 식품표시사항(보관방법)을 확인한 후 보관한다.
• 냉장이나 냉동이 필요한 식품은 들고 온 후 바로 냉장고나 냉동고에 넣는다.
• 냉장고 보관 전 이물질, 흙을 제거하고 랩이나 용기에 밀봉해 보관한다.
• 장기간 보관하는 것과 온도변화에 민감한 식품은 냉동고 안쪽에 깊숙이 넣는다.
　(위치별 온도: 냉장문 쪽 > 냉장 채소칸 > 냉장 안쪽 > 냉동문 쪽 > 냉동 안쪽)
• 냉장고를 꽉 채우지 말 것.(70% 이하로 넣을 것)
• 뜨거운 것은 재빨리 식힌 후에 보관한다.
• 냉장고 문을 너무 자주 여닫지 않는다.
• 냉동 보관하더라도 보존 기간은 1~3주로 지켜준다.
• 수시로 냉장고 문의 손잡이를 닦는 등 항상 청결하게 사용한다.

50 문제의 보기에서 설명하는 칼로 재료를 써는 방법은?

[보기]
- 주로 단면이 둥근 채소를 통째로 썰 때 쓰는 방법이다.
- 식자재를 평행하게 놓고 위에서부터 눌러 썰어준다.
- 찌개에는 2mm 정도의 두께로, 조림에는 1mm 정도의 두께로 썰어준다.

① 어슷 썰기
② 깍둑 썰기
③ 막대 썰기
④ 원형 썰기

[해설] 문제의 보기에서 설명하는 칼로 재료를 써는 방법은 원형 썰기이다.

51 고추장에 대한 설명으로 틀린 것은?

① 고추장은 곡류, 메주가루, 소금, 고춧가루, 물을 원료로 제조한다.
② 고추장의 구수한 맛은 단백질이 분해하여 생긴 맛이다.
③ 고추장은 된장보다 단맛이 더 약하다.
④ 고추장의 전분 원료로 찹쌀가루, 보릿가루, 밀가루를 사용한다.

[해설] 고추장은 된장보다 단맛이 더 강하다.

52 탈수가 일어나지 않으면서 간이 맞도록 생선을 구우려면 일반적으로 생선 중량 대비 소금의 양은 얼마가 가장 적당한가?

① 0.1%
② 2%
③ 16%
④ 20%

[해설] 탈수가 일어나지 않으면서 간이 맞도록 생선을 구우려면 일반적으로 생선 중량 대비 소금의 양은 2%가 가장 적당하다.

53 약과를 반죽할 때 필요 이상으로 기름과 설탕을 넣으면 어떤 현상이 일어나는가?

① 매끈하고 모양이 좋아진다.
② 튀길 때 둥글게 부푼다.
③ 튀길 때 모양이 풀어진다.
④ 켜가 좋게 생긴다.

[해설] 약과를 반죽할 때 필요 이상으로 기름과 설탕을 넣으면 약과가 풀어져서 모양이 이상하게 된다.

54 단체급식에서 식품의 재고관리에 대한 설명으로 틀린 것은?

① 각 식품에 적당한 재고기간을 파악하여 이용하도록 한다.
② 식품의 특성이나 사용 빈도 등을 고려하여 저장 장소를 정한다.
③ 비상시를 대비하여 가능한 한 많은 재고량을 확보할 필요가 있다.
④ 먼저 구입한 것은 먼저 소비한다.

[해설] 단체급식에서 식품의 재고관리는 물품의 수요가 발생했을 때 신속하고 경제적으로 적응할 수 있도록 재고를 최적의 상태로 관리해야 한다.

55 학교 급식의 교육 목적으로 옳지 않은 것은?

① 편식 교육
② 올바른 식생활 교육
③ 빈곤 아동들의 급식 교육
④ 영양에 대한 올바른 교육

[해설] 학교급식의 목적: 성장기 학생들에게 필요한 영양을 균형있게 공급하여 심신의 건전한 발달을 도모하고, 편식교정 등 올바른 식습관을 형성하는 데 있다. 또 협동심과 질서의식, 봉사정신 등 공동체의식 함양에 기여하므로 건강하고 건전한 민주시민을 육성하고 나아가 국민 식생활 개선과 국가 식량정책에 기여하는 데 있다.

56 고기를 연하게 하기 위해 사용하는 과일에 들어 있는 단백질 분해효소가 아닌 것은?

① 피신(ficin)
② 브로멜린(bromelin)
③ 파파인(papain)
④ 아밀라아제(amylase)

[해설] 육류의 연화작용에 관여하는 것: 연화제나 파인애플(브로멜린 함유), 파파야(파파인 함유), 무화과(피신 함유), 키위 등이 있다.

57 곡식을 오래 끓여 알갱이가 흠씬 무르게 만든 음식을 무엇이라 하는가?

① 국
② 죽
③ 밥
④ 떡

[해설] 곡식을 오래 끓여 알갱이가 흠씬 무르게 만든 음식은 죽이다.

58 쇠고기와 도라지·표고·달걀 등을 익혀서 꼬치에 꿴 누름적은?

① 어산적 ② 떡산적
③ 섭산적 ④ 화양적

[해설] ① 어산적: 흰살생선과 양념한 쇠고기를 꼬치에 꿰어 구운 적이다.
② 떡산적: 꼬챙이에 떡, 파, 쇠고기를 꿴 다음 기름을 두른 팬에 지진 음식이다.
③ 섭산적: 고기를 다져 양념하여 구운 적이다.

59 민어나 광어, 도미 같은 살이 부드럽고 담백하여 비리지 않은 흰 살 생선을 포를 떠서 녹말가루를 묻혀 끓는 물에 잠깐 데친 숙회는?

① 무생채 ② 어채
③ 더덕생채 ④ 오이생채

[해설] 어채
- 민어나 광어, 도미 같은 살이 부드럽고 담백하여 비리지 않은 흰 살 생선을 포를 떠서 녹말가루를 묻혀 끓는 물에 잠깐 데친 숙회이다.
- 차게 먹는 음식이므로 생선은 비린내가 나지 않는 것을 골라야 한다.

60 가래떡을 적당한 크기로 잘라 여러 가지 채소를 넣고 양념을 하여 볶은 음식은?

① 제육볶음 ② 오징어볶음
③ 낙지볶음 ④ 떡볶이

[해설] ① 제육볶음: 돼지고기를 고추장 양념에 재워 볶은 요리이다.
② 오징어볶음: 손질한 오징어에 갖은 채소와 고추장 양념을 넣어 매콤하게 볶은 요리다.
③ 낙지볶음: 손질한 낙지를 고춧가루와 고추장, 갖은 양념을 넣고 버무려 매콤하게 볶은 음식이다.

정답

1.④	2.②	3.③	4.①	5.④	6.③	7.④	8.③	9.③	10.④
11.②	12.③	13.①	14.②	15.②	16.①	17.②	18.①	19.①	20.④
21.④	22.④	23.②	24.②	25.③	26.①	27.②	28.②	29.①	30.②
31.④	32.③	33.④	34.③	35.①	36.③	37.④	38.④	39.③	40.②
41.③	42.②	43.③	44.④	45.④	46.②	47.③	48.③	49.③	50.④
51.③	52.②	53.③	54.③	55.③	56.④	57.②	58.④	59.②	60.④

3회 CBT 예상문제

01 다음 중 조리 중 행동 수직에서 잘못된 것은?

① 싱크대에서는 손을 씻어도 된다.
② 맛을 볼 때엔 용기에 덜어서 맛을 본다.
③ 행주로 땀을 닦지 않는다.
④ 조리장 바닥에 침을 뱉지 않는다.

[해설] 싱크대에서 손을 씻지 않는다.

02 황색 포도상구균의 특징이 아닌 것은?

① 균체가 열에 강함
② 독소형 식중독 유발
③ 화농성 질환의 원인균
④ 엔테로톡신(enterotoxin) 생성

[해설] 황색포도상구균은 비교적 열에 약한 세균이다.

03 섭조개에서 문제를 일으킬 수 있는 독소 성분은?

① 테트로도톡신(tetrodotoxin)
② 셉신(sepsine)
③ 베네루핀(venerupin)
④ 삭시톡신(saxitoxin)

[해설] ① 테트로도톡신-복어
② 셉신-솔라닌이 든 감자가 썩기 시작할 때 생기는 독성물질
③ 베네루핀-조개류(이매패)

04 어패류의 선도 평가에 이용되는 지표성분은?

① 헤모글로빈   ② 트리메틸아민
③ 메탄올   ④ 이산화탄소

[해설] 트리메틸아민은 신선한 어패육에도 소량 함유되지만 선도 저하에 따라 증가하므로 어패류의 트리메틸아민 함량은 선도의 지표가 된다.

05 식품에서 자연적으로 발생하는 유독물질을 통해 식중독을 일으킬 수 있는 식품과 가장 거리가 먼 것은?

① 피마자   ② 표고버섯
③ 미숙한 매실   ④ 모시조개

[해설] ① 피마자-리신
③ 미숙한 매실-아미그달린
④ 모시조개-베네루핀

06 과거 일본 미나마타병의 집단발병 원인이 되는 중금속은?

① 카드뮴   ② 납
③ 수은   ④ 비소

[해설] 수은이 인체에 미치는 영향: 치아의 이완, 치은염, 천공성 궤양, 미나마타병, 신경손상 등이 있다.

07 소독의 지표가 되는 소독제는?

① 석탄산   ② 크레졸
③ 과산화수소   ④ 포르말린

[해설] 석탄산은 옛부터 소독약으로써 사용되고, 다른 소독약의 효력을 비교할 때의 표준으로 되어 있다.

08 파라티온(parathion), 말라티온(malathion)과 같이 독성이 강하지만 빨리 분해되어 만성중독을 일으키지 않는 농약은?

① 유기인제 농약   ② 유기염소제 농약
③ 유기불소제 농약   ④ 유기수은제 농약

[해설] 유기인제 농약은 유기염소제 농약과는 달리 심각한 환경오염을 일으키지 않는다.

09 식품의 변화현상에 대한 설명 중 틀린 것은?

① 산패: 유지식품의 지방질 산화
② 발효: 화학물질에 의한 유기화합물의 분해
③ 변질: 식품의 품질 저하
④ 부패: 단백질과 유기물이 부패 미생물에 의해 분해

[해설] 발효: 미생물이 자신이 가지고 있는 효소를 이용해 유기물을 분해시키는 과정

10 소시지 등 가공육 제품의 육색을 고정하기 위해 사용하는 식품첨가물은?

① 발색제
② 착색제
③ 강화제
④ 보존제

[해설] ② 착색제: 제조 과정에서의 변색을 보충하고, 식욕을 돋우기 위하여 식품에 첨가하는 식용 색소
③ 강화제: 식품의 영양을 강화시킬 목적으로 사용
④ 보존제: 세균류의 성장을 억제하여 식품의 부패나 변질을 방지하기 위한 물질

11 식품첨가물의 주요용도 연결이 옳은 것은?

① 삼이산화철 – 표백제
② 이산화티타늄 – 발색제
③ 명반 – 보존료
④ 호박산 – 산도 조절제

[해설] ① 삼이산화철-착색료
② 이산화티타늄-착색료
③ 명반-팽창제

12 식품위생법상 식중독 환자를 진단한 의사는 누구에게 이 사실을 제일 먼저 보고하여야 하는가?

① 보건복지부장관
② 경찰서장
③ 보건소장
④ 관할 시장·군수·구청장

[해설] 식품위생법상 식중독 환자를 진단한 의사는 관할 시장·군수·구청장에게 이 사실을 제일 먼저 보고하여야 한다.

13 조리사 면허 취소에 해당하지 않는 것은?

① 식중독이나 그 밖에 위생과 관련한 중대한 사고 발생에 직무상의 책임이 있는 경우
② 면허를 타인에게 대여하여 사용하게 한 경우
③ 조리사가 마약이나 그 밖의 약물에 중독이 된 경우
④ 조리사 면허의 취소처분을 받고 그 취소된 날부터 2년이 지나지 아니한 경우

[해설] 조리사 면허의 취소처분을 받고 그 취소된 날부터 1년이 지나지 아니한 경우

14 식품위생법상 식품 등의 위생적인 취급에 관한 기준이 아닌 것은?

① 식품 등을 취급하는 원료보관실·제조가공실·조리실·포장실 등의 내부는 항상 청결하게 관리하여야 한다.
② 식품 등의 원료 및 제품 중 부패·변질되기 쉬운 것은 냉동·냉장시설에 보관·관리하여야 한다.
③ 유통기한이 경과된 식품 등을 판매하거나 판매의 목적으로 전시하여 진열·보관하여서는 아니 된다.
④ 모든 식품 및 원료는 냉장·냉동시설에 보관·관리하여야 한다.

[해설] 식품원료 중 부패·변질되기 쉬운 것은 냉동·냉장시설에 보관·관리하여야 한다.

15 식품위생법상 허위표시, 과대광고, 비방광고 및 과대포장의 범위에 해당하지 않는 것은?

① 허가·신고 또는 보고한 사항이나 수입신고한 사항과 다른 내용의 표시·광고
② 제조방법에 관하여 연구하거나 발견한 사실로서 식품학·영양학 등의 분야에서 공인된 사항의 표시
③ 제품의 원재료 또는 성분과 다른 내용의 표시·광고
④ 제조연월일 또는 유통기한을 표시함에 있어서 사실과 다른 내용의 표시·광고

[해설] 제조방법에 관하여 연구하거나 발견한 사실에 대한식품학·영양학 등의 문헌을 인용하여 문헌의 내용을 정확히 표시하고, 연구자의 성명, 문헌명, 발표 연월일을 명시한 표시·광고는 식품위생법상 허위표시, 과대광고, 비방광고 및 과대포장의 범위에서 제외한다.

16 농수산물 및 농수산물 가공품의 원산지 표시 등에서 대통령령으로 정하는 농수산물 또는 그 가공품을 수입하는 자, 생산·가공하여 출하하거나 판매(통신판매를 포함한다. 이하 같다)하는 자 또는 판매할 목적으로 보관·진열하는 자가 원산지를 표시하여야 하는 것이 아닌 것은 어느 것인가?

① 농수산물 가공품(국내에서 가공한 가공품은 제외한다)
② 농수산물
③ 농산물
④ 농수산물 가공품(국내에서 가공한 가공품에 한정한다)의 원료

[해설] 대통령령으로 정하는 농수산물 또는 그 가공품을 수입하는 자, 생산·가공하여 출하하거나 판매(통신판매를 포함한다. 이하 같다)하는 자 또는 판매할 목적으로 보관·진열하는 자는 다음 각 호에 대하여 원산지를 표시하여야 한다.
1. 농수산물
2. 농수산물 가공품(국내에서 가공한 가공품은 제외한다)
3. 농수산물 가공품(국내에서 가공한 가공품에 한정한다)의 원료

17 식품위생법상 "식품을 제조 · 가공 또는 보존하는 과정에서 식품에 넣거나 섞는 물질 또는 식품을 적시는 등에 사용하는 물질"로 정의된 것은?

① 식품첨가물　　　　　　　② 화학적 합성품
③ 항생제　　　　　　　　　④ 의약품

[해설] ② 화학적 합성품: 화학적 수단으로 원소 또는 화합물에 분해 반응 외 화학반응을 일으켜 얻은 물질
　　　③ 항생제: 미생물에 의하여 만들어진 물질로서 다른 미생물의 성장이나 생명을 막는 물질
　　　④ 의약품: 병을 치료하는 데 쓰는 약품

18 인분을 사용한 밭에서 특히 경피적 감염을 주의해야 하는 기생충은?

① 십이지장충　　　　　　　② 요충
③ 회충　　　　　　　　　　④ 말레이사상충

[해설] 십이지장충: 인분을 사용한 밭에 맨발로 들어갈 경우에 감염이 일어난다.

19 무구조충(민촌충) 감염의 올바른 예방대책은?

① 게나 가재의 가열 섭취
② 음료수의 소독
③ 채소류의 가열 섭취
④ 소고기의 가열 섭취

[해설] 무구조충은 소고기를 생식했을 때 감염되는 것으로, 무구조충(민촌충) 감염의 올바른 예방대책은 소고기를 충분히 익혀 먹는 것이다.

20 사람이 예방접종을 통하여 얻는 면역은?

① 선천면역　　　　　　　　② 자연수동면역
③ 자연능동면역　　　　　　④ 인공능동면역

[해설] ① 선천면역: 어떤 병원체에 대하여 태어날 때부터 가지고 있는 면역으로 병원체의 침입을 저지하거나 침입한 병원체를 파괴하여 체내 침투를 막는 1차적인 방어 작용을 말한다.
　　　② 자연수동면역: 태아가 모체로부터 태반을 통해서 항체를 받거나 생후에 모유를 통해서 항체를 받는 방법을 말한다.
　　　③ 자연능동면역: 각종 질환에 이환된 후 형성되는 면역으로서 그 면역의 지속 기간은 질환의 종류에 따라 다르다.

21 쥐에 의하여 옮겨지는 감염병은?

① 유행성이하선염　② 페스트
③ 파상풍　④ 일본뇌염

[해설] 쥐에 의하여 옮겨지는 감염병: 발진열, 페스트, 랩토스피라증, 쯔쯔가무시병 등이 있다.

22 눈 보호를 위해 가장 좋은 인공조명 방식은?

① 직접조명　② 간접조명
③ 반직접조명　④ 전반확산조명

[해설] 간접조명은 직접 조명보다 덜 밝고 실용적이지 못하지만 광선이 부드러운 느낌을 주고, 명암의 차이가 적어 시력을 보호해 준다.

23 중금속과 중독 증상의 연결이 잘못된 것은?

① 카드뮴-신장기능 장애
② 크롬-비중격천공
③ 수은-홍독성 홍분
④ 납-섬유화 현상

[해설] 섬유화 현상은 독극물로 인해 발생한다.

24 디피티(D.P.T) 기본접종과 관계없는 질병은?

① 디프테리아　② 풍진
③ 백일해　④ 파상풍

[해설] 디피티(D.P.T): 디프테리아, 백일해, 파상풍을 뜻하는 영어의 첫 글자에서 따온 말로 디프테리아, 백일해, 파상풍을 예방하기 위한 백신이다.

25 β-전분이 가열에 의해 α-전분으로 되는 현상은?

① 호화　② 호정화
③ 산화　④ 노화

[해설] β-전분이 가열에 의해 α-전분으로 되는 현상은 호화다.

26 중성지방의 구성 성분은?
   ① 탄소와 질소   ② 아미노산
   ③ 지방산과 글리세롤   ④ 포도당과 지방산
   [해설] 중성지방은 지방산과 글리세린의 합성물이다.

27 결합수의 특징이 아닌 것은?
   ① 전해질을 잘 녹여 용매로 작용한다.
   ② 자유수보다 밀도가 크다.
   ③ 식품에서 미생물의 번식과 발아에 이용되지 못한다.
   ④ 동·식물의 조직에 존재할 때 그 조직에 큰 압력을 가하여 압착해도 제거되지 않는다.
   [해설] 전해질을 잘 녹여 용매로 작용하는 것은 자유수의 특징이다.

28 요구르트 제조는 우유 단백질의 어떤 성질을 이용하는가?
   ① 응고성   ② 용해성
   ③ 팽윤   ④ 수화
   [해설] 요구르트 제조는 우유 단백질의 응고성을 이용한다.

29 알칼리성 식품에 대한 설명으로 옳은 것은?
   ① Na, K, Ca, Mg이 많이 함유되어 있는 식품
   ② S, P, Cl이 많이 함유되어 있는 식품
   ③ 당질, 지질, 단백질 등이 많이 함유되어 있는 식품
   ④ 곡류, 육류, 치즈 등의 식품
   [해설] 알칼리성 식품: 염기성식품이라고도 불리는데 식품의 무기질 중 나트륨(Na), 칼륨(K), 칼슘(Ca), 마그네슘(Mg) 등이 인(P), 황(S), 염소(Cl) 등에 비해서 많은 식품을 말한다.

30 우유의 균질화(homogenization)에 대한 설명이 아닌 것은?
   ① 지방구 크기를 0.1~2.2㎛ 정도로 균일하게 만들 수 있다.
   ② 탈지유를 첨가하여 지방의 함량을 맞춘다.
   ③ 큰 지방구의 크림층 형성을 방지한다.
   ④ 지방의 소화를 용이하게 한다.
   [해설] 우유의 균질화를 하면 우유의 색깔이 밝아지고, 산패가 일어나는 것을 방지하며, 우유를 마셨을 때 질감이 부드럽다는 장점이 있다. 또한 우유로 치즈, 요거트 등의 가공품을 만들었을 때 더 오래 지속된다.

31 레드 캐비지로 샐러드를 만들 때 식초를 조금 넣은 물에 담그면 고운 적색을 띠는 것은 어떤 색소 때문인가?

① 안토시아닌(anthocyanin)
② 클로로필(chlorophyll)
③ 안토잔틴(anthoxanthin)
④ 미오글로빈(myoglobin)

[해설] 안토시아닌은 적색, 자색, 청색을 띠는 색소로 꽃, 과일, 채소에 많이 들어있다. 안토시아닌은 산성에서는 적색, 중성에서는 자색, 알칼리에서는 청색을 띤다.

32 섬유소와 한천에 대한 설명 중 틀린 것은?

① 산을 첨가하여 가열하면 분해되지 않는다.
② 체내에서 소화되지 않는다.
③ 변비를 예방한다.
④ 모두 다당류이다.

[해설] 섬유소에 산을 첨가하면 섬유소는 질기게 되며, 한천에 산을 첨가하면 한천을 소분자 물질로 분해하여서 망상구조를 만드는 힘이 약해지므로 겔을 형성하는 능력이 떨어지게 된다.

33 과실의 젤리화 3요소와 관계없는 것은?

① 젤라틴
② 당
③ 펙틴
④ 산

[해설] 젤리화의 원리: 펙틴, 유기산, 당분이 일정한 농도와 비율로 존재 시 젤리화 된다.

34 탄수화물의 분류 중 5탄당이 아닌 것은?

① 갈락토오스(galactose)
② 자일로오스(xylose)
③ 아라비노오스(arabinose)
④ 리보오스(ribose)

[해설] 갈락토오스는 6탄당이다.

35 황함유 아미노산이 아닌 것은?

① 트레오닌(threonine)
② 시스틴(cystine)
③ 메티오닌(methionine)
④ 시스테인(cysteine)

[해설] 황함유 아미노산: 분자에 황원자를 포함하는 아미노산의 총칭이다. 단백질의 구성성분으로는 메티오닌, 시스틴, 시스테인이 있다.

36 하루 필요 열량이 2500kcal일 경우 이 중의 18%에 해당하는 열량을 단백질에서 얻으려 한다면, 필요한 단백질의 양은 얼마인가?

① 50.0g
② 112.5g
③ 121.5g
④ 171.3g

[해설] 2500kcal를 얻기 위한 영양분의 총 g수는 $\frac{18}{100} \times 2500\text{kcal} = 450\text{g}$
따라서 450g이 필요하다.
그리고 단백질 1g은 4kcal의 열량을 발생시킨다.
따라서 450g ÷ 4 = 112.5g

37 조리와 가공 중 천연색소의 변색 요인과 거리가 먼 것은?

① 산소
② 효소
③ 질소
④ 금속

[해설] 조리와 가공 중 천연색소의 변색 요인: 산소, 효소, pH, 빛, 열, 금속이온 등

38 밀가루의 용도별 분류는 어느 성분을 기준으로 하는가?

① 글리아딘
② 글로불린
③ 글루타민
④ 글루텐

[해설] 밀가루의 종류는 크게 박력분, 중력분, 강력분 등으로 나뉘는데, 분류하는 기준에서 밀가루에 들어있는 글루텐이라는 성분을 기준으로 한다.

39 유중수적형(W/O) 교질상 식품은 무엇인가?

① 마가린
② 우유
③ 마요네즈
④ 아이스크림

[해설] 우유, 아이스크림, 마요네즈는 수중유적성형(O/W)이고, 버터, 마가린은 유중수적형(W/O)이다.

40 젤라틴의 응고에 관한 설명으로 틀린 것은?

① 젤라틴의 농도가 높을수록 빨리 응고된다.
② 설탕의 농도가 높을수록 응고가 방해된다.
③ 염류는 젤라틴의 응고를 방해한다.
④ 단백질의 분해효소를 사용하면 응고력이 약해진다.

[해설] 염류는 젤라틴의 수분 흡수를 막아 단단하게 응고 시켜 준다.

41 과일의 일반적인 특성과는 다르게 지방 함량이 가장 높은 과일은?

① 아보카도
② 수박
③ 바나나
④ 감

[해설] 아보카도는 과일 가운데 지방함량이 가장 높고 단백질과 탄수화물도 비교적 많이 들어 있으며 비타민C와 비타민A가 풍부하게 들어 있어서 영양가가 매우 높은 과일이다.

42 닭고기 20kg으로 닭강정 100인분을 판매한 매출액이 1,000,000원이다. 닭고기의 kg당 단가를 12,000원에 구입하였고 총양념 비용으로 80,000원이 들었다면 식재료의 원가 비율은?

① 24%
② 28%
③ 32%
④ 40%

[해설]
- 구입원가=20kg×12,000원/kg=240,000원
- 총양념비용=80,000원/100=800원
- 1인당 구입원가=(240,000원/100)+800원=3,200원
- 1인분 판매가격=1,000,000원/100=10,000원
- 식재료 원가비=(3,200/10,000)×100=32%

43 총원가에 대한 설명으로 맞는 것은?

① 제조간접비와 직접원가의 합이다.
② 판매관리비와 제조원가의 합이다.
③ 판매관리비, 제조간접비, 이익의 합이다.
④ 직접재료비, 직접노무비, 직접경비, 직접원가, 판매관리비의 합이다.

[해설] 원가의 분류

			매출이익	매출액
		판매비와 일선관리비	총원가 매출제품 원가	
	제조 간접비	제조원가 공장원가		
직접 재료비 직접 노무비 직접 경비	직접 원가			

44 식품검수 방법의 연결이 틀린 것은?

① 화학적 방법: 영양소의 분석, 첨가물, 유해성분 등을 검출하는 방법
② 검경적 방법: 식품의 중량, 부피, 크기 등을 측정하는 방법
③ 물리학적 방법: 식품의 비중, 경도, 점도, 빙점 등을 측정하는 방법

④ 생화학적 방법: 효소반응, 효소 활성도, 수소이온농도 등을 측정하는 방법

[해설] 식품의 중량, 부피, 크기 등을 측정하는 방법은 물리적인 방법이다.
- 검경적 방법은 검경에 의하여 식품의 세포나 조직의 모양, 협잡물, 병원균, 기생충란의 존재를 검사하는 방법이다.

45 안전사고의 원인 중 노후하거나 불완전한 시설에 의한 사고는?

① 시설적인 요소 ② 동적인 요소
③ 정적인 요소 ④ 인적인 요소

[해설] 안전사고의 원인
- 시설적인 요소: 노후하거나 불완전한 시설에 의한 사고
- 인적인 요소: 조리종사원의 잘못된 작업 행동에 의한 사고

46 젓갈의 숙성에 대한 설명으로 틀린 것은?

① 농도가 묽으면 부패하기 쉽다.
② 새우젓의 소금 사용량은 60% 정도가 적당하다.
③ 자기소화 효소작용에 의한 것이다.
④ 호염균의 작용이 일어날 수 있다.

[해설] 새우젓의 소금의 사용량은 새우의 신선도와 계절에 따라 다르지만, 일반적으로 여름에는 35~40%, 가을에는 30% 정도 넣는 것이 좋다.

47 CA저장에 가장 적합한 식품은?

① 육류 ② 과일류
③ 우유 ④ 생선류

[해설] 공기조절법: 과일·채소의 호흡을 억제하고 저장 수명을 연장하기 위하여 저장 공간의 가스 조성·온도·습도를 조정하는 방법으로서 CA(controlled atmosphere)저장이라고도 한다.

48 조리에 사용하는 냉동식품의 특성이 아닌 것은?

① 완만 동결하여 조직이 좋다.
② 미생물 발육을 저지하여 장기간 보존이 가능하다.
③ 저장 중 영양가 손실이 적다.
④ 산화를 억제하여 품질 저하를 막는다.

[해설] 조리에 사용하는 냉동식품은 급속 동결(-40℃)을 행한다.

49 조리기구의 재질 중 열전도율이 커서 열을 전달하기 쉬운 것은?

① 유리
② 도자기
③ 알루미늄
④ 석면

[해설] 알루미늄은 열전도율이 높아서 주방기로 많이 쓰인다.

50 소금 절임 시 저장성이 좋아지는 이유는?

① pH가 낮아져 미생물이 살아갈 수 없는 환경이 조성된다.
② pH가 높아져 미생물이 살아갈 수 없는 환경이 조성된다.
③ 고삼투성에 의한 탈수효과로 미생물의 생육이 억제된다.
④ 저삼투성에 의한 탈수효과로 미생물의 생육이 억제된다.

[해설] 소금 절임 시 저장성이 좋아지는 이유는 고삼투성에 의한 탈수효과로 미생물의 생육이 억제되기 때문이다.

51 전자레인지의 주된 조리 원리는?

① 복사
② 전도
③ 대류
④ 초단파

[해설] 전자레인지는 극초단파 에너지를 이용하여 식품 내부의 물 분자를 회전, 진동시켜 열을 발생시키고 그 열이 퍼지면서 단시간에 가열시키는 원리로 음식을 조리한다.

52 소고기의 부위별 용도와 조리법 연결이 틀린 것은?

① 앞다리-불고기, 육회, 장조림
② 설도-탕, 샤브샤브, 육회
③ 목심-불고기, 국거리
④ 우둔-산적, 장조림, 육포

[해설] 설도: 산적, 편육, 장조림, 불고기, 스테이크

53 다음 중 작두썰기에 대한 설명이 아닌 것은?

① 써는 식재료의 양이 적을 때 하는 방법이다.
② 앞쪽을 아래로 기울이고, 식재료의 굵기에 따라 뒷부분을 들어 뒤로 당겨준다.
③ 칼의 앞부분을 거의 도마에 고정시켜, 뒷부분을 쓰는 방법이다.
④ 빠르게 작업할 수 있어 많은 양식 조리사들이 많이 사용하는 방법이다.

[해설] ②는 당겨 썰기에 대한 설명이다.

54 계량방법이 잘못된 것은?

① 된장, 흑설탕은 꼭꼭 눌러 담아 수평으로 깎아서 계량한다.
② 우유는 투명기구를 사용하여 액체 표면의 윗부분을 눈과 수평으로 하여 계량한다.
③ 저울은 반드시 수평한 곳에서 0으로 맞추고 사용한다.
④ 마가린은 실온일 때 꼭꼭 눌러 담아 평평한 것으로 깎아 계량한다.

[해설] 액체 식품은 투명계량컵을 사용하여 눈높이를 액체의 아랫면에 일치되게 하여 눈금을 읽는다.

55 생선의 조리방법에 관한 설명으로 옳은 것은?

① 생선은 결제조직의 함량이 많으므로 습열조리법을 많이 이용한다.
② 지방 함량이 낮은 생선보다는 높은 생선으로 구이를 하는 것이 풍미가 더 좋다.
③ 생선찌개를 할 때 생선 자체의 맛을 살리기 위해서 찬물에 넣고 은근히 끓인다.
④ 선도가 낮은 생선은 조림국물의 양념을 담백하게 하여 뚜껑을 닫고 끓인다.

[해설] ① 생선은 육류에 비해서 결제조직의 함량이 적으므로 건열조리법을 많이 이용한다.
③ 생선으로 찌개나 탕을 할 때에는 국물을 먼저 끓인 뒤에 생선을 넣어야 국물이 맑고 생선살도 풀어지지 않는다.
④ 선도가 낮은 생선은 비린내를 제거하기 위해서 뚜껑을 열고 끓인다.

56 묵은 쌀로 밥을 할 때 쌀과 물의 비율로 알맞은 것은?

① 1:1.5 ② 1:2
③ 1:0.5 ④ 1:1

[해설] 묵은 쌀로 밥을 할 때 쌀과 물의 비율은 1:1.5가 좋다.

57 다음 중 빈 칸에 알맞은 말은?

> 국은 탕이라고도 하며, 고기, 생선, 채소 따위에 물을 많이 붓고 간을 맞추어 끓인 음식으로 □ 보다 국물이 많고 건더기가 적으며 간이 약한 편이다.

① 찜 ② 찌개
③ 무침 ④ 볶음

[해설] 국은 탕이라고도 하며, 고기, 생선, 채소 따위에 물을 많이 붓고 간을 맞추어 끓인 음식으로 찌개보다 국물이 많고 건더기가 적으며 간이 약한 편이다.

58 흰살생선과 양념한 쇠고기를 꼬치에 꿰어 구운 적은?

① 어산적　　　　　　　　② 화양적
③ 떡산적　　　　　　　　④ 섭산적

[해설] ② 화양적: 쇠고기와 도라지·표고·달걀 등을 익혀서 꼬치에 꿴 누름적이다.
　　　③ 떡산적: 꼬챙이에 떡, 파, 쇠고기를 꿴 다음 기름을 두른 팬에 지진 음식이다.
　　　④ 섭산적: 고기를 다져 양념하여 구운 적이다.

59 채소나 산채, 돌나물 등을 손질하여 물에 데치거나 기름에 볶아 익힌 나물은?

① 숙채　　　　　　　　　② 무침
③ 조림　　　　　　　　　④ 생채

[해설] 채소나 산채, 돌나물 등을 손질하여 물에 데치거나 기름에 볶아 익힌 나물은 숙채이다.

60 오이생채를 만들 때 고춧가루 대신에 무엇을 넣어 무쳐도 되는가?

① 된장　　　　　　　　　② 초고추장
③ 소금　　　　　　　　　④ 후추

[해설] 오이생채를 만들 때 고춧가루 대신에 초고추장을 넣어 무쳐도 맛이 있다.

정답

1.①	2.①	3.④	4.②	5.②	6.③	7.①	8.①	9.②	10.①
11.④	12.④	13.④	14.④	15.②	16.③	17.①	18.①	19.④	20.④
21.②	22.②	23.④	24.②	25.①	26.③	27.②	28.①	29.①	30.②
31.①	32.①	33.①	34.①	35.①	36.②	37.③	38.④	39.①	40.③
41.①	42.③	43.②	44.②	45.①	46.②	47.②	48.①	49.③	50.③
51.④	52.②	53.②	54.②	55.②	56.①	57.②	58.①	59.①	60.②

4회 CBT 예상문제

01 세균성 식중독의 예방방법으로 적합하지 않은 것은?

① 시설 및 식품을 위생적으로 취급한다.
② 일단 조리한 식품은 빠른 시간 내에 섭취하도록 한다.
③ 식품을 냉동고에 보관할 때는 덩어리째 보관하여 사용 시마다 냉동 및 해동을 반복하여 조리한다.
④ 식기, 도마 등은 세척과 소독에 철저를 기한다.

[해설] 식중독 예방요령
- 냉장고를 과신하지 않으며 바르게 사용한다.(냉장온도 5℃이하 유지)
- 행주는 청결하게 사용한다.
- 식기와 조리도구는 하루에 한 번씩 끓는 물로 살균한다.
- 손의 위생을 청결히 한다.
- 식품은 필요한 양만큼 구입한다.
- 음식물은 반드시 익혀서 먹는다.

02 다음 균에 의해 식사 후 식중독이 발생했을 경우 평균적으로 가장 빨리 식중독을 유발 시킬 수 있는 원인균은?

① 살모넬라균   ② 리스테리아
③ 포도상구균   ④ 장구균

[해설] ① 살모넬라균: 살모넬라균은 식중독을 일으키는 대표적인 세균. 익히지 않은 육류나 계란을 먹었을 때 감염될 수 있는데, 음식물 섭취 후 8~24시간이 지난 뒤 급성장염을 일으켜 발열, 복통, 설사 등의 증상을 나타낸다.
② 리스테리아: 잠복기가 1~7일이며 보통 건강한 사람은 이 균에 오염된 식품을 먹으면 가벼운 열과 복통·설사·구토 등 식중독 증세를 보이다 금방 회복된다.
④ 장구균: 잠복기는 차이가 있으나 2시간에서 22시간, 평균 10시간 정도이다. 사람과 가축의 장관 내에 서식하며 증상은 욕지기, 설사, 복통 등이다.

03 세균성 식중독의 가장 대표적인 증상은?

① 중추신경마비   ② 급성 위장염
③ 언어장애   ④ 시력장애

[해설] 세균성 식중독의 대표적인 증상으로는 급성 위장염이 있다.

04 다음 산화방지제 중 사용 제한이 없는 것은?

① L-아스코르빈산나트륨
② 아스코르빌 팔미테이트
③ 디부틸히드록시톨루엔
④ 이디티에이2 나트륨

[해설] ② 아스코르빌 팔미테이트: 이는 지용성 비타민 C로 식품, 비타민, 약품, 화장품에 방부제로 이용되고 있으며 가격이 비싸다. 식용유지, 우지, 돈지, 마요네즈, EPA, DHA 함유식품(0.5g/kg), 이유식(0.2g/L), 조제유류, 영아용조제식(0.05g/L)에만 사용이 허가되어 있다.
③ 디부틸히드록시톨루엔: 무색의 결정, 또는 백색의 결정성 분말로, BHT라 약한다. 식품용으로는 식용유지, 유지성 식품의 산화방지제로 널리 이용되지만, 사용-기준으로 인정되고 있는 것은 어패류 냉동품(생식용의 선어, 굴을 제외한다), 고래냉동품(생식용을 제외한다)은 침지액에 대하여 1g/kg 이하, 유지, 버터, 어패류 건조품이나 염장품에 0.2g/kg 이하, 또한 츄잉 껌에 0.75g/kg 이하, 마요네즈에 0.06g/kg 이하, 식육(가금류에 한함)에 0.1g/kg 이하(지방기초), 식사대용 곡류가공품에 0.05g/kg 이하이다.
④ 이디티에이 2 나트륨: 이디티에이 2 나트륨의 경우는 금속이온을 만나 착염을 형성하기 때문에 금속이온 봉쇄제(제거제)로 사용된다. 과량 섭취 시 체내의 칼슘이온을 빼내 가기 때문에 첨가량과 대상 식품에 엄격히 규제 한다.

05 보존제에 설명으로 옳은 것은?

① 식품에 발생하는 해충을 사멸 시키는 물질
② 식품의 변질 및 부패의 원인이 되는 미생물을 사멸시키거나 증식을 억제하는 작용을 가진 물질
③ 식품 중의 부패세균이나 전염병의 원인균을 사멸시키는 물질
④ 곰팡이의 발육을 억제시키는 물질

[해설] 보존제: 식품의 변질, 부패를 방지하고, 그 보존력을 높일 목적으로 첨가되는 물질을 말한다.

06 식품과 독성분의 연결이 틀린 것은?

① 매실-베네루핀(venerupin)
② 섭조개-식시톡신(saxitoxin)
③ 독버섯-무스카린(muscarine)
④ 독보리-테물린(temuline)

[해설] 베네루핀-모시조개

07 부패된 어류에 나타나는 현상은?

① 아가미의 색깔이 선홍색이다.
② 육질은 탄력성이 있다.
③ 눈알은 맑지 않다.
④ 비늘은 광택이 있고 점액이 별로 없다.

[해설] 좋은 어류의 선택
- 살아 있거나 사후 경직 중인 빳빳한 것이 좋다.
- 눈알이 투명하고 튀어 나왔으며, 아가미가 선홍색인 것이 좋다.
- 손가락으로 눌러 보았을 때 단단하고 탄력성이 강한 것이 좋다.
- 비린내가 나지 않는 것이 좋다.
- 산란기 직전이거나 알을 가지고 있을 때에는 지방 함량이 많아 맛이 좋다.
- 종류에 따라 색과 맛, 조직의 단단한 정도가 다르므로 용도에 맞는 것을 선택한다.

08 식품을 조리 또는 가공할 때 생성되는 유해물질과 그 생성 원인을 잘못 짝지은 것은?

① 엔-니트로소아민(N-nitrosoamine)-육가공품의 발색제 사용으로 인한 아질산과 아민과의 반응 생성물
② 다환방향족 탄화수소(Polycyclic aromatic hydrocarbon)-유기물질을 고온으로 가열할 때 생성되는 단백질이나 지방의 분해 생성물
③ 아크릴아마이드(acrylamide)-전분식품을 가열시 아미노산과 당의 열에 의한 결합 반응 생성물
④ 헤테로고리아민(heterocyclic amines)-주류제조 시 에탄올과 카바밀기의 반응에 의한 생성물

[해설] 헤테로고리아민: 300℃이상에서 단백질 가열할 때 생성되는 물질이다.

09 우리나라 식품위생법에서 정의하는 식품 첨가물에 대한 설명으로 틀린 것은?

① 식품의 조리과정에서 첨가되는 양념
② 식품의 가공과정에서 첨가되는 천연물
③ 식품의 제조과정에서 첨가되는 화학적 합성품
④ 식품의 보존과정에서 저장성을 증가시키는 물질

[해설] 현재 국내 식품위생법에서는 식품첨가물에 대해 '식품을 제조·가공 또는 보존하는 과정에서 식품에 넣거나 섞는 물질 또는 식품을 적시는 등에 사용되는 물질'로 정의하고 있다.

10 식품취급자가 손을 씻는 방법으로 적합하지 않은 것은?

① 살균효과를 증대시키기 위해 역성 비누 액에 일반 비누 액을 섞어 사용한다.
② 팔에서 손으로 씻어 내려온다.
③ 손을 씻은 후 비눗물을 흐르는 물에 충분히 씻는다.
④ 역성 비누원액을 몇 방울 손에 받아 30초 이상 문지르고 흐르는 물로 씻는다.

[해설] 역성비누는 보통 비누와 함께 사용하면 살균효과가 떨어진다. 따라서 일반비누를 먼저 사용하고 역성비누를 나중에 사용하여야 살균력을 높일 수 있다.

11 소분업 판매를 할 수 있는 식품은?

① 전분
② 식용유지
③ 식초
④ 빵가루

[해설] 식품소분업은 보건복지부령으로 정하는 식품 또는 식품첨가물의 완제품을 나누어 유통할 목적으로 재포장·판매하는 영업으로 소분업 판매를 할 수 있는 식품은 빵가루이다.

12 다음 중 식품위생법에 명시된 목적이 아닌 것은?

① 위생상의 위해를 방지
② 건전한 유통·판매를 도모
③ 식품영양의 질적 향상을 도모
④ 식품에 관한 올바른 정보를 제공

[해설] 건전한 유통·판매를 도모하는 것은 식품위생법에 명시된 목적이 아니다.

13 집단 급식소란 영리를 목적으로 하지 아니하면서 특정다수인에게 계속하여 음식물을 공급하는 기숙사·학교·병원 그 밖의 후생기관 등의 급식 시설로서 1회 몇 인 이상에게 식사를 제공하는 급식소를 말하는가?

① 30명
② 40명
③ 50명
④ 60명

[해설] '식품위생법'에 따른 집단급식소는 1회 50명 이상의 특정다수인에게 계속하여 음식물을 공급하는 급식시설로 식중독 발생의 위험이 항상 존재하여 그 조리장은 음식물을 먹는 객석에서 그 내부를 볼 수 있는 구조로 되어 있어야 한다.

14 허위표시, 과대광고 및 과대포장의 범위에 해당하지 않는 것은?
① 허가·신고 또는 보고한 사항과 다른 내용의 표시광고
② 인체의 건전한 성장 및 발달과 건강한 활동을 유지 하는데 도움을 준다는 표현
③ 제품의 원재료 또는 성분과 다른 내용의 표시·광고
④ 제조연월일 또는 유통기한을 표시함에 있어서 사실과 다른 내용의 표시·광고

[해설] 인체의 건전한 성장 및 발달과 건강한 활동을 유지하는데 도움을 준다는 표현은 허위표시·과대광고에 해당되지 않는 경우이다.

15 다음 중 기름의 산패가 촉진되는 경우는?
① 밝은 창가에 보관할 때
② 갈색병에 넣어 보관할 때
③ 저온에서 보관할 때
④ 뚜껑을 꼭 막아 보관할 때

[해설] 기름은 밀폐를 잘한 뒤에 직사광선이 없는 곳에 보관해야 한다.

16 식품 등에 표시된 보관방법을 준수할 경우 섭취하여도 안전에 이상이 없는 기한을 무엇이라 하는가?
① 유통기한   ② 소비가한
③ 식품기한   ④ 영양기한

[해설] 소비가한: 식품 등에 표시된 보관방법을 준수할 경우 섭취하여도 안전에 이상이 없는 기한을 말한다.

17 병원체가 세균인 전염병은?
① 전염성 간염   ② 백일해
③ 폴리오   ④ 홍역

[해설] ①, ③, ④의 병원체는 바이러스이다.

18 자외선의 인체에 대한 내용 설명으로 틀린 것은?

① 살균작용과 피부암을 유발한다.
② 체내에서 비타민D를 생성시킨다.
③ 피부결핵이나 관절염에 유해하다.
④ 신진대사 촉진과 적혈구 생성을 촉진시킨다.

[해설] 자외선: 일광의 3분류 중 파장 가장 짧다. 비타민D 형성, 구루병 예방, 피부결핵, 관절염 치료에 효과적이다. 살균작용 있으나 피부색소 침착을 일으키며 심하면 피부암 유발, 적혈구 생성 촉진, 혈압 강하 등이 일어난다.

19 포자 형성균의 멸균에 알맞은 소독법은?

① 자비소독법　　　　　　　② 저온소독법
③ 고압증기멸균법　　　　　④ 희석법

[해설] ① 자비소독법: 가장 간편한 소독법으로 100℃에서 10~30분간 끓이는 방법으로 주사기, 주사바늘, 금속, 유리제품의 소독 등에 사용된다. 열저항성 아포, B형 간염 바이러스, 원충(포낭형)을 제외한 미생물을 제거시킨다.
② 저온소독법: 파스퇴르에 의해 고안된 것으로 일반적으로 62~63℃에서 30분 정도 소독하는 소독법으로 주로 음식물에 많이 사용된다.
④ 희석법: 미생물의 평판배양 측정시 시료의 미생물 수가 너무 많을 경우 탄산수버퍼나 펩톤수를 희석액으로 시료를 희석하여 시료를 측정하는 방법. 소금이나 설탕 용액의 희석액을 제시하여 관능검사 요원의 미감을 측정하는 방법이다.

20 채소류로부터 감염되는 기생충은?

① 동양모양선충, 편충　　　② 회충, 무구조충
③ 십이지장충, 선모충　　　④ 요충, 유구조충

[해설] 채소류로부터 감염되는 기생충에는 동양모양선충, 편충, 십이지장충, 회충, 요충 등이 있다.

21 다음 중 근육통, 요통 및 타박상에 대한 대책에 해당하는 것은?

① 칼 같이 위험한 도구는 사용한 후에 일정한 장소에 보관해야 하며, 작업대 가장자리에 놓지 않는다.
② 식재료가 바닥에 떨어지지 않도록 주의하며, 기름을 사용한 조리가 끝난 뒤엔 즉시 바닥을 닦아 준다.
③ 무거운 식재료나 조리 기구를 이동할 때에는 다른 조리원과 같이 이동한다.
④ 튀김을 할 때 재료는 가장자리에서 살짝 밀어 넣어 기름이 튀지 않게 한다.

[해설] ①은 창상, 절상에 대한 대책이다.
②는 골절, 낙상에 대한 대책이다.
④는 화상에 대한 대책이다.

22 찹쌀에 있어 아밀로오스와 아밀로펙틴에 대한 설명 중 맞는 것은?

① 아밀로오스 함량이 더 많다.
② 아밀로오스 함량과 아밀로펙틴의 함량이 거의 같다.
③ 아밀로펙틴으로 이루어져 있다.
④ 아밀로펙틴은 존재하지 않는다.

[해설] 쌀은 아밀로오스와 아밀로펙틴의 함량에 따라 멥쌀, 찹쌀로 나누는데, 찹쌀은 아밀로 펙틴으로 이루어져 있다.

23 꽁치의 160g의 단백질 양은? (단, 꽁치 100g당 단백질 양: 24.9g)

① 28.7g   ② 34.6g
③ 39.8g   ④ 43.2g

[해설] $100:24.9=160:x$
$x=39.84$ 따라서 꽁치의 160g의 단백질 양은 약 39.8g이다.

24 아래의 안토시아닌(anthocyanin)의 화학적 성질에 대한 설명에서 ( )안에 알맞은 것을 순서대로 나열한 것은?

> anthocyanin은 산성에서는( ), 중성에서는 ( ), 알칼리성에서는( )을 나타낸다.

① 적색-자색-청색
② 청색-적색-자색
③ 노란색-파란색-검정색
④ 검정색-파란색-노란색

[해설] 안토시아닌계 색소는 수용성 색소로 가공 중에 변색이 쉽게 된다. 안토시아닌은 산성에소 붉은색, 알칼리성에선 청색, 중성용액에선 보라색을 나타낸다.

25 다음 중 천연 항산화제와 거리가 먼 것은?

① 토코페롤   ② 스테비아 추출물
③ 플라본 유도체   ④ 고시폴

[해설] 천연 항산화제: 생물이 자기 자신 내에 있는 지방질의 산화를 막기 위하여 존재하는 것으로 식물성 유지에 더 많고 동물성 유지는 매우적다. 유지가 포화도가 높은 동물성 유지보다 산화 안정성이 높다. 천연 항산화제와 거리가 먼 것은 스테비아 추출물이다.

26 전분의 변화에 대한 설명으로 옳은 것은?

① 호정화란 전분에 물을 넣고 가열시켜 전분입자가 붕괴되고 미셀구조가 파괴되는 것이다.
② 호화란 전분을 묽은 산이나 효소로 가수분해 시키거나 수분이 없는 상태에서 160~170℃로 가열하는 것이다.
③ 전분의 노화를 방지하려면 호화전분을 0℃이하로 급속 동결 시키거나 수분을 15% 이하로 감소시킨다.
④ 아밀로오스의 함량이 많은 전분이 아밀로펙틴이 많은 전분보다 노화되기 어렵다.

[해설] 전분의 노화를 방지하는 방법
- 저장 온도를 -18℃이하, 21~35℃로 한다.
- 모노-디-글리세리드 계통의 유화제를 사용한다.
- 반죽에 α-아밀라제를 첨가하거나 물량을 높여 반죽 중의 수분 함량을 높인다.(수분 10~15% 건조상태에서 억제)
- 질 좋은 재료를 사용하면 제조 공정을 정확히 지킨다.
- 당류를 첨가한다.
- 방습포장 재료를 사용한다.
- pH가 낮을수록 노화가 빨리 진행되므로 pH를 적정수준 유지한다.
- 호화정도가 높을수록 노화가 지연된다.(95℃ 30분 가열 바람직함)

27 결합수에 대한 설명으로 틀린 것은?

① 용매로 작용한다.
② 100℃로 가열해도 제거되지 않는다.
③ 0℃의 온도에서 얼지 않는다.
④ 미생물의 번식에 이용되지 못한다.

[해설] 결합수의 특징
- 0℃이하에서도 얼지 않는다.
- 100℃이상으로 가열하여도 제거되지 않는다.
- -18℃이하에서도 액상으로 존재한다.
- 다른 용질의 용매로 이용되지 않는다.
- 식품 중의 탄수화물과 단백질 분자들과 수소결합을 하고 있다.
- 수증기압이 보통 물보다 낮다.
- 미생물의 번식에 이용되지 않는다.
① 은 자유수의 특징이다.

28 다음 중 알칼리성의 식품의 성분에 해당하는 것은?

① 유즙에 칼슘(Ca)   ② 생선의 유황(S)
③ 곡류의 염소(Cl)   ④ 육류의 산소(O)

[해설] 알칼리성 식품: 무기질 조성이 알칼리성 원소를 많이 가진 식품으로 나트륨(Na), 칼륨(K), 칼슘(Ca), 마그네슘(Mg) 이 많이 함유되어 있는 식품이다.

29 질긴 부위의 고기를 물속에서 끓일 때 고기가 연하게 되는데, 이에 관여하는 주된 원인 물질은?

① 헤모글로빈   ② 젤라틴
③ 엘라스틴   ④ 미오글로빈

[해설] 질긴 부위의 고기를 물속에서 끓이면 결합조직의 콜라겐이 젤라틴화 되면서 고기가 연하게 된다.

30 유지의 신선도를 측정하기 위한 수치는?

① 검화값   ② 산값
③ 요오드값   ④ 아세틸값

[해설] ① 검화값: 유지 1g을 완전히 검화시키는 데 필요한 수산화칼륨의 mg수를 나타낸다.
③ 요오드값: 유지를 구성하고 있는 지방산에 함유된 이중결합의 수를 나타내는 수치. 유지 100g에 흡수되는 요오드의 g수로서 표시한다.
④ 아세틸값: 유지 또는 납 속에 존재하는 유리된 하이드록시기의 양을 나타내는 값이다. 신선한 유지는 보통 아세틸값이 거의 0에 가까우나, 유지가 산패하면 이 값이 커진다.

31 다음 중 효소가 아닌 것은?

① 말타아제(maltase)   ② 펩신(pepsin)
③ 레닌(rennin)   ④ 유당(lactose)

[해설] 효소: 생물체 내에서 각종 화학반응을 촉매하는 단백질. 세포 내외에서 특수한 촉매작용을 하지만 그 자체는 변하지 않고 영양발효 · 부패 등 생체가 영위하는 화학반응을 촉진한다.
• 말타아제: 이자와 장에서 분비되어 말토오스(맥아당)를 분해시켜 글루코오스로 만든다.
• 펩신: 위에서 분비되어 단백질을 분해해서 펩톤(폴리펩티드의 일종)을 생성한다.
• 레닌: 위액에 존재하는 단백질 응고효소이다.

32 α-amylase에 대한 설명으로 틀린 것은?

① 전분의 α-1, 4결합을 가수분해 한다.
② 전분으로부터 덱스트린을 형성한다.
③ 발아중인 곡류의 종자에 많이 있다.
④ 당화 효소라고 한다.

[해설] α-amylase는 아밀레이스의 한 종류로 셋 이상의 α-1, 4연결 포도당 단위를 갖는 다당류에서 α-1, 4 글리코시드 결합을 가수분해시키는 효소이다. α-amylase는 액화효소이다.

33 과일 잼 가공 시 펙틴은 주로 어떤 역할을 하는가?

① 신맛증가 ② 구조형성
③ 향보존 ④ 색소보존

[해설] 과일 잼 가공 시 과일에 있는 펙틴 분자들은 결합을 형성해 3차원적 구조, 즉 젤을 형성하게 된다.

34 아이코사펜타노익산(EPA: eicosapentanoic acid)과 같은 다가불포화지방산을 많이 함유하고 있는 생선은?

① 고등어 ② 갈치
③ 조기 ④ 대구

[해설] 아이코사펜타노익산(EPA): 오메가-3란 불포화 지방산의 일종으로 주로 연어, 고등어, 무지개 송어, 다랑어, 참치 등으로 등이 푸른 생선에 많은 것으로 알려져 있다.

35 신선도가 떨어진 어패류의 냄새 성분이 아닌 것은?

① TMAO(trimethylamine oxide)
② 암모니아(ammonia)
③ 황화수소(H_2S)
④ 인돌(indole)

[해설] TMAO: 강장동물, 극피동물, 연체동물, 갑각류 등의 바다생물에 40~900mgN/100g 함유된 특유의 성분. 이것은 세균의 트리메틸아민산화물 환원효소에 의해 냄새가 강한 트리메틸아민으로 된다.

36 다음 동물성 지방의 종류와 급원 식품이 잘못 연결된 것은?

① 라드-돼지고기의 지방조직
② 우지-소고기의 지방조직
③ 마가린-우유의 지방
④ DHA-생선기름

[해설] 마아가린은 식물성이지만 고체화 시키는 과정에서 수소를 첨가하여 맛을(풍미) 더욱 좋게한 가공 유지의 일종인데 이 수소를 첨가하는 과정에서 식물성 유지의 성분이 트랜스지방산으로 변화 한다고 한다.

37 일반적으로 폐기율이 가장 높은 식품은?

① 쇠살코기 ② 계란
③ 생선 ④ 곡류

[해설] 생선은 머리와 뼈를 발라내기 때문에 폐기율이 가장 높다.

38 다음 자료에 의해서 총 원가를 산출하면 얼마인가?

> 직접재료비 ₩150000 　간접재료비 ₩50000
> 직접노무비 ₩100000 　간접노무비 ₩20000
> 직접경비 ₩5000 　　　간접경비 ₩100000
> 판매 및 일반관리비 ₩10000

① ₩435000 ② ₩365000
③ ₩265000 ④ ₩180000

[해설] 총원가=직접경비+직접노무비+직접재료비+제조간접비+판매관리비
　　　=150000+50000+100000+20000+5000+100000+10000=435000

39 김장용 배추포기김치 46kg을 담그려는데 배추 구입에 필요한 비용은 얼마인가? (단, 배추 5통(13kg)의 값은 11960원, 폐기율은 8%)

① 23920원 ② 38934원
③ 42320원 ④ 46000원

[해설] 폐기율이 8%이므로 배추 5통(13kg)를 사면 8%인 1.04kg는 버려지고 11.94kg만 김치가 된다.
　　　김치 11.94kg 만드는데 11960원이 필요하므로
　　　11.94:46=11960:x
　　　x≒46077.0519 따라서 배추 구입에 필요한 비용은 46000원 정도이다.

40 점탄성을 나타내는 식품과 거리가 먼 것은?

① 마가린 ② 육류
③ 펙틴 젤 ④ 가소성 고체 지방질

[해설] 점탄성
　　• 물체에 힘을 주었을 때 점성유동과 탄성변형이 동시에 일어나는 성질을 말한다.
　　• 점탄성을 나타내는 식품: 한천젤리, 펙틴 젤, 밀가루 반죽, 육류 등이 있다.

41 근육의 주성분이며 면역과 관계가 깊은 영양소는?

① 비타민
② 지질
③ 단백질
④ 무기질

[해설] 단백질: 모든 생물의 몸을 구성하는 고분자 유기물로 수많은 아미노산의 연결체이며 근육의 주성분이다.

42 단맛을 내는 조미료에 속하지 않는 것은?

① 올리고당(oligosaccharide)
② 설탕(sucrose)
③ 스테비오사이드(stevioside)
④ 타우린(taurine)

[해설] 타우린: 아미노산처럼 양성 전해질의 성질을 갖고 있는 아미노에틸술폰산으로 이 물질은 소의 쓸개즙[膽汁] 중에서 처음으로 발견되었으며, 담즙산과 결합하여 타우로콜산 등 담즙산의 형태로 각종 동물의 쓸개즙 중에 들어 있다.

43 양파를 가열 조리 시 단맛이 나는 이유는?

① 황화아릴류가 증가하기 때문
② 가열하면 양파의 매운맛이 제거되기 때문
③ 알리신이 티아민과 결합하여 알리티아민으로 변하기 때문
④ 황화합물이 프로필 메르캅탄(propyl mercaptan)으로 변하기 때문

[해설] 양파를 가열 조리 시 단맛을 내는 이유는 맛의 성분인 프로필 알릴 다이설파이드 및 알릴 설파이드는 열을 가하면 기화하지만 일부는 분해되어 설탕 50배 정도의 단맛을 내는 프로필 메르캅탄을 형성하기에 단맛이 나는 것이다.

44 어패류에 소금을 넣고 발효 숙성시켜 원료 자체 내 효소의작용으로 풍미를 내는 식품은?

① 어육소시지
② 어묵
③ 통조림
④ 젓갈

[해설] ① 어육소시지: 원료어육에 지방, 조미료, 향신료, 착색료, 결착제 등을 배합하여 절단기를 이용해서 충분히 혼합하여 케이싱에 담아 밀봉, 가열, 냉각하여 제조한 것이다.
② 어묵: 생선의 살을 뼈째 으깨어 소금, 칡가루, 조미료 따위를 넣고 익혀서 응고시킨 음식이다.
③ 통조림: 고기나 과일 따위의 식료품을 양철통에 넣고 가열·살균한 뒤 밀봉하여 오래 보존할 수 있도록 한 식품이다.

45 비린내가 심한 어류의 조리방법으로 잘못된 것은?

① 정종이나 포도주를 첨가하여 조리한다.
② 물에 씻을수록 비린내가 많이 나므로 재빨리 씻어 조리한다.
③ 식초와 레몬즙 등의 신맛을 내는 조미료를 사용하여 조리한다.
④ 황화합물을 함유한 마늘, 파 및, 양파를 양념으로 첨가하여 조리한다.

[해설] 물에 씻을수록 비린내는 줄어들게 된다.

46 채소를 데칠 때 뭉그러짐을 방지하기 위한 가장 적당한 소금의 농도는?

① 1%   ② 10%
③ 20% ④ 30%

[해설] 채소를 데칠 때 1%의 식염수에 데치면 뭉그러짐을 방지할 수 있다.

47 다음의 냉동 방법 중 얼음결정이 미세하여 조직의 파괴와 단백질 변성이 적어 원상유지가 가능하며 물리적 화학적 품질변화가 적은 것은?

① 침지동결법   ② 급속동결법
③ 접촉동결법   ④ 공기동결법

[해설] ① 침지동결법: 저온으로 냉각된 식염용액이나 염화칼슘용액 또는 식염과 설탕 혼합액들과 같은 2차 냉매에 포장된 식품을 침지하여 동결시키는 방법이다.
③ 접촉동결법: 냉매로 냉각된 알루미늄 합금과 같은 금속관의 표면을 식품의 상하에 놓고 동결시키는 방법이며, 다단식 동결장치를 이용한다.
④ 공기동결법: 냉각관으로 선반을 만들어 이 선반에 동결 팬을 나열하여 그 속에 피냉동품을 넣어 -25℃의 냉풍의 자연 대류로 동결시키는 방법이다.

48 단체급식에서 생길 수 있는 문제점과 거리가 먼 것은?

① 심리면에서 가정식에 대한 향수를 느낄 수 있다.
② 비용면에서 물가상승 시 재료비가 충분하지 않을 수 있다.
③ 청결하지 않게 관리할 경우 위생상의 사고 위험이 있다.
④ 불특정 인을 대상으로 하므로 영양관리가 안 된다.

[해설] 성별과 연령, 노동의 강도에 따라서 영양량을 산출하기 때문에 영양관리를 잘할 수 있다.

49 육류, 채소 등 식품을 다지는 기구를 무엇이라고 하는가?

① 쵸퍼(chopper) ② 슬라이서(slicer)
③ 야채절단기(cutter) ④ 필러(peeler)

[해설] ② 슬라이서: 생고기나 고기제품을 얇게 절단하는 기계로 신선육용과 제품용 그리고 고기덩어리나 한 개의 제품을 한 번에 절단하는 것 등 각각의 용도에 따라 이용되고 있다.
③ 야채절단기: 야채나 과일 자르는 기계이다.
④ 필러: 당근이나 감자, 무 등의 껍질을 벗기는 기구이다.

50 다음 중 칼로 식재료를 안전하고 일정하게 재단하는 방법이 아닌 것은?

① 양손으로는 식재료를 잡아야 한다.
② 식재료는 칼의 날카로운 쪽으로 자르고, 일정한 힘으로 부드럽게 사용해 준다.
③ 칼을 사용할 때 무리하게 힘을 주면 식재료를 잘못 자르게 될 뿐만 아니라 안전에 위험을 줄 수 있다.
④ 한 손으로는 칼의 방향을 조절하고, 나머지 손으로는 식재료를 잡아야 한다.

[해설] 칼로 식재료를 재단할 때에는 양손으로는 식재료를 잡는 것이 아니라, 한 손으로는 칼의 방향을 조절하고, 나머지 손으로는 식재료를 잡아야 한다.

51 다음 중 식단 작성 시 고려해야할 사항으로 옳지 않은 것은?

① 급식대상자의 영양 필요량
② 급식대상자의 기호성
③ 식단에 따른 종업원 및 필요기기의 활용
④ 한식의 메뉴인 경우 국(찌개), 주찬, 부찬, 주식, 김치류의 순으로 식단표 기재

[해설] 식단 작성 시 고려해야 할 점: 연령에 따른 영양 섭취기준, 여섯 가지 식품군별 필요량, 계절 식품, 대체 식품, 식비, 가족의 기호, 조리법과 시간, 식품의 폐기율, 시장 정보 등을 고려해야 한다.

52 다음 중 젤라틴을 이용하는 음식이 아닌 것은?

① 두부 ② 족편
③ 과일젤리 ④ 아이스크림

[해설] 젤라틴을 이용한 음식: 젤라틴은 입안에서 쉽게 녹고 매끄러우며 탄력성이 있다. 응고제로서 과일젤리, 무스, 족편, 전약 등을 만들고, 유화제, 결정 형성 방해물질로서 아이스크림과 마시멜로, 냉동후식 및 저열량식 등으로 다양하게 이용된다.

53 육류조리에 대한 설명으로 틀린 것은?

① 탕 조리 시 찬물에 고기를 넣고 끓여야 추출물이 최대한 용출된다.
② 장조림 조리 시 간장을 처음부터 넣으면 고기가 단단해지고 잘 찢기지 않는다.
③ 편육 조리 시 찬물에 넣고 끓여야 잘 익고 고기 맛이 좋다.
④ 불고기용으로는 결합조직이 되도록 적은 부위가 적당하다.
[해설] 편육을 조리할 때에는 끓는 물에 넣고 끓여야 맛이 물로 용출되지 않는다.

54 난백의 기포성에 영향을 주는 인자에 대한 설명으로 옳은 것은?

① 난백의 온도가 낮을수록 기포 생성이 용이하다.
② 설탕은 난백의 기포성은 증진되나 안정성이 감소된다.
③ 레몬즙을 넣으면 단백질 점도가 저하되어 기포성은 좋아진다.
④ 물을 40% 첨가하면 기포성은 저하되고 안정성은 증가된다.
[해설] 온도가 높을수록 기포생성이 더 잘되며, 설탕, 우유, 기름 등은 기포의 발생을 저해시킨다.

55 갈비구이를 하기위한 양념장을 만드는 데 사용되는 양념 중 육질의 연화작용을 돕는 역할을 하는 재료로 짝지어진 것은?

① 참기름, 후춧가루　　　　② 배, 설탕
③ 양파, 청주　　　　　　　④ 간장, 마늘
[해설] 설탕이나 배에는 프로테아제라는 효소가 있는데 이것은 고기를 연하게 해준다.

56 콩밥은 쌀에 콩을 섞어서 지은 밥으로 콩밥에 많이 들어있는 영양소는?

① 무기질　　　　　　　　② 탄수화물
③ 단백질　　　　　　　　④ 지질
[해설] 콩밥은 쌀에 콩을 섞어서 지은 밥으로 콩밥에는 단백질이 풍부하다.

57 다음 중 맑은장국의 특징에 해당하지 않는 것은?

① 쇠고기로 맑은장국을 끓일 때는 고기를 푹 곤 국물을 거른 육수로 끓이는 경우와 고기를 채 썰어서 양념을 하여 끓인다.
② 채소류는 오래 끓이면 질겨지고 풍미가 적어지기 때문에 너무 오래 끓이지 않는다.
③ 생선맑은장국은 국물이 끓을 때 생선을 넣어 생선이 풀어지지 않도록 한다.

④ 국물을 더욱 차갑게 하기 위해서 얼음을 띄우기도 한다.

[해설] 국물을 더욱 차갑게 하기 위해서 얼음을 띄우는 것은 냉국의 특징이다.

58 꼬챙이에 떡, 파, 쇠고기를 꿴 다음 기름을 두른 팬에 지진 음식은?

① 어산적　　　　　　　　② 화양적
③ 떡산적　　　　　　　　④ 김치적

[해설] ① 어산적: 흰살생선과 양념한 쇠고기를 꼬치에 꿰어 구운 적이다.
② 화양적: 쇠고기와 도라지·표고·달걀 등을 익혀서 꼬치에 꿴 누름적이다.
④ 김치적: 김치와 쪽파, 양념한 쇠고기를 꼬치에 꿰어 밀가루 반죽을 묻혀 식용유를 두른 팬에 지진 것이다.

59 생채를 만들 때 쓴맛이 많으므로 물에 오랫동안 담가 쓴맛을 우려낸 뒤 소금을 넣고 주물러 씻어야 하는 재료는?

① 도라지　　　　　　　　② 더덕
③ 무　　　　　　　　　　④ 오이

[해설] 도라지생채
　• 도라지는 쓴맛이 많으므로 물에 오랫동안 담가 쓴맛을 우려낸 뒤 소금을 넣고 주물러 씻어준다.
　• 껍질을 벗기고 먹기 좋은 크기로 잘라 손질한 생도라지에 설탕, 식초, 고춧가루 등을 넣어 맛을 낸 생채다.

60 마른 홍합을 불려 푹 삶은 뒤, 간장·설탕·기름 따위를 넣고 조린 것은?

① 전복초　　　　　　　　② 장조림
③ 장똑똑이　　　　　　　④ 홍합초

[해설] ① 전복초: 마른 전복을 물에 불려 얇게 저며서 푹 익힌 뒤에 쇠고기를 조금 섞고 간장, 기름, 꿀을 넣어 졸인 다음 후춧가루를 쳐서 버무리고 그 위에 잣가루를 뿌린 것이다.
② 장조림: 기름기가 없는 소고기나 돼지고기 살코기를 큼직하게 토막 내어 마늘, 생강과 함께 간장에 조린 것이다.
③ 장똑똑이: 쇠고기를 채 썰어서 여러 가지 양념(간장, 설탕, 후춧가루, 다진 파·마늘, 깨소금, 참기름)을 하여 볶은 요리다.

정답									
1.③	2.③	3.②	4.①	5.②	6.①	7.③	8.④	9.①	10.①
11.④	12.②	13.③	14.③	15.①	16.①	17.②	18.③	19.③	20.①
21.③	22.③	23.③	24.①	25.②	26.③	27.①	28.①	29.②	30.②
31.④	32.④	33.②	34.①	35.①	36.③	37.③	38.①	39.④	40.①
41.③	42.④	43.④	44.④	45.②	46.①	47.②	48.④	49.①	50.①
51.④	52.①	53.③	54.③	55.②	56.③	57.④	58.③	59.①	60.④

5회 CBT 예상문제

01 같은 작업을 지속하더라도 일회용장갑은 몇 시간마다 교체해 주어야 하는가?
① 1시간　　　　② 2시간
③ 3시간　　　　④ 4시간

02 식중독 중 해산어류를 통해 많이 발병하는 식중독은?
① 살모넬라 식중독
② 클로스트리디움 보툴리스 식중독
③ 포도상구균 식중독
④ 장염 비브리오 식중독
[해설] 장염 비브리오 식중독은 장염 비브리오균이 붙은 어류와 패류, 연체동물 등의 표피와 내장, 아가미 등을 먹었을 때 발생하며, 음식을 조리한 사람의 손이나 조리기구를 통해 감염되기도 한다.

03 미생물 중 건조식품, 곡류 등에 가장 잘 번식하는 것은?
① 곰팡이(Mold)　　　　② 세균(Becteria)
③ 바이러스(Virus)　　　④ 효모(Yest)
[해설] 곰팡이는 건조식품이나 주로 곡물에 잘 증식한다.

04 목화씨로 조제한 면실유를 식용한 후 식중독이 발생했다면 그 원인 물질은?
① 솔라닌(solanine)
② 리신(ricin)
③ 아미그달린(amygdalin)
④ 고시폴(gossypol)
[해설] 목화씨에는 유독 성분으로 알려진 고시폴이 들어 있다.

05 손에 상처가 있는 사람이 만든 크림빵을 먹은 후 식중독 증상이 나타났을 경우, 가장 의심되는 식중독 균은?

① 포도상구균
② 클로스트리디움 보툴리늄
③ 병원성 대장균
④ 살모넬라균

[해설] 포도상구균은 주로 조리하는 사람의 상처 부위에 번식하다가 음식물을 통해 옮겨진다. 따라서 손에 상처가 있는 사람은 조리를 하지 않게 해야 한다.

06 통조림, 병조림과 같은 밀봉식품의 부패가 원인이 되는 식중독과 가장 관계 깊은 것은?

① 포도상구균 식중독
② 클로스트리디움 보툴리늄 식중독
③ 리스테리아 식중독
④ 살모넬라 식중독

[해설] 통조림, 병조림과 같은 밀봉식품의 부패가 원인이 되는 식중독인 클로스트리디움 보툴리늄 식중독은 비교적 치사율이 높은 식중독이다.

07 우유의 살균방법으로 72~75℃에서 15~20초간 가열하는 것은?

① 저온살균법
② 고압증기멸균법
③ 고온단시간 살균법
④ 초고온순간 살균법

[해설] 우유의 살균방법
- 저온장시간 살균법: 63~65℃에서 30분간 가열
- 고온단시간 살균법: 72~75℃에서 15~20초간 가열
- 초고온순간 살균법: 130~150℃에서 0.5~5초간 가열

08 다음 세균성 식중독 중 독소형은?

① 살모넬라 식중독
② 장염비브리오 식중독
③ 알레르기성 식중독
④ 포도상구균식중독

[해설] • 독소형 식중독: 포도상구균식중독
• 감염형 식중독: 살모넬라 식중독, 장염비브리오 식중독

09 웰치균에 대한 설명으로 옳은 것은?

① 아포는 60℃에서 10분 가열하면 사멸한다.
② 혐기성 균주이다.
③ 냉장온도에서 잘 발육한다.
④ 당질식품에서 주로 발생한다.

[해설] 웰치균: 혐기성 세균으로 포자를 형성하는 균이다.

10 사용이 금지된 감미료는?

① 사카린나트륨(Saccharin sodium)
② 아스파탐(aspartame)
③ 페릴라틴(Peryllartine)
④ 디-소르비톨(D-sorbitol)

[해설] 페릴라틴은 설탕의 2천배의 감미를 가지고 있으나 독성이 있다. 따라서 식품에는 사용할 수 없다.

11 식품위생법규상 허위표시·과대광고 범위에 속하지 않는 것은?

① 질병의 치료에 효능이 있다는 내용
② 공인된 제조방법에 대한 내용
③ 외국어의 사용 등으로 외국제품으로 혼동할 우려가 있는 표시·광고
④ 허가받은 사항과 다른 내용의 표시·광고

[해설] 식품위생법규상 허위표시·과대광고
• 수입신고한 사항이나 허가받거나 신고·등록 또는 보고한 사항과 다른 내용의 표시·광고
• 질병의 예방 또는 치료에 효능이 있다는 내용의 표시·광고
• 외국어의 사용 등으로 외국제품으로 혼동할 우려가 있는 표시·광고 또는 외국과 기술제휴한 것으로 혼동할 우려가 있는 내용의 표시·광고

12 식품위생법상 식품, 식품첨가물, 기구 또는 용기·포장에 기재하는 "표시"의 범위는?

① 문자, 숫자
② 문자, 숫자, 도형
③ 문자
④ 문자, 숫자, 도형, 음향

[해설] 식품위생법상 "표시"라 함은 식품 또는 식품첨가물, 기구 또는 용기 포장에 기재하는 문자·숫자 또는 도형을 말한다.

13 식품위생의 대상이 아닌 것은?

① 식품
② 농기구
③ 식품첨가물
④ 용기

[해설] 식품위생법상의 정의(식품위생의 대상) '식품위생'이라 함은 식품, 식품첨가물, 기구 또는 용기, 포장을 대상으로 하는 음식물에 관한 위생을 말한다.

14 식품위생감시원의 직무가 아닌 것은?

① 수입·판매 또는 사용 등이 금지된 식품 등의 취급 여부에 관한 단속
② 영업자의 법령이행여부에 관한 확인·지도
③ 위생사의 위생교육에 관한 사항
④ 식품 등의 압류·폐기 등에 관한 사항

[해설] 식품위생감시원의 직무
- 식품 등의 위생적 취급기준의 이행지도
- 수입·판매 또는 사용 등이 금지된 식품 등의 취급 여부에 관한 단속
- 표시기준 또는 과대광고 금지의 위반 여부에 관한 단속
- 출입·검사에 필요한 식품 등의 수거
- 시설기준의 적합 여부의 확인·검사
- 영업자 및 종업원의 건강진단 및 위생교육의 이행 여부의 확인·지도
- 조리사·영양사의 법령준수사항 이행 여부의 확인·지도
- 행정처분의 이행 여부 확인
- 식품 등의 압류·폐기 등
- 영업소의 폐쇄를 위한 간판제거 등의 조치
- 기타 영업자의 법령이행 여부에 관한 확인·지도

15 식품 등의 표시기준상 영양성분별 세부표시방법에 의거하여 콜레스테롤의 함량을 "0"으로 표시할 수 있는 기준은?

① 2mg 미만일 때
② 5mg 미만일 때
③ 10mg 미만일 때
④ 성분이 검출되지 않은 경우

[해설] 콜레스테롤
- 가장 가까운 5mg 단위로 표시 2~5mg은 5mg 미만으로 표시가능
- 2mg 미만은 "0"으로 표시 가능

16 제조물책임법에 따른 소멸시효 등에서 손해배상의 청구권은 제조업자가 손해를 발생시킨 제조물을 공급한 날부터 몇 년 이내에 행사하여야 하는가?

① 5년　　　　　　　　　　② 10년
③ 15년　　　　　　　　　 ④ 20년

[해설] 손해배상의 청구권은 제조업자가 손해를 발생시킨 제조물을 공급한 날부터 10년 이내에 행사하여야 한다.

17 생물화학적 산소요구량(BOD)과 용존산소량(DO)의 일반적인 관계는?

① BOD가 높으면 DO도 높다.
② BOD가 높으면 DO는 낮다.
③ BOD와 DO는 상관이 없다.
④ BOD와 DO는 항상 같다.

[해설] • 생물화학적 산소요구량(BOD): 물속에서 증식하는 미생물이 유기물을 일정 조건 아래서 일정기간 안에 산화 분해할 때 소비하는 용존산소량을 뜻한다. BOD라고도 하며, BOD가 높을수록 유기물이 많이 포함된 오염된 물이다.
• 용존산소량(DO): 용존 산소량은 물 속에 포함되어 있는 산소량을 나타내며 수질 오염의 지표로 사용된다. 물 속의 미생물이 과다 번식하여 용존 산소가 부족해짐으로써 어패류가 생존을 위협받는다.

18 역성비누를 보통비누와 함께 사용할 때 가장 올바른 방법은?

① 보통비누로 먼저 때를 씻어낸 후 역성비누를 사용
② 보통비누와 역성비누를 섞어서 거품을 내며 사용
③ 역성비누를 먼저 사용한 후 보통비누를 사용
④ 역성비누와 보통비누의 사용 순서는 무관하게 사용

[해설] 일반 비누는 균을 살균하는 것이 아니라 씻어 흘러 없애는 것이다. 역성비누는 0.01~0.1%의 농도를 사용하며 침투력과 살균력이 강하다. 따라서 역성비누를 보통비누와 함께 사용할 때 가장 올바른 방법은 보통비누로 먼저 때를 씻어낸 후 역성비누를 사용하는 것이다.

19 중독될 경우 소변에서 코프로포르피린(corproporphyrin)이 검출 될 수 있는 중금속은?

① 철(Fe)   ② 크롬(Cr)
③ 납(Pb)   ④ 시안화합물(Cn)

[해설] 납(Pb)에 중독되면 피부 창백, 구강 치은부에 암청회색의 황화연이 침착한 청회색선, 소변 내 코프로포르피린 증가, 식욕부진, 변비, 복부팽만감, 사지 심근쇠약이나 마비, 관절통, 근육통, 두통 등이 일어난다.

20 간디스토마는 제2중간숙주인 민물고기 내에서 어떤 형태로 존재하다가 인체에 감염을 일으키는가?

① 피낭유충(metacer caria)   ② 레디아(redia)
③ 유모유충(miracidium)   ④ 포자유충(sporocyst)

[해설] 간디스토마는 제1중간숙주인 쇠우렁이에서 중간 단계로 성장해 물속을 돌아다니다 제2중간숙주인 자연산 민물고기의 아가미나 비늘, 근육 속에 피낭유충 형태로 존재한다.

21 위생해충과 이들이 전파하는 질병과의 관계가 잘못 연결된 것은?

① 바퀴-사상충
② 모기-말라리아
③ 쥐-유행성출혈열
④ 파리-장티푸스

[해설] 사상충은 모기에 의해 전염된다.

22 다음 중 자외선을 이용한 살균 시 가장 유효한 파장은?

① 250~260nm
② 350~360nm
③ 450~460nm
④ 550~560nm

[해설] 자외선 살균효과는 자외선의 파장에 따라 전혀 달라지며 250~260nm 파장이 가장 효과적이다.

23 다음 중 전화당의 구성성분과 그 비율로 옳은 것은?

① 포도당:과당이 1:1인 당
② 포도당:맥아당이 2:1인 당
③ 포도당:과당이 3:1인 당
④ 포도당:자당이 4:1인 당

[해설] 전화당은 자당을 가수분해해서 포도당:과당이 1:1인 혼합물이다.

24 먹다 남은 찹쌀떡을 보관하려고 할 때 노화가 가장 빨리 일어나는 보관 방법은?

① 냉장고 보관
② 냉동고 보관
③ 온장고 보관
④ 상온보관

[해설] 노화는 온도나 습도 등에 영향을 받는다. 노화에 가장 알맞은 온도는 0~3℃ 정도이며 노화에 가장 알맞은 습도는 30~60% 정도이다. 따라서 먹다 남은 찹쌀떡을 보관하려고 할 때 노화가 가장 빨리 일어나는 보관 방법은 냉장고 보관하는 것이다.

25 용어에 대한 설명 중 틀린 것은?

① 소독: 병원성 세균을 제거하거나 감염력을 없애는 것
② 멸균: 모든 세균을 제거하는 것
③ 방부: 모든 세균을 완전히 제거하여 부패를 방지하는 것
④ 자외선 살균: 살균력이 가장 큰 250~260nm의 파장을 써서 미생물을 제거하는 것

[해설] 방부: 물질의 부패를 막는 약제 즉, 동식물성 유기물이 미생물의 작용에 의해 부패하는 것을 막는 것이다.

26 효소적 갈변반응에 의해 색을 나타내는 식품은?

① 분말 오렌지 ② 간장
③ 캐러멜 ④ 홍차

[해설] 효소적갈변: 효소가 관여하는 식품의 갈변이다. 식물식품 중에 다량으로 존재하는 페놀유는 폴리페놀 산화효소에 의하여 퀴논으로 되고, 이것은 중합하여 착색물질인 멜라닌을 만들어낸다. 홍차, 코코아, 자두 등은 효소적 갈변을 효과적으로 이용하여 색깔을 형성시킨 예이다.

27 일반적인 잼의 설탕 함량은?

① 15~25% ② 35~45%
③ 60~70% ④ 90~100%

[해설] 일반적인 잼의 설탕 함량은 약 60~70% 정도이다.

28 40g의 달걀을 접시에 깨뜨려 놓았더니 난황 높이는 1.7cm, 난황 직경은 5cm였다. 이 달걀의 난황계수는?

① 0.188 ② 0.232
③ 0.340 ④ 0.375

[해설] 난황계수는 계란을 터트리어 평판에 놓고 난황의 최고부의 높이를 난황의 최대직경 값으로 나눈 값이다. 난황계수가 0.442~0.361은 신선한 계란이고, 0.3이하는 신선하지 않은 계란이다.

29 철과 마그네슘을 함유하는 색소를 순서대로 나열한 것은?

① 안토시아닌, 플라보노이드
② 카로티노이드, 미오글로빈
③ 클로로필, 안토시아닌
④ 미오글로빈, 클로로필

[해설]
• 미오글로빈, 헤모글로빈은 철을 함유하는 햄(hem)색소와 단백질 글로빈이 결합한 것으로서 그 비율은 각각 미오글로빈이 1:1, 헤모글로빈이 4:1로 되어 있다.
• 식물의 잎이 녹색을 띠는 것은 잎의 세포에 엽록체라는 세포의 소기관이 있고, 거기에 마그네슘을 함유한 클로로필(엽록소) 색소가 존재하기 때문이다.

30 식물성유를 요오드가로 분류한 내용 중 옳은 것은?

① 건성유-올리브유, 우유유지, 땅콩기름
② 반건성유-참기름, 채종유, 면실유
③ 불건성유-아마인유, 해바라기유, 동유
④ 경화유-미강유, 야자유, 옥수수유

[해설] 요오드값에 따른 동식물유류의 구분
- 건성유(요오드값이 130 이상): 해바라기기름, 정어리기름, 동유, 대구유, 아마인유, 들기름, 상어유 등이 있다.
- 반건성유(요오드값이 100~130 미만): 채종유, 참기름, 쌀겨기름, 옥수수기름, 면실유, 청어유, 콩기름 등이 있다.
- 불건성유(요오드값이 100미만): 땅콩기름, 야자유, 파자마기름, 올리브유, 고래기름, 돼지기름, 소기름 등이 있다.

31 딸기 속에 많이 들어 있는 유기산은?

① 사과산
② 호박산
③ 구연산
④ 주석산

[해설] 딸기가 신맛을 내는 것은 1~2%의 유기산을 함유하고 있기 때문이다. 유기산 중 가장 많이 들어 있는 구연산은 체내에서 다른 피로 물질들이 빨리 분해 및 처리되게 하여 신진대사를 원활히 해준다.

32 감칠맛 성분과 소재식품의 연결이 잘못된 것은?

① 베타인(Betaine)-오징어, 새우
② 크레아티닌(Creatinine)-어류, 육류
③ 카노신(Carnosine)-육류, 어류
④ 타우린(Taurine)-버섯, 죽순

[해설] 타우린은 소라, 굴, 낙지, 대하, 오징어 등의 해산물에 많이 함유되어 있다.

33 육류의 결합조직을 장시간 물에 넣어 가열했을 때의 변화는?

① 콜라겐이 젤라틴으로 된다.
② 액틴이 젤라틴으로 된다.
③ 미오신이 콜라겐으로 된다.
④ 엘라스틴이 콜라겐으로 된다.

[해설] 육류 가열에 의한 고기 변화
- 결합 조직의 연화
  - 콜라겐은 가열에 의해 수축되는데 계속해서 가열하면 콜라겐속 폴리펩티드의 결합이 끊어져 가용성의 젤라틴으로 변한다.
  - 엘라스틴은 물속에서 오래 끓여도 거의 변화되지 않고 단백질 소화효소에 의해서도 강한 저항성을 가지고 있어 거의 소화되지 않는다.

34 아래의 조건에서 당질 함량을 기준으로 감자140g을 보리쌀로 대치하면 보리쌀은 약 몇 g이 되는가?

> - 감자 100g의 당질 함량 14.4g
> - 보리쌀 100g의 당질 함량 68.4g

① 29.5g ② 37.6g
③ 46.3g ④ 54.7g

[해설] • 감자 100g의 당질 함량 14.4g 일 때, 감자140g의 당질 함량을 xg이라 하면
    100g:14.4g=140g:xg
    따라서 x=20.16g
• 그리고 감자140g을 보리쌀로 대치한다고 했으니 보리쌀의 당질 함량이 20.16g 이 되는 yg를 구해주면 된다.
    따라서 100g:68.4g=yg:20.16g
    따라서 y≒29.5g

35 1인분 사용량이 120g이며 폐기율이 55%인 닭고기로 200인분의 음식을 만들려고 할 때 발주량은 약 얼마인가?

① 44kg ② 53kg
③ 75kg ④ 91kg

[해설] 총 발주량=$\left(\dfrac{정미중량 \times 100}{100-폐기율}\right) \times 인원수$
    따라서 발주량=$\left(\dfrac{120 \times 100}{100-55}\right) \times 200 ≒ 53$kg

36 마가린, 쇼트닝, 튀김유 등은 식물성 유지에 무엇을 첨가하여 만드는가?

① 염소 ② 산소
③ 탄소 ④ 수소

[해설] 마가린, 쇼트닝, 튀김유 등은 식물성 유지에 수소를 첨가하여 액체상태의 식물성 기름을 고체화 시킨다.

37 작업장에서 발생하는 작업의 흐름에 따라 시설과 기기를 배치할 때 작업의 흐름이 순서대로 연결된 것은?

> ㉠ 전처리　　　　　　　　㉡ 장식·배식
> ㉢ 식기세척·수납　　　　㉣ 조리
> ㉤ 식재료의 구매·검수

① ㉤ - ㉠ - ㉣ - ㉡ - ㉢
② ㉠ - ㉡ - ㉢ - ㉣ - ㉤
③ ㉤ - ㉣ - ㉡ - ㉠ - ㉢
④ ㉢ - ㉠ - ㉣ - ㉤ - ㉡

[해설] 작업장에서 발생하는 작업의 흐름에 따라 시설과 기기를 배치할 때 물품 이동의 흐름이 식재료의 구매·검수, 저장, 전처리, 조리, 장식·배식, 식기세척·수납으로 한 방향으로 연결되도록 하며, 이동거리와 동선을 단축할 수 있는 구조로 되어야 한다.

38 냉동생선을 해동하는 방법으로 위생적이며 영양 손실이 가장 적은 경우는?

① 18~22℃의 실온에 방치한다.
② 40℃의 미지근한 물에 담가둔다.
③ 냉장고 속에서 해동한다.
④ 흐르는 물에 담가둔다.

[해설] 냉동생선을 해동하는 방법 중 가장 좋은 방법은 냉장고 속에서 해동하는 것이다. 냉장고의 온도는 대부분이 5~10℃ 안팎으로 조정이 돼있어 세포 손상도 거의 없고 영양적으로 좋고 맛까지 잡게 된다.

39 침에 들어있는 소화효소의 작용은?

① 지방을 지방산과 글리세린으로 분해한다.
② 녹말을 맥아당으로 변화시킨다.
③ 단백질을 아미노산으로 분해한다.
④ 수용성 비타민을 분해한다.

[해설] 침 속에 있는 아밀라아제는 녹말을 맥아당이나 포도당으로 분해해 소화를 돕는 효소다.

40 기계·기구 등에 대한 안전사고에서 야채절단기, 분쇄기, 탈피기 등의 원인에 대한 대책으로 잘못된 것은?

① 재료를 투입구에 넣을 때엔 고무장갑을 끼고 한다.
② 칼날 같은 부품을 분해할 때에는 보호 장갑을 착용하고 작업을 한다.
③ 재료를 기구에 투입할 때엔 안전보조기구를 반드시 사용한다.
④ 기계의 작동이 완전히 멈춘 뒤에 손을 댄다.

[해설] 재료를 투입구에 넣을 때 고무장갑을 끼고 넣으면 고무장갑이 기구에 말려 들어갈 수 있기 때문에 반드시 고무장갑을 벗고 해야 한다.

41 연제품 제조에서 어육단백질을 용해하며 탄력성을 주기위해 꼭 첨가해야 하는 물질은?

① 소금　　　　　　　　　　② 설탕
③ 펙틴　　　　　　　　　　④ 글로타민산소다

[해설] 연제품은 물고기를 소금과 함께 갈고 부수면 고기 중의 단백질이 소금에 녹게 되어 점성용액 즉, 졸(sol) 상태가 되는데 이것을 가열 응고하여 겔(gel)화 시켜서 만든다.

42 총비용과 총수익(판매액)이 일치하여 이익도 손실도 발생되지 않는 기점은?

① 매상선점　　　　　　　　② 가격결정점
③ 손익분기점　　　　　　　④ 한계이익점

[해설] 손익분기점: 총비용선과 총수익선이 만나는 점이며 이익도 손실도 발생하지 않는 지점이다.

43 재고 관리 시 주의점이 아닌 것은?

① 재고 회전율치 계산은 주로 한 달에 1회 산출한다.
② 재고 회전율이 표준차보다 낮으면 재고가 과잉임을 나타내는 것이다.
③ 재고 회전율이 표준치보다 높으면 생산지연 등이 발생할 수 있다.
④ 재고 회전율이 표준치보다 높으면 생산비용이 낮아진다.

[해설] 재고자산회전율이 과다하게 높으면 생산 및 판매활동에 부담이 된다.

44 오이피클 제조 시 오이의 녹색이 녹갈색으로 변하는 이유는?

① 클로로필리드가 생겨서　　② 클로로필린이 생겨서
③ 페오피틴이 생겨서　　　　④ 잔토필이 생겨서

[해설] 오이피클시 녹색이 녹갈색으로 변하는 것은 클로로필이 산에 의해 페오피틴으로 변하는 갈변 때문이다.

45 가식부율이 80%인 식품의 출고계수는?

① 1.25
② 2.5
③ 4
④ 5

[해설] 출고계수 = $\dfrac{\text{필요량 1개}}{\text{가식부율 80\%}} = \dfrac{1}{0.8} = 1.25$

(가식부율 80% = $\dfrac{80}{100}$ = 0.8)

46 식단 작성이 필요한 이유가 될 수 없는 것은?

① 가족들이 좋아하는 음식만을 계속 만들어 제공할 수 있다.
② 가족에 알맞은 영양을 제공할 수 있다.
③ 가정경제에 알맞은 식품선택을 할 수 있다.
④ 식단계획은 좋은 식습관을 형성한다.

[해설] 식단 작성이 필요한 이유
- 영양상 균형 있는 식사를 할 수 있다.
- 경제적이며 질 좋은 식사를 할 수 있다:
  - 작성된 식단에 따라 식비의 예산 범위 내에서 식품 선택을 할 수 있다.
  - 계절 식품, 대체 식품을 이용할 수 있어 경제적이다.
- 시간과 노력을 절약할 수 있다.
- 가족에게 만족감을 준다.
- 좋은 식습관을 형성하게 한다.

47 다음 식품의 분류 중 곡류에 속하지 않는 것은?

① 보리
② 조
③ 완두
④ 수수

[해설]
- 곡류: 쌀, 보리, 밀, 귀리, 조, 수수, 옥수수, 메밀, 율무, 기장, 피 등
- 두류: 콩, 팥, 땅콩, 녹두, 강낭콩, 완두, 검정콩 등

48 육류를 연화시키는 방법으로 적합하지 않은 것은?

① 생파인애플즙에 재워 놓는다.
② 칼등으로 두드린다.
③ 소금을 적당히 사용한다.
④ 끓여서 식힌 배즙에 재워놓는다.

[해설] 육류를 연화시킬 때 끓여서 식힌 배즙을 사용하면 효소가 파괴되기 때문에 적합하지 않다.

49 달걀흰자의 거품형성과 관련된 내용으로 맞는 것은?

① 거품형성에는 수동교반기가 전동교반기보다 효과가 더 크다.
② 교반시간이 길어질수록 거품의 용적과 안정성이 유지 된다.
③ 달걀흰자는 실온에서보다 냉장온도에서 보관한 것이 더 교반하기 쉽다.
④ 지나치게 오래 교반하면 거품은 작아지지만 가만히 두면 굵은 거품을 형성하게 된다.

[해설] 난백의 기포성: 지나치게 오래 교반하면 거품은 작아지나 가만히 두면 굵은 거품을 형성하게 된다.

50 다음 중 반달 썰기에 대한 설명으로 맞는 것은?

① 주로 단면이 둥근 채소를 통째로 썰 때 쓰는 방법이다.
② 둥근 채소를 가로와 세로로 4등분을 한 뒤에 써는 방법이다.
③ 둥근 채소가 클 경우에 가로로 반을 가른 후 썰어 반달 모양이 되게 써는 방법이다.
④ 둥근 모양 식재료의 가장자리를 잘라내어 사각형 모양으로 잘라내는 방법이다.

[해설] ①은 원형 썰기에 대한 설명이다.
②는 은행잎 썰기에 대한 설명이다.
④는 골패 썰기에 대한 설명이다.

51 다음 중 신선하지 않은 식품은?

① 생선: 윤기가 있고 눈알이 약간 튀어나온 듯한 것
② 고기: 육색이 선명하고 윤기 있는 것
③ 계란: 껍질이 반들반들하고 매끄러운 것
④ 오이: 가시가 있고 곧은 것

[해설] 계란은 껍질이 거칠거칠한 것이 싱싱한 계란이다.

52 단체급식의 목적으로 적당하지 않은 것은?

① 국가의 식량정책 방향을 제시한다.
② 피급식자에게 영양지식을 제공한다.
③ 피급식자의 올바른 식습관을 유도한다.
④ 피급식자의 건강유지 및 증진을 도모한다.

[해설] 단체급식의 목적
• 피급식자의 건강유지 및 증진을 도모한다.
• 피급식자의 올바른 식습관을 유도한다.
• 피급식자에게 영양지식을 제공한다.
• 피급식자에게 편리성 제공과 비용을 절감해 준다.
• 피급식자의 인간관계 육성과 사회성 함양

53 가열조리 중 건열조리에 속하는 조리법은?

① 찜
② 구이
③ 삶기
④ 조림

[해설] 가열 조리 방법은 습열조리, 건열조리, 복합식으로 나눌 수 있다.
- 습열 조리법: 삶기, 끓이기, 찌기, 졸이기, 볶기 등
- 건열 조리법: 구이, 부치기, 튀기기, 굽기 등

54 꽁치 50g의 단백질 량은? (단, 꽁치 100g당 단백질량은 24.9g)

① 12.45g
② 19.19g
③ 25.96g
④ 49.18g

[해설] 꽁치 100g당 단백질량은 24.9g 이므로 꽁치 50g의 단백질 량은 꽁치 100g당 단백질량의 절반이다. 따라서 꽁치 50g의 단백질 량은 12.45g이다.

55 잔치국수 100그릇을 만드는 재료내역이 아래표와 같을 때 한 그릇의 재료비는 얼마인가? (단, 폐기율은 0%로 가정하고 총양념비는 100그릇에 필요한 양념의 총액을 의미한다.)

	100 그릇의 양(g)	100g당 가격(원)
건국수	8000	200
쇠고기	5000	1400
애호박	5000	80
달걀	7000	90
총양념비	-	7000(100그릇)

① 1000원
② 1125원
③ 1033원
④ 1200원

[해설] 재료비가 100g당 가격이기 때문에 일단 재료의 양을 같은 100g을 기준으로 한다.
- 건국수의 가격: 80×200=16,000원
- 쇠고기의 가격: 50×1400=70,000원
- 애호박의 가격: 50×80=4,000
- 달걀의, 가격: 70×90=6,300원

여기에 모두의 가격 7000원을 더해주면
16,000+70,000+4,000+6,300+7,000=103,300원
문제에서 구하는 가격은 한 그릇의 재료비를 구하는 것이므로
103,300원÷100=1,033원

56 다음 중 옹근죽에 속하지 않는 것은?

① 흰죽 ② 잣죽
③ 팥죽 ④ 채소죽

[해설] 옹근죽: 쌀알을 빻지 않고 통으로 쑤는 죽으로 흰죽, 팥죽, 녹두죽, 채소죽 등이 있다.
잣죽은 무리죽에 속한다.

57 오이나 미역 등으로 약산 신맛을 내어 차게 해서 먹는 국으로 국물을 더욱 차갑게 하기 위해서 얼음을 띄우기도 하는 국은?

① 냉국 ② 곰국
③ 토장국 ④ 맑은장국

[해설] ② 곰국: 쇠머리·사골·도가니·양지머리·갈비·꼬리·양·곱창·곤자소니 같은 소의 여러 부위를 여러 시간 푹 고아내 국물이 진하게 우러나게 끓인 국이다.
③ 토장국: 육수에 된장을 풀어 끓인 국으로 구수하면서도 깊은 맛이 있다.
④ 맑은장국: 간장으로 간을 맞추어 국물을 맑게 끓인 국으로 격식을 갖춘 반상차림에 차려진다.

58 끓이는 음식 중 찌개는 탕 또는 국보다 국물의 양이 어떠한가?

① 국물의 양이 많다.
② 국물의 양이 없다.
③ 국물의 양이 별 차이 없다.
④ 국물의 양이 좀 적다.

[해설] 끓이는 음식 중 국물이 많은 것은 탕 또는 국이라 하고 국물이 좀 적은 것은 찌개라 한다.

59 다음 중 강회란 어떤 회의 일종인가?

① 숙회 ② 초회
③ 생회 ④ 다다끼

[해설] 미나리강회: 강회란 숙회의 일종으로 미나리나 파와 같은 채소를 소금물에 데친 다음, 다른 채소와 함께 말아놓은 것이다.
② 초회: 생선과 조개류, 날 채소, 날미역 등을 식초, 소금, 간장에 살짝 무쳐 만든 회이다.
③ 생회: 일반적으로 회라고 부르는 것으로 말 그대로 날로 먹는 회이다.
④ 다다끼: 생회+숙회 방식인데, 참치나 생선회를 불을 이용해서 겉 부분만 익히는 방식이다.

60 다음 중 된장구이에 대한 설명이 아닌 것은?

① 만들은 된장 양념을 재료에 바르거나 또는 재워 두었다가 굽는 방법이다.
② 초벌구이는 대개 유장을 발라서 구워준다.
③ 생선이나 육류의 냄새를 제거하기에 효과적인 방법이다.
④ 된장구이를 하는 재료에는 생선, 돼지고기 등이 있다.

[해설] ②는 고추장 양념구이의 특징에 해당한다.

정답

1.④	2.④	3.①	4.④	5.①	6.②	7.③	8.④	9.②	10.③
11.②	12.②	13.②	14.③	15.①	16.②	17.②	18.①	19.③	20.①
21.①	22.①	23.①	24.①	25.③	26.④	27.③	28.③	29.④	30.①
31.③	32.④	33.①	34.①	35.②	36.④	37.①	38.③	39.②	40.①
41.①	42.③	43.④	44.③	45.①	46.①	47.③	48.④	49.④	50.③
51.③	52.①	53.②	54.①	55.③	56.②	57.①	58.④	59.①	60.②

6회 CBT 예상문제

01 종사원은 건강검진을 연 몇 회 해야 하는가?
① 2년에 1회　　　　② 연1회
③ 연2회　　　　　　④ 연3회

[해설] 종사원은 건강검진을 연1회 실시한다.

02 중금속에 의한 중독과 증상을 바르게 연결한 것은?
① 납중독-빈혈 등의 조혈장애
② 수은중독-골연화증
③ 카드뮴 중독-흑피증, 각화증
④ 비소중독-사지마비, 보행장애

[해설] ② 수은중독: 치아의 이완, 치은염, 천공성 궤양, 미나마타병, 신경손상 등이 있다.
③ 카드뮴 중독: 이따이이따이 병을 유발하며, 뼈의 관절부 이상을 초래, 신경, 간장호흡기, 순환기 계통 질환을 일으킨다.
④ 비소중독: 손, 발바닥의 각화, 비중격천공, 빈혈, 용혈성 작용, 중추신경계 자극증상이 있으며, 뇌증상으로 두통, 권태감, 정신 증상 등이 있다.

03 HACCP의 의무적용 대상 식품에 해당하지 않는 것은?
① 빙과류　　　　　　② 비가열음료
③ 껌류　　　　　　　④ 레토르트식품

[해설] HACCP의 의무적용 대상 식품
• 어육가공품 중 어묵류
• 냉동수산식품 중 어류, 연체류, 조미가공품
• 냉동식품 중 피자류, 만두류, 면류
• 빙과류
• 비가열음료
• 레토르트식품
• 김치류 중 배추김치

04 식품첨가물 중 보존료의 목적을 가장 잘 표현한 것은?

① 산도 조절
② 미생물에 의한 부패 방지
③ 산화에 의한 변패 방지
④ 가공과정에서 파괴되는 영양소 보충

[해설] 보존료: 미생물의 발육을 억제하는 정균작용과 미생물을 살균시키는 살균작용, 식품 또는 세균이 생산하는 효소 작용을 억제한다. 디하이드로아세트산, 프로피온산 칼슘, 프로피온산나트륨, 소르브산, 안식향산(벤조산) 등이 있다.

05 미숙한 매실이나 살구씨에 존재하는 독성분은?

① 라이코린
② 하이오사이어마인
③ 리신
④ 아미그달린

[해설] 매실이나 살구씨에 존재하는 독성분은 아미그달린이다.

06 내열성이 강한 아포를 형성하며 식품의 부패 식중독을 일으키는 혐기성균은?

① 리스테리아속
② 비브리오속
③ 살모넬라속
④ 클로스트리디움속

[해설] 클로스트리디움속: 혐기성, 그람음성으로 포자를 생성하는 막대 모양의 세균속으로 내열성이 강한 아포를 형성하며 식품의 부패 식중독을 일으킨다.

07 식품첨가물이 갖추어야 할 조건으로 옳지 않은 것은?

① 식품에 나쁜 영향을 주지 않을 것
② 다량 사용하였을 때 효과가 나타날 것
③ 상품의 가치를 향상시킬 것
④ 식품성분 등에 의해서 그 첨가물을 확인할 수 있을 것

[해설] 식품첨가물은 사용 목적에 따른 효과를 소량으로도 충분히 나타낼 수 있어야 한다.

08 황색 포도상구균에 의한 식중독 예방대책으로 적합한 것은?

① 토양의 오염을 방지하고 특히 통조림의 살균을 철저히 해야 한다.
② 쥐나 곤충 및 조류의 접근을 막아야 한다.
③ 어패류를 저온에서 보존하며 생식하지 않는다.
④ 화농성 질환자의 식품 취급을 금지한다.

[해설] 황색 포도상구균에 의한 식중독 예방대책
- 음식을 다루기 전에 손과 손톱 밑을 비누와 물로 씻는다.
- 코 또는 눈에 염증이 있을 경우엔 음식물을 다루지 않는다.
- 손이나 손목에 상처가 있거나 피부에 염증이 있을 경우엔 음식물을 다루거나 다른 사람들에게 음식을 제공하지 않는다.
- 주방과 음식을 제공하는 구역은 깨끗하고 위생적으로 유지한다.
- 음식을 2시간 이상 보존해야 할 경우에는 뜨거운 음식은 뜨겁게(60℃ 이상), 차가운 음식은 차갑게(4℃ 이하) 보관해야 한다.
- 조리된 음식은 가능한 한 빨리 넓고 얕은 용기에 담아 냉장고에 보관한다.

09 껌 기초제로 사용되며 피막제로도 사용되는 식품첨가물은?

① 초산비닐수지　　　　　② 에스테르검
③ 폴리이소부틸렌　　　　④ 폴리소르베이트

[해설] ② 에스테르검: 츄잉껌 기초제이며, 츄잉껌 기초제 이외의 용도로 사용하여서는 안 된다.
③ 폴리이소부틸렌: 무색 또는 담황색의 점조한 액체로 때로는 반고체 상의 것도 있다. 이것은 껌의 기제로만 사용이 허용되고 있다.
④ 폴리소르베이트: 소르비탄 지방산에스테르에 에틸렌옥시드를 결합시킨 폴리옥시에틸렌 고급 지방족알코올이다.

10 부패가 진행됨에 따라 식품은 특유의 부패취를 내는데 그 성분이 아닌 것은?

① 아민류　　　　　　　　② 아세톤
③ 황화수소　　　　　　　④ 인돌

[해설] 부패취의 성분으로는 아민류, 카르보닐류, 암모니아, 피페리딘, 탄산가스, 황화수소, 인돌, 메탄 등이 있다.

11 출입 · 검사 · 수거 등에 관한 사항 중 틀린 것은?

① 식품의약품안전처장은 검사에 필요한 최소량의 식품 등을 무상으로 수거하게 할 수 있다.
② 출입 · 검사 · 수거 또는 장부열람을 하고자 하는 공무원은 그 권한을 표시하는 증표를 지녀야 하며 관계인에게 이를 내보여야 한다.
③ 시장 · 군수 · 구청장은 필요에 따라 영업을 하는 자에 대하여 필요한 서류나 그 밖의 자료

의 제출 요구를 할 수 있다.

④ 행정응원의 절차, 비용부담 방법 그 밖에 필요한 사항은 검사를 실시하는 담당공무원이 임의로 정한다.

[해설] 행정 응원의 절차, 비용부담 방법 그 밖에 필요한 사항은 대통령령으로 정한다.

12 식품위생법상 식품위생의 대상이 되지 않는 것은?
① 식품 및 식품첨가물
② 의약품
③ 식품, 용기 및 포장
④ 식품, 기구

[해설] 식품위생법상 식품위생의 대상: 식품, 식품첨가물, 기구 또는 용기, 포장을 대상으로 하는 음식물 등이다.

13 보건복지부령이 정하는 위생등급기준에 따라 위생관리상태 등이 우수한 집단급식소를 우수업소 또는 모범업소로 지정할 수 없는 자는?
① 식품의약품안전처장
② 보건환경연구원장
③ 시장
④ 군수

[해설] 식품의약품안전청장, 특별자치도지사, 시장, 군수, 구청장은 보건복지부령이 정하는 위생 등급기준에 따라 위생관리상태 등이 우수한 식품 등의 제조 가공업소 또는 식품접객업소 또는 집단급식소를 우수업소 또는 모범업소로 지정할 수 있다.

14 식품위생법상 집단급식소에 근무하는 영양사의 직무가 아닌 것은?
① 종업원에 대한 식품위생교육
② 식단작성, 검식 및 배식관리
③ 조리사의 보수교육
④ 급식시설의 위생적 관리

[해설] 식품위생법상 집단급식소에 근무하는 영양사의 직무: 식단작성, 검식, 배식관리, 구매식품 검수, 관리, 급식시설 위생적 관리, 집단급식소 운영일지 작성, 종업원 대한 영양지도, 식품위생교육

15 식품접객업 조리장의 시설기준으로 적합하지 않은 것은?(단, 제과점영업소와 관광호텔업 및 관광공연장업의 조리장의 경우는 제외한다)
① 조리장은 손님이 그 내부를 볼 수 있는 구조로 되어있어야 한다.
② 조리장 바닥에 배수구가 있는 경우에는 덮개를 설치하여야 한다.
③ 조리장 안에는 조리시설·세척시설·폐기물 용기 및 손 씻는 시설을 각각 설치하여야 한다.
④ 폐기물 용기는 수용성 또는 친수성 재질로 된 것이어야 한다.

[해설] 폐기물용기는 내수성 자재로 오물, 악취 등이 누출되지 않도록 뚜껑을 설비해야 한다.

16 열작용을 갖는 특징이 있어 일명 열선이라고도 하는 복사선은?

① 자외선 ② 가시광선
③ 적외선 ④ X-선

[해설] ① 자외선: 가시광선보다 짧은 파장이다. 사람의 피부를 태우거나 살균작용을 하며, 과도하게 노출될 경우 피부암에 걸릴 수도 있다.
② 가시광선: 눈으로 지각되는 파장 범위를 가진 빛으로 생체에 대해서 거의 장해 작용은 없지만, 빛이 특히 강한 경우에는 장해를 받는 경우가 있다.
④ X-선: 고속 전자가 금속 표적에 충돌할 때 발생하며, 파장이 약 0.0001~1mm인 전자파 방사선. 가시광선에 비해 짧은 파장을 갖는다.

17 우리나라에서 발생하는 장티푸스의 가장 효과적인 관리 방법은?

① 환경위생 철저 ② 공기정화
③ 순화독소(Toxoid) 접종 ④ 농약 사용 자제

[해설] 장티푸스의 예방을 위해서는 개인위생 및 철저한 환경위생이 가장 중요하며, 만성 보균자에 대한 관리(2년간 보균검사 실시)가 중요하다.

18 쥐의 매개에 의한 질병이 아닌 것은?

① 쯔쯔가무시병 ② 유행성출혈열
③ 페스트 ④ 규폐증

[해설] 규폐증: 공기중에 섞여 있는 유리규산 SiO_2(이산화규소)의 미세분말을 오랫동안 마심으로서 나타나는 만성폐질환이다.

19 수인성 감염병의 유행 특징이 아닌 것은?

① 일반적으로 성별, 연령별 이환율의 차이가 적다.
② 발생지역이 음료수 사용지역과 거의 일치한다.
③ 발병률과 치명률이 높다.
④ 폭발적으로 발생한다.

[해설] 수인성 감염병은 원인병원성 미생물에 따라 다양한 경과와 합병증을 보이나 대부분 증상 완화를 위한 대증요법, 수액치료만으로도 수일 내에 회복된다.

20 채소로 감염되는 기생충이 아닌 것은?

① 편충 ② 회충
③ 동양모양선충 ④ 사상충

[해설] 사상충: 모기에 의해 전염되는 질병이다.

21 어취의 성분인 트리메틸아민(TMA; Trimetylamine)에 대한 설명 중 틀린 것은?

① 불쾌한 어취는 트리메틸아민의 함량과 비례한다.
② 수용성이므로 물로 씻으면 많이 없어진다.
③ 해수어보다 담수어에서 더 많이 생성된다.
④ 트리메틸아민 옥사이드(trimethylamineOxide)가 환원되어 생성된다.

[해설] 어취의 성분인 트리메틸아민은 주로 해수어의 비린내 성분이다.

22 밀가루 제품의 가공특성에 가장 큰 영향을 미치는 것은?

① 라이신 ② 글로불린
③ 트립토판 ④ 글루텐

[해설] 밀가루가 다른 곡분에 비해 물을 균등하게 흡수하는 것과, 면이 잘 늘어나는 것은 모두 글루텐이 존재하기 때문이며, 밀가루를 가공 조리하는 데 기본이 되는 성분이다.

23 식품의 성분을 일반성분과 특수성분으로 나눌 때 특수성분에 해당하는 것은?

① 탄수화물 ② 향기성분
③ 단백질 ④ 무기질

[해설] 식품의 성분
  • 일반성분: 식물이나 식품을 구성하고 있는 물질을 수분, 당, 섬유, 단백질, 지방으로 나누어 구분한 것
  • 특수성분: 식품성분에서 일반성분 이외의 것으로 건강유지와 관련이 큰 성분이다.

24 식품의 효소적 갈변에 대한 설명으로 맞는 것은?

① 간장, 된장 등의 제조과정에서 발생한다.
② 블랜칭(Blanching)에 의해 반응이 억제된다.
③ 기질은 주로 아민(Amine)류와 카르보닐(Carbonyl) 화합물이다.
④ 아스코르빈산의 산화반응에 의한 갈변이다.

[해설] 식품의 효소적 갈변은 일반적으로 블랜칭(데치기)에 의한 효소의 불활성화, 아스코르브산 등의 환원제나 아황산으로 저지할 수 있다.

25 다음 중 소화기 설치 및 관리요령으로 잘못된 것은?

① 소화기는 눈에 잘 띄며 통행하는데 지장을 주지 않는 곳에 설치한다.
② 습기가 적고 건조하며 서늘한 곳에 설치한다.
③ 유사시에 대비해 수시로 점검하고 파손, 부식 등을 확인한다.
④ 사용한 소화기는 다시 사용하지 않는다.

[해설] 소화기 설치 및 관리요령
- 소화기는 눈에 잘 띄며 통행하는데 지장을 주지 않는 곳에 설치한다.
- 습기가 적고 건조하며 서늘한 곳에 설치한다.
- 유사시에 대비해 수시로 점검하고 파손, 부식 등을 확인한다.
- 사용한 소화기는 다시 사용이 가능하도록 허가업체에서 약제를 충전한다.

26 발효식품이 아닌 것은?

① 두부　　　　　　　　② 식빵
③ 치즈　　　　　　　　④ 맥주

[해설] 발효식품: 젖산균이나 효모 등 미생물의 발효 작용을 이용하여 만든 식품으로 치즈, 맥주, 식빵, 간장, 된장 등이 있다.

27 카세인(Casein)이 효소에 의하여 응고되는 성질을 이용한 식품은?

① 아이스크림　　　　　② 치즈
③ 버터　　　　　　　　④ 크림스프

[해설] 우유에 산이나 렌넷 등을 첨가하면 단백질 응고물이 형성된다. 이 응고물의 주성분은 카세인이며 치즈 제조의 주체이다.

28 25g의 버터(지방 80%, 수분 20%)가 내는 열량은?

① 36kcal　　　　　　　② 100kcal
③ 180kcal　　　　　　 ④ 225kcal

[해설] 지방: 1g에 9kcal
25g의 버터에 지방이 80%, 수분이 20% 이므로 지방은 20g이다.
따라서 20×9=180kcal

29 환원성이 없는 당은?

① 포도당(Glucose)　　② 과당(Fructose)
③ 설탕(Sucrose)　　④ 맥아당(Maltose)

[해설] 설탕(자당)의 구성은 포도당과 과당으로 되어있으며 비환원당이다.

30 홍조류에 속하는 해조류는?

① 김　　② 청각
③ 미역　　④ 다시마

[해설] 홍조류: 수중에서 서식하는 대표적인 조류 중의 하나로 적색 또는 적자색을 띈다. 대표적인 홍조류로는 김이나 우뭇가사리가 있다.

31 물에 녹는 비타민은?

① 레티놀(Retinol)　　② 토코페롤(Tocopherol)
③ 티아민(Tiamine)　　④ 칼시페롤(Calciferol)

[해설] 수용성 비타민: 물에 녹는 비타민으로 비타민B1, 비타민B2, 비타민B6, 비타민B12, 니아신, 비타민C, 비오틴, 엽산, 티아민, 판토텐산 등이 있다.

32 달걀에 관한 설명으로 틀린 것은?

① 흰자의 단백질은 대부분이 오보뮤신(Ovomucin)으로 기포성에 영향을 준다.
② 난황은 인지질인 레시틴(Lecithin), 세팔린(Cephalin)을 많이 함유한다.
③ 신선도가 떨어지면 흰자의 점성이 감소한다.
④ 신선도가 떨어지면 달걀 흰자는 알칼리성이 된다.

[해설] 달걀흰자의 단백질은 오브알부민, 콘알부민, 오브뮤코이드, 오브글로불린G1 등으로 이루어져 있다.

33 아린 맛은 어느 맛의 혼합인가?

① 신맛과 쓴맛　　② 쓴맛과 단맛
③ 신맛과 떫은맛　　④ 쓴맛과 떫은맛

[해설] 아린 맛은 쓴맛과 떫은맛의 혼합된 맛이다.

34 식품의 산성 및 알칼리성을 결정하는 기준 성분은?

① 필수지방산 존재 여부
② 필수아미노산 존재 여부
③ 구성 탄수화물
④ 구성 무기질

[해설] 산성식품과 알칼리성 식품은 음식을 태워 재로 만들어 그 재 속에 있는 무기질 성분으로 구분을 할 수 있다. 그 이유는 음식이 우리 몸속에 들어가 연소가 되어 에너지로 사용되기 때문이다.

35 향신료의 매운맛 성분 연결이 틀린 것은?

① 고추-캡사이신(Capsaicin)
② 겨자-차비신(Chavicine)
③ 울금(Curry 분)-커큐민(Curcumin)
④ 생강-진저롤(Gingerol)

[해설] 겨자: 시니그린

36 식품을 구매하는 방법 중 경쟁입찰과 비교하여 수의계약의 장점이 아닌 것은?

① 절차가 간편하다.
② 경쟁이나 입찰이 필요 없다.
③ 싼 가격으로 구매할 수 있다.
④ 경비와 인원을 줄일 수 있다.

[해설] 싼 가격으로 구매할 수 있는 것은 경쟁입찰의 장점이다.

37 냉장했던 딸기의 색깔을 선명하게 보존할 수 있는 조리법은?

① 서서히 가열한다.
② 짧은 시간에 가열한다.
③ 높은 온도로 가열한다.
④ 전자렌지에서 가열한다.

[해설] 냉장했던 딸기의 색깔을 선명하게 보존하기 위해서는 서서히 가열함으로써 세포의 호흡에 필요한 산소를 완전히 소비시켜 준다.

38 버터의 특성이 아닌 것은?

① 독특한 맛과 향기를 가져 음식에 풍미를 준다.
② 냄새를 빨리 흡수하므로 밀폐하여 저장하여야 한다.
③ 유중수적형이다.
④ 성분은 단백질이 80% 이상이다.

[해설] 버터의 성분 중 유지방이 80% 이상이다.

39 호화전분이 노화를 일으키기 어려운 조건은?

① 온도가 0~4℃일 때
② 수분 함량이 15% 이하일 때
③ 수분 함량이 30~60%일 때
④ 전분의 아밀로오스 함량이 높을 때

[해설] 노화촉진에 관계하는 요인
- 온도: 0~4℃일 때(냉장고에서 전분의 노화가 빨라진다.)
- 수분함량: 30~70%일 때
- pH: 수소이온이 많고, 산도가 높을 때
- 전분 분자의 종류: 아밀로스의 함량이 많을 때
- 멥쌀, 보리: 아밀로스 20~30%와 아밀로펙틴 70~80%일 때
- 찹쌀과 찰옥수수: 100% 아밀로펙틴 구성일 때

40 곡류의 영양성분을 강화할 때 쓰이는 영양소가 아닌 것은?

① 비타민B1　　　　② 비타민B2
③ Niacin　　　　　④ 비타민B12

[해설] 비타민B12는 주로 육류, 조류, 생선, 조개 등의 동물성 식품에 있다.

41 유화의 형태가 나머지 셋과 다른 것은?

① 우유　　　　　② 마가린
③ 마요네즈　　　④ 아이스크림

[해설]
- O/W형 식품: 우유, 아이스크림, 마요네즈
- W/O형 식품: 버터, 마가린

42 다음 자료로 계산한 제조원가는 얼마인가?

```
-직접재료비 ₩180000      -간접재료비 ₩50000
-직접노무비 ₩100000      -간접노무비 ₩30000
-직접경비 ₩10000         -간접경비 ₩100000
-판매관리비 ₩120000
```

① ₩590000　　　　　② ₩470000
③ ₩410000　　　　　④ ₩290000

[해설] 제조원가=직접원가(직접재료비+직접노무비+직접경비)+제조간접비(간접재료비+간접노무비+간접경비)
따라서 제조원가=180000+100000+10000+50000+30000+100000=₩470000

43 오징어 12kg을 45,000원에 구입하여 모두 손질한 후의 폐기물이 35%였다면 실사용량의 kg당 단가는 약 얼마인가?

① 1,666원　　　　　② 3,205원
③ 5,769원　　　　　④ 6,123원

[해설] 45,000원÷(12kg-(12kg×35%/100))=45,000÷(12-4.2)=4500÷7.8≒5,769.230…
따라서 단가는 약 5,769원이다.

44 베이컨류는 돼지고기의 어느 부위를 가공한 것인가?

① 볼기부위　　　　　② 어깨살
③ 복부육　　　　　　④ 다리살

[해설] 베이컨은 돼지 뱃살로 만든다.

45 어패류에 관한 설명 중 틀린 것은?

① 붉은 살 생선은 깊은 바다에 서식하며 지방함량이 5% 이하이다.
② 문어, 꼴뚜기, 오징어는 연체류에 속한다.
③ 연어의 분홍살색은 카로티노이드 색소에 기인한다.
④ 생선은 자가소화에 의하여 품질이 저하된다.

[해설] 붉은살 생선의 지방함량은 100g당 4~17g에 달하는 데 비해 흰살 생선의 지방 함량은 0.4~2g에 불과하다.

46 신선한 달걀에 대한 설명으로 옳은 것은?

① 깨뜨려 보았을 때 난황계수가 작은 것
② 흔들어 보았을 때 진동소리가 나는 것
③ 표면이 까칠까칠하고 광택이 없는 것
④ 수양난백의 비율이 높은 것

[해설] 신선한 달걀
- 껍질이 까칠까칠하며, 빛에 비추어 보았을 때 투명해 보인다.
- 물에 넣어 보았을 때 수평으로 눕는다.
- 깨뜨려 보았을 때 흰자는 퍼지지 않으며, 노른자의 형태도 그대로이다.

47 못처럼 생겨서 정향이라고도 하며 양고기, 피클, 청어절임, 마리네이드 절임 등에 이용되는 향신료는?

① 클로브 ② 코리앤더
③ 캐러웨이 ④ 아니스

[해설] ② 코리앤더: 빵, 케이크, 카레, 절임 등에 사용한다.
③ 캐러웨이: 보리빵, 감자, 사우어크라웃, 스튜, 케이크, 쿠키 등에 사용한다.
④ 아니스: 커피 케이크, 쿠키, 시럽, 캔디 양조 산업에 쓰인다.

48 강력분을 사용하지 않는 것은?

① 케이크 ② 식빵
③ 마카로니 ④ 피자

[해설] 케이크를 만들 땐 박력분을 사용한다.

49 다음의 육류요리 중 영양분의 손실이 가장 적은 것은?

① 탕 ② 편육
③ 장조림 ④ 산적

[해설] 산적: 쇠고기 따위를 길쭉길쭉하게 썰어 갖은 양념을 하여 대꼬챙이에 꿰어 구운 음식으로 육류요리 중 영양분의 손실이 가장 적다.

50 문제의 보기에서 설명하는 칼 사용법은?

> [보기]
> - 앞쪽에서 시작해 뒤로 당기는 방법으로 밀어 썰기와 반대 방법이다.
> - 앞쪽을 아래로 기울이고, 식재료의 굵기에 따라 뒷부분을 들어 뒤로 당겨준다.

① 당겨 썰기 ② 작두 썰기
③ 밀어 썰기 ④ 비켜 썰기

[해설] 문제의 보기에서 설명하는 칼 사용법은 당겨 썰기이다.

51 음식을 제공할 때 온도를 고려해야 하는데 다음 중 맛있게 느끼는 식품의 온도가 가장 높은 것은?

① 전골 ② 국
③ 커피 ④ 밥

[해설] • 전골의 적온: 95℃
 • 커피의 적온: 70~75℃
 • 밥의 적온: 40~45℃

52 육류를 끓여 국물을 만들 때 설명으로 맞는 것은?

① 육류를 오래 끓이면 근육조직인 젤라틴이 콜라겐으로 용출되어 맛있는 국물을 만든다.
② 육류를 찬물에 넣어 끓이면 맛 성분의 용출이 잘 되어 맛있는 국물을 만든다.
③ 육류를 끓는 물에 넣고 설탕을 넣어 끓이면 맛성분의 용출이 잘 되어 맛있는 국물을 만든다.
④ 육류를 오래 끓이면 질긴 지방조직인 콜라겐이 젤라틴화되어 맛있는 국물을 만든다.

53 어패류 조립방법 중 틀린 것은?

① 조개류는 낮은 온도에서 서서히 조리하여야 단백질의 급격한 응고로 인한 수축을 막을 수 있다.
② 생선은 결체조직의 함량이 높으므로 주로 습열조리법을 사용해야 한다.
③ 생선조리 시 식초를 넣으면 생선이 단단해진다.
④ 생선조리에 사용하는 파, 마늘은 비린내 제거에 효과적이다.

[해설] 생선은 결체조직이 적기 때문에 건열조리법을 사용해야 한다.

54 급식시설별 1인 1식 사용수 양이 가장 많은 곳은?

① 학교급식 ② 병원급식
③ 기숙사급식 ④ 사업체급식

[해설] 급식시설별 1인 1식 사용수 양이 가장 많은 곳은 병원급식이다.

55 다음 중 밥짓기에 대한 설명 중 틀린 것은?

① 쌀을 물에 불려주면 쌀이 빨리 퍼져 맛있는 밥이 된다.
② 밥솥이 가볍고 얇을 경우에 쌀을 미리 물에 불려 밥을 지으면 효과적이다.
③ 얇은 밥솥은 두꺼운 밥솥보다 물이 더 적게 필요하며, 압력솥은 물을 많이 부어준다.
④ 밥 짓는 시간은 쌀의 양에 따라 다르며, 처음엔 센 불에서 끓이다, 불을 중불로 줄여주고, 약한 불에서 뜸을 들인다.

[해설] 얇은 밥솥은 두꺼운 밥솥보다 물이 더 많이 필요하며, 압력솥은 물을 적게 부어준다.

56 육수를 낸 국물에 된장을 푼 찌개로 두부와 버섯, 채소 등을 넣고 끓인 것으로 뚝배기에 서서히 끓이면 더 맛이 있는 찌개는?

① 맑은 찌개 ② 된장찌개
③ 고추장찌개 ④ 순두부찌개

[해설] ① 맑은 찌개: 소금이나 새우젓국으로 넣어 간을 한 것으로 주재료가 두부, 호박, 소고기, 조개류 등인 찌개이다.
③ 고추장찌개(매운 찌개): 국물에 매운맛을 내기 위해 고춧가루나 고추장을 풀어서 끓은 찌개이다.
④ 순두부찌개: 순두부를 넣고 양념하여 끓인 찌개이다.

57 생선이나 고기, 채소 따위를 얇게 썰거나 다져 양념을 한 뒤, 밀가루를 묻혀 기름에 지진 음식은?

① 찜 ② 적
③ 무침 ④ 전

[해설] 전: 생선이나 고기, 채소 따위를 얇게 썰거나 다져 양념을 한 뒤, 밀가루를 묻혀 기름에 지진 음식이다.

58 육류나 어류를 생으로 먹는 것은?

① 회
② 찜
③ 적
④ 전

[해설] 회: 육류나 어류를 생으로 먹는 생회와, 살짝 데쳐서 썬 다음 양념초고추장을 곁들여 먹는 숙회가 있다.

59 다음 중 초의 특징이 아닌 것은?

① 조림의 국물에 녹말을 풀어 재료들이 엉기도록 익힌 요리이다.
② 국물이 걸쭉하고 윤기가 나게 한다.
③ 예부터 장조림법이 발달하였다.
④ 조리법이 조림과 비슷하다.

[해설] ③은 조림에 대한 것이다.

60 굵은 소금을 팬에 깔고 그 위에 올려 굽는 구이는?

① 대하구이
② 조기구이
③ 더덕구이
④ 생구이

[해설] ② 조기구이: 칼집을 넣은 조기에 소금을 뿌리고 양념장을 만들어 절인 조기에 물기를 거두어 양념장을 발라 재웠다가 석쇠에 구운 것이다.
③ 더덕구이: 더덕을 얇게 두들겨 펴서 고추장양념을 발라 구운 구이의 대표적인 음식이다.
④ 생구이: 재료를 손질한 후에 양념을 하지 않고 바로 굽는 것으로, 원재료의 맛과 향을 그대로 살리기 위한 방법이다.

정답

1.②	2.①	3.③	4.②	5.④	6.④	7.②	8.④	9.①	10.②
11.④	12.②	13.②	14.③	15.④	16.③	17.①	18.④	19.③	20.④
21.③	22.④	23.②	24.②	25.④	26.①	27.②	28.③	29.③	30.①
31.③	32.①	33.④	34.④	35.②	36.③	37.①	38.④	39.②	40.④
41.②	42.②	43.③	44.③	45.①	46.③	47.①	48.①	49.④	50.①
51.①	52.②	53.②	54.②	55.①	56.②	57.④	58.①	59.③	60.①

7회 CBT 예상문제

01 독소형 세균성 식중독으로 짝지어진 것은?

① 살모넬라 식중독, 장염 비브리오 식중독
② 리스테리아 식중독, 복어독 식중독
③ 황색포도상구균 식중독, 클로스트리디움 보툴리늄균 식중독
④ 맥각독 식중독, 콜리균 식중독

[해설] • 독소형 식중독: 포도상구균 식중독, 클로스트리디움 보툴리늄
 • 감염형 식중독: 장염비브리오 식중독, 살모넬라 식중독, 병원성 대장균 식중독, 웰치균 식중독

02 식품 취급자의 화농성 질환에 의해 감염되는 식중독은?

① 살모넬라 식중독   ② 황색포도상구균 식중독
③ 장염비브리오 식중독   ④ 병원성대장균 식중독

[해설] 황색포도상구균은 김밥 도시락 등 복합조리 식품이나 칼, 도마, 행주 등 비위생적 조리기구, 상처로 인한 화농성 질환이 있는 식품 취급자 등에 의해 주로 감염된다.

03 다음 중 내인성 위해 식품은?

① 지나치게 구운 생선   ② 푸른곰팡이에 오염된 쌀
③ 싹이 튼 감자   ④ 농약을 많이 뿌린 채소

[해설] 식중독의 원인 분류
 • 내인성: 식품 중의 유독 유해 성분이나 물질 섭취
 • 외인성: 취급 과정 등에서 식중독 균 등의 의도적, 비의도적 혼입
 • 유기성: 조리 가열 과정에서 인체 위해 물질 생성

04 우리나라에서 허가된 발색제가 아닌 것은?

① 아질산나트륨   ② 황산제일철
③ 질산칼륨   ④ 아질산칼륨

[해설] 발색제: 식품 중의 색소와 작용하여 이를 고정시켜 발색시키거나 발색을 촉진시킬 때 사용하며 육류 발색제(아질산나트륨, 질산칼륨, 질산나트륨), 식물성 색소 발색제(황산제1철) 등이 있다.

05 다환방향족 탄화수소이며, 훈제육이나 태운 고기에서 다량 검출되는 발암 작용을 일으키는 것은?

① 질산염 ② 알코올
③ 벤조피렌 ④ 포름알데히드

[해설] 벤조피렌: 화석연료 등의 불완전연소 과정에서 생성되는 다환방향족 탄화수소의 한 종류로 인체에 축적될 경우 각종 암을 유발하고 돌연변이를 일으키는 환경호르몬이다.

06 에탄올 발효 시 생성되는 메탄올의 가장 심각한 중독 증상은?

① 구토 ② 경기
③ 실명 ④ 환각

[해설] 메탄올에 중독되면 난치병으로 알려진 다발성경화증을 일으키는데, 실제로 콜라에 중독된 사람에게 사례들이 많이 있으며, 눈의 망막 속에서는 포름알데히드로 바뀌면서 실명을 부를 수도 있다.

07 식품의 변질현상에 대한 설명 중 틀린 것은?

① 통조림 식품의 부패에 관여하는 세균에는 내열성인 것이 많다.
② 우유의 부패 시 세균류가 관계하여 적변을 일으키기도 한다.
③ 식품의 부패에는 대부분 한 종류의 세균이 관계한다.
④ 가금육은 주로 저온성 세균이 주된 부패균이다.

[해설] 식품의 부패에는 대부분 여러 가지 세균에 의해서 일어난다.

08 복어독 중독의 치료법으로 적합하지 않은 것은?

① 호흡촉진제 투여 ② 진통제 투여
③ 위세척 ④ 최토제 투여

[해설] 복어독 중독을 치료할 때 진통제는 투여하지 않는다.

09 과실류, 채소류 등 식품의 살균목적으로 사용되는 것은?

① 초산비닐수지(polyvinyl acetate)
② 이산화염소(chlorine dioxide)
③ 규소수지(silicone resin)
④ 차아염소산나트륨(sodium hypochlorite)

[해설] ① 초산비닐수지: 츄잉껌 기초제, 과실 등의 피막제(중합체)로 사용된다.
② 이산염소: 보통 소맥분 표백제로 지칭하며 소맥분의 표백과 성숙을 촉진시키는 첨가물을 말한다.
③ 규소수지: 물을 튀기는 성질이 있어 방수제로 쓰인다.

10 식품위생법상 허위표시, 과대광고의 범위에 해당하지 않는 것은?

① 국내산을 주된 원료로 하여 제조, 가공한 메주, 된장, 고추장에 대하여 식품영양학적으로 공인된 사실이라고 식품의약품안전청장이 인정한 내용의 표시, 광고
② 질병치료에 효능이 있다는 내용의 표시, 광고
③ 외국과 기술 제휴한 것으로 혼동할 우려가 있는 내용의 표시, 광고
④ 화학적 합성품의 경우 그 원료의 명칭 등을 사용하여 화학적 합성품이 아닌 것으로 혼동한 우려가 있는 광고

[해설] 식품위생법상 허위표시, 과대광고, 비방광고 및 과대포장의 범위
- 허가받거나 신고 또는 보고한 사항과 다른 내용의 표시·광고
- 질병의 예방 또는 치료에 효능이 있다는 내용의 표시·광고
- 식품 등의 명칭·제조방법·품질·영양표시, 식품이력추적표시, 식품 또는 식품첨가물의 영양가·원재료·성분·용도와 다른 내용의 표시·광고
- 제조 연월일 또는 유통기한을 표시함에 있어서 사실과 다른 내용의 표시·광고
- 제조방법에 관하여 연구하거나 발견한 사실로서 식품학·영양학 등의 분야에서 공인된 사항 외의 표시·광고 (다만, 제조방법에 관하여 연구하거나 발견한 사실에 대한 식품학·영양학 등의 문헌을 인용하여 문헌의 내용을 정확히 표시하고, 연구자의 성명, 문헌명, 발표 연월일을 명시하는 표시·광고는 제외한다.)
- 각종 상장·감사장 등을 이용하거나 "인증"·"보증" 또는 "추천"을 받았다는 내용을 사용하거나 이와 유사한 내용을 표현하는 광고
- 외국어의 사용 등으로 외국제품으로 혼동할 우려가 있는 표시·광고 또는 외국과 기술제휴한 것으로 혼동할 우려가 있는 내용의 표시·광고
- 다른 업소의 제품을 비방하거나 비방하는 것으로 의심되는 표시·광고나 "주문 쇄도" 등 제품의 제조방법·품질·영양가·원재료·성분 또는 효과와 직접적인 관련이 적은 내용 또는 사용하지 않은 성분을 강조함으로써 다른 업소의 제품을 간접적으로 다르게 인식하게 하는 표시·광고
- 미풍양속을 해치거나 해칠 우려가 있는 저속한 도안·사진 등을 사용하는 표시·광고 또는 미풍양속을 해치거나 해칠 우려가 있는 음향을 사용하는 광고
- 화학적 합성품의 경우 그 원료의 명칭 등을 사용하여 화학적 합성품이 아닌 것으로 혼동할 우려가 있는 광고
- 판매사례품 또는 경품 제공·판매 등 사행심을 조장하는 내용의 표시·광고(「독점규제 및 공정거래에 관한 법률」에 따라 허용되는 경우는 제외한다)
- 소비자가 건강기능식품으로 오인·혼동할 수 있는 특정 성분의 기능 및 작용에 관한 표시·광고
- 체험기를 이용하는 광고

11 우리나라 식품위생법의 목적과 거리가 먼 것은?

① 식품으로 인한 위생상의 위해 방지
② 식품영양의 질적 향상 도모
③ 국민보건의 증진에 이바지
④ 부정식품 제조에 대한 가중처벌

[해설] 우리나라 식품위생법의 목적: 식품으로 인하여 생기는 위생상의 위해를 방지, 식품영양의 질적 향상 도모, 식품에 관한 올바른 정보 제공, 국민보건 증진에 이바지

12 식품위생법상에서 정의하는 "집단급식소"에 대한 정의로 옳은 것은?

① 영리를 목적으로 하는 모든 급식시설을 일컫는 용어이다.
② 영리를 목적으로 하지 않고 비정기적으로 1개월에 1회씩 음식물을 공급하는 급식시설도 포함된다.
③ 영리를 목적으로 하지 아니하면서 특정 다수인에게 계속하여 음식을 공급하는 급식시설을 말한다.
④ 영리를 목적으로 하지 않고 계속적으로 불특정 다수인에게 음식물을 공급하는 급식시설을 말한다.

[해설] 식품위생법상에서 정의하는 "집단급식소"
영리 목적 하지 아니하면서 특정 다수인에게 계속 음식물 공급, 기숙사, 학교, 병원, 후생기관, 대통령령 정하는 시설, 상시 1회 50명 이상 식사 제공, 상시적이지는 않으나 숙박기능 갖춘 종합수련시설 내 급식소

13 식품위생법상 식품위생감시원의 직무가 아닌 것은?

① 영업소의 폐쇄를 위한 간판 제거 등의 조치
② 영업의 건전한 발전과 공동의 이익을 도모하는 조치
③ 영업자 및 종업원의 건강진단 및 위생교육의 이행 여부의 확인, 지도
④ 조리사 및 영양사의 법령 준수사항 이행여부의 확인, 지도

[해설] 식품위생법상 식품위생감시원의 직무
- 식품 위생적 취급기준 이행지도
- 수입, 판매, 사용 금지된 식품 취급 여부 단속
- 표시기준, 과대광고 금지 위반여부 단속
- 출입, 검사, 검사 필요한 식품 수거
- 시설기준 적합여부 확인, 검사
- 영업자, 종업원 건강진단, 위생교육 이행 여부 확인, 지도
- 조리사, 영양사 법령준수사항 이행 여부 확인, 지도
- 행정처분 이행 여부 확인
- 식품 압류, 폐기
- 영업소 폐쇄 위한 간판제거 조치
- 그 밖 영업자 법령이행여부 관한 확인, 지도

14 식품위생법상 영업신고를 하지 않는 업종은?

① 즉석판매제조, 가공업 ② 양곡관리법에 따른 양곡가공업 중 도정업
③ 식품운반법 ④ 식품소분, 판매업

[해설] 시장, 군수, 구청장에게 신고 해야 하는 영업: 식품제조·가공업, 일반음식점 영업, 즉석판매제조·가공업, 위탁급식 영업, 식품운반업, 제과점 영업, 식품소분·판매업(식품 등 수입판매업 제외), 식품냉동·냉장업, 용기, 포장류제조업, 휴게음식점 영업

15 다음 중 괄호에 들어갈 말로 알맞은 것은?

> 농산물 및 농산물 가공품(이하 "농산물등"이라 한다)을 수입하는 자와 수입 농산물등을 거래하는 자(소비자에 대한 판매를 주된 영업으로 하는 사업자는 제외한다)는 공정거래 또는 국민보건을 해칠 우려가 있는 것으로서 (   )이 지정하여 고시하는 농산물등(이하 "유통이력관리수입농산물등"이라 한다)에 대한 유통이력을 (   )에게 신고하여야 한다.

① 국토교통부장관 ② 농림축산식품부장관
③ 해양수산부장관 ④ 관세청장

[해설] 제농산물 및 농산물 가공품(이하 "농산물등"이라 한다)을 수입하는 자와 수입 농산물등을 거래하는 자(소비자에 대한 판매를 주된 영업으로 하는 사업자는 제외한다)는 공정거래 또는 국민보건을 해칠 우려가 있는 것으로서 농림축산식품부장관이 지정하여 고시하는 농산물등(이하 "유통이력관리수입농산물등"이라 한다)에 대한 유통이력을 농림축산식품부장관에게 신고하여야 한다.

16 기생충에 오염된 논, 밭에서 맨발로 작업 할 때 감염될 수 있는 가능성이 가장 높은 것은?

① 간흡충 ② 폐흡충
③ 구충   ④ 광절열두조충

[해설] ① 간흡충: 민물고기를 생식했을 때 감염된다.
② 폐흡충: 민물고기를 생식했을 때 감염된다.
④ 광절열두조충: 쇠고기를 생식했을 때 감염된다.

17 감염병 발생의 3대 요인이 아닌 것은?

① 예방접종 ② 환경
③ 숙주   ④ 병인

[해설] 감염병 발생의 3대 요인: 병인(병원체), 숙주(감수성), 환경

18 수인성 감염병의 특징을 설명한 것 중 틀린 것은?

① 단시간에 다수의 환자가 발생한다.
② 환자의 발생은 그 급수지역과 관계가 깊다.
③ 발생율이 남녀노소, 성별, 연령별로 차이가 크다.
④ 오염원의 제거로 일시에 종식될 수 있다.

[해설] 수인성 감염병은 성, 연령, 직업별로 차이가 없이 발생한다.

19 ( )안에 차례대로 들어갈 알맞은 내용은?

> 생물화학적 산소요구량(BOD)은 일반적으로 ( )을 ( )에서 ( )간 안정화 시키는데 소비한 산소량을 말한다.

① 무기물질, 15℃, 5일
② 무기물질, 15℃, 7일
③ 유기물질, 20℃, 5일
④ 유기물질, 20℃, 7일

[해설] 생물화학적 산소요구량(BOD)은 일반적으로 유기물질을 20℃에서 5일간 안정화 시키는데 소비한 산소량을 말한다.

20 감염병 관리상 환자의 격리를 요하지 않는 것은?

① 콜레라
② 디프테리아
③ 파상풍
④ 장티푸스

[해설] 파상풍: 상처 부위에서 증식한 파상풍이 번식과 함께 생산해내는 신경 독소가 신경 세포에 작용하여 근육의 경련성 마비와 동통을 동반한 근육수축을 일으키는 감염성 질환이다. 그러나 환자의 격리를 요하지는 않는다.

21 마이야르(Maillard)반응에 영향을 주는 인자가 아닌 것은?

① 수분
② 온도
③ 당의종류
④ 효소

[해설] 마이야르(Maillard)반응에 영향을 주는 인자: 온도, 수분, 당의 종류 등이다.

22 다음 중 쌀 가공식품이 아닌 것은?

① 현미
② 강화미
③ 팽화미
④ a-화미

[해설] 현미: 수확한 벼를 건조, 탈곡한 후 고무 롤러로 된 기계로 왕겨를 벗긴 쌀을 말한다.

23 다음 중 안전사고 발생 시 대처요령으로 옳은 것은?

① 작업을 다 끝낸 뒤에 관리자에게 즉각 보고한다.
② 상처가 날 경우 그냥 물로 씻어 준다.
③ 출혈이 계속될 경우 출혈이 있는 부위를 심장보다 낮게 하여 병원으로 이송한다.
④ 부득이하게 작업에 입해야 하는 경우엔 음식물이나 식기를 처리하는 작업을 하지 않는다.

[해설] 안전사고 발생 시 대처요령

- 작업을 멈추고 관리자에게 즉각 보고한다.
- 다른 조리원과 접촉을 피한 후 조리장소로부터 격리시킨다.
- 상처가 날 경우 상처부위를 눌러 지혈해 준다.
- 경미한 상처는 과산화수소로 소독하고 항생제 성분이 있는 연고 등을 발라준다.
- 치료되지 않은 상처는 박테리아균의 원인이 되므로 반창고로 상처부위를 감싸준다.
- 부득이하게 작업에 임해야 하는 경우엔 음식물이나 식기를 처리하는 작업을 하지 않는다.
- 출혈이 계속될 경우 출혈이 있는 부위를 심장보다 높게 하여 병원으로 이송한다.

24 다음 중 발효 식품은?

① 치즈
② 수정과
③ 사이다
④ 우유

[해설] 발효식품: 젖산균이나 효모 등 미생물의 발효 작용을 이용하여 만든 식품으로 된장, 간장, 고추장, 청국장, 치즈 등이 있다.

25 단백질에 관한 설명 중 옳은 것은?

① 인단백질은 단순단백질에 인산이 결합한 단백질이다.
② 지단백질은 단순단백질에 당이 결합한 단백질이다.
③ 당단백질은 단순단백질에 지방이 결합한 단백질이다.
④ 핵단백질은 단순단백질 또는 복합단백질이 화학적 또는 산소에 의해 변화된 단백질이다.

[해설] ② 지단백질: 중심에 지질과 단백질을 함께 포함하고 있는 생화학 물질이다.
③ 당단백질: 단백질과 단일구조의 탄수화물이 공유 결합하여 만들어진 복합단백질이다.
④ 핵단백질: 핵산과 단백질이 결합한 물질이다.

26 한천의 용도가 아닌 것은?

① 훈연제품의 산화방지제
② 푸딩, 양갱 등의 젤화제
③ 유제품, 청량음료 등의 안정제
④ 곰팡이, 세균 등의 배지

[해설] 한천: 우뭇가사리 같은 홍조류의 열 수출액의 응고물인 우무를 얼려 말린 해조 가공품으로 한천의 용도로는 젤화제, 안정제, 증점제, 노화방지제, 배지 등으로 쓰인다.

27 식품의 수분활성도(Aw)에 대한 설명으로 틀린 것은?

① 식품이 나타내는 수증기압과 순수한 물의 수증기압의 비를 말한다.
② 일반적인 식품의 Aw 값은 1보다 크다.
③ Aw의 값이 작을수록 미생물의 이용이 쉽지 않다.
④ 어패류의 Aw의 0.99~0.98정도이다.

[해설] 수분활성도는 그 식품이 나타내는 수증기압(P)에 대한 같은 온도에서 순수한 물의 수증기압(P^o)의 비율이다. 식품의 수분활성도는 1보다 작다.

28 콜로이드(colloid)의 설명으로 옳은 것은?

① 졸(sol) 상태는 분산매가 고체이고 분산상이 액체이다.
② 겔(gel) 상태는 소량의 분산상 입자들 사이에 다량의 분산매가 있어 유동성이 있는 것이다.
③ 겔(gel) 입자가 응집하여 침전된 것이 졸(sol)이다.
④ 겔(gel)의 건조상태가 된 것을 xerogel이라 한다.

[해설] • 졸(sol) 상태는 분산매가 액체이고, 분산상이 고체인 콜로이드 입자가 분산되어 있는 유동성 액체이다.
• 겔(gel) 상태는 친수 졸(sol)을 가열하였다가 냉각시키거나 또는 물을 증발시키면 분산매가 줄어들어 반고체 상태로 굳어지는 것이다.
• 겔(gel)의 생성에서 졸(sol)의 입자가 응집하여 분산매를 분리하여 침전함으로써 이루어지는 것을 침전 gel(cogel)이라 한다.

29 장기간의 식품보존방법과 가장 관계가 먼 것은?

① 배건법   ② 염장법
③ 산저장법(초지법)   ④ 냉장법

[해설] 냉장법: 1℃~4℃로 단기간 식품의 신선도를 유지할 목적으로 이용된다.

30 대표적인 콩 단백질인 글로불린(globulin)이 가장 많이 함유하고 있는 성분은?

① 글리시닌(glycinin)   ② 알부민(albumin)
③ 글루텐(gluten)   ④ 제인(zein)

[해설] 콩에 많이 함유된 단백질은 글로불린에 속하는 글리시닌이 대부분을 차지하고 그 외 알부민과 글루텔린이 있다.

31 신맛 성분에 유기산인 아미노기($-NH_2$)가 있으면 어떤 맛이 가해진 산미가 되는가?

① 단맛   ② 신맛
③ 쓴맛   ④ 짠맛

32 유지의 발연점에 영향을 주는 인자와 거리가 먼 것은?
① 용해도
② 유리지방산의 함량
③ 노출된 유지의 표면적
④ 불순물의 함량

[해설] 유지의 발연점: 기름을 가열하면 일정한 온도에서 열분해를 일으켜서 지방산과 글리세롤로 분해되어 연기 나기 시작하는 온도로, 유지의 발연점은 유지의 정제 정도, 순도, 유지의 내력, 유지 중 유리지방산의 함량 등에 의하여 현저한 영향을 받는다.

33 다음 당류 중 단맛이 가장 약한 것은?
① 포도당
② 과당
③ 맥아당
④ 설탕

[해설] 상대적 감미도순
과당(175) > 전화당(135) > 자당(100) > 포도당(75) > 맥아당(32) > 젖당(16)

34 다음 쇠고기 성분 중 일반적으로 살코기에 비해 간에 특히 더 많은 것은?
① 비타민A, 무기질
② 단백질, 전분
③ 섬유소, 비타민C
④ 전분, 비타민A

[해설] 소의 간에는 비타민과 단백질, 무기질이 많이 함유되어 있다.

35 오징어 먹물색소의 주 색소는?
① 안토잔틴
② 클로로필
③ 유멜라닌
④ 플라보노이드

[해설] 오징어 먹물색소의 주 색소는 유멜라닌으로 물이나 알코올, 유지 등 대부분의 용매에 녹지 않는다.

36 급식인원이 1000명인 단체급식소에서 1인당 60g의 풋고추조림을 주려고 한다. 발주할 풋고추의 양은? (단, 풋고추의 폐기율은 9%이다.)
① 55kg
② 60kg
③ 66kg
④ 68kg

[해설] 60g×1000=60000g

폐기율이 9% 이므로 $60000g \times \frac{9}{100} = 5400g$

(60000+5400)/1000=65.4kg

따라서 발주할 풋고추의 양은 약 66kg이다.

37 완두콩을 조리할 때 정량의 황산구리를 첨가하면 특히 어떤 효과가 있는가?

① 비타민이 보강된다.
② 무기질이 보강된다.
③ 냄새를 보유할 수 있다.
④ 녹색을 보유할 수 있다.

[해설] 완두콩을 조리할 때 정량의 황산구리를 첨가하면 푸른빛이 고정된다.

38 육류, 생선류, 알류 및 콩류에 함유된 주된 영양소는?

① 단백질　　　　　　　② 탄수화물
③ 지방　　　　　　　　④ 비타민

[해설] 육류, 생선류, 알류 및 콩류에 함유된 주된 영양소는 단백질이다.

39 다음 중 간장의 지미성분은?

① 포도당(glucose)　　　　② 전분(starch)
③ 글루타민산(glutamic acid)　④ 아스코르빈산(ascorbic acid)

[해설] 간장의 성분으로는 지미성분인 글루타민산, 아미노산, 감미성분인 글루코스, 맥아당 산미성분인 초산, 유산 등이 존재한다.

40 식품의 구매방법으로 필요한 품목, 수량을 표시하여 업자에게 견적서를 제출받고 품질이나 가격을 검토한 후 낙찰자를 정하여 계약을 체결하는 것은?

① 수의계약　　　　　　② 경쟁입찰
③ 대량구매　　　　　　④ 계약구입

[해설] 수의계약: 경쟁계약에 의하지 아니하고 임의로 적당한 상대자를 선정하여 체결하는 계약으로 채소류, 두부, 생선 등 저장성이 낮고 가격변동이 많은 식품 구매 시 적합한 계약방법이다.

41 떡의 노화를 방지할 수 있는 방법이 아닌 것은?

① 찹쌀가루의 함량을 높인다.
② 설탕의 첨가량을 늘인다.
③ 급속 냉동시켜 보관한다.
④ 수분함량을 30~60%로 유지한다.

[해설] 떡은 수분함량이 30~60%, 온도 2~5℃에서 노화가 일어나기 가장 쉽다.

42 우유에 산을 넣으면 응고물이 생기는데 이 응고물의 주체는?

① 유당
② 레닌
③ 카제인
④ 유지방

[해설] 우유에 산이나 렌넷 등을 첨가하면 단백질 응고물이 형성된다. 이 응고물의 주성분은 카제인이며 치즈 제조의 주체이다.

43 불고기를 만들어 파는데 비용으로 1kg 기준으로 등심은 18000원, 양념비는 3500원이 소요되었다. 1인분에 200g을 사용하고 식재료 비율을 40%로 하려고 할 때 판매가격은?

① 9000원
② 8600원
③ 17750원
④ 10750원

[해설] 1kg 기준원가=18000+3500=21,500원
그런데 1인분에 200g을 사용하기 때문에
1인분당 원가=21,500원/5=4,300원
따라서 판매가격은 4,300(40%)+6,450(60%)=10,750(원)

44 육류 조리 과정 중 색소의 변화 단계가 바르게 연결된 것은?

① 미오글로빈-메트미오글로빈-옥시미오글로빈-헤마틴
② 메트미오글로빈-옥시미오글로빈-미오글로빈-헤마틴
③ 미오글로빈-옥시미오글로빈-메트미오글로빈-헤마틴
④ 옥시미오글로빈-메트미오글로빈-미오글로빈-헤마틴

[해설] 육류 조리 과정 중 색소는 미오글로빈→옥시미오글로빈→메트미오글로빈→헤마틴 의 단계로 변화된다.

45 채소와 과일의 가스저장(CA저장)시 필수 요건이 아닌 것은?

① pH조절
② 기체의 조절
③ 냉장온도 유지
④ 습도유지

[해설] CA저장: 냉장고를 밀폐시켜 온도를 섭씨 0도로 내려 냉장고 내부의 산소의 양을 줄이고 탄산가스의 양을 늘림으로써 농산물의 호흡작용을 위축시켜 변질되지 않게 하는 저장방법

46 단체급식이 갖는 운영상의 문제점이 아닌 것은?

① 단시간 내에 다량의 음식조리
② 식중독 등 대형 위생사고
③ 대량구매로 인한 재고관리
④ 적온 급식의 어려움으로 음식의 맛 저하

[해설] 단체급식에서 음식의 재료는 정확한 식단에 의해 구매가 이루어지므로, 대량구매로 인한 재고관리의 문제점은 발생하지 않는다.

47 신선한 달걀의 감별법 중 틀린 것은?

① 햇빛(전등)에 비출 때 공기집의 크기가 작다.
② 흔들 때 내용물이 흔들리지 않는다.
③ 6% 소금물에 넣어서 떠오른다.
④ 깨뜨려 접시에 놓으면 노른자가 볼록하고 흰자의 점도가 높다.

[해설] 6% 소금물에 넣었을 때 떠오르는 달걀은 오래된 것이다.

48 다음 중 계량방법이 올바른 것은?

① 마가린을 잴 때는 실온일 때 계량컵에 꼭꼭 눌러 담고, 직선으로 된 칼이나 spatula로 깎아 계량한다.
② 밀가루를 잴 때는 측정 직전에 체로 친 뒤 눌러서 담아 직선 spatula로 깎아 측정한다.
③ 흑설탕을 측정할 때는 체로 친 뒤 누르지 말고 가만히 수북하게 담고 직선 spatula로 깎아 측정한다.
④ 쇼트닝을 계량할 때는 냉장온도에서 계량컵에 꼭 눌러 담은 뒤, 직선 spatula로 깎아 측정한다.

[해설] ② 밀가루를 잴 때는 체에 거른 밀가루를 계량컵에 수북하게 담은 후 편편하게 깎을 수 있는 젓가락 같은 도구로 깎아서 계량해준다.
③ 흑설탕을 측정할 때는 입자사이사이 틈이 많아서 꾹 누른 후 계량한다.
④ 쇼트닝을 계량할 때는 냉장온도보다 실온일 때 계량컵에 꼭꼭 눌러 담고 직선으로 된 칼이나 주걱으로 깎아 계량한다.

49 젤라틴의 응고에 관한 내용으로 틀린 것은?

① 젤라틴의 농도가 높을수록 빨리 응고된다.
② 설탕의 농도가 높을수록 빨리 응고된다.
③ 염류는 젤라틴이 물을 흡수하는 것을 막아 단단하게 응고시킨다.
④ 단백질 분해효소를 사용하면 응고력이 약해진다.

[해설] 설탕은 젤라틴 젤의 망상구조 형성을 방해하므로 젤의 강도를 약화시킨다. 일반적으로 설탕의 첨가량은 20~25%가 적당하다.

50 난백으로 거품을 만들 때의 설명으로 옳은 것은?

① 레몬즙을 1~2방울 떨어뜨리면 거품 형성을 용이하게 한다.
② 지방은 거품 형성을 용이하게 한다.
③ 소금은 거품의 안정성에 기여한다.
④ 묽은 달걀보다 신선란이 거품 형성을 용이하게 한다.

[해설] 난백에 거품을 낼 때 레몬즙이나 주석산을 가해 주면 난백의 pH 값이 낮아지게 되어 난백 단백질의 등전점에 가까워지면서 난백의 표면 장력과 점도가 떨어져 기포성이 좋아진다.

51 홍조류에 속하며 무기질이 골고루 함유되어 있고 단백질도 많이 함유된 해조류는?

① 김
② 미역
③ 우뭇가사리
④ 다시마

[해설] ② 미역: 갈조식물 미역과의 한해살이 바닷말로 식용으로 널리 사용되며 요오드를 특히 많이 함유하고 있어 산후조리에 좋다.
③ 우뭇가사리: 우뭇가사리과에 속하는 해조로 자홍색이다. 우무가사리를 얼려 말린 것이 한천이다.
④ 다시마: 갈조식물 다시마목 다시마과의 한 속으로 황갈색 또는 흑갈색의 띠 모양을 이룬다. 다시마는 단백질, 지방, 탄수화물, 무기질이 많으며 특히 칼슘과 철이 풍부하다.

52 머랭을 만들고자 할 때 설탕 첨가는 어느 단계에 하는 것이 가장 효과적인가?

① 처음 젓기 시작할 때
② 거품이 생기려고 할 때
③ 충분히 거품이 생겼을 때
④ 거품이 없어졌을 때

[해설] 머랭을 만들 때 거품이 충분히 올라왔을 때, 115℃까지 끓인 시럽용 설탕과 물을 조금씩 부으면서 단단해질 때까지 계속 섞어준다.

53 주방의 바닥조건으로 맞는 것은?

① 산이나 알칼리에 약하고 습기, 열에 강해야 한다.
② 바닥전체의 물매는 1/20이 적당하다.
③ 조리작업을 드라이 시스템화 할 경우의 물매는 1/100정도가 적당하다.
④ 고무타일, 합성수지타일 등이 잘 미끄러지지 않으므로 적당하다.

[해설] ① 산이나 알칼리, 열에 강해야 한다.
② 바닥전체의 물매는 1/100이 적당하다.
③ 조리작업을 드라이 시스템화 할 경우의 물매는 1/200정도가 적당하다.

54 다음 중 돼지고기에만 존재하는 부위명은?

① 사태살　　　　　　② 갈매기살
③ 채끝살　　　　　　④ 안심살

[해설] 갈매기살: 돼지의 횡격막과 간 사이에 있는 살로 적당한 마블링을 가지고 있고, 육질의 색이 선홍색이며 웅취취가 나지 않는 것이 좋다.

55 마요네즈를 만들 때 기름의 분리를 막아주는 것은?

① 난황　　　　　　　② 난백
③ 소금　　　　　　　④ 식초

[해설] 마요네즈를 만들 때 난황은 기름의 분리를 막아주는 유화제 역할을 한다.

56 잡곡을 섞지 않고 멥쌀인 흰쌀만 가지고 지은 밥은?

① 흰밥　　　　　　　② 찰밥
③ 현미밥　　　　　　④ 보리밥

[해설] 잡곡을 섞지 않고 멥쌀인 흰쌀만 가지고 지은 밥은 흰밥이다.

57 쇠머리·사골·도가니·양지머리·갈비·꼬리·양·곱창·곤자소니 같은 소의 여러 부위를 여러 시간 푹 고아내 국물이 진하게 우러나게 끓인 국은?

① 냉국　　　　　　　② 곰국
③ 맑은장국　　　　　④ 토장국

[해설] ① 냉국: 오이나 미역 등으로 약한 신맛을 내어 차게 해서 먹는 국이다.
③ 맑은장국: 간장으로 간을 맞추어 국물을 맑게 끓인 국으로 격식을 갖춘 반상차림에 차려진다.
④ 토장국: 육수에 된장을 풀어 끓인 국으로 구수하면서도 깊은 맛이 있다.

58 뚝배기에 서서히 끓이면 더 맛이 있는 찌개는 어느 것인가?

① 고추장찌개
② 순두부찌개
③ 맑은 찌개
④ 된장찌개

[해설] 된장찌개는 육수를 낸 국물에 된장을 푼 찌개로 두부와 버섯, 채소 등을 넣고 끓인 것으로 뚝배기에 서서히 끓이면 더 맛이 있다.

59 동전처럼 생겼다고 해서 동그랑땡이라고도 불리는 전은 어느 것인가?

① 생선전
② 육원전
③ 풋고추전
④ 표고전

[해설] ① 생선전: 동태나 민어, 명태 등의 흰살 생선을 이용해 포를 떠 소금, 후춧가루를 뿌려 재워둔 다음 밀가루와 계란 옷을 입힌 후 달궈진 팬에 기름을 두르고 부친 전이다.
③ 풋고추전: 풋고추를 반으로 갈라 씨를 털어낸 후에 소를 채워 넣어 부친 전이다.
④ 표고전: 말린 표고버섯을 물에 불려서 갓의 안쪽에 양념한 고기를 소로 채워서 만든 전이다.

60 쇠고기를 채 썰어서 여러 가지 양념을 하여 볶은 요리는?

① 닭조림
② 장조림
③ 장똑똑이
④ 두부조림

[해설] ① 닭조림: 냄비에 지진 닭과 감자, 양파, 마늘, 생강, 홍고추를 넣고 양념장을 넣어 20~30분간 조린 것이다.
② 장조림: 기름기가 없는 소고기나 돼지고기 살코기를 큼직하게 토막 내어 마늘, 생강과 함께 간장에 조린 것이다.
④ 두부조림: 두부를 기름을 두른 팬에 지져서 냄비에 켜켜이 놓으면서 고명을 얹어 간장에 짜지 않게 조린 것이다.

정답

1.③	2.②	3.③	4.④	5.③	6.③	7.③	8.②	9.④	10.①
11.④	12.③	13.②	14.②	15.②	16.③	17.①	18.③	19.③	20.③
21.④	22.①	23.④	24.①	25.①	26.①	27.②	28.④	29.④	30.①
31.③	32.①	33.③	34.①	35.③	36.③	37.④	38.①	39.③	40.②
41.④	42.③	43.④	44.③	45.①	46.③	47.③	48.①	49.②	50.①
51.①	52.③	53.④	54.②	55.①	56.①	57.②	58.④	59.②	60.③

8회 CBT 예상문제

01 다음 중 종사원의 복장 및 용모에 대한 설명으로 잘못된 것은?

① 위생모는 머리카락이 외부로 노출되지 않도록 착용한다.
② 위생화는 바닥이 미끄럽지 않은 방수소재로 착용한다.
③ 마스크는 입은 가려지고 코는 가려지지 않도록 착용한다.
④ 매니큐어와 광택제는 사용을 하지 않는다.

[해설] 마스크는 코와 입이 가려지도록 착용한다.

02 경구감염병과 비교하여 세균성식중독이 가지는 일반적인 특성은?

① 소량의 균으로도 발병한다.   ② 잠복기가 짧다.
③ 2차 발병률이 매우 높다.   ④ 수인성 발생이 크다.

[해설] 세균성 식중독의 특징
- 2차 감염이 없으며(종말감염), 발병에 다량의 균이 필요하다.
- 잠복기가 짧으며, 경과가 대체로 짧다.
- 전염성이 거의 없으며, 면역성이 성립되지 않는다.
- 감염경로는 음식물의 섭취이다.

03 식물성 자연독 성분이 아닌 것은?

① 무스카린(muscarine)   ② 테트로도톡신(tetrodotoxin)
③ 솔라닌(solanine)   ④ 고시폴(gossypol)

[해설] 테트로도톡신은 복어의 독으로 동물성 자연독 성분이다.

04 중금속에 관한 설명으로 옳은 것은?

① 해독에 사용되는 약을 중금속 길항약이라고 한다.
② 중금속과 결합하기 쉽고 체외로 배설하는 약은 없다.
③ 중독증상으로 대부분 두통, 설사, 고열을 동반한다.
④ 무기중금속은 지질과 결합하여 불용성 화합물을 만들고 산화작용을 나타낸다.

[해설] 길항약: 어떤 약물이 다른 약물과의 병용에 의하여 그 작용의 일부 또는 전부를 감쇠시키는 역할을 하는 약제다.

05 장염비브리오 식중독균(V. parahaemolyticus)의 특징으로 틀린 것은?

① 해수에 존재하는 세균이다.
② 3~4%의 식염농도에서 잘 발육한다.
③ 특정조건에서 사람의 혈구를 용혈시킨다.
④ 그람양성균이며 아포를 생성하는 구균이다.

[해설] 장염비브리오 식중독균은 그람음성의 운동성이 있는 다형성 단간균으로 해수 세균의 일중이다.

06 어패류의 신선도 판정 시 초기부패의 기준이 되는 물질은?

① 삭시톡신(saxitoxin)
② 베내루핀(venerupin)
③ 트리메틸아민(trimethylamine)
④ 아플라톡신(aflatoxin)

[해설] 트리메틸아민: 악취 물질의 하나로서, 동식물질이 분해할 때 생긴다. 자극적인 생선 냄새, 생선 썩는 냄새를 가진 무색의 기체로서 강한 염기성이다.

07 화학물질에 의한 식중독으로 일반 중독증상과 시신경의 염증으로 실명의 원인이 되는 물질은?

① 납
② 수은
③ 메틸알코올
④ 청산

[해설] 원인 시신경에 염증이 생기는 병으로 한쪽 눈에 일어나는 일이 많으며 원인으로는 여러 가지이며 안와, 부비강의 염증 외에 담배, 메틸알코올, 연(鉛) 등의 중독으로 일어나는 일도 있다.

08 식품의 제조공정 중에 발생하는 거품을 제거하기 위해 사용되는 식품첨가물은?

① 소포제
② 발색제
③ 살균제
④ 표백제

[해설] ② 발색제: 식품 중의 색소와 작용하여 이를 고정시켜 발색시키거나 발색을 촉진시킬 때 사용한다.
③ 살균제: 식품의 부패 원인균이나 병원균을 사멸시키기 위해 사용한다.
④ 표백제: 식품가공이나 제조 시 일반색소 및 발색성 물질을 무색의 화합물로 변화시키고 식품의 보존 중에 일어나는 갈변, 착색 등의 변화를 억제하기 위해 사용한다.

09 미생물의 발육을 억제하여 식품의 부패나 변질을 방지할 목적으로 사용되는 것은?

① 안식향산나트륨 ② 호박산이나트륨
③ 글루타민산나트륨 ④ 유동파라핀

[해설] 안식향산나트륨: 미생물의 발육을 억제하는 정균작용과 미생물을 살균시키는 살균작용, 식품 또는 세균이 생산하는 효소작용을 억제한다.

10 독미나리에 함유된 유독성분은?

① 무스카린(muscarine) ② 솔라닌(solanine)
③ 아트로핀(atropine) ④ 시큐톡신(cicutoxin)

[해설] ① 무스카린: 독버섯에 함유된 유독성분이다.
② 솔라닌: 싹이 난 감자에 함유된 유독성분이다.
③ 아트로핀: 가지과의 식물에 함유되는 알칼로이드이며 항아세틸콜린제로 사용된다.

11 식품위생법상 용어의 정의에 대한 설명 중 틀린 것은?

① "집단급식소"라 함은 영리를 목적으로 하는 급식시설을 말한다.
② "식품"이라 함은 의약으로 섭취하는 것을 제외한 모든 음식물을 말한다.
③ "표시"라 함은 식품, 식품첨가물, 기구 또는 용기 포장에 기재하는 문자, 숫자 또는 도형을 말한다.
④ "용기·포장"이라 함은 식품을 넣거나 싸는 것으로서 식품을 주고받을 때 함께 건네는 물품을 말한다.

[해설] 집단급식소: 영리를 목적으로 하지 아니하면서 특정 다수인에게 계속하여 음식물을 공급하는 급식시설로서 대통령령으로 정하는 시설을 말한다.

12 식품위생법상 소비자식품위생감시원의 직무가 아닌 것은?

① 식품접객업을 하는 자에 대한 위생관리 상태 점검
② 유통 중인 식품 등의 허위표시 또는 과대광고 금지 위반 행위에 관한 관할 행정관청에의 신고 또는 자료 제공
③ 식품위생감시원이 행하는 식품 등에 대한 수거 및 검사 지원
④ 영업장소에 대한 위생관리상태를 점검하고, 개선사항에 대한 권고 및 불이행 시 위촉기관에 보고

[해설] 식품위생법상 소비자식품위생감시원의 직무
• 제36조제1항제3호에 따른 식품접객업을 하는 자(이하 "식품접객영업자"라 한다)에 대한 위생관리 상태 점검
• 유통 중인 식품 등이 표시기준에 맞지 아니하거나 허위표시 또는 과대광고 금지 규정을 위반한 경우 관할 행

정관청에 신고하거나 그에 관한 자료 제공
- 제32조에 따른 식품위생감시원이 하는 식품 등에 대한 수거 및 검사 지원
- 그 밖에 식품위생에 관한 사항으로서 대통령령으로 정하는 사항

13 식품위생법상 영업의 신고 대상 업종이 아닌 것은?

① 일반음식점영업
② 단란주점영업
③ 휴게음식점영업
④ 식품제조가공업

[해설] 단란주점영업은 식품위생법상 영업허가 대상인 업종이다.

14 식품위생법상 조리사를 두어야 할 영업이 아닌 것은?

① 지방자치단체가 운영하는 집단급식소
② 복어조리 판매업소
③ 식품첨가물 제조업소
④ 병원이 운영하는 집단급식소

[해설] 식품위생법상 집단급식소 운영자와 대통령령으로 정하는 식품접객업자는 조리사(調理士)를 두어야 한다.

15 세균성 식중독에 속하지 않는 것은?

① 노로바이러스 식중독
② 비브리오 식중독
③ 병원성대장균 식중독
④ 장구균 식중독

[해설] 노로바이러스 식중독: 노로 바이러스에 의한 유행성 바이러스성 위장염이다. 노로 바이러스는 나이와 관계없이 감염될 수 있으며, 전 세계에 걸쳐 산발적으로 감염이 발생하고 있다.

16 하천수에 용존산소가 적다는 것은 무엇을 의미하는가?

① 유기물 등이 잔류하여 오염도가 높다.
② 물이 비교적 깨끗하다.
③ 오염과 무관하다.
④ 호기성 미생물과 어패류의 생존에 좋은 환경이다.

[해설] 하천수에 용존산소가 적다는 것은 어패류가 살 수 없는 상태를 나타내는 것이다.

17 채소류를 매개로 감염될 수 있는 기생충이 아닌 것은?
① 회충　　　　　　　　② 유구조충
③ 구충　　　　　　　　④ 편충

[해설] 유구조충: 사람의 소장에 기생하는 2~4m의 길이를 가진 조충으로 중간숙주는 돼지이다.

18 간디스토마는 제2중간숙주인 민물고기 내에서 어떤 형태로 존재하다가 인체에 감염을 일으키는가?
① 피낭유충(metacercaria)　　② 레디아(redia)
③ 유모유충(miracidium)　　　④ 포자유충(sporocyst)

[해설] 간디스토마의 제1중간숙주는 쇠우렁이고 제2중간숙주는 민물고기이다. 간디스토마는 제2중간숙주인 민물고기에 침입하여 피낭유충이 된다.

19 일반적인 인수공통감염병에 속하지 않는 것은?
① 탄저　　　　　　　　② 고병원성조류인플루엔자
③ 홍역　　　　　　　　④ 광견병

[해설] 홍역은 홍역 바이러스에 의한 감염으로 발생하며 전염성이 강하여 감수성 있는 접촉자의 90% 이상이 발병한다.

20 환자나 보균자의 분뇨에 의해서 감염될 수 있는 경구감염병은?
① 장티푸스　　　　　　② 결핵
③ 인플루엔자　　　　　④ 디프테리아

[해설] 장티푸스: 감염원에는 대변 이외에 소변을 들 수 있으며, 감염 경로는 주로 과거에 장티푸스를 앓고 난 사람들 중 일부에서 만성보균자가 발생하여 이들이 오염시킨 물이나 음식에 의해서 감염 전파된다.

21 다음 중 화재 예방 요령으로 잘못된 것은?
① 화재 발생 시 경보를 울리거나 큰 소리를 질러 주위 사람들에게 알린다.
② 불을 끌 땐 소화기나 소화전을 이용한다.
③ 몸에 불이 붙었을 때엔 바닥에서 구른다.
④ 뜨거운 오일과 유지를 화염원 가까이에 둔다.

[해설] 뜨거운 오일과 유지를 화염원 가까이에 두지 않는다.

22 자유수의 성질에 대한 설명으로 틀린 것은?

① 수용성 물질의 용매로 사용된다.
② 미생물 번식과 성장에 이용되지 못한다.
③ 비중은 4℃에서 최고이다.
④ 건조로 쉽게 제거 가능하다.

[해설] 자유수는 미생물 번식과 성장에 이용된다.

23 과일의 주된 향기성분이며 분자량이 커지면 향기도 강해지는 냄새성분은?

① 알코올
② 에스테르류
③ 유황화합물
④ 휘발성 질소화합물

[해설] 에스테르류: 주로 과일의 향에서 나타난다.

24 일반적으로 꽃 부분을 주요 식용부위로 하는 화채류는?

① 죽순(bamboo shoot)
② 파슬리(parsley)
③ 콜리플라워(cauliflower)
④ 아스파라거스(asparagus)

[해설] 콜리플라워와 브로콜리는 모두 양배추가 변형된 형태로 우리가 보통 식용으로 사용하는 것은 꽃봉오리다.

25 현미는 벼의 어느 부위를 벗겨낸 것인가?

① 과피와 종피
② 겨층
③ 겨층과 배아
④ 왕겨층

[해설] 벼는 크게 왕겨층, 쌀겨(현미의 외부 껍질)층, 눈, 및 배유로 구성되어 있는데, 제현 작업으로 왕겨층을 제거한 것을 현미라 한다.

26 유화(emulsion)에 의해 형성된 식품이 아닌 것은?

① 우유
② 마요네즈
③ 주스
④ 잣죽

[해설] 주스: 농축과즙 과일즙을 장시간 가열해서 농축한 후 -18℃ 이하에서 냉동한 것이다.

27 달걀의 보존 중 품질변화에 대한 설명으로 틀린 것은?

① 수분의 증발
② 농후난백의 수양화
③ 난황막의 약화
④ 산도(pH)의 감소

[해설] 오래된 달걀은 난황막이 얇아지고 수분이 증발되며 농후난백이 수양화 되면서 점도가 저하된다.

28 유지 중에 존재하는 유리 수산기(-OH)의 함량을 나타내는 것은?

① 아세틸가(Acetyl value)
② 폴렌스케가(Polenske value)
③ 헤너가(Hehner value)
④ 라이켈-마이슬가(Reichert-Meissl value)

[해설]
- 아세틸가: 유지 중에 존재하는 유리 수산기(-OH)의 함량을 나타내는 것
- 폴렌스케가: 유지의 성분 중 물에 녹지 않는 지방산의 양을 숫자로 나타낸 값이다.
- 헤너가: 굳기름 또는 기름 속에 포함된 물에 녹지 않는 지방산의 총량을, 그 굳기름 또는 기름의 전량에 대한 백분율로 나타낸 수이다.

29 생선의 자가소화 원인은?

① 세균의 작용
② 단백질 분해효소
③ 염류
④ 질소

[해설] 자가소화: 어패류의 조직이 사후 그 자체에 함유되어 있는 효소 등의 작용에 의하여 분해되면서 근육조직에 변화가 일어나는 것을 의미한다.

30 식품과 대표적인 맛성분(유기산)을 연결한 것 중 틀린 것은?

① 포도-주석산
② 감귤-구연산
③ 사과-사과산
④ 요구르트-호박산

[해설] 포도에는 주석산, 사과에는 사과산, 감귤에는 구연산 등의 약산이 포함되어 있다.

31 육류의 연화작용에 관여하지 않는 것은?

① 파파야
② 파인애플
③ 레닌
④ 무화과

[해설] 육류의 연화작용에 관여하는 것은 연화제나 파인애플, 파파야, 무화과, 키위 등을 사용한다.

32 강화식품에 대한 설명으로 틀린 것은?

① 식품에 원래 적게 들어 있는 영양소를 보충한다.
② 식품의 가공 중 손실되기 쉬운 영양소를 보충한다.
③ 강화영양소로 비타민 A, 비타민 B, 칼슘(Ca) 등을 이용한다.
④ α-화 쌀은 대표적인 강화식품이다.

[해설] 강화식품: 손실된 영양소를 식품에 첨가하여 부활하던가 원래 없었던 성분을 보충하여 영양가를 높인 식품을 말한다. 강화식품으로는 강화미, 강화밀, 강화된장 등이 있다.

33 알칼리성 식품에 해당하는 것은?

① 육류
② 곡류
③ 해조류
④ 어류

[해설] 육류, 곡류, 어류는 산성식품에 해당한다.

34 다당류와 거리가 먼 것은?

① 젤라틴(gelatin)
② 글리코겐(glycogen)
③ 펙틴(pectin)
④ 글루코만난(glucomannan)

[해설] 다당류: 전분(녹말), 글리코겐, 덱스트린, 섬유소, 이눌린, 한천, 펙틴, 알긴산, 젤라틴

35 식품이 나타내는 수증기압이 0.75기압이고, 그 온도에서 순수한 물의 수증기압이 1.5기압일 때 식품의 상대습도(RH)는?

① 40
② 50
③ 60
④ 80

[해설] 식품의 상대습도(RH)=$\dfrac{\text{식품이 나타내는 수증기압}}{\text{순수한 물의 수증기압}} \times 100$

따라서 식품의 상대습도(RH)=$\dfrac{0.75}{1.5} \times 100 = 50$

36 효소에 의한 갈변을 억제하는 방법으로 옳은 것은?

① 환원성물질 첨가
② 기질 첨가
③ 산소 접촉
④ 금속이온 첨가

[해설] 효소에 의한 갈변을 억제하기 위해서 아스코르브산(환원성 물질)을 첨가해 주면 산화방지 효과가 증가되어 갈변을 억제해 준다.

37 두부를 만드는 과정은 콩 단백질의 어떠한 성질을 이용한 것인가?

① 건조에 의한 변성
② 동결에 의한 변성
③ 효소에 의한 변성
④ 무기염류에 의한 변성

[해설] 두부는 콩 속에 들어있는 단백질을 추출해서 무기염류로 응고시킨 식품이다.

38 시설위생을 위한 사항으로 적합하지 않은 것은?

① 주방냄비를 세척 후 열처리를 해둔다.
② 주방의 천정, 바닥, 벽면도 주기적으로 청소한다.
③ 나무 도마는 사용 후 깨끗이 하고 일광소독을 하도록 한다.
④ deep fryer의 경우 기름은 매주 뽑아내어 걸러 찌꺼기가 남아있는 일이 없도록 한다.

[해설] deep fryer의 경우 기름은 매일 찌꺼기를 제거하며 3일에 한번은 기름을 바꾸어 준다.

39 구매한 식품의 재고관리 시 적용되는 방법 중 최근에 구입한 식품부터 사용하는 것으로 가장 오래된 물품이 재고로 남게 되는 것은?

① 선입선출법
② 후입선출법
③ 총 평균법
④ 최소-최대관리법

[해설]
- 후입선출법: 남아있는 상품 중 나중에 매입한 상품을 먼저 매출하는 형식으로 기입하는 방법이다.
- 선입산출법: 매출했을 때 잔액란에 남아있는 상품 중 먼저 매입한 것을 먼저 매출하는 형식으로 기입하는 방법이다.
- 총평균법: 기초의 재고자산 금액의 기중에 취득한 재고자산금액을 합하고 이를 총수량으로 나누어 평균원가를 산출하는 방식을 말한다.

40 판매가격이 5000원인 메뉴의 식재료비가 2000원인 경우 이 메뉴의 식재료비 비율은?

① 10%
② 20%
③ 30%
④ 40%

[해설] 식재료비 비율 $= \dfrac{\text{메뉴의 식재료비}}{\text{판매가격}} \times 100$

따라서 식재료비 비율 $= \dfrac{2000}{5000} \times 100 = 40\%$

41 아래의 두 성질을 각각 무엇이라 하는가?

> A: 잘 만들어진 청국장을 실타래처럼 실을 빼는 것과 같은 성질을 가지고 있다.
> B: 국수반죽은 긴 모양으로 늘어나는 성질을 가지고 있다.

① A: 예사성, B: 신전성
② A: 신전성, B: 소성
③ A: 예사성, B: 소성
④ A: 신전성, B: 탄성

[해설] • 청국장에서와 같이 실처럼 물질이 따라오는 성질을 예사성이라 한다.
• 국수반죽과 같이 대체로 고체를 이루고 있으며 막대기 모양 또는 긴 모양으로 늘어나는 성질은 신전성이라 한다.

42 젤라틴에 대한 설명으로 옳은 것은?
① 과일젤리나 양갱의 제조에 이용한다.
② 해조류로부터 얻은 다당류의 한 성분이다.
③ 산을 아무리 첨가해도 젤 강도가 저하되지 않는 특징이 있다.
④ 3~10℃에서 젤화되며 온도가 낮을수록 빨리 응고한다.

[해설] 젤라틴은 동물의 껍질이나 연골속의 콜라겐을 정제한 것으로 젤라틴에 산을 가하게 되면 젤의 강도는 저하된다.

43 김에 대한 설명 중 옳은 것은?
① 붉은 색으로 변한 김은 불에 잘 구우면 녹색으로 변한다.
② 건조김은 조미김보다 지질함량이 높다.
③ 김은 칼슘 및 얼, 칼륨이 풍부한 알칼리성 식품이다.
④ 김의 감칠맛은 단맛과 지미를 가진 cystine, mannit 때문이다.

[해설] 김은 탄수화물인 한천이 많이 들어있고, 비타민A가 많이 함유되어 있다.

44 물품의 검수와 저장하는 곳에서 꼭 필요한 집기류는?
① 칼과 도마
② 대형 그릇
③ 저울과 온도계
④ 계량컵과 계량스푼

[해설] 물품의 검수와 저장하는 곳에서 꼭 필요한 집기류는 저울과 온도계다.

45 소금의 종류 중 불순물이 가장 많이 함유되어 있고 가정에서 배추를 절이거나 젓갈을 담글 때 주로 사용하는 것은?

① 호렴　　　　　　　　　　② 재제염
③ 식탁염　　　　　　　　　④ 정제염

[해설] 호렴은 잡물이 많이 섞여 있어 쓴맛이 나는데 김장이나 장을 담글 때 사용하며, 음식의 조미에는 재제염을 사용한다.

46 식혜를 당화시켜 끓일 때 설탕과 함께 소금을 조금 넣어 단맛이 강하게 느껴지는 현상은?

① 미맹현상　　　　　　　　② 소실현상
③ 대비현상　　　　　　　　④ 변조현상

[해설] 대비현상: 서로 다른 맛을 내는 성분이 두 가지 이상 혼합되어 주된 맛의 성분이 강해지는 것을 말한다.

47 냄새 제거를 위한 향신료가 아닌 것은?

① 육두구(nutmeg, 넛맥)　　② 월계수잎(bay leaf)
③ 마늘(garlic)　　　　　　④ 세이지(sage)

[해설] 육두구: 단맛과 매우 강한 맛이 난다.

48 고기를 연화시키기 위해 첨가하는 식품과 단백질 분해효소가 맞게 연결된 것은?

① 배-파파인(papain)
② 키위-피신(ficin)
③ 무화과-액티니딘(actinidin)
④ 파인애플-브로멜린(bromelin)

[해설] 육류의 연화작용에 관여하는 것은 연화제나 파인애플, 파파야, 무화과, 키위 등을 사용한다. 파인애플 속 효소 중 하나인 '브로멜린'은 단백질을 분해시켜 체내 흡수를 도와주고 식욕도 증진시켜주는 효과가 있다.

49 유지류의 조리 이용 특성과 거리가 먼 것은?

① 열 전달매체로서의 튀김
② 밀가루제품의 연화작용
③ 지방의 유화작용
④ 결합제로서의 응고성

[해설] 유지류의 조리 이용 특성: 튀김, 연화작용, 크리밍성, 유화성 등이 있다.

50 조리방법에 대한 설명으로 옳은 것은?
① 채소를 잘게 썰어 끓이면 빨리 익으므로 수용성 영양소의 손실이 적어진다.
② 전자레인지는 자외선에 의해 음식이 조리된다.
③ 콩나물국의 색을 맑게 만들기 위해 소금으로 간을 한다.
④ 푸른색을 최대한 유지하기 위해 소량의 물에 채소를 넣고 데친다.

[해설] ① 채소를 잘게 썰어 끓이면 수용성 영양소의 손실은 커진다.
② 전자레인지는 식품 내에 있는 물분자를 급속하게 진동시켜 열을 발생시켜 음식을 조리한다.
④ 푸른색을 최대한 유지하기 위해 뚜껑을 열고 다량의 물에 채소를 넣고 데친다.

51 고등어구이를 하려고 한다. 정미중량 70g을 조리하고자 할 때 1인당 발주량은 약 얼마인가? (단, 고등어 폐기율은 35%)
① 43g
② 91g
③ 108g
④ 110g

[해설] 총 발주량 = $\dfrac{정미중량 \times 100}{100 - 폐기율} \times 인원수$

따라서 총 발주량 = $\dfrac{70 \times 100}{100 - 35} \times 1 ≒ 107.69$

따라서 1인당 발주량은 약 108g이다.

52 단체급식시설의 작업장별 관리에 대한 설명으로 잘못된 것은?
① 개수대는 생선용과 채소용을 구분하는 것이 식중독균의 교차오염을 방지하는데 효과적이다.
② 가열, 조리하는 곳에는 환기장치가 필요하다.
③ 식품보관 창고에 식품을 보관 시 바닥과 벽에 식품이 직접 닿지 않게 하여 오염을 방지한다.
④ 자외선 등은 모든 기구와 식품내부의 완전살균에 매우 효과적이다.

[해설] 자외선 등은 표면에 살균 효과가 있다.

53 생선 조리방법에 대한 설명으로 틀린 것은?

① 생강과 술은 비린내를 없애는 용도로 사용한다.
② 처음 가열할 때 수분간은 뚜껑을 약간 열어 비린내를 휘발시킨다.
③ 모양을 유지하고 맛 성분이 밖으로 유출되지 않도록 양념간장이 끓을 때 생선을 넣기도 한다.
④ 산도가 약간 저하된 생선은 조미를 비교적 약하게 하여 뚜껑을 덮고 짧은 시간 내에 끓인다.

[해설] 산도가 약간 저하된 생선은 비린내가 강하게 나므로 산 등을 첨가해 비린내를 중화시킨 뒤에 뚜껑을 열고 끓여준다.

54 육류를 가열할 때 일어나는 변화 중 틀린 것은?

① 중량증가
② 풍미의 생성
③ 비타민의 손실
④ 단백질의 응고

[해설] 육류를 가열하면 고기 안에 있는 근섬유가 수축하고 지방과 육즙이 용출되기 때문에 보수성과 중량이 감소한다.

55 단백질 함량이 14% 정도인 밀가루로 만드는 것이 가장 좋은 식품은?

① 버터케이크
② 튀김
③ 마카로니
④ 과자류

[해설] 단백질 함량이 14% 정도인 밀가루는 중력분으로 중력분은 국수, 만두피, 수제비 등에 사용된다.

56 밥 위에 갖은 나물과 볶은 고기를 올리고 고추장을 넣어 모든 재료를 비벼 먹는 밥은?

① 묵밥
② 오곡밥
③ 찰밥
④ 비빔밥

[해설] ① 묵밥: 소량의 밥을 담고 묵을 올려 김치, 오이, 김을 고명으로 하여 육수를 부어 먹는 밥이다.
② 오곡밥: 찹쌀에 기장, 찰수수, 검정콩, 붉은팥의 다섯 가지 곡식을 섞어 지은 밥이다.
③ 찰밥: 찹쌀로 지은 밥으로 찹쌀에 삶은 팥, 대추, 밤 등을 고루 섞고 소금으로 간하여 찐 밥이다.

57 국물에 매운맛을 내기 위해 고춧가루나 고추장을 풀어서 끓은 찌개는?

① 고추장찌개
② 된장찌개
③ 맑은 찌개
④ 순두부찌개

[해설] ② 된장찌개: 육수를 낸 국물에 된장을 푼 찌개로 두부와 버섯, 채소 등을 넣고 끓인 것으로 뚝배기에 서서히 끓이면 더 맛이 있다.
③ 맑은 찌개: 소금이나 새우젓국으로 넣어 간을 한 것으로 주재료가 두부, 호박, 소고기, 조개류 등인 찌개이다.
④ 순두부찌개: 순두부를 넣고 양념하여 끓인 찌개이다.

58 물에 불려서 맷돌에 간 녹두에 여러 가지 부재료를 넣어 기름에 지진 전은?

① 육원전 ② 생선전
③ 녹두전 ④ 표고전

[해설] ① 육원전: 다진 쇠고기나 돼지고기를 곱게 다져 물기를 짠 두부에 갖은 양념을 해서 구운 전이다.
② 생선전: 동태나 민어, 명태 등의 흰살 생선을 이용해 포를 떠 소금, 후춧가루를 뿌려 재워둔 다음 밀가루와 계란 옷을 입힌 후 달궈진 팬에 기름을 두르고 부친 전이다.
④ 표고전: 말린 표고버섯을 물에 불려서 갓의 안쪽에 양념한 고기를 소로 채워서 만든 전이다.

59 쇠고기의 살코기를 얇게 저며 양념에 날로 무친 회는?

① 홍어회 ② 미나리강회
③ 두릅회 ④ 육회

[해설] ① 홍어회: 홍어를 발효시켜 초고추장이나 양념장에 찍어 먹거나 묵은 김치에 싸서 먹는 회다.
② 미나리강회: 미나리의 잎과 뿌리를 따고 소금물에 살짝 데친 뒤에 달걀지단, 편육이나 쇠고기볶음, 버섯 등을 가늘게 채 썰어서 말아놓은 회이다.
③ 두릅회: 두릅순을 데쳐서 초고추장과 곁들여 내는 채소 숙회이다.

60 조림의 국물에 녹말을 풀어 재료들이 엉기도록 익힌 요리는?

① 탕 ② 초
③ 조림 ④ 무침

[해설] 조림의 국물에 녹말을 풀어 재료들이 엉기도록 익힌 요리는 초이다.

정답									
1.③	2.②	3.②	4.①	5.④	6.③	7.③	8.①	9.①	10.④
11.①	12.④	13.②	14.③	15.①	16.①	17.②	18.①	19.③	20.①
21.④	22.②	23.②	24.③	25.④	26.③	27.④	28.①	29.②	30.④
31.③	32.④	33.③	34.①	35.②	36.①	37.④	38.④	39.②	40.④
41.①	42.④	43.③	44.③	45.①	46.③	47.①	48.④	49.④	50.③
51.③	52.④	53.④	54.①	55.③	56.④	57.①	58.③	59.④	60.②

9회 CBT 예상문제

01 식품을 조리 또는 가공할 때 생성되는 유해물질과 그 생성 원인을 잘못 짝지은 것은?
① 엔-니트로소아민(N-nitrosoamine)-육가공품의 발색제 사용으로 인한 아질산과 아민과의 반응 생성물
② 다환방향족탄화수소(polycyclicaromatic hydrocarbon)-유기물질을 고온으로 가열할 때 생성되는 단백질이나 지방의 분해생성물
③ 아크릴아미드(acrylamide)-전분식품 가열시 아미노산과 당의 열에 의한 결합반응 생성물
④ 헤테로고리아민(heterocyclic amine)-주류 제조 시 에탄올과 카바밀기의 반응에 의한 생성물

[해설] 육류, 생선 등 단백질 식품을 너무 높은 온도에서 익히면 발암 물질인 헤테로고리아민이 생성된다.

02 과일 통조림으로부터 용출되어 구토, 설사, 복통의 중독 증상을 유발할 가능성이 있는 물질은?
① 안티몬　　　　　　　　② 주석
③ 크롬　　　　　　　　　④ 구리

[해설] 주석: 탄소족에 속하는 은백색의 금속원소로 통조림관의 주성분이며 과일이나 채소류 통조림에 의한 식중독을 일으킨다.

03 복어 중독을 일으키는 독성분은?
① 테트로도톡신(tetrodotoxin)
② 솔라닌(solanine)
③ 베네루핀(venerupin)
④ 무스카린(muscarine)

[해설] ② 솔라닌: 싹이 난 감자의 독성분이다.
③ 베네루핀: 조개류의 독 성분이다.
④ 무스카린: 독버섯의 독 성분이다.

04 화학성 식중독의 원인이 아닌 것은?

① 설사성 패류 중독
② 환경오염에 기인하는 식품 유독성분 중독
③ 중금속에 의한 중독
④ 유해성 식품첨가물에 의한 중독

[해설] 화학성 식중독의 원인
- 고의 또는 오용으로 첨가되는 유해물질
- 본의 아니게 잔류, 혼입되는 유해물질
- 제조, 가공, 저장 중에 생성되는 유해물질
- 기타 물질에 의한 중독
- 조리기구, 포장에 의한 중독
- 환경물질에 의한 유해물질
- 색·맛이 식품과 비슷하여 식품으로 오인되는 유해물질

05 안식향산(benzoic acid)의 사용 목적은?

① 식품의 산미를 내기 위하여
② 식품의 부패를 방지하기 위하여
③ 유지의 산화를 방지하기 위하여
④ 식품의 향을 내기 위하여

[해설] 안식향산은 식품의 보존료로 쓰인다.

06 식중독 중 해산어류를 통해 많이 발생하는 식중독은?

① 살모넬라균 식중독
② 클로스트리디움 보툴리늄균 식중독
③ 황색포도상구균 식중독
④ 장염 비브리오균 식중독

[해설] 장염 비브리오균 식중독: 장염비브리오 식중독은 해수 세균의 일종으로 바닷물이나 일정 지역에서 발견되는 보통 혐기성 균이다. 수온이 낮은 기간에는 연안침전물이나 큰 강어귀에서 지내고 수온이 오르면 조개나 갑각류에서 지낸다.

07 색소를 함유하고 있지는 않지만 식품 중의 성분과 결합하여 색을 안정화시키면서 선명하게 하는 식품첨가물은?

① 착색료
② 보존료
③ 발색제
④ 산화방지제

[해설] ① 착색료: 식품의 조리, 가공 중에 퇴색한 것을 아름답게 착색시켜 기호 면에서 식욕을 촉진시키고 상품 면에서 가치를 높이기 위해 사용한다.
② 보존료: 미생물의 발육을 억제하는 정균작용과 미생물을 살균시키는 살균작용, 식품 또는 세균이 생산하는 효소작용을 억제한다.
④ 산화방지제: 식품의 산화 변질 현상을 방지할 목적으로 사용한다.

08 식품의 부패 또는 변질과 관련이 적은 것은?
① 수분 ② 온도
③ 압력 ④ 효소

[해설] 식품의 부패 또는 변질 원인: 효소작용으로 변질되기 쉬우며, 온도, 수분, 광선의 영향에 의해서도 변질이 된다.

09 세균으로 인한 식중독 원인물질이 아닌 것은?
① 살모넬라균 ② 장염비브리오균
③ 아플라톡신 ④ 보툴리눔독소

[해설]
- 살모넬라균, 장염비브리오균: 감염형 식중독 균이다.
- 보툴리눔독소: 독소형 식중독 균이다.

10 중온균 증식의 최적온도는?
① 10~12℃ ② 25~37℃
③ 55~60℃ ④ 65~75℃

[해설] 중온세균의 최적 발육 온도는 20~45℃이다.

11 업종별 시설기준으로 틀린 것은?
① 휴게음식점에는 다른 객석에서 내부가 보이도록 하여야 한다.
② 일반음식점의 객실에는 잠금장치를 설치할 수 있다.
③ 일반음식점의 객실 안에는 무대장치, 우주볼 등의 특수조명시설을 설치하여서는 아니 된다.
④ 일반음식점에는 손님이 이용할 수 있는 자동반주장치를 설치하여서는 아니 된다.

[해설] 일반음식점에 객실을 설치하는 경우 객실에는 잠금장치를 설치할 수 없다.

12 HACCP의 7가지 원칙에 해당하지 않는 것은?
① 위해요소분석 ② 중요관리점(CCP) 결정
③ 개선조치방법 수립 ④ 회수명령의 기준 설정

[해설] 회수명령의 기준 설정은 HACCP의 7가지 원칙에 해당하지 않는다.

13 판매의 목적으로 식품 등을 제조·가공·소분·수입 또는 판매한 영업자는 해당 식품이 식품 등의 위해와 관련이 있는 규정으로 위반하여 유통 중인 당해 식품 등을 회수하고자 할 때 회수계획을 보고해야 하는 대상이 아닌 것은?

① 시·도지사
② 식품의약품안전처장
③ 보건소장
④ 시장·군수·구청장

[해설] 판매의 목적으로 식품 등을 제조·가공·소분·수입 또는 판매한 영업자는 해당 식품이 식품 등의 위해와 관련이 있는 규정으로 위반하여 유통 중인 당해 식품 등을 회수하고자 할 때 회수계획을 식품의약품안전처장, 시·도지사 또는 시장·군수·구청장에게 미리 보고하여야 한다.

14 식품위생법에 명시된 목적이 아닌 것은?

① 위생상의 위해 방지
② 건전한 유통·판매 도모
③ 식품영양의 질적 향상 도모
④ 식품에 관한 올바른 정보 제공

[해설] 목적: 이 법은 식품으로 인하여 생기는 위생상의 위해(危害)를 방지하고 식품영양의 질적 향상을 도모하며 식품에 관한 올바른 정보를 제공하여 국민보건의 증진에 이바지함을 목적으로 한다.

15 식품위생법상 영업에 종사하지 못하는 질병의 종류가 아닌 것은?

① 비감염성 결핵
② 세균성이질
③ 장티푸스
④ 화농성질환

[해설] 식품위생법상 영업에 종사하지 못하는 질병의 종류
- 제1군 전염병: 콜레라, 페스트, 장티푸스, 파라티푸스, 세균성이질, 장출혈성 대장균 감염증
- 제3군 전염병 중 결핵(단, 비감염성인 경우 제외한다.)
- 후천성면역결핍증(단, 성병에 관한 건강진단을 받아야하는 영업에 종사하는 자에 한함)
- 기타 화농성질환

16 칼슘(Ca)과 인(P)이 소변 중으로 유출되는 골연화증 현상을 유발하는 유해 중금속은?

① 납
② 카드뮴
③ 수은
④ 주석

[해설] 카드뮴 중독: 카드뮴과 그 화합물이 인체에 접촉·흡수됨으로서 일어나는 것으로 칼슘(Ca)과 인(P)이 소변 중으로 유출되는 골연화증 현상을 유발한다.

17 기생충과 중간숙주의 연결이 틀린 것은?

① 십이지장충-모기
② 말라리아-사람
③ 폐흡충-가재, 게
④ 무구조충-소

[해설] 십이지장충: 쌍선충류에 속하는 인체기생충으로 처음에 십이지장에서 발견되었기에 십이지장충이라 한다.

18 감염병 중에서 비말감염과 관계가 먼 것은?

① 백일해
② 디프테리아
③ 발진열
④ 결핵

[해설] 비말감염: 사람과 사람이 접근하여서 감염이 생기는, 접촉감염의 한 형태로 호흡기계 전염병의 가장 보편적인 감염방식이다. 비말감염과 관계가 있는 것은 백일해, 디프테리아, 결핵 등이 있다.

19 수질의 오염정도를 파악하기 위한 BOD(생물화학적산소요구량) 측정 시 일반적인 온도와 측정기간은?

① 10℃에서 10일간
② 20℃에서 10일간
③ 10℃에서 5일간
④ 20℃에서 5일간

[해설] BOD(생물화학적산소요구량) 측정 시 20℃에서 5일간 해야 한다.

20 자외선에 의한 인체 건강 장해가 아닌 것은?

① 설안염
② 피부암
③ 폐기종
④ 결막염

[해설] 폐기종: 폐 안에 공기가 병적으로 많이 차 있어 폐포가 커지고 폐의 용적이 지속적으로 커지는 상태를 말한다.

21 우리나라의 법정 감염병이 아닌 것은?

① 말라리아
② 유행성이하선염
③ 매독
④ 기생충

[해설] ① 말라리아: 제3군 감염병
② 유행성이하선염: 제2군 감염병
③ 매독: 제3군 감염병

22 스팀기구 사용 시 증기가 완전히 빠져나간 후에 뚜껑을 여는 것은 어떤 안전사고에 대한 방지 대책인가?

① 감전사고 ② 근육통, 요통 및 타박상
③ 골절, 낙상 ④ 화상

[해설] 스팀기구 사용 시 증기가 완전히 빠져나간 후에 뚜껑을 여는 것은 화상에 의한 안전사고에 대한 대책이다.

23 우유 가공품이 아닌 것은?

① 치즈 ② 버터
③ 마시멜로우 ④ 액상 발효유

[해설] 마시멜로우: 전분, 젤라틴, 설탕 따위로 만드는 연한 과자이다.

24 육류의 사후경직을 설명한 것 중 틀린 것은?

① 근육에서 호기성 해당과정에 의해 산이 증가된다.
② 해당과정으로 생성된 산에 의해 ph가 낮아진다.
③ 경직 속도는 도살전의 동물의 상태에 따라 다르다.
④ 근육의 글리코겐 젖산으로 된다.

[해설] 육류의 사후경직: 사후, 시간의 경과함에 따라 근육의 ph는 낮아지고 신전성을 잃고 경화하는 현상이다. 사후, 근육의 ATP의 분해가 사후경직의 원동력이 되고 있다.

25 효소의 주된 구성성분은?

① 지방 ② 탄수화물
③ 단백질 ④ 비타민

[해설] 효소의 주된 구성성분은 단백질이다.

26 다음 냄새 성분 중 어류와 관계가 먼 것은?

① 트리메틸아민(trimethylamine)
② 암모니아(ammonia)
③ 피페리딘(piperidine)
④ 디아세틸(diacetyl)

[해설] 디아세틸: 마가린 등의 제품에 버터가 함유된 듯한 향을 내기 위해 들어가는 성분이다.

27 식품에 존재하는 물의 형태 중 자유수에 대한 설명으로 틀린 것은?

① 식품에서 미생물의 번식에 이용된다.
② -20℃에서도 얼지 않는다.
③ 100℃에서 증발하여 수증기가 된다.
④ 식품을 건조시킬 때 쉽게 제거된다.

[해설] 자유수는 0℃이하에서는 쉽게 동결한다.

28 전분의 노화를 억제하는 방법으로 적합하지 않은 것은?

① 수분함량 조절   ② 냉동
③ 설탕의 첨가   ④ 산의 첨가

[해설] 전분의 노화 방지
• 전분을 80℃ 이상 유지하면서 급속 건조한다.
• 0℃ 이하로 얼려 급속 탈수한 후 수분의 함량을 15% 이하로 유지한다.
• 설탕 또는 유화제를 첨가한다.

29 우유 100mL에 칼슘이 180mg 정도 들어있다면 우유 250mL에는 칼슘이 약 몇 mg 정도 들어있는가?

① 450mg   ② 540mg
③ 595mg   ④ 650mg

[해설] $100:180=250:x$
따라서 $x=450$
따라서 우유 100mL에 칼슘이 180mg 정도 들어있다면 우유 250mL에는 칼슘이 약 450mg 들어있다.

30 찹쌀의 아밀로오스와 아밀로펙틴에 대한 설명 중 맞는 것은?

① 아밀로오스 함량이 더 많다.
② 아밀로오스 함량과 아밀로펙틴의 함량이 거의 같다.
③ 아밀로펙틴으로 이루어져 있다.
④ 아밀로펙틴은 존재하지 않는다.

[해설] 일반 쌀에는 아밀로펙틴과 아밀로오스 두 가지가 들어있는데 찹쌀에는 아밀로오스가 없고 아밀로펙틴으로 이루어져 있다.

31 과일향기의 주성분을 이루는 냄새 성분은?

① 알데히드(aldehyde)류　　② 함유황화합물
③ 테르펜(terpene)류　　　④ 에스테르(ester)류

[해설] 에스테르류: 주로 과일의 향에서 나타난다.

32 불건성유에 속하는 것은?

① 들기름　　　② 땅콩기름
③ 대두유　　　④ 옥수수기름

[해설] ① 들기름: 건성유
② 땅콩기름: 불건성유
③ 대두유: 건성유 혹인 반건성유
④ 옥수수기름: 반건성유

33 채소의 가공 시 가장 손실되기 쉬운 비타민은?

① 비타민A　　② 비타민D
③ 비타민C　　④ 비타민E

[해설] 채소의 가공 시 가장 손실되기 쉬운 비타민은 비타민C이다.

34 일반적으로 포테이토칩 등 스낵류에 질소충전 포장을 실시할 때 얻어지는 효과로 가장 거리가 먼 것은?

① 유지의 산화 방지　　② 스낵의 파손 방지
③ 세균의 발육 억제　　④ 제품의 투명성 유지

[해설] 스낵류에 질소충전 포장을 하면 스낵의 부서짐을 방지할 수 있고 남은 공기를 질소로 대체하여 줌으로서 산패 및 미생물의 번식을 억제할 수 있다.

35 달걀흰자로 거품을 낼 때 식초를 약간 첨가하는 것은 다음 중 어떤 것과 가장 관계가 깊은가?

① 난백의 등전점　　② 용해도 증가
③ 향 형성　　　　　④ 표백효과

[해설] 달걀흰자로 거품을 낼 때 레몬즙이나 식초를 약간 첨가해 주면 난백의 pH 값이 낮아지게 되어 난백 단백질의 등전점에 가까워지면서 난백의 표면 장력과 점도가 떨어져 기포성이 좋아지고 단백질 분자가 표면막을 만들기가 쉬워지므로 기포의 안정성이 좋아진다.

36 붉은 양배추를 조리할 때 식초나 레몬즙을 조금 넣으면 어떤 변화가 일어나는가?

① 안토시아닌계 색소가 선명하게 유지된다.
② 카로티노이드계 색소가 변색되어 녹색으로 된다.
③ 클로로필계 색소가 선명하게 유지된다.
④ 플라보노이드계 색소가 변색되어 청색으로 된다.

[해설] 안토시아닌계 색소는 과일, 채소, 꽃 및 그 가공품에 포함되는 빨강, 파랑, 보라, 흑보라색을 띠는 수용성 색소 군으로 안토시아닌계 색소가 들어있는 채소를 조리할 때 식초나 레몬즙을 조금 넣어 조리해주면 안토시아닌계 색소가 선명하게 유지된다.

37 단맛을 갖는 대표적인 식품과 가장 거리가 먼 것은?

① 사탕무   ② 감초
③ 벌꿀   ④ 곤약

[해설] 곤약 자체는 무미에 가깝다.

38 열량급원 식품이 아닌 것은?

① 감자   ② 쌀
③ 풋고추   ④ 아이스크림

[해설] 열량급원 식품: 감자, 고구마, 옥수수, 샌드위치, 밤, 쌀, 아이스크림 등이 있다.

39 마늘에 함유된 황화합물로 특유의 냄새를 가지는 성분은?

① 알리신(allicin)   ② 디메틸설파이드(dimethyl sulfide)
③ 머스타드 오일(mustard oil)   ④ 캡사이신(capsaicin)

[해설] 알리신은 마늘에 들어 있는 성분으로 마늘의 독특한 냄새와 약효의 주된 성분이다.

40 식품의 외부에서 힘을 가했을 때 식품의 형태가 변형되었다가 다시 가해진 압력을 제거하면 원래의 모습으로 돌아가려는 성질은?

① 점탄성   ② 탄성
③ 소성   ④ 항복치

[해설] ① 점탄성: 외부 힘에 의해 물체가 점성유동(액체적 성질)과 탄성변형(고체적 성질)을 동시에 일어나는 성질이다.
③ 소성: 외부의 힘에 의하여 변형된 물체가 그 힘을 제거하여도 원상태로 돌아오지 않는 성질이다.

41 당근의 구입단가는 kg당 1300원이다. 10kg 구매 시 표준수율이 86%이라면, 당근 1인분 (80g)의 원가는 약 얼마인가?

① 51원　　　　　　　　　　　② 121원
③ 151원　　　　　　　　　　　④ 181원

[해설] 당근의 구입단가 1kg=1300원 이므로
10kg=10000g=13000원이다.
그리고 10kg 의 표준수율 86% 이므로
$10000g \times \frac{86}{100}$ =8600g이다.
따라서 1인분(80g)일 때 원가를 x라 하면
13000원:8600g=x:80g
$x = \frac{13000원 \times 80g}{8600g}$ ≒120.93원이다.
따라서 당근 1인분(80g)의 원가는 약 121원이다.

42 총원가는 제조원가에 무엇을 더한 것인가?

① 제조간접비　　　　　　　　② 판매관리비
③ 이익　　　　　　　　　　　④ 판매가격

[해설] 총원가=제조원가(공장원가)+판매관리비

43 에너지 공급원으로 감자 160g 을 보리쌀로 대체할 때 필요한 보리쌀 양은? (단, 감자 당질 함량 : 14.4%, 보리쌀 당질함량 : 68.4%)

① 20.9g　　　　　　　　　　② 27.6g
③ 31.5g　　　　　　　　　　④ 33.7g

[해설] 감자 160g의 당질 함량이
100:14.4=160:x, x=23.04 따라서 14.4g이라면 160g은 23.04g
이 때 보리쌀 당질 함량이 23.04인 경우를 구하면 되니까
100:68.4=x:23.04 따라서 x≒33.68g이다.
따라서 에너지 공급원으로 감자 160g 을 보리쌀로 대체할 때 필요한 보리쌀 양은 약 33.7g이다.

44 차, 커피, 코코아, 과일 등에서 수렴성 맛을 주는 성분은?

① 타닌(tannin)　　　　　　　② 카로틴(carotene)
③ 엽록소(chlorophyll)　　　　④ 안토시아닌(anthocyanin)

[해설] 타닌: 포도의 껍질이나 그 밖의 부위에서 자연적으로 들어있는 물질로 차, 커피, 코코아, 과일 등에서 수렴성 맛을 주는 성분이다.

45 조리 시 일어나는 비타민, 무기질의 변화 중 맞는 것은?

① 비타민A는 지방음식과 함께 섭취할 때 흡수율이 높아진다.
② 비타민D는 자외선과 접하는 부분이 클수록, 오래 끓일수록 파괴율이 높아진다.
③ 색소의 고정효과로는 Ca++이 많이 사용되며 식물 색소를 고정시키는 역할을 한다.
④ 과일을 깎을 때 쇠칼을 사용하는 것이 맛, 영양가, 외관상 좋다.

[해설] 비타민A는 지용성비타민이므로 지방이나 기름과 결합했을 때 체내로 흡수된다.

46 다음 중 골패 썰기에 대한 설명이 아닌 것은?

① 보통 가로로는 2cm, 세로로는 4~5cm 정도로 썰어준다.
② 둥근 모양 식재료의 가장자리를 잘라내어 사각형 모양으로 잘라내는 방법이다.
③ 주로 신선로나 볶음 등에 이용된다.
④ 식재료를 네모나고 길게 썬 후에 다시 얄팍하게 썰어주는 방법이다.

[해설] 식재료를 네모나고 길게 썬 후에 다시 얄팍하게 썰어주는 방법은 나박 썰기에 대한 설명이다.

47 급식 시설에서 주방면적을 산출할 때 고려해야할 사항으로 가장거리가 먼 것은?

① 피급식자의 기호　　　　② 조리 기기의 선택
③ 조리 인원　　　　　　　④ 식단

[해설] 급식 시설에서 주방면적을 산출할 때 조리 기기의 선택이나 식단, 조리 인원은 고려해야 하지만 피급식자의 기호는 고려해야 할 사항에서 제외된다.

48 다음 급식시설 중 1인 1식 사용 급수 량이 가장 많이 필요한 시설은?

① 학교급식　　　　　　　② 보통급식
③ 산업체급식　　　　　　④ 병원급식

[해설] 1인 1식 사용 급수 량이 가장 많이 필요한 시설은 병원급식 시설이다.

49 생선의 비린내를 억제하는 방법으로 부적합한 것은?

① 물로 깨끗이 씻어 수용성 냄새 성분을 제거한다.
② 처음부터 뚜껑을 닫고 끓여 생선을 완전히 응고시킨다.
③ 조리 전에 우유에 담가 둔다.
④ 생선 단백질이 응고 된 후 생강을 넣는다.

[해설] 생선 비린내를 없애는 방법

- 물로 씻기, 식초, 술, 간장, 된장, 고추장, 파, 마늘, 생강, 고추냉이, 겨자, 고추, 후추, 무, 쑥갓, 미나리 등을 첨가하거나 우유에 담가두었다가 조리한다.
- 어육단백질은 생강의 탈취작용을 저해하기 때문에 반드시 단백질을 변화시킨 후 생강을 넣는 것이 효과적이다(생선이 익은 후 첨가해준다).

50 조리 시 첨가하는 물질의 역할에 대한 설명으로 틀린 것은?

① 식염-면 반죽의 탄성 증가
② 식초-백색채소의 색 고정
③ 중조-펙틴 물질의 불용성 강화
④ 구리-녹색채소의 색 고정

[해설] 중조: 반죽이 황색으로 변하고 비타민B의 손실을 가져온다.

51 쇠고기의 부위 중 탕, 스튜, 찜 조리에 가장 적합 한 부위는?

① 목심
② 설도
③ 양지
④ 사태

[해설] 고기의 종류와 조리

조리명	고기의 부위
탕	양지, 사태, 업진육, 꼬리, 내장(양, 곱창)
조림	우둔살, 홍두깨살, 장정육, 대접살, 쐬악지
구이	등심, 안심, 채끝살, 갈비, 홍두깨살, 염통, 콩팥
찜	갈비, 사태, 등심, 쐬악지
편육	사태, 양지, 장정육, 우설, 업진육

52 유지의 발연점이 낮아지는 원인에 대한 설명으로 틀린 것은?

① 유리지방산의 함량이 낮은 경우
② 튀김기의 표면적이 넓은 경우
③ 기름에 이물질이 많이 들어 있는 경우
④ 오래 사용하여 기름이 지나치게 산패된 경우

[해설] 유지의 발연점이 낮아지는 원인
- 기름에 이물질이 많이 들어 있는 경우
- 오래 사용하여 기름이 지나치게 산패된 경우
- 튀김기의 표면적이 넓은 경우

53 김치 저장 중 김치조직의 연부현상이 일어나는 이유에 대한 설명으로 가장 거리가 먼 것은?

① 조직을 구성하고 있는 펙틴질이 분해되기 때문에
② 미생물이 펙틴분해효소를 생성하기 때문에
③ 용기에 꼭 눌러 담지 않아 내부에 공기가 존재하여 호기성 미생물이 성장번식하기 때문에
④ 김치가 국물에 잠겨 수분을 흡수하기 때문에

[해설] 김치가 국물에 잠겨있지 않으면 공기 중에 접촉된 부분에서 효모가 발생되기 쉬우므로, 배추가 국물에 잠기도록 적당한 주기로 김치 통 안에 있는 김치를 눌러 주어야 한다.

54 육류 조리 시 열에 의한 변화로 맞는 것은?

① 불고기는 열의 흡수로 부피가 증가한다.
② 스테이크는 가열하면 질겨져서 소화가 잘 되지 않는다.
③ 미트로프(meatloaf)는 가열하면 단백질이 응고, 수축, 변성된다.
④ 쇠꼬리의 젤라틴이 콜라겐 화 된다.

[해설] 육류 조리 시 열에 의한 변화
- 고기 단백질이 응고한다.
- 고기의 수축이 일어나고 중량보수성이 감소한다.
- 결합조직의 연화: 콜라겐이 젤라틴화 된다.
- 색의 변화가 일어나며 소화력이 증대된다.

55 편육을 끓는 물에 삶아 내는 이유는?

① 고기 냄새를 없애기 위해
② 육질을 단단하게 하기 위해
③ 지방 용출을 적게 하기 위해
④ 국물에 맛 성분이 적게 용출되도록 하기 위해

[해설] 편육: 끓는 물에서 삶아야 고기의 맛이 빠지지 않는다.

56 식단을 작성하고자 할 때 식품의 선택요령으로 가장 적합한 것은?

① 영양보다는 경제적인 효율성을 우선으로 고려한다.
② 쇠고기가 비싸서 대체식품으로 닭고기를 선정하였다.
③ 시금치의 대체식품으로 값이 싼 달걀을 구매하였다.
④ 한창 제철일 때 보다 한 발 앞서서 식품을 구입하여 식단을 구성하는 것이 보다 새롭고 경제적이다.

[해설] 대치 식품: 영양면에서 주된 영양소가 공통이면서도 대신 쓸 수 있는 것으로 버터의 대치 식품으로는 마가린이 있고, 쇠고기의 대치 식품으로는 돼지고기 또는 닭고기가 있다.

57 죽의 기능별 분류 중 타락죽은 어디에 속하는가?

① 피부미용에 좋은 죽
② 원기회복에 좋은 죽
③ 아이 두뇌활동에 좋은 죽
④ 회복환자에게 좋은 죽

[해설] 타락죽은 회복환자에게 좋은 죽이다.

58 다음 중 간장으로 간을 맞추어 국물을 맑게 끓인 국은?

① 토장국
② 맑은장국
③ 냉국
④ 곰국

[해설] ① 토장국: 육수에 된장을 풀어 끓인 국으로 구수하면서도 깊은 맛이 있다.
③ 냉국: 오이나 미역 등으로 약한 신맛을 내어 차게 해서 먹는 국이다.
④ 곰국: 쇠머리·사골·도가니·양지머리·갈비·꼬리·양·곱창·곤자소니 같은 소의 여러 부위를 여러 시간 푹 고아내 국물이 진하게 우러나게 끓인 국이다.

59 말린 표고버섯을 물에 불려서 갓의 안쪽에 양념한 고기를 소로 채워서 만든 전은?

① 녹두전
② 표고전
③ 육원전
④ 풋고추전

[해설] ① 녹두전: 물에 불려서 맷돌에 간 녹두에 여러 가지 부재료를 넣어 기름에 지진 전이다.
③ 육원전: 다진 쇠고기나 돼지고기를 곱게 다져 물기를 짠 두부에 갖은 양념을 해서 구운 전이다.
④ 풋고추전: 풋고추를 반으로 갈라 씨를 털어낸 후에 소를 채워 넣어 부친 전이다.

60 생선 조림할 때 흰 살 생선은 주로 무엇으로 조려주는가?

① 설탕
② 소금
③ 간장
④ 고추장

[해설] 생선 조림할 때 흰 살 생선은 주로 간장으로 조려주며, 붉은 살 생선이나 비린내가 나는 생선은 고춧가루나 고추장을 이용해 조려준다.

정답

1.④	2.②	3.①	4.①	5.②	6.④	7.③	8.③	9.③	10.②
11.②	12.④	13.③	14.②	15.①	16.②	17.①	18.③	19.④	20.③
21.④	22.④	23.③	24.①	25.③	26.④	27.②	28.④	29.①	30.③
31.④	32.②	33.③	34.④	35.①	36.①	37.④	38.③	39.①	40.②
41.②	42.②	43.④	44.①	45.②	46.④	47.①	48.④	49.②	50.③
51.④	52.①	53.④	54.③	55.④	56.②	57.④	58.②	59.②	60.③

10회 CBT 예상문제

01 다음 중 종사원의 용모에 대한 설명 중 잘못된 것은?
① 두발 및 신체, 손톱은 짧고 청결하게 관리해 준다.
② 매니큐어와 광택제는 사용을 하지 않는다.
③ 위생복은 어두운 색으로 짧은 소매, 주머니가 있는 것이 적합하다.
④ 각종 장신구 및 시계를 착용하지 않는다.
[해설] 종사원의 위생복은 밝은 색으로 긴 소매, 주머니가 없는 것이 적합하다.

02 일반적으로 복어독의 독성이 가장 강한 시기는?
① 2~3월
② 5~6월
③ 8~9월
④ 10~11월
[해설] 복어의 알, 간, 난소 및 껍질 등에 들어있는 테트로도톡신은 난소에 가장 많이 들어 있으며, 산란기인 5~6월에 특히 독성이 강하다.

03 곰팡이 독으로서 간장에 장해를 일으키는 것은?
① 시트리닌(citrinin)
② 파툴린(patulin)
③ 아플라톡신(aflatoxin)
④ 솔라렌(psoralene)
[해설] ① 시트리닌: 신장독을 일으킨다.
② 파툴린: 상한 과일과 그것을 원료로 만든 쥬스와 가공품에서 발견
④ 솔라렌: 빛과 만나면 독성을 일으키는 물질로 변화하여 피부에 염증이나 피부색이 검게 되는 색소 침착 현상을 일으킬 가능성이 있다.

04 어육의 초기 부패 시에 나타나는 휘발성 염기질소의 양은?
① 5~10mg%
② 15~25mg%
③ 30~40mg%
④ 50mg% 이상
[해설] 신선한 어육의 휘발성 염기질소량은 5~10mg%, 보통 신선한 어육은 15~25mg%, 초기 부패어육은 30~40mg%, 부패한 어육은 50mg%이상이다.

05 맥각중독을 일으키는 원인물질은?

① 루브라톡신(rubratoxin)
② 오크라톡신(ochratoxin)
③ 에르고톡신(ergotoxin)
④ 파툴린(patulin)

[해설] 맥각중독의 원인 물질은 에르고톡신이다.

06 혐기성균으로 열과 소독약에 저항성이 강한 아포를 생산하는 독소형 식중독은?

① 장염 비브리오균
② 클로스트리디움 보툴리늄
③ 살모넬라균
④ 포도상구균

[해설] ① 장염 비브리오균: 감염형 식중독으로 해수 세균의 일종이다. 바닷물이나 일정 지역에서 발견되는 보통 혐기성 균이다.
③ 살모넬라균: 감염형 식중독으로 주로 동물에 분포되어 있다. 그람음성이며 통성 혐기성 균이다. 주 감염원은 고기류, 동물들의 알 그리고 복합 조리식품이다.
④ 포도상구균: 독소형 식중독으로 포도상구균은 음식에 포도상구균이 증식해서 독소를 생산해 음식이 독소에 오염이 된 것을 먹었을 때 발생하는 식중독이다.

07 유해감미료에 속하는 것은?

① 둘신
② D-소르비톨
③ 자일리톨
④ 아스파탐

[해설] 감미료 중 둘신, 사이클레메이트, 사카린 등은 합성 감미료로 영양가는 거의 없고 많은 양을 섭취하면 인체에 유해하므로 특별한 경우를 제외하고는 사용하지 않는 것이 좋다.

08 유지나 지질을 많이 함유한 식품이 빛, 열, 산소등과 접촉하여 산패를 일으키는 것을 막기 위하여 사용하는 첨가물은?

① 피막제
② 착색제
③ 산미료
④ 산화방지제

[해설] ① 피막제: 과일, 야채의 신선도를 유지하기 위해 사용하는 첨가물로 몰포린 지방산염과 초산 비닐수지, 2가지가 있다.
② 착색제: 식품의 조리, 가공 중에 퇴색된 것을 아름답게 착색시켜 기호 면에서 식욕을 촉진시키고 상품 면에서 가치를 높이기 위해 사용하며 캐러멜, 베타-카로틴, 타르색소 등이 있다.
③ 산미료: 식품의 조리, 가공 시 신맛을 내기 위해 사용한다.

09 다음 중 식품의 가공 중에 형성되는 독성 물질은?

① tetrodotoxin
② solanine
③ nitrosoamine
④ trypsin inhibitor

[해설] ① tetrodotoxin(테트로도톡신): 복어의 독으로 주로 난소와 간장에 많이 존재한다.
② solanine(솔라닌): 감자의 순에 들어 있는 독성분으로 알칼로이드 배당체이다.
④ trypsin inhibitor(트립신 저해제): 생물에 의해 생산되어 트립신을 저해하는 물질이다.

10 식품 또는 식품첨가물의 완제품을 나누어 유통할 목적으로 재포장, 판매하는 영업은?

① 식품제조 가공업
② 식품운반업
③ 식품소분업
④ 즉석판매제조, 가공업

[해설] ③ 식품소분업: 보건복지부령이 정하는 식품 또는 식품첨가물의 완제품을 나누어 유통을 목적으로 재포장·판매하는 영업
① 식품제조 가공업: 식품을 제조·가공하는 영업
② 식품운반업: 직접 마실 수 있는 유산균음료(살균유산균음료를 포함한다)나 어류·조개류 및 그 가공품 등 부패·변질되기 쉬운 식품을 위생적으로 운반하는 영업
④ 즉석판매제조, 가공업: 보건복지부령이 정하는 식품을 제조·가공업소 내에서 생산하여 직접 최종 소비자에게 판매하는 영업

11 아래의 식품들의 표시기준상 영양성분별 세부표시방법에서 ( )안에 알맞은 것은?

> 열량의 단위는 킬로칼로리(kcal)로 표시하되, 그 값을 그대로 표시하거나 그 값에 가장 가까운 ( ) 단위로 표시하여야 한다. 이 경우 ( ) 미만은 "0"으로 표시할 수 있다.

① 5kcal
② 10kcal
③ 15kcal
④ 20kcal

[해설] 열량의 단위는 킬로칼로리(kcal)로 표시하되, 그 값을 그대로 표시하거나 그 값에 가장 가까운 5kcal 단위로 표시하여야 한다.

12 식품위생법에서 그 자격이나 직무가 규정되어 있지 않은 것은?

① 조리사
② 영양사
③ 제빵기능사
④ 식품위생감시원

[해설] 식품위생법에서 그 자격이나 직무가 규정되어 있는 것은 조리사, 영양사, 식품위생감시원이다.

13 식품접객업 중 시설기준상 객실을 설치할 수 없는 영업은?

① 유흥주점영업　　　　　　② 일반음식점영업
③ 단란주점영업　　　　　　④ 휴게음식점영업

[해설] 휴게음식점 또는 제과점에서는 객실(투명한 칸막이 또는 투명한 차단벽을 설치하여 내부가 전체적으로 보이는 경우는 제외한다)을 둘 수 없으며, 객석을 설치하는 경우 높이 1.5m 미만의 칸막이(이동식 또는 고정식)를 설치할 수 있다. 이 경우 2면 이상을 완전히 차단하지 아니하여야 하고, 다른 객석에서 내부가 서로 보이도록 하여야 한다.

14 식품위생법규상 수입식품의 검사결과 부적합한 식품에 대해서 수입신고인이 취해야 하는 조치가 아닌 것은?

① 수출국으로의 반송
② 식품의약품안전청장이 정하는 경미한 위반사항이 있는 경우 보완하여 재수입 신고
③ 관할 보건소에서 재검사 실시
④ 다른 나라로의 반출

[해설] 식품위생법규상 수입식품의 검사결과 부적합한 식품에 대해서는 수입자는 해당 물품을 다른 나라로 반송 또는 전량 폐기하여야 하며, 반송이나 폐기 조치를 완료한 후 그 결과를 지방식품의약품안전청에 보고하여야 한다.

15 나트륨 함량 비교 표시의 기준 및 표시방법 등에 관하여 필요한 사항은 누구의 령으로 정하는가?

① 대통령　　　　　　　　　② 시·도지사
③ 총리　　　　　　　　　　④ 관세청장

[해설] 나트륨 함량 비교 표시의 기준 및 표시방법 등에 관하여 필요한 사항은 총리령으로 정한다.

16 세계보건기구(WHO) 보건헌장에 의한 건강의 의미로 가장 적합한 것은?

① 질병과 허약의 부재상태를 포함한 육체적으로 완전무결한 상태
② 육체적으로 완전하며 사회적 안녕이 유지되는 상태
③ 단순한 질병이나 허약의 부재상태를 포함한 육체적, 정신적 및 사회적 안녕의 완전한 상태
④ 각 개인의 건강을 제외한 사회적 안녕이 유지되는 상태

[해설] WHO에서의 건강의 정의: 건강이란 질병이 없고 허약하지 않을 뿐만 아니라 신체적, 정신적, 사회적으로 안녕한 상태를 말한다.

17 검역질병의 검역기간은 그 감염병의 어떤 기간과 동일한가?

① 유행기간　　　　　　　　② 최장 잠복기간
③ 이환기간　　　　　　　　④ 세대기간

[해설] 검역질병의 검역기간은 그 감염병의 최장 잠복 기간과 동일하다.

18 분변 소독에 가장 적합한 것은?

① 과산화수소　　　　　　　② 알코올
③ 생석회　　　　　　　　　④ 머큐로크롬

[해설] 분변은 소화관 내에서 소화되지 않은 음식물 섬유, 세균, 수분, 영양소의 분해산물, 기타 여러 가지의 무기물질을 포함한다. 분변 소독에 가장 적합한 것은 생석회다.

19 돼지고기를 완전히 익히지 않고 먹을 경우 감염될 수 있는 기생충은?

① 아나사키스　　　　　　　② 무구낭미충
③ 선모충　　　　　　　　　④ 광절열두조충

[해설] ① 아나사키스: 고래, 바다표범 등 바다에 사는 포유동물의 위벽에 기생하는 선충으로 고등어, 청어, 오징어 등 해산 어개류를 매개로 하며, 이것을 사람이 먹었을 경우, 위 및 장아니사카스증을 일으킨다.
② 무구낭미충: 사람 소장에 기생하는 무구조충의 유충으로 소 때로는 면양, 산양 등의 횡문근 및 지방직 내에 기생하는 팥 크기의 타원형 유백색의 낭충이다.
④ 광절열두조충: 전체길이가 9m에 달하는 대형 촌충. 여러 토막으로 되어 있다. 제1중간 숙주는 물벼룩(수서 갑각류), 제2중간 숙주는 연어, 송어 등의 민물고기이다. 감염은 이들 어류의 생식에 의한다.

20 병원체가 생활, 증식, 생존을 계속하여 인간에게 전파 될 수 있는 상태로 저장되는 곳을 무엇이라 하는가?

① 숙주　　　　　　　　　　② 보균자
③ 환경　　　　　　　　　　④ 병원소

[해설] ① 숙주: 기생생물의 기생 대상이 되는 생물이다.
② 보균자: 병원미생물을 체내에 보유하고 있으면서, 병적증상을 나타내지 않은 상태에 있는 사람을 말한다.
③ 환경: 어떤 주체에 대하여 직·간접으로영향을 주는 자연조건이나 사회적 상황 또는 특정 주체를 둘러싸고 있는 주위의 상태

21 다음 중 오탄당이 아닌 것은?

① 리보즈(ribose) ② 자일로즈(xylose)
③ 갈락토즈(Galactose) ④ 아라비노즈(arabinose)

[해설] 오탄당: 탄소원자가 5개로 이루어진 단당류로 리보즈, 아라비노즈, 자일로즈 등이 있다.

22 증식에 필요한 최저 수분활성도(Aw)가 높은 미생물부터 바르게 나열된 것은?

① 세균-효모-곰팡이 ② 곰팡이-효모-세균
③ 효모-곰팡이-세균 ④ 세균-곰팡이-효모

[해설] 미생물이 생장할 수 있는 최저의 수분활성은 세균(0.91)-효모(0.88)-곰팡이(0.80)다.

23 완숙한 계란의 난황 주위가 변색하는 경우를 잘못 설명한 것은?

① 난백의 유황과 난황의 철분이 결합하여 황화철(FeS)을 형성하기 때문이다.
② pH가 산성일 때 더 신속히 일어난다.
③ 신선한 계란에서는 변색이 거의 일어나지 않는다.
④ 오랫동안 가열하여 그대로 두었을 때 많이 일어난다.

[해설] 완숙한 계란의 난황 주위가 변색하는 경우는 pH가 알칼리성일 때 황화철이 더 빨리 형성되기 때문에 더 신속히 일어난다.

24 젤 형성을 이용한 식품과 젤 형성 주체성분의 연결이 바르게 된 것은?

① 양갱-펙틴 ② 도토리묵-한천
③ 과일잼-전분 ④ 족편-젤라틴

[해설] ① 양갱-한천
② 도토리묵-전분
③ 과일잼-펙틴

25 밀의 주요 단백질이 아닌 것은?

① 알부민(albumin) ② 글리아딘(gliadin)
③ 글루테닌(glutenin) ④ 덱스트린(dextrin)

[해설] 덱스트린: 전분을 가수분해할 때 맥아당으로 분해되기 전 중간 생성물이다.

26 육류나 어류의 구수한 맛을 내는 성분은?

① 이노신산　　　　　　　　② 호박산
③ 알리신　　　　　　　　　④ 나린진

[해설] 육류나 어류의 구수한 맛을 내는 성분은 이노신산이라는 성분인데 이는 핵산조미료의 구성성분이다.

27 식품의 변화에 관한 설명 중 옳은 것은?

① 일부 유지가 외부로부터 냄새를 흡수하지 않아도 이취현상을 갖는 것은 호정화이다.
② 천연의 단백질이 물리, 화학적 작용을 받아 고유의 구조가 변하는 것은 변향이다.
③ 당질을 180~200℃의 고온으로 가열했을 때 갈색이 되는 것은 효소적 갈변이다.
④ 마이야르 반응, 캐러멜화 반응은 비효소적 갈변이다.

[해설] 호정화: 마이야르 반응, 아스코르브산에 의한 갈변, 캐러멜화 반응은 비효소적 갈변이다.

28 탈기, 밀봉의 공정과정을 거치는 제품이 아닌 것은?

① 통조림　　　　　　　　　② 병조림
③ 레토르트 파우치　　　　　④ CA저장 과일

[해설] CA저장: 대기의 가스조성을 인공적으로 조절한 저장환경에서 청과물을 저장하여 품질 보전 효과를 높이는 저장법이다.

29 식품의 가공, 저장 시 일어나는 마이야르(Maillard) 갈변 반응은 어떤 성분의 작용에 의한 것인가?

① 수분과 단백질　　　　　　② 당류와 단백질
③ 당류와 지방　　　　　　　④ 지방과 단백질

[해설] 마이야르 갈변방응: 비효소적 갈변으로 당류의 카르보닐기와 단백질의 아미노기가 가열에 의해 갈색물질을 생성하는 반응이다.

30 다음 중 전분이 노화되기 가장 쉬운 온도는?

① 0~5℃　　　　　　　　　② 10~15℃
③ 20~25℃　　　　　　　　④ 30~35℃

[해설] 전분의 노화는 수분이 30~60%, 온도가 2~4℃ 때에 일어나기 쉽다.

31 전분에 물을 가하지 않고 160℃이상으로 가열하면 가용성 전분을 거쳐 덱스트린으로 분해되는 반응은 무엇이며, 그 예로 바르게 짝지어진 것은?

① 호화-식빵
② 호화-미숫가루
③ 호정화-찐빵
④ 호정화-뻥튀기

[해설] 전분의 호정화: 전분에 물을 가하지 않고 160~180℃ 이상으로 가열하면 가용성 전분을 거쳐 다양한 길이의 덱스트린이 되는데, 이러한 변화를 호정화라고 한다. 팝콘, 미숫가루, 뻥튀기 등이 그 예이다.

32 다음 중 결합수의 특징이 아닌 것은?

① 용질에 대해 용매로 작용하지 않는다.
② 자유수보다 밀도가 크다.
③ 식품에서 미생물의 번식과 발아에 이용되지 못한다.
④ 대기 중에서 100℃로 가열하면 쉽게 수증기가 된다.

[해설] 결합수의 특징
- 0℃이하에서도 얼지 않는다.
- 100℃이상으로 가열하여도 제거되지 않는다.
- -18℃이하에서도 액상으로 존재한다.
- 다른 용질의 용매로 이용되지 않는다.
- 식품 중의 탄수화물과 단백질 분자들과 수소결합을 하고 있다.
- 수증기압이 보통 물보다 낮다.
- 자유수보다 밀도가 크다.
- 미생물의 번식에 이용되지 않는다.

33 다음 중 기름의 발연점이 낮아지는 경우는?

① 유리지방산 함량이 많을수록
② 기름을 사용한 횟수가 적을수록
③ 기름 속에 이물질의 유입이 적을수록
④ 튀김용기의 표면적이 좁을수록

[해설] 기름의 발연점이 낮아지는 경우
- 유리지방산의 함량이 많을수록
- 그릇의 표면적이 넓을수록
- 기름 이외의 이물질이 많을수록
- 여러 번 반복해서 사용할수록

34 쌀에서 섭취한 전분이 체내에서 에너지를 발생하기 위해서 반드시 필요한 것은?

① 비타민A ② 비타민B1
③ 비타민C ④ 비타민D

[해설] 비타민B1: 체내에서 당질과 전분 등 당질의 소화, 흡수에 관여하는 효소를 돕는 보효소로 작용하는 비타민으로 비만에 도움이 된다.

35 전분에 물을 붓고 열을 가하여 70~75℃ 정도가 되면 전분입자는 크게 팽창하여 점성이 높은 반투명의 클로이드 상태가 되는 현상은?

① 전분의 호화 ② 전분의 노화
③ 전분의 호정화 ④ 전분의 결정

[해설]
- 전분의 호화: 전분에 물을 붓고 열을 가하여 70~75℃ 정도가 되면 전분입자는 크게 팽창하여 점성이 높은 반투명의 클로이드 상태가 되는 현상
- 전분의 노화: α전분을 실온에 방치할 때 차차 굳어져서 β전분으로 되돌아가는 현상
- 전분의 호정화: 전분에 물을 가하지 않고 160~180℃ 이상으로 가열하면 가용성 전분을 거쳐 다양한 길이의 덱스트린이 되는데, 이러한 변화를 호정화라고 한다.

36 식품원가율을 40%로 정하고 햄버거의 1인당 식품단가를 1000원으로 할 때 햄버거의 판매가격은?

① 4000원 ② 2500원
③ 2250원 ④ 1250원

[해설] 식품원가율=(식품단가)/(식단가격)×100
식품원가율을 40%, 햄버거의 1인당 식품단가를 1000원 이므로
$40 = \frac{1000}{x} \times 100$ 일 때 $x = \frac{100}{4} \times 100$
따라서 $x=2500$
따라서 햄버거의 판매 가격은 2500원이다.

37 원가의 종류가 바르게 설명된 것은?

① 직접원가=직접재료비, 직접노무비, 직접경비, 일반관리비
② 제조원가=직접재료비, 제조간접비
③ 총원가=제조원가, 지급이자
④ 판매가격=총원가, 직접원가

[해설] 원가의 분류
- 직접원가=직접재료비+직접노무비+직접경비

- 제조원가=직접원가+제조간접비
- 총원가=제조원가(공장원가)+판매관리비
- 판매가격=총원가(판매원가)+이윤

38 다음 중 열량을 내지 않는 영양소로만 짝지어진 것은?

① 단백질, 당질
② 당질, 지질
③ 비타민, 무기질
④ 지질, 비타민

[해설]
- 탄수화물: 1g당 4kcal
- 단백질: 1g당 4kcal
- 지방(지질): 1g당 9kcal

39 과일의 조리에서 열에 의해 가장 영향을 많이 받는 비타민은?

① 비타민 C
② 비타민 A
③ 비타민 B1
④ 비타민 E

[해설] 비타민C의 급원식품은 신선한 채소와 과일 등이다. 비타민C는 쉽게 산화되는 성질 때문에 저장, 조리 및 가공법에 따라 파괴되기 쉽다.

40 점탄성(viscoelasticity)에 대한 설명으로 옳은 것은?

① Weissenbery 효과란 식품이 막대기 혹은 긴 끈 모양으로 늘어나는 성질을 말한다.
② 예사성이란 청국장처럼 젓가락을 넣어 강하게 교반한 후 당겨올리면 실처럼 올라가는 성질
③ 신장성을 측정하는 기기는 farinograph이다.
④ 경점성을 측정하는 기기는 extensograph이다.

[해설]
- Weissenbery 효과: 가당연유 속에 젓가락을 세워서 회전시키면 연유가 젓가락을 따라 올라가는데, 이와 같은 현상을 말한다.
- 경점성: 점탄성을 가지고 있는 반죽의 경도를 나타내는 성질로 반죽 또는 떡의 경점성은 farinograph를 사용하여 측정한다.

41 두부 50g을 돼지고기로 대치할 때 필요한 돼지고기의 양은? (단, 100g당 두부 단백질 함량 15g, 돼지고기 단백질 함량 18g이다.)

① 39.45g
② 40.52g
③ 41.67g
④ 42.81g

[해설] 대치식품량=(원래식품함량/대치 식품함량)×원래 식품량
따라서 대치식품량=(15/18)×50=41.6665≒41.67g

42 채소류, 두부, 생선 등 저장성이 낮고 가격변동이 많은 식품 구매 시 적합한 계약방법은?

① 수의계약　　　　　　　② 장기계약
③ 일반경쟁계약　　　　　④ 지명경쟁입찰계약

[해설] 수의계약: 경쟁계약에 의하지 아니하고 임의로 적당한 상대자를 선정하여 체결하는 계약으로 채소류, 두부, 생선 등 저장성이 낮고 가격변동이 많은 식품 구매 시 적합한 계약방법이다.

43 시금치의 녹색을 최대한 유지시키면서 데치려고 할 때 가장 좋은 방법은?

① 100℃다량의 조리수에서 뚜껑을 열고 단시간에 데쳐 재빨리 헹군다.
② 100℃다량의 조리수에서 뚜껑을 닫고 단시간에 데쳐 재빨리 헹군다.
③ 100℃소량의 조리수에서 뚜껑을 열고 단시간에 데쳐 재빨리 헹군다.
④ 100℃소량의 조리수에서 뚜껑을 닫고 단시간에 데쳐 재빨리 헹군다.

[해설] 시금치의 녹색을 최대한 유지시키면서 데치려고 할 때에는 100℃다량의 조리수에서 뚜껑을 열고 단시간에 데쳐 재빨리 헹군다.

44 어류의 혈합육에 대한 설명으로 틀린 것은?

① 정어리, 고등어, 꽁치 등의 육질에 많다.
② 비타민 B군의 함량이 높다.
③ 헤모글로빈과 미오글로빈의 함량이 높다.
④ 운동이 활발한 생선은 함량이 낮다.

[해설] 어류의 혈합육: 어류의 체측을 따라 분포하는 암적색의 근육. 정어리, 가다랑어 등과 같이 회유성 어류나 활동성이 큰 어류는 혈합육이 많고, 넙치나 담어 같은 활동성이 적은 어류는 적다.

45 튀김에 사용한 기름을 보관하는 방법으로 가장 적절한 것은?

① 식힌 후 그대로 서늘한 곳에 보관한다.
② 공기와의 접촉면을 넓게 하여 보관한다.
③ 망에 거른 후 갈색 병에 담아 보관한다.
④ 철제 팬에 담아 보관한다.

[해설] 튀김에 사용한 기름을 튀김냄비나 프라이팬에 기름을 그대로 두면 산패하기 때문에 망에 거른 후 갈색 병에 담아 보관한다.

46 우유 가공품이 아닌 것은?
① 치즈 ② 버터
③ 마요네즈 ④ 액상 발효유

[해설] 마요네즈는 유지 가공품이다.

47 칼로 재료를 써는 방법 중 파나 미나리 등의 가는 줄기를 여러 개 모아서 적당한 길이로 끊듯 써는 방법은?
① 빗살무늬 썰기 ② 저며 썰기
③ 토막 썰기 ④ 마구 썰기

[해설] ① 빗살무늬 썰기: 얇게 썬 재료의 한쪽 면을 5~7mm깊이 간격 2~3mm로 일정하게 썰어주는 방법이다.
② 저며 썰기: 기다란 야채를 연필 깎듯이 돌려 가며 비스듬히 써는 방법이다.
④ 마구 썰기: 오이나 당근 등의 둥글고 긴 재료를 한 입 크기로 아무렇게나 자르는 방법이다.

48 감미재료와 거리가 먼 것은?
① 사탕무 ② 정향
③ 사탕수수 ④ 스테비아

[해설] 정향: 정향나무과의 정향의 꽃봉오리로 향신료로 쓰인다.

49 다음 중 식품의 냉동 보관에 대한 설명으로 틀린 것은?
① 미생물의 번식을 억제할 수 있다.
② 식품 중의 효소작용을 억제하여 품질 저하를 막는다.
③ 급속 냉동 시 얼음 결정이 작게 형성되어 식품의 조직 파괴가 적다.
④ 완만 냉동 시 드립(drip) 현상을 줄여 식품의 질 저하를 방지 할 수 있다.

[해설] 급속냉동을 시키면 세포나 식품조직 중에 생기는 얼음의 결정이 미세하므로 세포나 조직이 파괴되지 않는다. 따라서 본래의 식품조직이 거의 완전하게 유지되고 해동만 잘 하면 조직이 파괴되어 드립(drip) 등이 생기지 않는다.

50 다음 중 계량방법이 잘못 된 것은?

① 저울은 수평으로 놓고 눈금은 정면에서 읽으며 바늘은 0에 고정시킨다.
② 가루상태의 식품은 계량기에 꼭꼭 눌러 담은 다음 윗면이 수평이 되도록 스파튤러로 깎아서 잰다.
③ 액체식품은 투명한 계량 용기를 사용하여 계량컵의 눈금과 눈높이를 맞추어서 계량한다.
④ 된장이나 다진 고기 등의 식품재료는 계량기구에 눌러 담아 빈 공간이 없도록 채워서 깎아 잰다.

[해설] 가루상태의 식품 계량방법: 가루상태의 식품은 덩어리가 없는 상태에서 누르지 말고 수북이 담아 편편한 것으로 고르게 밀어서 표면이 평면이 되도록 깎은 후에 계량하도록 한다.

51 생선의 조리 방법에 관한 설명으로 옳은 것은?

① 신선도가 낮은 생선은 양념을 담백하게 하고 뚜껑을 닫고 잠깐 끓인다.
② 지방함량이 높은 생선보다는 낮은 생선으로 구이를 하는 것이 풍미가 더 좋다.
③ 생선조림은 오래 가열해야 단백질이 단단하게 응고되어 맛이 좋아진다.
④ 양념간장이 끓을 때 생선을 넣어야 맛 성분의 유출을 막을 수 있다.

[해설] 생선을 조리할 때는 양념간장이 끓을 때 생선을 넣어야 생선의 모양을 그대로 유지할 수 있고 맛 성분이 밖으로 유출되는 것을 막을 수 있다.

52 뜨거워진 공기를 팬(fan)으로 강제 대류시켜 균일하게 열이 순환되므로 조리시간이 짧고 대량조리에 적당하나 식품표면이 건조해지기 쉬운 조리기기는?

① 틸팅튀김팬(rilring fry pan) ② 튀김기(fryer)
③ 증기솥(steam kettles) ④ 컨벡션오븐(convectioin oven)

[해설] 컨벡션오븐: 전기를 이용, 뜨거운 열을 발생시켜 이 열기를 이용해 로스팅하는 대류식 전기 오븐으로 단 시간 내 내용물을 익힐 수 있지만 수분 증발로 인하여 딱딱해지는 예가 있다.

53 직영급식과 비교하여 위탁급식의 단점에 해당하지 않는 것은?

① 인건비가 증가하고 서비스가 잘 되지 않는다.
② 기업이나 단체의 권한이 축소된다.
③ 급식경영을 지나치게 영리화 하여 운영할 수 있다.
④ 영양관리에 문제가 발생할 수 있다.

[해설] 위탁금식의 단점
 • 위생부터 청결까지 문제가 생길경우 알 수 없다.
 • 업체는 안전과 영양에 소홀히 하기 쉽다.

- 음식에 문제가 생기면 그 피해는 아주 광범위하다.
- 급식경영을 지나치게 영리화 하여 운영할 수 있다.

54 육류를 가열조리 할 때 일어나는 변화로 옳은 것은?
① 보수성의 증가
② 단백질의 변패
③ 육단백질의 응고
④ 미오글로빈이 옥시미오글로빈으로 변화

[해설] 육류를 가열조리하면 단백질의 응고가 지나쳐 근육의 수축이 강하게 일어난다.

55 사업소 급식에서 식당 면적과 조리실 면적은 얼마가 적절한가?
① 식당: 0.5㎡/1식-조리실: 0.2㎡/1식
② 식당: 0.5㎡/1식-조리실: 0.5㎡/1식
③ 식당: 1㎡/1식-조리실: 0.2㎡/1식
④ 식당: 1㎡/1식-조리실: 0.5㎡/1식

56 다음 중 성장에 도움을 주는 죽에 속하지 않는 것은?
① 시금치죽   ② 장국죽
③ 콩나물죽   ④ 들깨죽

[해설] 콩나물죽은 숙취해소에 좋은 죽에 속한다.

57 궁중에서 쌈을 먹을 때 밑반찬으로 이용한 조림은?
① 갈치조림   ② 닭조림
③ 장똑똑이   ④ 감자조림

[해설] 궁중에서 쌈을 먹을 때 밑반찬으로 이용한 것은 장똑똑이다.

58 다음 중 소금구이를 하는 재료가 아닌 것은?
① 김   ② 육류
③ 버섯   ④ 생선

[해설] 버섯은 생구이를 하는 재료에 속한다.

59 쇠고기, 석이, 오이, 당근, 황/백 지단의 6가지 재료를 채 썰어 볶아 밀전병에 싸서 먹는 음식은?

① 죽순채
② 밀쌈
③ 탕평채
④ 칠절판

[해설] ① 죽순채: 삶은 죽순을 얄팍얄팍하게 썰어 쇠고기 또는 돼지고기를 섞어 양념을 하여 볶은 나물이다.
② 밀쌈: 밀전병을 얇게 부쳐서 오이, 버섯, 고기 등을 채 썰어 볶아 넣거나 깨를 꿀로 버무려 소를 만들어 넣고 밀전병으로 말아 놓은 음식이다.
③ 탕평채: 녹두묵에 고기볶음, 미나리, 김 등을 섞어 만든 묵무침이다.

60 고기, 채소, 해조류 등을 손질하고 썬 후에 기름에 볶으면서 양념하여 간을 맞춘 음식은?

① 찜
② 탕
③ 구이
④ 볶음

[해설] 고기, 채소, 해조류 등을 손질하고 썬 후에 기름에 볶으면서 양념하여 간을 맞춘 음식은 볶음이다.

정답

1.③	2.②	3.③	4.③	5.③	6.②	7.①	8.④	9.③	10.③
11.①	12.③	13.④	14.③	15.②	16.③	17.②	18.③	19.③	20.④
21.③	22.①	23.②	24.④	25.④	26.①	27.④	28.④	29.②	30.①
31.④	32.④	33.①	34.②	35.①	36.②	37.②	38.③	39.①	40.②
41.③	42.①	43.①	44.④	45.③	46.③	47.③	48.②	49.④	50.②
51.④	52.④	53.①	54.③	55.③	56.③	57.③	58.③	59.④	60.④

11회 CBT 예상문제

01 다음 중 종사원이 사용하는 고무장갑에서 전처리용은 어떤 색깔인가?

① 노란색 ② 파란색
③ 핑크색 ④ 빨간색

[해설] 종사원이 사용하는 고무장갑은 작업에 맞게 색깔별로 구분하여 사용해야 하는데 전처리용은 핑크색을, 청소용은 빨간색을 사용한다.

02 음식을 먹기 전에 가열하여도 식중독 예방이 가장 어려운 균은?

① 포도상구균 ② 살모넬라균
③ 장염비브리오균 ④ 병원성 대장균

[해설] 포도상구균은 80℃ 이상에서 가열하면 사멸하지만, 이미 만들어진 독소는 100℃에서 30분간 가열해도 없어지지 않는다.

03 쌀뜨물 같은 설사를 유발하는 경구전염병의 원인균은?

① 살모넬라균 ② 포도상구균
③ 장염 비브리오균 ④ 콜레라균

[해설] 콜레라균의 증상은 쌀뜨물과 같은 설사와 구토, 탈수에 의한 구갈, 피부건조, 무뇨 등 체온이 상당히 저하된다.

04 HACCP에 대한 설명으로 틀린 것은?

① 어떤 위해를 미리 예측하여 그 위해요인을 사전에 파악하는 것이다.
② 위해 방지를 위한 사전 예방적 식품안전관리체계를 말한다.
③ 미국, 일본, 유럽연합, 국제기구(Codex, WHO) 등에서도 모든 식품에 HACCP을 적용할 것을 권장하고 있다.
④ HACCP 12절차의 첫 번째 단계는 위해요소 분석이다.

[해설] HACCP 12절차의 첫 번째 단계는 HACCP팀의 구성이다. '위해요소 분석'은 HACCP 7원칙의 첫 번째 단계이다.

05 식품의 품질저하에 관여하는 미생물의 생육에 영향을 주는 인자가 아닌 것은?
① 수소이온농도(pH) ② 산소의 유무
③ 영양소 ④ 기생충

[해설] 미생물의 생육에 영향을 미치는 환경인자: 온도, 산소, pH, 삼투압, 자외선, 영양소 등

06 다음 중 산화 방지를 위해 사용하는 식품첨가물은?
① 아스파탐 ② 디부틸히드록시톨루엔
③ 이산화타티늄 ④ 파라옥시안식향산부틸

[해설] 산화 방지를 위해 사용하는 식품첨가물: 지방의 산화를 지연시키기 위해 사용되며 아황산나트륨, 디부틸히드록시아니졸, 디부틸히드록시톨루엔 등이 있다.

07 식품위생법상 식품의 정의는?
① 의약으로서 섭취하는 것을 제외한 모든 음식물을 말한다.
② 모든 음식물을 말한다.
③ 모든 음식물과 식품첨가물을 말한다.
④ 모든 음식물과 화학적 합성품을 말한다.

[해설] 식품위생법상 식품의 정의는 모든 음식물(의약으로 섭취하는 것은 제외한다)을 말한다.

08 위생관리상태 등이 우수한 식품접객업소를 선정하여 모범업소로 지정할 수 있는 자는?
① 보건복지부장관 ② 식품의약품안전청
③ 시·도지사 ④ 시장·군수·구청장

[해설] 위생관리상태 등이 우수한 식품접객업소를 선정하여 모범업소로 지정할 수 있는 자는 시장·군수·구청장이다.

09 판매나 영업을 목적으로 하는 식품의 조리에 사용하는 기구·용기의 기준과 규격을 정하는 기관은?
① 보건소 ② 농림수산식품부
③ 환경부 ④ 식품의약품안정청

[해설] 판매나 영업을 목적으로 하는 식품의 조리에 사용하는 기구·용기의 기준과 규격을 정하는 기관은 식품의약품안정청이다.

10 식품위생법령상 쇠고기, 돼지고기, 닭고기의 원산지 및 종류를 표시해야 하는 대통령령으로 정하는 조리방법이 아닌 것은?

① 볶음　　　　　　　　　② 구이
③ 찜　　　　　　　　　　④ 육회

[해설] 원산지 표시를 해야 되는 경우
- 쇠고기: 구이, 탕, 찜, 튀김, 육회
- 돼지, 닭: 구이, 탕, 찜, 튀김

11 다음 중 조리사 또는 영양사의 면허를 발급 받을 수 있는 자는?

① 정신질환자(전문의가 적합하다고 인정하는 자 제외)
② 2군 전염병환자(B형 간염환자 제외)
③ 마약중독자
④ 파산선고자

[해설] 다음 각 호의 어느 하나에 해당하는 자는 조리사 또는 영양사 면허를 받을 수 없다.
- 「정신보건법」 제3조제1호에 따른 정신질환자. 다만, 전문의가 조리사 또는 영양사로서 적합하다고 인정하는 자는 그러하지 아니하다.
- 「전염병예방법」 제2조제2항에 따른 전염병환자. 다만, 같은 조 제1항제2호아목에 따른 B형간염환자는 제외한다.
- 「마약류관리에 관한 법률」 제2조제2호에 따른 마약이나 그 밖의 약물 중독자
- 조리사 또는 영양사 면허의 취소처분을 받고 그 취소된 날부터 1년이 지나지 아니한 자

12 조리사를 두지 않아도 되는 경우는?

① 식품접객업 중 복어를 조리·판매하는 영업
② 국가·지방자치단체가 설립·운영하는 집단급식소
③ 학교, 병원, 사회복지시설에서 설립·운영하는 집단급식소
④ 중소기업자가 설립·운영하는 집단급식소

[해설] 집단급식소 운영자와 대통령령으로 정하는 식품접객업자는 조리사를 두어야 한다. 다만, 다음 각 호의 어느 하나에 해당하는 경우에는 조리사를 두지 아니하여도 된다.
- 집단급식소 운영자 또는 식품접객영업자 자신이 조리사로서 직접 음식물을 조리하는 경우
- 1회 급식인원 100명 미만의 산업체인 경우
- 영양사가 조리사의 면허를 받은 경우

13 식품 또는 식품첨가물의 완제품을 나누어 유통할 목적으로 재포장, 판매하는 영업은?

① 식품제조 가공업
② 식품운반업
③ 식품소분업
④ 즉석판매제조, 가공업

[해설] 식품소분업: 식품 또는 식품첨가물의 완제품을 나누어 유통할 목적으로 재포장·판매하는 영업

14 다음 중 영양사의 직무가 아닌 것은?

① 식단 작성
② 검식 및 배식관리
③ 식품 등의 수거 지원
④ 구매식품의 검수

[해설] 영양사의 직무
- 식단작성, 검식 및 배식관리
- 구매식품의 검수 및 관리
- 급식시설의 위생적 관리
- 집단급식소의 운영일지
- 종업원에 대한 영양지도 및 위생교육

15 작업장의 부적당한 조명과 가장 관계가 적은 것은?

① 가성근시
② 열경련
③ 안정피로
④ 재해발생의 원인

[해설] 열경련: 고온고열 환경의 노동자가 중근육노동에 의한 발한에 의하여 수분과 염분을 상실한 곳에 수분만을 섭취하면, 혈액중의 전해질 특히 나트륨의 감소가 나타나고, 통증이 수반한 수의근의 경련이 보이는 것을 말한다.

16 질산염이나 인물질 등이 증가해서 오는 수질오염 현상은?

① 수온상승현상
② 수인성 병원체 증가 현상
③ 부영양화현상
④ 난분해물 축적 현상

[해설] 부영양화현상: 하천수나 호수의 유기물, 영양염류의 농도가 높아지는 것을 부영양화 현상이라 한다. 인간의 생활이나 생산활동에 의해 질소(N), 인(p), ABS, COD, BOD 등이 해당된다.

17 민물고기를 생식한 일이 없는 경우에 간흡충에 감염될 가능성이 있는 것은?

① 채소의 생식으로 감염
② 가재, 게 등의 생식으로 감염
③ 요리 기구를 통해서 감염
④ 공기전파로 감염

[해설] 간흡충 감염 예방을 위해서는 민물고기를 날것으로 먹지 말고, 민물고기를 요리한 칼이나 도마, 행주 등으로 감염될 수 있으므로 민물고기를 요리한 주방기구는 자주 소독해야 한다.

18 전염병 환자가 회복 후에 형성되는 면역은?

① 자연 능동면역
② 자연 수동면역
③ 인공 능동면역
④ 선천성 면역

[해설] 능동면역
- 자연 능동면역: 특정한 질병에 걸린 후 자연스럽게 형성된 면역
- 인공 능동면역: 백신에 의해 인위적으로 만들어진 면역

19 소독약의 살균력 측정 지표가 되는 소독제는?

① 석탄산
② 생석회
③ 알코올
④ 크레졸

[해설] 석탄산: 옛날부터 소독약으로써 사용되었으며, 다른 소독약의 살균력 지표로 사용되고 있다.

20 아포를 형성하는 세균을 소독하기에 가장 좋은 방법은?

① 일광소독
② 건열멸균
③ 고압증기멸균
④ 역성비누소독

[해설] 고압증기멸균법: 고압증기솥(오토클레이브)을 사용해 121℃, 2기압(15파운드), 15~20분의 조건에서 증기열에 의해 멸균한다. 생균과 함께 열에 강한 아포도 완전히 사멸시킬 수가 있다.

21 과일 잼 등의 젤화에 관계하는 3요소가 아닌 것은?

① 알칼리
② 펙틴
③ 설탕
④ 산

[해설] 과일 잼 등의 젤화에 관계하는 3요소: 산, 당, 펙틴

22 다음 연결한 것 중 적당하지 않은 것은?

① 과자류 - 박력분
② 면류 - 중력분
③ 식빵, 마카로니 - 박력분
④ 케이크 - 박력분

[해설] 강력분(단백질 함량 13% 이상): 식빵, 마카로니

23 식이 섬유소(Dietary fiber)가 아닌 것은?

① 알긴산(alginic acid)　　② 라피노스(raffinose)
③ 한천(agar)　　　　　　④ 펙틴(pectin)

[해설] 식이 섬유소: 탄수화물의 한 종류이며, 장내 소화효소에 의해 분해되지 않는 식품으로 우리 몸에 꼭 필요한 영양소이다. 식이 섬유소의 종류로는 알긴산, 한천, 펙틴, 글루코만난 등이 있다.

24 요오드가(iodine value)가 높은 지방은 어느 지방산의 함량이 높겠는가?

① 라우린산(lauric acid)　　② 팔미틴산(palmitic acid)
③ 리놀렌산(linolenic acid)　④ 스테아린산(stearic acid)

[해설] 요오드가가 높은 지방일수록 많은 불포화지방산으로 구성되어 있다.
- **포화지방산**: 라우린산, 팔미틴산, 스테아린산
- **불포화지방산**: 리놀렌산

25 결합수에 관한 특성 중 맞는 것은?

① 식품조직을 압착하여도 제거되지 않는다.
② 끓는점과 녹는점이 매우 높다.
③ 미생물의 번식과 발아에 이용된다.
④ 보통의 물보다 밀도가 작다.

[해설] 결합수의 특징
- 0℃이하에서도 얼지 않는다.
- 100℃이상으로 가열하여도 제거되지 않는다.
- −18℃이하에서도 액상으로 존재한다.
- 다른 용질의 용매로 이용되지 않는다.
- 식품 중의 탄수화물과 단백질 분자들과 수소결합을 하고 있다.
- 수중기압이 보통 물보다 낮다.
- 자유수보다 밀도가 크다.
- 미생물의 번식에 이용되지 않는다.
- 식품조직을 압착하여도 제거되지 않는다.

26 다음 냄새 성분 중 어류와 관계가 먼 것은?

① 트리메틸아민　　② 암모니아
③ 피페리딘　　　　④ 디아세틸

[해설] 디아세틸: 발효의 천연적인 부산물이며 지방족 α-다이케톤의 대표적인 화합물이다. 마가린이나 커피 등의 향료로 사용된다.

27 단백질의 특성에 대한 설명으로 틀린 것은?

① C, H, O, N, S, P 등의 원소로 이루어져 있다.
② 단백질은 뷰렛에 의한 정색반응을 나타내지 않는다.
③ 조단백질은 일반적으로 질소의 양에 6.25를 곱한 값이다.
④ 아미노산은 분자 중에 아미노기와 카르복실기를 갖는다.

[해설] 단백질은 뷰렛에 의해 보라색으로 변한다.

28 두류 가공품 중 발효과정을 거치는 것은?

① 두유
② 피넛 버터
③ 유부
④ 된장

[해설] 두류 가공품 중 발효과정을 거치는 것에는 장류가 있다.

29 토마토의 붉은색을 나타내는 색소는?

① 카로티노이드
② 클로로필
③ 안토시아닌
④ 탄닌

[해설] 토마토의 붉은색을 나타내는 색소인 카로티노이드는 항산화 물질인 라이코펜을 듬뿍 함유하고 있다.

30 단당류에 속하는 것은?

① 맥아당
② 포도당
③ 설탕
④ 유당

[해설] ① 맥아당: 이당류 ③ 자당(설탕): 이당류 ④ 유당: 이당류

31 하루 동안 섭취한 음식 중에 단백질 70g, 지질 35g, 당질 400g이 있었다면 이 때 얻을 수 있는 열량은?

① 1995kcal
② 2095kcal
③ 2195kcal
④ 2295kcal

[해설] 탄수화물, 단백질은 1g당 4kcal, 지방은 9kcal
 • 단백질 70g × 4kcal = 280kcal
 • 지질 35g × 9kcal = 315kcal
 • 당질 400g × 4kcal = 1600kcal
따라서 280 + 315 + 1600 = 2195kcal

32 영양결핍 증상과 원인이 되는 영양소의 연결이 틀린 것은?

① 빈혈-엽산 ② 구순구각염-비타민B12
③ 야맹증-비타민A ④ 괴혈병-비타민C

[해설] 비타민B12 결핍은 성장을 저해하며 특이 증상으로 거적아구성 빈혈과 악성 빈혈을 일으킨다.
• 비타민 결핍 시 나타나는 증상

비타민A	야맹증, 안구 건조증	비타민C	괴혈병, 체중저하
비타민D	구루병, 골연화증, 불면증	비타민E	적혈구 파괴, 빈혈
비타민B1	각기병, 부정맥	비타민B2	성장부진, 피부 건조증

33 식품과 그 가공에 관계하는 주요 미생물을 잘못 연결한 것은?

① 식초 – 세균 ② 빵 – 효모
③ 요구르트 – 세균 ④ 개량메주 – 효모

[해설] 개량메주의 가공에 관계하는 주요 미생물은 누룩곰팡이다.

34 감자류(서류)에 대한 설명으로 틀린 것은?

① 열량 공급원이다.
② 수분함량이 적어 저장성이 우수하다.
③ 탄수화물 급원식품이다.
④ 무기질 중 칼륨(K) 함량이 비교적 높다.

[해설] 감자류(서류)는 수분함량이 많아서 저장성이 떨어진다.

35 식품을 구입할 때 식품감별이 잘못된 것은?

① 과일이나 채소는 색깔이 고운 것이 좋다.
② 육류는 고유의 선명한 색을 가지며, 탄력성이 있는 것이 좋다.
③ 어육 연제품은 표면에 점액질의 액즙이 없는 것이 좋다.
④ 토란은 겉이 마르지 않고, 갈랐을 때 점액질이 없는 것이 좋다.

[해설] 신선한 토란 감별법
• 모양이 원형일 것
• 껍질을 벗겼을 때 살이 흰 것
• 잘랐을 때 단단하고 점액질이 있을 것

36 불고기용 쇠고기 100kg의 손질 결과가 다음과 같이 산출되었다.

> [가식부분 : 70kg, 지방 : 25kg, 힘줄 및 핏물 : 5kg]
> 위의 고기로 500명분의 불고기를 만들려면 쇠고기를 약 몇 kg주문해야 하겠는가?
> (단, 1인분의 쇠고기양은 120g으로 하였다.)

① 56kg
② 60kg
③ 70kg
④ 86kg

[해설] 1인당 120g 씩 먹는 쇠고기라고 했으므로 500명분의 불고기를 만들려면
120g×500=60,000g=60kg이다.
그리고 가식부분이 70%라고 했으므로
$\dfrac{총사용량}{가식률} \times 100 = \dfrac{60}{70} \times 100 ≒ 85.7kg$
따라서 500명분의 불고기를 만들려면 쇠고기를 약 86kg주문해야 한다.

37 녹색채소를 데칠 때 소다를 넣을 경우 나타나는 현상이 아닌 것은?

① 채소의 질감이 유지된다.
② 채소의 색을 푸르게 고정시킨다.
③ 비타민 C가 파괴된다.
④ 채소의 섬유질을 연화시킨다.

[해설] 녹색 채소를 데칠 때 소다를 넣으면 녹색은 선명하게 유지되나 섬유소를 분해하여 질감이 물러지고 비타민C가 파괴된다.

38 우리 몸 안에서 수분의 작용을 바르게 설명한 것은?

① 영양소를 운반하는 작용을 한다.
② 5대 영양소에 속하는 영양소이다.
③ 높은 열량을 공급하여 추위를 막을 수 있다.
④ 호르몬의 주요 구성성분이다.

[해설] 우리 몸의 약 70%는 수분으로 이루어져 있다. 물은 몸의 생화학 반응을 촉진시켜 영양의 소화와 흡수를 돕고, 영양소와 산소, 노폐물을 몸 속 구석구석까지 운반하며, 체온을 조절하기도 한다.

39 다음은 한 급식소에서 한 달 동안 참기름을 구입한 내역이며, 월말의 재고는 7개이다. 선입선출법에 의하여 재고자산을 평가하면 얼마인가?

날짜	구입량(병)	단가
11월 1일	10	5300
11월 10일	15	5700
11월 20일	5	5500
11월 30일	5	5000

① 32000원 ② 34000원
③ 36000원 ④ 38000원

[해설] 선입선출법이란 먼저 들인 물건을 먼저 팔거나 썼다고 가정하고 비용이나 재고를 계산하는 방법이다.
즉, 선입선출법에 따르면 마지막에 산 물건이 재고이므로, 재고가 7병이라면 11월 30일에 산 5병과 11월 20일에 산 2병이 재고이다.
따라서, 5000×5병+5500×2병=25000+11000 = 36,000원

40 다음 중 수중 유적형(oil in water : O/W) 식품끼리 짝지어 진 것은?

① 우유, 마요네즈 ② 우유, 마가린
③ 마요네즈, 버터 ④ 마가린, 버터

[해설] • 수중 유적형(O/W): 물이 바깥쪽에 있으며, 일반적으로 양이 많은 쪽이 바깥쪽에 있다. 대표적인 식품으로 우유, 아이스크림, 마요네즈 등이 있다.
• 유중 수적형(W/O): 기름이 바깥쪽에 있으며 물과 기름이 같은 양으로 존재할 때는 O/W형이나 W/O형 두 가지로 만들 수 있다. 버터와 마가린이 대표적인 식품이다.

41 원가의 구성으로 옳은 것은?

① 판매가격=이익+제조원가
② 직접원가=직접재료비+직접노무비+직접경비
③ 총원가=제조간접비+직접원가
④ 제조원가=판매경비+일반관리비+제조간접비

42 제품을 제조할 때 제품의 전체 또는 여러 종류의 제조를 위해 공통적으로 사용된 재료의 소비가액은?

① 간접재료비 ② 직접재료비
③ 제조간접비 ④ 주요재료비

[해설] ② 직접재료비: 특정 원재료가 특정 제품의 생산을 위해 소요되기 때문에 제품별로 직접 배부할 수 있는 재료비를 말한다.
③ 제조간접비: 전체의 제품 또는 다수의 제품에 대하여 공통으로 발생되는 비용, 즉 특정 제품과 공정에 직접 부과할 수 없는 제 경비이다.
④ 주요재료비: 제품의 주요 부분을 구성하는 재료를 소비함으로써 발생하는 원가요소이다.

43 급식재료의 소비량을 계산하는 방법이 아닌 것은?

① 재고조사법 ② 역계산법
③ 선입선출법 ④ 계속기록법

[해설] 선입선출법: 재고자산원가배분방법 중의 하나로 물량의 실제흐름과는 관계없이 먼저 구입한 상품이 먼저 사용되거나 판매된 것으로 가정하여 기말 재고액을 결정하는 방법이다.

44 1일 총 급여 열량 2000kcal 중 탄수화물 섭취 비율을 65%로 한다면, 하루 세끼를 먹을 경우 한끼당 쌀 섭취량은 약 얼마인가? (단, 쌀 100g 당 371kcal)

① 98g ② 107g
③ 117g ④ 125g

[해설] 1일 급여열량에 탄수화물 섭취비율을 곱한 뒤에 세 끼니로 나누어서 쌀의 단위당 칼로리로 나누어 주면 된다.
즉, $[\{(2000 \times \frac{65}{100}) \div 3\} \div 3.71] \fallingdotseq 116.80g$
따라서 한끼당 쌀 섭취량은 약 117g이다.

45 습열조리와 건열조리의 혼합이며, 결합조직이 많은 고기에 이용할 수 있는 조리법은?

① 스튜(stew) ② 스팀(steam)
③ 브로일링(broiling) ④ 브레이징(braising)

[해설] 브레이징: 서양요리에서 건식열과 습식열 두 가지 방식을 이용한 대표적인 조리방법으로 우리나라의 찜과 비슷한 조리법이다.

46 신선도가 저하된 생선의 설명으로 옳은 것은?

① 히스타민 함량이 많다. ② 꼬리가 약간 치켜 올라갔다.
③ 살이 탄력적이다. ④ 비늘이 고르게 밀착되어 있다.

[해설] 신선도가 저하된 생선의 특징
- 히스타민 함량이 많다.
- 아민류가 많이 생성된다.
- 어육이 약알칼리성이 된다.
- 복부가 물렁거리고 부드럽다.
- 아가미가 암적색이다.
- 비린내가 많이 난다.
- 몸 전체에 끈적끈적한 이물질이 나와있다.

47 단체 급식에서 식품 구성에 따라 식단 작성을 할 때 이점이 아닌 것은?

① 식품 배합을 충분히 생각하면서 무리가 없는 식단을 작성할 수 있다.
② 주요 영양소 중 특히 단백질의 양을 확보할 수 있다.
③ 같은 종류의 식품간의 대치가 가능하여 변화 있는 식단이 된다.
④ 같은 식품군내에서 가격비교를 하여 식단재료의 교환을 쉽게 해준다.

[해설] 단체 급식에서 식품 구성에 따라 식단 작성을 할 때 이점
- 1일 섭취 횟수에 맞추어 매 끼니마다 필수 5대 영양소가 골고루 포함되도록 할 수 있다.
- 식품 배합을 충분히 생각하면서 무리가 없는 식단을 작성할 수 있다.
- 재료가 가진 맛을 최대한 살릴 수 있다.
- 같은 식품이라도 조리 방법에 따라 영양소가 달라지므로 유의해야 한다.

48 채소 샐러드용 기름으로 적합하지 않은 것은?

① 올리브유 ② 경화유
③ 콩기름 ④ 유채유

[해설] 경화유: 어유나 콩기름 등 액상 기름에 수소를 첨가하여 만드는 흰색 고형의 인조지방으로 식용 경화유는 마가린, 쇼트닝 등의 원료로, 공업용 경화유는 비누, 초, 스테아르산 등의 원료로 사용된다.

49 문제의 보기에서 설명하는 칼로 재료를 써는 방법은?

[보기]
- 재료를 얄팍하게 써는 방법이다.
- 감자, 오이 등을 썰 때 주로 사용한다.
- 무침이나 볶음에 주로 이용한다.

① 채썰기 ② 얄팍 썰기
③ 반달 썰기 ④ 어슷 썰기

[해설] 문제의 보기에서 설명하는 칼로 재료를 써는 방법은 얄팍 썰기이다.

50 조리대 배치형태 중 환풍기와 후드의 수를 최소화할 수 있는 것은?

① 일렬형 ② 병렬형
③ ㄷ자형 ④ 아일랜드형

[해설] 아일랜드형 주방은 가스레인지오븐 작업대를 벽 쪽에 두지 않고 주방 가운데에 섬처럼 놓아두는 방식으로 환풍기와 후드의 수를 최소화할 수 있는 이점이 있다.

51 유지의 발연점이 낮아지는 원인이 아닌 것은?

① 유리지방산의 함량이 낮은 경우
② 튀김하는 그릇의 표면적이 넓은 경우
③ 기름에 이물질이 많이 들어 있는 경우
④ 오래 사용하여 기름이 지나치게 산패된 경우

[해설] 유지의 발연점에 영향을 주는 원인
- 유리지방산의 함량이 높을수록
- 그릇의 표면적이 넓을수록
- 기름 이외의 이물질이 많을수록
- 기름을 여러 번 반복해서 사용할수록 발연점이 떨어진다.

52 피급식자의 영양소요량 결정에 고려해야 할 조건으로만 묶여진 것은?

① 연령, 성별, 노동강도 ② 연령, 신장, 체중
③ 연령, 노동강도, 신장 ④ 연령, 성별, 체중

[해설] 피급식자의 영양소요량 결정에 고려해야 할 조건: 연령, 성별, 노동강도

53 달걀의 난황 속에 있는 단백질이 아닌 것은?

① 리포비텔린(lipovtellin)
② 리포비텔리닌(lipoviteellenin)
③ 리비틴(livetin)
④ 레시틴(lecithin)

[해설] 달걀의 난황
- 인지질 성분: 레시틴, 세팔린
- 단백질 성분: 리포비텔린, 리포비텔리닌, 리비틴

54 식이 중 소금을 제한하는 질병과 가장 거리가 먼 것은?

① 통풍 ② 고혈압
③ 심장병 ④ 신장병

[해설] 통풍: 혈액 내에 요산(음식을 통해 섭취되는 퓨린(purine)이라는 물질을 인체가 대사하고 남은 산물)의 농도가 높아지면서 요산염(요산이 혈액, 체액, 관절액 내에서는 요산염의 형태 존재함) 결정이 관절의 연골, 힘줄, 주위 조직에 침착되는 질병이다. 통풍은 특별한 식이요법은 필요하지 않다.

55 식품에 다음과 같은 현상이 나타났을 때 품질 저하와 관계가 먼 것은?

① 생선의 휘발성 염기질소량 증가
② 콩 단백질의 금속염에 의한 응고 현상
③ 쌀의 황색 착색
④ 어두운 곳에서 어육연제품의 인광 발생

[해설] 콩 단백질이 금속염에 의해 응고된 것이 두부이다.

56 밥 짓기에 대한 설명으로 가장 잘못된 것은?

① 쌀을 미리 물에 불리는 것은 가열시 열전도를 좋게 하여주기 위함이다
② 밥물은 쌀 중량의 2.5배 부피의 1.5배 정도 되도록 붓는다.
③ 쌀전분이 완전히 알파화 되려면 98도씨 이상에서 20분 정도 걸린다.
④ 밥맛을 좋게 하기 위하여 0.03% 정도의 소금을 넣을 수 있다.

[해설] 맛있는 밥 짓기는 쌀은 물기가 충분히 스며들도록 미리 불려놓고, 물은 쌀 부피의 1.2배(중량의 1.5배)가 되도록 붓는다.

57 손질한 오징어에 갖은 채소와 고추장 양념을 넣어 매콤하게 볶은 요리는?

① 오징어볶음 ② 낙지볶음
③ 순대볶음 ④ 떡볶이

[해설] ② 낙지볶음: 손질한 낙지를 고춧가루와 고추장, 갖은 양념을 넣고 버무려 매콤하게 볶은 음식이다.
③ 순대볶음: 순대에 양배추, 양파, 깻잎, 대파 등을 넣어 매콤하게 볶아낸 요리이다.
④ 떡볶이: 가래떡을 적당한 크기로 잘라 여러 가지 채소를 넣고 양념을 하여 볶은 음식이다.

58 다음 중 고추장 양념구이에 대한 설명으로 잘못된 것은?

① 고추장 양념을 재료에 바르거나, 재료를 고추장 양념에 재워 두었다가 굽는 방법으로, 육류의 잡내나 생선의 비린내를 없애기에 좋은 방법이다.
② 제육은 고추장 양념 맛이 배어들게 할 경우엔 고추장 양념만 바른 뒤 재월 두었다가 구워 주는 것이 좋다.
③ 초벌구이에서 재료를 덜 익힌 뒤에 고추장 양념을 발라 구워주는데 고추장 양념이 빨갛게 익을 정도로 구워준다.
④ 고추장 양념구이를 하는 재료에는 더덕, 육류, 생선, 도라지 등이 있다.

[해설] 고추장 양념구이를 할 때 초벌구이에서 재료를 완전히 익힌 뒤에 고추장 양념을 발라 구워주는데 고추장 양념이 노릇하게 익을 정도로만 구워준다.

59 다음 중 죽 만드는 법에 대한 설명으로 틀린 것은?

① 죽은 짧은 시간 끓여주어야 하기 때문에 강한 불에서 빨리 끓여주어야 한다.
② 주재료인 곡물을 물에 충분히 불린 뒤에 사용한다.
③ 죽을 쑬 때 나무주걱으로 저어주면 좋으며, 끓기 시작하면 자주 젓지 말아야 한다.
④ 간은 처음부터 하는 것보다 완전히 퍼진 후에 하는 것이 좋다. 또는 먹는 사람의 기호에 따라 간을 해 주는 것이 좋다.

[해설] 죽은 오랜 시간 끓여주어야 하기 때문에 약한 불에서 서서히 끓여주어야 하며, 그릇은 두꺼운 냄비나 솥을 이용하는 것이 좋다.

60 다음 중 너비아니에 대한 설명이 아닌 것은?

① 얇게 저민 쇠고기의 등심이나 안심을 양념한 뒤 석쇠에 구운 것이다.
② 쇠고기를 결 반대 방향으로 썰어야 연하다.
③ 고기구이 가운데 대표적인 것이다.
④ 너비아니를 할 때 고기는 투박하게 썰어야 한다.

[해설] 너비아니는 고기구이 가운데 대표적인 것으로서 너붓너붓 썰었다고 하여 너비아니라고 한다.

정답									
1.③	2.①	3.④	4.④	5.④	6.②	7.①	8.④	9.④	10.①
11.④	12.④	13.③	14.③	15.②	16.③	17.③	18.①	19.①	20.③
21.①	22.③	23.②	24.③	25.①	26.④	27.②	28.④	29.①	30.②
31.③	32.②	33.④	34.②	35.④	36.④	37.①	38.②	39.③	40.①
41.②	42.①	43.③	44.③	45.④	46.①	47.②	48.②	49.②	50.④
51.①	52.①	53.④	54.①	55.②	56.②	57.①	58.③	59.①	60.④

12회 CBT 예상문제

01 식품에 오염된 미생물이 증식하여 생성한 독소에 의해 유발되는 대표적인 식중독은?

① 살모넬라균 식중독
② 황색 포도상 구균 식중독
③ 리스테리아 식중독
④ 장염 비브리오 식중독

[해설] 황색 포도상 구균 식중독은 황색포도상구균이 식품 속에서 증식하여 산생하는 엔테로톡신을 사람이 섭취함으로써 발생하는 전형적인 독소형 식중독이다.

02 복어와 모시조개 섭취 시 식중독을 유발하는 독성물질을 순서대로 나열한 것은?

① 엔테로톡신(enterotoxin), 사포닌(saponin)
② 테트로도톡신(tetrodotoxin), 베네루핀(venerupin)
③ 테트로도톡신(tetrodotoxin), 듀린(dhurrin)
④ 엔테로톡신(enterotoxin), 아플라톡신(aflatoxin)

[해설] • 복어 독성물질: 테트로도톡신
 • 모시조개 독성물질: 베네루핀

03 곰팡이 독소와 독성을 나타내는 곳을 잘못 연결한 것은?

① 아플라톡신(aflatoxin)-신경독
② 오클라톡신(ochratoxin)-간장독
③ 시트리닌(citrinin)-신장
④ 스테리그마토시스틴(sterigmatocystin)-간장독

[해설] 아플라톡신-간장독

04 식품과 독성분의 연결이 틀린 것은?

① 독보리-테물린(temuline)
② 섭조개-삭시톡신(saxitoxin)
③ 독버섯-무스카린(muscarine)
④ 매실-베네루핀(venerupin)

[해설] 매실: 아미그달린

05 식품의 부패 시 생성되는 물질과 거리가 먼 것은?
① 암모니아(ammonia)
② 트리메틸아민(trimethylamine)
③ 글리코겐(glycogen)
④ 아민(amine)류

[해설] 글리코겐: 간과 근육에 축적(이외 뇌, 자궁에도 있다)되어 있는 동물의 다당류 이다.

06 카드뮴이나 수은 등의 중금속 오염 가능성이 가장 큰 식품은?
① 육류
② 어패류
③ 식용유
④ 통조림

[해설] 카드뮴이나 수은 등의 중금속 오염 가능성이 가장 큰 식품은 어패류이다.

07 살모넬라균에 의한 식중독의 특징 중 틀린 것은?
① 장독소(enterotoxin)에 의해 발생한다.
② 잠복기는 보통 12~24시간이다.
③ 주요증상은 메스꺼움, 구토, 복통, 발열이다.
④ 원인식품은 대부분 동물성 식품이다.

[해설] 살모넬라균: 사람, 포유류, 조류 따위의 장에 기생하는 병원성 세균으로 냉각되어도 죽지 않으며, 식중독을 일으켜 위장염을 일으킨다.

08 황변미 중독을 일으키는 오염 미생물은?
① 곰팡이
② 효모
③ 세균
④ 기생충

[해설] 황변미: 푸른곰팡이에 의해 생성되는 진균독에 의해 발생한다.

09 도마의 사용방법에 관한 설명 중 잘못된 것은?
① 합성세제를 사용하여 43~45℃의 물로 씻는다.
② 염소소독, 열탕소독, 자외선살균 등을 실시한다.
③ 식재료 종류별로 전용의 도마를 사용한다.
④ 세척, 소독 후에는 건조시킬 필요가 없다.

[해설] 도마는 세척, 소독 후에 햇볕에 주기적으로 건조시켜 사용해야 한다.

10 과채, 식육 가공 등에 사용하여 식품 중 색소와 결합하여 식품본래의 색을 유지하게 하는 식품 첨가물은?

① 식용타르색소 ② 천연색소
③ 발색제 ④ 표백제

[해설] ① **식용타르색소**: 우리나라 식품첨가물공전 중 화학적 합성품으로서 석탄타르에서 얻은 방향족 탄화수소를 원료로 하여 합성에 의하여 제조되는 대표적인 착색료이다.
② **천연색소**: 천연의 동식물에 함유되거나 혹은 미생물이 생산하는 색소로, 천연색소는 안전성이 높지만 합성 타르색소에 비교하여 결점도 많다.
④ **표백제**: 식품가공이나 제조 시 일반색소 및 발색성 물질을 무색의 화합물로 변화시키고 식품의 보존 중에 일어나는 갈변, 착색 등의 변화를 억제하기 위해 사용한다. 과산화수소, 무수아황산, 아황산나트륨 등이 있다.

11 식품위생법상 판매를 목적으로 하거나 영업상 사용하는 식품 및 영업시설 등 검사에 필요한 최소량의 식품 등을 무상으로 수거할 수 없는 자는?

① 국립의료원장 ② 시·도지사
③ 시장·군수·구청장 ④ 식품의약품안전청장

[해설] 국립의료원장은 식품위생법상 판매를 목적으로 하거나 영업상 사용하는 식품 및 영업시설 등 검사에 필요한 최소량의 식품 등을 무상으로 수거할 수 없다.

12 수출을 목적으로 하는 식품 또는 식품첨가물의 기준과 규격은 식품위생법의 규정 외에 어떤 기준과 규격에 의할 수 있는가?

① 수입자가 요구하는 기준과 규격
② 국립검역소장이 정하여 고시한 기준과 규격
③ FDA의 기존과 규격
④ 산업통상자원부장관의 별도 허가를 취득한 기준과 규격

[해설] 수출을 목적으로 하는 식품 또는 식품첨가물의 기준과 규격은 식품위생법의 규정 외에 수입자가 요구하는 기준과 규격에 의할 수 있다.

13 식품접객업소의 조리판매 등에 대한 기준 및 규격에 의한 요리용 칼·도마, 식기류의 미생물 규격은? (단, 사용 중의 것은 제외한다)

① 살모넬라 음성, 대장균 양성 ② 살모넬라 음성, 대장균 음성
③ 황색포도상구균 양성, 대장균 음성 ④ 황색포도상구균 음성, 대장균 양성

[해설] 식품접객업소의 조리판매 등에 대한 기준 및 규격에 의한 요리용 칼·도마, 식기류의 미생물 규격
• 살모넬라: 음성이어야 한다.
• 대장균: 음성이어야 한다.

14 식품위생법상 식품 등의 위생적 취급에 관한 기준으로 틀린 것은?

① 식품 등의 보관·운반·진열 시에는 식품 등의 기준 및 규격이 정하고 있는 보존 및 유통기준에 적합하도록 관리하여야 한다.
② 식품 등의 제조·가공·조리에 직접 사용되는 기계·기구 및 음식기는 세척·살균하는 등 항상 청결하게 유지·관리하여야 하며, 어류·육류·채소류를 취급하는 칼·도마는 공통으로 사용한다.
③ 식품 등의 제조·가공·조리 또는 포장에 직접 종사하는 자는 위생모를 착용하는 등 개인위생관리를 철저히 하여야 한다.
④ 제조·가공(수입품 포함)하여 최소판매단위로 포장된 식품 또는 식품첨가물을 영업허가 또는 신고하지 아니 하고 판매의 목적으로 포장을 뜯어 분할하여 판매하여 서는 아니 된다.

[해설] ② 식품 등의 제조·가공·조리에 직접 사용되는 기계·기구 및 음식기는 세척·살균하는 등 항상 청결하게 유지·관리하여야 하며, 어류·육류·채소류를 취급하는 칼·도마는 각각 구분하여 사용한다.

15 식품, 식품첨가물 또는 축산물 등에 표시하여야 하는 사항이 아닌 것은?

① 제품명, 내용량 및 원재료명
② 소비자 안전을 위한 주의사항
③ 광고의 유무
④ 제조연월일, 소비기한 또는 품질유지기한

[해설] 식품, 식품첨가물 또는 축산물 등에 표시하여야 하는 사항
- 제품명, 내용량 및 원재료명
- 영업소 명칭 및 소재지
- 소비자 안전을 위한 주의사항
- 제조연월일, 소비기한 또는 품질유지기한
- 그 밖에 소비자에게 해당 식품, 식품첨가물 또는 축산물에 관한 정보를 제공하기 위하여 필요한 사항으로서 총리령으로 정하는 사항

16 먹는 물에서 다른 미생물이나 분변오염을 추측할 수 있는 지표는?

① 증발잔류량
② 탁도
③ 경도
④ 대장균

[해설] 대장균의 존재 여부는 분변에 의한 오염 유무가 지표가 되며, 수질검사 등에 종종 응용되는 수단으로 위생학 상 중요하다.

17 음식물로 매개될 수 있는 감염병이 아닌 것은?

① 유행성간염
② 폴리오
③ 일본뇌염
④ 콜레라

[해설] 일본뇌염: 일본뇌염 바이러스에 감염된 작은 빨간 집모기(뇌염모기)가 사람을 무는 과정에서 인체에 감염되어

발생하는 급성 바이러스성 전염병이다.

18 감염경로와 질병과의 연결이 틀린 것은?

① 공기감염-공수병
② 비말감염-인플루엔자
③ 우유감염-결핵
④ 음식물감염-폴리오

[해설] 공수병: 광견병 바이러스를 가지고 있는 동물에게 사람이 물려서 생기는 질병으로 급성 뇌척수염의 형태로 나타난다. 광견병 바이러스가 섞여 있는 침이 눈, 코, 입의 점막에 닿거나 광견병에 걸린 환자의 장기를 이식 받는 경우에도 전파가 가능하다.

19 세균성이질을 앓고 난 아이가 얻는 면역에 대한 설명으로 옳은 것은?

① 인공면역을 획득한다.
② 수동면역을 획득한다.
③ 영구면역을 획득한다.
④ 면역이 거의 획득되지 않는다.

[해설] 세균성이질은 아이가 앓았다고 하더라도 면역이 거의 획득되지 않는다.

20 하수 오염도 측정 시 생화학적 산소요구량(BOD)을 결정하는 가장 중요한 인자는?

① 물의 경도
② 수중의 유기물량
③ 하수량
④ 수중의 광물질량

[해설] 생화학적 산소요구량(BOD): 오염된 물의 수질을 표시하는 한 지표로 BOD가 높다는 것은 유기물질이 많고 오염도가 크다는 것이다.

21 다음 중 화재 예방 요령에 대한 설명으로 잘못된 것은?

① 불을 끌 땐 옆에 있는 조리 기구나 옷가지 들을 이용한다.
② 조리를 할 때 화기 주변에 종이와 같은 가연성 물질을 가까이 하지 않는다.
③ 화재 발생 시 경보를 울리거나 큰 소리를 질러 주위 사람들에게 알린다.
④ 이상이 있는 코드나 전기 기구는 사용하지 않는다.

[해설] 화재 예방 요령
- 조리를 할 때 화기 주변에 종이와 같은 가연성 물질을 가까이 하지 않는다.
- 화재 발생 시 경보를 울리거나 큰 소리를 질러 주위 사람들에게 알린다.
- 불을 끌 땐 소화기나 소화전을 이용한다.
- 평소에 소화기 사용법과 소화기가 놓여있는 장소는 잘 숙지하고 있어야 한다.
- 몸에 불이 붙었을 때엔 즉시 바닥에서 구른다.
- 이상이 있는 코드나 전기 기구는 사용하지 않는다.
- 뜨거운 오일과 유지를 화염원 가까이에 두지 않는다.

22 인산을 함유하는 복합지방질로서 유화제로 사용되는 것은?

① 레시틴　　　　　　　② 글리세롤
③ 스테롤　　　　　　　④ 글리콜

[해설] 레시틴: 글리세린 인산을 포함하고 있는 인지질의 하나이다. 생체막을 구성하는 주요 성분으로, 난황·콩기름·간·뇌 등에 많이 있다. 레시틴은 유화제로 사용된다.

23 하루 필요 열량이 2700kcal 일 때 이 중 14%에 해당 하는 열량을 지방에서 얻으려 할때 필요한 지방의 양은?

① 36g　　　　　　　　② 42g
③ 81g　　　　　　　　④ 94g

[해설] • 하루 필요 열량이 2700kcal 일 때 이 중 14%에 해당 하는 열량을 지방에서 얻으려 하기 때문에
2700×0.14=378kcal
그리고 1일 378kcal를 지방에서 얻으려면 지방은 1g당 9kcal의 열량을 내므로 필요한 지방의 양은
378÷9=42g 이다.

24 전분의 호정화를 이용한 식품은?

① 식혜　　　　　　　　② 치즈
③ 맥주　　　　　　　　④ 뻥튀기

[해설] 전분의 호정화: 전분에 물을 가하지 않고 160℃ 이상으로 가열하면 전분이 가용성이 되고, 이어 덱스트린(호정)이 되는데, 이러한 변화를 호정이라고 하는데, 이런 전분의 호정화를 이용한 식품에는 미숫가루, 뻥튀기 등이 있다.

25 어묵의 탄력과 가장 관계 깊은 것은?

① 수용성 단백질-미오겐
② 염용성 단백질-미오신
③ 결합 단백질-콜라겐
④ 색소 단백질-미오글로빈

[해설] 어묵은 생선살인 미오신의 특성인 염용성을 이용하여 만든 제품이다. 미오신은 소금을 첨가하면 탄력성이 증가한다.

26 달걀 저장 중에 일어나는 변화로 옳은 것은?

① pH 저하
② 중량 감소
③ 난황계수 증가
④ 수양난백 감소

[해설] 달걀은 저장 중 수분이 증발하기 때문에 기실은 커지고 중량은 감소한다.

27 사과를 깎아 방치했을 때 나타나는 갈변현상과 관계없는 것은?

① 산화효소
② 산소
③ 페놀류
④ 섬유소

[해설] 사과의 갈변현상: 사과를 깎아 방치했을 때 깎은 사과에 있는 폴리페놀이라는 산화효소가 공기 중의 산소와 반응하여 갈색으로 변하는 현상이다.

28 생식기능 유지와 노화방지의 효과가 있고 화학명이 토코페롤(tocopherol)인 비타민은?

① 비타민A
② 비타민C
③ 비타민D
④ 비타민E

[해설] 토코페롤은 비타민E의 종류이다.

29 다음중 알리신(allicin)이 가장 많이 함유된 식품은?

① 마늘
② 사과
③ 고추
④ 무

[해설] 알리신은 마늘의 대표적인 성분으로, 마늘의 독특한 냄새와 약효의 주된 성분이다.

30 다음 중 과일, 채소의 호흡작용을 조절하여 저장하는 방법은?

① 건조법
② 냉장법
③ 통조림법
④ 가스저장법

[해설] 가스저장법: 식품을 탄산가스나 질소가스 속에 보관하는 방법으로 호흡작용을 억제하여 호기성 부패세균의 번식을 저지 하는 방법이다.

31 젤라틴의 원료가 되는 식품은?
  ① 한천
  ② 과일
  ③ 동물의 연골
  ④ 쌀
  [해설] 젤라틴: 동물의 껍질이나 연골속의 콜라겐을 정제한 것이다.

32 영양소와 급원식품의 연결이 옳은 것은?
  ① 동물성 단백질-두부, 쇠고기
  ② 비타민A-당근, 미역
  ③ 필수지방산-대두유, 버터
  ④ 칼슘-우유, 치즈
  [해설] ① 동물성 단백질: 고기, 계란
  ② 비타민A: 동물의 간, 달걀 노른자
  ③ 필수지방산: 해바라기유, 면실유, 옥수수유

33 염지에 의해서 원료 육의 미오글로빈으로부터 생성되며 비가열 식육제품인 햄 등의 고정된 육색을 나타내는 것은?
  ① 니트로소헤모글로빈(nitrosohemoglobin)
  ② 옥시미오글로빈(oxymyoglobin)
  ③ 니트로소미오글로빈(nitrosomyoglobin)
  ④ 메트미오글로빈(metmyoglobin)
  [해설] 니트로소미오글로빈: 산화미오글로빈이라고도 하며 적색을 띤다. 염지에 의해서 원료 육의 미오글로빈으로부터 생성되며 비 가열 식육제품인 햄 등의 고정된 육색을 나타낸다.

34 다음 당류 중 케톤기를 가진 것은?
  ① 프룩토오스(fructose)
  ② 만노오스(mannose)
  ③ 갈락토오스(galactose)
  ④ 글루코오스(glucose)
  [해설]
  • 알데히드기: 글루코오스, 만노오스, 갈락토오스
  • 케톤기: 프룩토오스

35 단체급식소에서 식수인원 400명의 풋고추조림을 할 때 풋고추의 총발주량은 약 얼마인가? (단, 풋고추 1인분 30g, 풋고추의 폐기율 6%)
  ① 12kg
  ② 13kg
  ③ 15kg
  ④ 16kg
  [해설] 총발주량 = $\dfrac{정미중량 \times 100}{100 - 폐기율} \times 인원수$
  따라서 총발주량 = $\dfrac{30 \times 100}{100 - 6} \times 400 = 12.765 ≒ 13$kg

36 식단 작성 시 고려할 사항으로 틀린 것은?

① 피급식자의 영양소요량을 충족시켜야 한다.
② 좋은 식품의 선택을 위해서 식재료 구매는 예산의 1.5배 정도로 계획한다.
③ 급식인원수와 형태를 고려해야 한다.
④ 기호에 따른 양과 질, 변화, 계절을 고려해야한다.

37 자색 양배추, 가지 등 적색채소를 조리할 때 색을 보존하기 위한 가장 바람직한 방법은?

① 뚜껑을 열고 다량의 조리수를 사용한다.
② 뚜껑을 열고 소량의 소리수를 사용한다.
③ 뚜껑을 덮고 다량의 조리수를 사용한다.
④ 뚜껑을 덮고 소량의 조리수를 사용한다.

[해설] 자색 양배추, 가지 등 적색채소의 적·자색은 안토시안계 색소이다. 수용성인 이 색소는 산에 안정하고 알칼리나 금속과 반응하면 적색은 자색으로 변하게 된다. 따라서, 적색채소를 조리할 때는 조리수를 소량 가하고 뚜껑을 덮는 것이 바람직하다.

38 단체급식소에서 식품구입량을 정하여 발주하는 식으로 옳은 것은?

① 발주량 = $\dfrac{1인분\ 순사용량}{가식률} \times 100 \times 식수$

② 발주량 = $\dfrac{1인분\ 순사용량}{가식률} \times 100$

③ 발주량 = $\dfrac{1인분\ 순사용량}{폐기율} \times 100 \times 식수$

④ 발주량 = $\dfrac{1인분\ 순사용량}{폐기율} \times 100$

[해설] 단체급식소에서 식품구입량을 정하여 발주하는 식으로 옳은 것은 ①이다.

39 감자의 효소적 갈변 억제 방법이 아닌 것은?

① 아스코르빈산 첨가
② 아황산 첨가
③ 질소 첨가
④ 물에 침지

[해설] 감자의 효소적 갈변을 억제하기 위해서는 물에 침지시켜 산소와의 접촉을 막거나 아스코르빈산을 첨가하거나 아황산 등의 환원성 물질을 첨가하는 것이다.

40 다음 중 겔(gel)상태 식품이 아닌 것은?

① 양갱
② 치즈
③ 두부
④ 마요네즈

[해설] 졸과 겔
- 졸(sol): 액체 중에 콜로이드입자가 분산하고 유동성을 가지고 있는 액체로, 우유, 수프, 전분용액, 된장국물, 마요네즈 등이 있다.
- 겔(gel): 콜로이드 용액이 일정한 농도 이상으로 진해져서 튼튼한 그물조직이 형성되어 굳어진 것으로 젤리, 한천, 묵, 두부, 양갱, 치즈 등이 있다.

41 원가계산의 목적이 아닌 것은?

① 가격결정의 목적
② 원가관리의 목적
③ 예산편성의 목적
④ 기말재고량 측정의 목적

[해설] 원가계산의 목적
- 재무제표의 작성
- 판매가격의 계산
- 원가의 관리
- 예산의 통제
- 경영기본계획의 수립

42 조리 시 나타나는 현상과 그 원인 색소의 연결이 옳은 것은?

① 산성성분이 많은 물로 지은 밥의 색은 누렇다. - 클로로필계
② 식초를 가한 양배추의 색이 짙은 갈색이다. - 플라보노이드계
③ 커피를 경수로 끓여 그 표면이 갈색이다. - 탄닌계
④ 데친 시금치나물이 누렇게 되었다. - 안토시안계

43 전분의 가수분해에 해당되지 않는 것은?

① 식혜, 엿 등이 전분의 가수분해의 결과이다.
② 전분의 당화이다.
③ 효소를 넣어 최적온도를 유지시키면 탈수 축합반응에 의해 당이 된다.
④ 전문을 산과 함께 가열하면 가수분해 되어 당이 된다.

[해설] 전분에 효소를 넣어 최적온도를 유지시키면 탈수 축합반응이 아닌 가수분해에 의해 당이 된다.

44 쌀 전분을 빨리 α-화 하려고 할 때 조치사항은?

① 아밀로펙틴 함량이 많은 전분을 사용한다.
② 수침시간을 짧게 한다.
③ 가열온도를 높인다.
④ 산성의 물을 사용한다.

[해설] 쌀전분의 α-화는 60~65℃ 부터 시작되지만 80℃ 이상에서는 좀 더 빨라지며 그 이상 온도가 올라가면 α-화는 한층 더 완전하게 된다. 따라서 고압솥에 지은 밥이 맛있게 마련인 것이다.

45 호화와 노화에 대한 설명으로 옳은 것은?

① 쌀과 보리는 물이 없어도 호화가 잘된다.
② 떡의 노화는 냉장고보다 냉동고에서 더 잘 일어난다.
③ 호화된 전분을 80℃ 이상에서 급속건조하면 노화가 촉진된다.
④ 설탕의 첨가는 노화를 지연시킨다.

[해설] 설탕은 단 맛을 내기위한 재료로 사용되며 다당류로 탄수화물로 구성되어있다. 메일라드 반응과 캐러멜화 반응을 통해 껍질색을 진하게 하며 보습효과로 노화를 지연시킨다.

46 다음 중 칼로 재료를 써는 방법 중 조림에 사용되는 방법이 아닌 것은?

① 반달 썰기
② 원형 썰기
③ 은행잎 썰기
④ 어슷 썰기

[해설] 반달 썰기는 주로 찜에 사용한다.

47 육류의 가열 변화에 의한 설명으로 틀린 것은?

① 생식할 때보다 풍미와 소화성이 향상된다.
② 근섬유와 콜라겐은 45℃에서 수축하기 시작한다.
③ 가열한 고기의 색은 메트미오글로빈이다.
④ 고기의 지방은 근 수축과 수분손실을 적게 한다.

[해설] 육류의 가열 변화에서 근섬유와 콜라겐은 65℃ 이상에서 분화되어 젤라틴화 된다.

48 생선을 씻을 때 주의사항으로 틀린 것은?

① 물에 소금을 10% 정도 타서 씻는다.
② 냉수를 사용한다.
③ 체표면의 점액을 잘 씻도록 한다.
④ 어체에 칼집을 낸 후에는 씻지 않는다.

[해설] 생선을 씻을 때 물에 소금을 2~3%(바닷물 정도의 농도) 정도 타서 씻는다.

49 냉동보관에 대한 설명으로 틀린 것은?

① 냉동된 닭을 조리할 때 뼈가 검게 변하기 쉽다.
② 떡의 장시간 노화방지를 위해서는 냉동 보관하는 것이 좋다.
③ 급속 냉동 시 얼음 결정이 크게 형성되어 식품의 조직 파괴가 크다.
④ 서서히 동결하면 해동 시 드립(drip)현상을 초래하여 식품의 질을 저하시킨다.

[해설] 식품을 급속냉동 시키면 세포나 식품조직에 아주 작은 얼음 결정만 생성되기 때문에 세포나 조직이 파괴되거나 세포벽이 손상되지 않는다.

50 조리용 기기의 사용법이 틀린 것은?

① 필러(peeler): 채소 다지기
② 슬라이서(slicer): 일정한 두께로 썰기
③ 세미기: 쌀 세척하기
④ 블랜더(blender): 액체 교반하기

[해설] 필러: 감자 따위의 껍질을 벗기는 기계이다.

51 고기를 연화시키려고 생강, 키위, 무화과 등을 사용할 때 관련된 설명으로 틀린 것은?

① 단백질의 분해를 촉진시켜 연화시키는 방법이다.
② 두꺼운 로스트용 고기에 적당하다.
③ 즙을 뿌린 후 포크로 찔러주고 일정시간 둔다.
④ 가열 온도가 85℃ 이상이 되면 효과가 없다.

[해설] 고기를 연화시키려고 생강, 키위, 무화과 등을 사용하면 고기에 단백질 분해효소를 촉진시킴으로서 고기를 연하게 해 주는데, 얇은 고기에 효과적이다.

52 유지를 가열할 때 유지 표면에서 엷은 푸른 연기가 나기 시작할 때의 온도는?

① 팽창점 ② 연화점
③ 용해점 ④ 발연점

[해설] 발연점이란 유지를 가열할 경우 온도가 높아지면서 유지의 표면으로부터 엷은 푸른색 연기가 발생하는 온도를 말한다. 이 연기가 튀김제품에 흡수되면 맛과 냄새가 나빠지므로 발연점이 높은 기름을 사용하는 것이 좋다. 튀김유를 여러 번 사용하게 되면 유리지방산량이 증가되는 동시에 발연점 또한 낮아진다. 보통, 정제유의 발연점은 230℃ 이상이다.

53 조미료 중 수란을 뜰 때 끓는 물에 넣고 달걀을 넣으면 난백의 응고를 돕고, 작은 생선을 사용할 때 소량 가하면 뼈가 부드러워 지며, 기름기 많은 재료에 사용하면 맛이 부드럽고 산뜻해 지는 것은?

① 설탕 ② 후추
③ 식초 ④ 소금

[해설] 식초는 조미료 중 수란을 뜰 때 끓는 물에 넣고 달걀을 넣으면 난백의 응고를 돕고, 작은 생선을 사용할 때 소량 가하면 뼈가 부드러워 지며, 기름기 많은 재료에 사용하면 맛이 부드럽고 산뜻해 지게 해 준다.

54 달걀의 열응고성에 대한 설명 중 옳은 것은?

① 식초는 응고를 지연시킨다.
② 소금은 응고온도를 낮추어 준다.
③ 설탕은 응고온도를 내려주어 응고물을 연하게 한다.
④ 온도가 높을수록 가열시간이 단축되어 응고물은 연해진다.

[해설] 달걀의 열응고성
① 식초는 응고를 빨리 되도록 해준다.
③ 설탕은 응고온도를 높여준다.
④ 온도가 높을수록 가열시간이 단축되어 응고물은 단단해진다.

55 다음 중 레토르트식품의 가공과 관계없는 것은?

① 통조림 ② 파우치
③ 플라스틱 필름 ④ 고압솥

[해설] 레토르트 식품은 조리한 식품을 플라스틱 필름이나 금속박 용기에 넣어 밀봉한 뒤 고압솥에서 습열 가열처리로 가압 살균한 제품이다. 전통식품은 주로 파우치에 포장한다.

56 삶은 죽순을 얄팍얄팍하게 썰어 쇠고기 또는 돼지고기를 섞어 양념을 하여 볶은 나물은?

① 죽순채 ② 칠절판
③ 밀쌈 ④ 콩나물

[해설] ② 칠절판: 쇠고기, 석이, 오이, 당근, 황/백 지단의 6가지 재료를 채 썰어 볶아 밀전병에 싸서 먹는 음식이다.
③ 밀쌈: 밀전병을 얇게 부쳐서 오이, 버섯, 고기 등을 채 썰어 볶아 넣거나 깨를 꿀로 버무려 소를 만들어 넣고 밀전병으로 말아 놓은 음식이다.
④ 콩나물: 살이 통통한 콩나물을 열은 소금물에 삶아 갖은 양념을 넣고 뽀얀 국물이 나오도록 주물러 무쳐준 것이다.

57 다음 중 원미죽에 대한 설명으로 옳은 것은?

① 쌀알을 빻지 않고 통으로 쑤는 죽
② 쌀알을 반쯤 갈아서 쓰는 죽으로
③ 쌀알을 곱게 갈아서 쑤는 죽
④ 흰죽, 팥죽, 녹두죽, 채소죽 등이 여기에 속한다.

[해설] ①, ④: 옹근죽
③: 무리죽(비단죽)

58 다음 중 생구이에 대한 설명은 어느 것인가?

① 재료를 손질한 후에 양념을 하지 않고 바로 굽는 것이다.
② 돼지고기를 도톰하게 저며 잔칼질 자근자근 하여 갖은 양념에 재여 석쇠에서 구운 것이다.
③ 센 불에서만 구우면 양념장이 타고 속은 익지 않기 때문에 불 조절을 하고 석쇠를 상하좌우로 움직이며 굽는다.
④ 양념장을 덧발라 구워주면 표면이 촉촉하다.

[해설] ②, ③, ④는 제육구이에 대한 설명이다.

59 녹두묵에 고기볶음, 미나리, 김 등을 섞어 만든 묵무침으로 잔치에서 묵에다 채소를 섞어서 묵무침을 한 것에서 유래한 것은?

① 칠절판 ② 탕평채
③ 잡채 ④ 겨자채

[해설] ① 칠절판: 쇠고기, 석이, 오이, 당근, 황/백 지단의 6가지 재료를 채 썰어 볶아 밀전병에 싸서 먹는 음식이다.
③ 잡채: 당면을 투명하게 삶아 건져 시금치, 당근, 버섯, 고기, 양파 등을 넣고 따끈하게 무쳐내는 음식으로 잡채는 채이기 때문에 당면보다는 채소를 많이 넣어야 한다.
④ 겨자채: 긴 직사각형 모양으로 썬 오이·당근·양배추·편육·배·황백지단과 빗살 모양으로 썰어 데친 죽순, 얇게 편 썰기 한 전복·밤에 겨잣가루를 개어 매운맛을 낸 후 식초, 설탕, 소금을 넣어 만든 겨자즙과 연유를 넣어 무친 음식이다.

60 다음 중 두부, 호박, 소고기, 조개류 등이 주재료인 찌개는?

① 된장찌개 ② 맑은 찌개
③ 고추장찌개 ④ 매운 찌개

[해설] 맑은 찌개
- 소금이나 새우젓국으로 넣어 간을 한 찌개이다.
- 두부, 호박, 소고기, 조개류 등이 주재료이다.

정답									
1.②	2.②	3.①	4.④	5.③	6.②	7.①	8.①	9.④	10.③
11.①	12.①	13.②	14.②	15.③	16.④	17.③	18.①	19.④	20.②
21.①	22.①	23.②	24.④	25.②	26.②	27.④	28.④	29.①	30.④
31.③	32.④	33.③	34.①	35.②	36.②	37.④	38.①	39.③	40.④
41.④	42.③	43.③	44.②	45.④	46.①	47.②	48.①	49.③	50.①
51.②	52.④	53.③	54.②	55.①	56.①	57.②	58.①	59.②	60.②

13회 CBT 예상문제

01 다음 중 종사원의 손 씻는 시점에 대한 설명으로 잘못된 것은?

① 생고기, 가금류, 어패류, 달걀을 만진 후
② 청소를 하거나 살균소독 등 화학약품을 다룬 후
③ 코, 잎, 귀, 머리카락 등의 신체부위를 만지고 난 후
④ 화장실 이용 전

[해설] 화장실 이용 전 보다는 화장실 이용 후엔 반드시 손을 씻어야 한다.

02 히스타민 함량이 많아 가장 알레르기성 식중독을 일으키기 쉬운 어육은?

① 넙치
② 대구
③ 가다랑어
④ 도미

[해설] 히스타민을 많이 함유한 음식 생선: 고등어과(고등어, 참치, 삼치, 가다랑어), 멸치, 꽁치, 청어, 방어, 정어리, 청새치 등이 있다.

03 빵을 비롯한 밀가루제품에서 밀가루를 부풀게 하여 적당한 형태를 갖추게 하기 위해 사용되는 첨가물은?

① 팽창제
② 유화제
③ 피막제
④ 산화방지제

[해설] ② 유화제: 식품을 유화시키기 위하여 사용하는 식품첨가물이다.
③ 피막제: 과일, 야채의 신선도를 유지하기 위해 사용하는 첨가물로 몰포린 지방산염과 초산 비닐수지, 2가지가 있다.
④ 산화방지제: 식품의 산화 변질 현상을 방지할 목적으로 사용하며 에르소르브산, 디부틸히드로옥시톨루엔 등이 있다.

04 황색포도상구균에 의한 독소형 식중독과 관계되는 독소는?

① 장독소
② 간독소
③ 혈독소
④ 암독소

[해설] 황색포도상구균이 생산한 장독소는 위장염의 원인이 되는데, 오심·구토·설사·복통 증상을 일으키며, 8~24시간 내에 증세가 완화되어 자연 치유된다.

05 곰팡이에 의해 생성되는 독소가 아닌 것은?

① 아플라톡신　　　　　　② 시트리닌
③ 엔테로톡신　　　　　　④ 파툴린

[해설] 엔테로톡신: 세균성 독소형 식중독균이 생산하는 균체외독소이다.

06 열경화성 합성수지제 용기의 용출시험에서 가장 문제가 되는 유독 물질은?

① 메탄올　　　　　　　　② 아질산염
③ 포름알데히드　　　　　④ 연단

[해설] ① 메탄올: 가장 구조가 간단한 알코올로 무색이며 점성이 작은 가연성 액체이다. 소량이라도 마시면 시력 장애가 일어날 정도로 독극성이 강하다.
② 아질산염: 아질산의 수소를 금속으로 치환시킨 것으로 식품분야에서는 아질산염으로 아질산나트륨 또는 아질산칼륨을 가리킨다. 식품의 발색, 방부에 효과가 있기 때문에 식품첨가물로 사용된다.
④ 연단: 일산화납을 400~450℃로 오랜 시간 가열하여 만든 아름다운 황적색의 분말이다.

07 동물성 식품에서 유래하는 식중독 유발 유독성분은?

① 아마니타톡신　　　　　② 솔라닌
③ 베네루핀　　　　　　　④ 시큐톡신

[해설] ① 아마니타톡신: 독버섯
② 솔라닌: 감자
④ 시큐톡신: 독미나리

08 사용목적별 식품첨가물의 연결이 틀린 것은?

① 착색료: 철클로로필린나트륨　　② 소포제: 초산비닐수지
③ 표백제: 메타중아황산칼륨　　　④ 감미료: 삭카린나트륨

[해설] 초산비닐수지: 피막제

09 사시, 동공확대, 언어장해 등 특유의 신경마비증상을 나타내며 비교적 높은 치사율을 보이는 식중독 원인균은?

① 황색 포도상구균　　　　② 클로스트리디움 보툴리늄균
③ 병원성 대장균　　　　　④ 바실러스 세레우스균

[해설] 클로스트리디움 보툴리늄균: 독소형 식중독균으로서 소시지나 통조림 등에서 증식하여 독소가 형성되고 이것을 섭취하면 수 시간에서 2~3일간의 잠복기를 거친 후 사시, 동공확대, 언어장해 등을 주증으로 30~70%의 사망률을 보이는 무서운 세균이다.

10 식품 등의 표시기준에 의해 표시해야 하는 대상성분이 아닌 것은?

① 나트륨
② 지방
③ 열량
④ 칼슘

[해설] 식품 등의 표시기준에 의해 칼슘은 표시해야 하는 대상성분이 아니다.

11 식품 등을 판매하거나 판매할 목적으로 취급할 수 있는 것은?

① 병을 일으키는 미생물에 오염되었거나 그 염려가 있어 인체의 건강을 해칠 우려가 있는 식품
② 포장에 표시된 내용량에 비하여 중량이 부족한 식품
③ 영업의 신고를 하여야 하는 경우에 신고하지 아니한 자가 제조한 식품
④ 썩거나 상하거나 설익어서 인체의 건강을 해칠 우려가 있는 식품

[해설] 식품 등을 판매하거나 판매할 목적으로 취급할 수 없는 것
- 병을 일으키는 미생물에 오염되었거나 그 염려가 있어 인체의 건강을 해칠 우려가 있는 식품
- 영업의 신고를 하여야 하는 경우에 신고하지 아니한 자가 제조한 식품
- 썩거나 상하거나 설익어서 인체의 건강을 해칠 우려가 있는 식품

12 식품공정상 표준온도라 함은 몇 ℃ 인가?

① 5℃
② 10℃
③ 15℃
④ 20℃

[해설] 식품공정상 표준온도: 20℃

13 다음 영업의 종류 중 식품접객업이 아닌 것은?

① 보건복지부령이 정하는 식품을 제조, 가공 업소 내에서 직접 최종소비자에게 판매하는 영업
② 음식류를 조리, 판매하는 영업으로서 식사와 함께 부수적으로 음주행위가 허용되는 영업
③ 집단급식소를 설치, 운영하는 자와의 계약에 의하여 그 집단급식소 내에서 음식류를 조리하여 제공하는 영업
④ 주로 주류를 판매하는 영업으로서 유흥종사자를 두거나 유흥시설을 설치할 수 있고 노래를 부르거나 춤을 추는 행위가 허용되는 영업

[해설] 보건복지부령이 정하는 식품을 제조, 가공 업소 내에서 직접 최종소비자에게 판매하는 영업은 즉석 판매·제조 가공업이다.

14 식품위생법상 조리사가 면허취소 처분을 받은 경우 반납하여야 할 기간은?

① 지체 없이
② 5일
③ 7일
④ 15일

[해설] 식품위생법상 조리사가 면허취소 처분을 받은 경우 지체 없이 반납하여야 한다.

15 제조물의 결함으로 발생한 손해에 대한 제조업자 등의 손해배상책임을 규정함으로써 피해자 보호를 도모하고 국민생활의 안전 향상과 국민경제의 건전한 발전에 이바지함을 목적으로 하는 법은?

① 식품위생법
② 제조물책임법
③ 공중위생법
④ 위험물안전관리법

[해설] 제조물의 결함으로 발생한 손해에 대한 제조업자 등의 손해배상책임을 규정함으로써 피해자 보호를 도모하고 국민생활의 안전 향상과 국민경제의 건전한 발전에 이바지함을 목적으로 하는 법은 제조물책임법이다.

16 감염병과 주요한 감염경로의 연결이 틀린 것은?

① 공기 감염-폴리오
② 직접 접촉감염-성병
③ 비말 감염-홍역
④ 절지동물 매개-황열

[해설] 폴리오: 병원소인 분변의 오염에 의한 바이러스가 식품을 통하여 경구 감염된다.

17 인공능동면역에 의하여 면역력이 강하게 형성되는 감염병은?

① 이질
② 말라리아
③ 폴리오
④ 폐렴

[해설] 인공능동면역: 병원성이 없는 병원체를 인위적으로 감염시켜 체내가 능동적으로 면역반응을 나타내는 것으로 장티푸스, 결핵, 파상풍, 백일해, 폴리오 등이 있다.

18 하수처리방법 중에서 처리의 부산물로 메탄가스 발생이 많은 것은?

① 활성오니법
② 살수여상법
③ 혐기성처리법
④ 산화지법

[해설] 혐기성 처리에서는 폭기가 필요하지 않기 때문에 운전비용이 저렴하고 메탄가스가 생성되어 에너지 자원의 회수가 가능하다.

19 곤충을 매개로 간접전파되는 감염병과 가장 거리가 먼 것은?

① 재귀열　　　　　　　　② 말라리아
③ 인플루엔자　　　　　　④ 쯔쯔가무시병

[해설] 인플루엔자: 독감 바이러스 또는 인플루엔자 바이러스가 원인 병원체이다.

20 미생물에 대한 살균력이 가장 큰 것은?

① 적외선　　　　　　　　② 가시광선
③ 자외선　　　　　　　　④ 라디오파

[해설] 자외선은 세균, 포자, 바이러스, 원생동물, 선충 알, 조류 등 대부분의 미생물 살균에 효과가 있다.

21 다음 중 소화기 설치 및 관리요령으로 잘못된 것은?

① 소화기는 눈에 잘 띄며 통행하는데 지장을 주지 않는 곳에 설치한다.
② 습기가 많고 햇빛이 잘 드는 곳에 설치한다.
③ 다 사용한 소화기는 다시 사용이 가능하도록 허가업체에서 약제를 충전한다.
④ 유사시에 대비해 점검을 수시로 하고 파손, 부식 등을 확인한다.

[해설] 소화기는 습기가 적고 건조하며 서늘한 곳에 설치해야 한다.

22 육류의 부패 과정에서 pH가 약간 저하되었다가 다시 상승하는데 관계하는 것은?

① 암모니아　　　　　　　② 비타민
③ 글리코겐　　　　　　　④ 지방

[해설] 일반적으로 식품의 분해과정으로 인해 pH가 상승하는 경우를 부패 과정으로 말하는데 이 때 상승하는데 관계하는 것은 암모니아다.

23 필수아미노산만으로 짝지어진 것은?

① 트립토판, 메티오닌　　② 트립토판, 글리신
③ 라이신, 글루타민산　　④ 루신, 알라닌

[해설] 필수아미노산: 단백질의 기본 구성단위로 체내에서 합성할 수 없는 아미노산이다. 발린, 루이신, 아이소루이신, 메티오닌, 트레오닌, 라이신, 페닐알라닌, 트립토판 등이 있다.

24 과실 주스에 설탕을 섞은 농축액 음료수는?

① 탄산음료   ② 스쿼시
③ 시럽   ④ 젤리

[해설] ① 탄산음료: 이산화탄소를 물에 녹여 만든, 맛이 산뜻하고 시원한 음료를 말한다.
③ 시럽: 당밀에 타타르산이나 시트르산 따위를 넣어 신맛을 가하고 향료와 색소를 넣어 색을 낸 음료를 말한다.
④ 젤리: 펙틴, 젤라틴, 한천, 알긴산 등과 산을 이용하여 만든 저장성이 뛰어난 일종의 당절임, 반고체식품이다.

25 신선한 생육의 환원형 미오글로빈이 공기와 접촉하면 분자상의 산소와 결합하여 옥시미오글로빈으로 되는데 이때의 색은?

① 어두운 적자색   ② 선명한 적색
③ 어두운 회갈색   ④ 선명한 분홍색

[해설] 공기 중의 산소가 고기 속에 유입되면 미오글로빈이란 성분이 옥시미오글로빈으로 변하면서 원래의 붉은색이 차츰 먹음직스런 선홍색으로 변한다.

26 다음 물질 중 동물성 색소는?

① 클로로필   ② 플라보노이드
③ 헤모글로빈   ④ 안토잔틴

[해설] • 동물성 색소: 헤모글로빈, 헤모시아닌 등
• 식물성 색소: 클로로필, 플라보노이드, 안토잔틴 등

27 천연 산화방지제가 아닌 것은?

① 아스코르브산   ② 안식향산
③ 토코페롤   ④ BHT

[해설] 안식향산: 식품의 보존료로 쓰이는 외에, 의약품, 향료, 공업원료 등으로 쓰인다.

28 육류나 어류의 구수한 맛을 내는 성분은?

① 이노신산   ② 호박산
③ 알리신   ④ 나린진

[해설] 육류나 어류의 구수한 맛을 내는 성분은 이노신산이라는 성분인데 이는 핵산조미료의 구성성분이다.

29 "당면은 감자, 고구마, 녹두 가루에 첨가물을 혼합, 성형하여 (　　)한 후 건조, 냉각하여 (　　)시킨 것으로 반드시 열을 가해 (　　) 하여 먹는다." (　　)에 알맞은 용어가 순서대로 나열된 것은?

① α화–β화–α화
② α화–α화–β화
③ β화–β화–α화
④ β화–α화–β화

[해설] 당면은 감자, 고구마, 녹두 가루에 첨가물을 혼합, 성형하여 α화 한 후 건조, 냉각하여 β화 시킨 것으로 반드시 열을 가해 α화 하여 먹는다.

30 대두에 관한 설명으로 틀린 것은?

① 콩 단백질의 주요 성분인 글리시닌은 글로불린에 속한다.
② 아미노산의 조성은 메티오닌, 시스테인이 많고 라이신, 트립토판이 적다.
③ 날콩에는 트립신 저해제가 함유되어 생식할 경우 단백질 효율을 저하시킨다.
④ 두유에 염화마그네슘이나 탄산칼슘을 첨가하여 단백질을 응고시킨 것이 두부이다.

[해설] 대두단백에서 부족한 아미노산: 메티오닌, 발린, 이소로이신, 트립토판, 스레오닌이며 특히 대두단백에서 부족한 아미노산은 메티오닌, 이소로이신이다.

31 적자색 양배추를 채 썰어 물에 장시간 담가두었더니 탈색되었다. 이 현상의 원인이 되는 색소와 그 성질을 바르게 연결한 것은?

① 안토시아닌계 색소–수용성
② 플라보노이드계 색소–지용성
③ 헴계 색소–수용성
④ 클로로필계 색소–지용성

[해설] ② 플라보노이드 색소: 옥수수, 밀감 껍질에 들어있고 주로 황색, 무색을 나타낸다.
④ 클로로필 색소(엽록소): 식물의 녹색채소의 빛깔을 나타낸다.

32 인체의 미량원소로 주로 갑상선호르몬인 싸이록신과 트리아이오도싸이록신의 구성원소로 갑상선에 들어있으며, 원소기호는 I인 영양소는?

① 요오드
② 철
③ 마그네슘
④ 셀레늄

[해설] 요오드(I): 인체의 미량원소로 주로 갑상선호르몬인 싸이록신과 트리아이오도싸이록신의 구성원소로 갑상선에 들어있다.

33 전분에 대한 설명으로 틀린 것은?

① 아밀로오즈와 아밀로펙틴의 비율이 2:8 이다.
② 식혜, 엿은 전분의 효소 작용을 이용한 식품이다.
③ 동물성 탄수화물로 열량을 공급한다.
④ 가열하면 팽윤되어 점성을 갖는다.

[해설] 전분은 식물성 탄수화물이라 불리며, 아밀로오스와 아밀로펙틴으로 구성되어 있다.

34 박력분에 대한 설명 중 옳은 것은?

① 마카로니 제조에 쓰인다.
② 우동 제조에 쓰인다.
③ 단백질 함량이 9% 이하이다.
④ 글루텐의 탄력성과 점성이 강하다.

[해설] 박력분: 무른밀로 만든 밀가루로 끈기가 적으며, 주로 비스킷이나 튀김을 만드는 데 쓰인다. 박력분은 글루텐 함량이 낮은만큼 점탄성(쫄깃함)이 약하다.

35 고등어 100g당 단백질량이 20g, 지방량이 14g이라 할 때 고등어 150g의 단백질량과 지방량의 합은?

① 34g ② 51g
③ 54g ④ 68g

[해설] 고등어 100g당 단백질량이 20g, 지방량이 14g이기 때문에 20+14=34
따라서 100:34=150:x
x=51g
따라서 고등어 150g의 단백질량과 지방량의 합은 51g이다.

36 식품구입시의 감별방법으로 틀린 것은?

① 육류가공품인 소시지의 색은 담홍색이며 탄력성이 없는 것
② 밀가루는 잘 건조되고 덩어리가 없으며 냄새가 없는 것
③ 감자는 굵고 상처가 없으며 발아되지 않은 것
④ 생선은 탄력이 있고 아가미는 선홍색이며 눈알이 맑은 것

[해설] 식품구입 시 육류가공품인 소시지의 색은 담홍색이며 탄력이 풍부하고 살이 갈라진 곳이 없어야 한다.

37 감자 150g을 고구마로 대치하려면 고구마 약 몇g이 있어야 하는가? (당질 함량은 100g당 감자 15g, 고구마 32g)

① 21g
② 44g
③ 66g
④ 70g

[해설] 대치식품량=(원래식품함량/대치 식품함량)×원래 식품량
따라서 대치식품량=(15/32)×150=70.3125≒70g

38 과일이 성숙함에 따라 일어나는 성분변화가 아닌 것은?

① 과육은 점차로 연해진다.
② 엽록소가 분해되면서 푸른색은 옅어진다.
③ 비타민C와 카로틴 함량이 증가한다.
④ 탄닌은 증가한다.

[해설] 탄닌은 미숙한 과실에 많이 함유되지만 과일이 성숙함에 따라 감소한다.

39 식미에 긴장감을 주고 식욕을 증진시키며 살균작용을 돕는 매운맛 성분의 연결이 틀린 것은?

① 마늘-알리신
② 생강-진저롤
③ 산초-호박산
④ 고추-캡사이신

[해설] 산초-산쇼올

40 닭튀김을 하였을 때 살코기 색이 분홍색을 나타내는 것은?

① 변질된 닭이므로 먹지 못한다.
② 병에 걸린 닭이므로 먹어서는 안 된다.
③ 근육성분의 화학적 반응이므로 먹어도 된다.
④ 닭의 크기가 클수록 분홍색 변화가 심하다.

[해설] 닭튀김을 하였을 때 살코기 색이 분홍색을 나타내는 것은 근육성분의 화학적 반응 때문에 일어나는 것으로 먹어도 된다.

41 오이피클 제조 시 오이의 녹색이 녹갈색으로 변하는 이유는?

① 클로로필리드가 생겨서
② 클로로필린이 생겨서
③ 페오피틴이 생겨서
④ 잔토필이 생겨서

[해설] 클로로필은 산에 불안정한 화합물이기 때문에 산성에서는 쉽게 분리되어 마그네슘이 이탈되어, 페오피틴이라 불리는 녹갈색의 물질로 변한다. 녹색 야채를 소금에 절여 발효시켰을 때 녹갈색으로 변화되는 것은 젖산에 의하여 클로로필이 변화되기 때문이며, 조리과정 중 발생하는 색의 변화는 야채의 조직이 파괴되어 유리된 조직 중의 휘발성 및 비휘발성 산과 클로로필이 반응하여 페오피틴을 생성하기 때문이다.

42 매월 고정적으로 포함해야 하는 경비는?

① 지급운임
② 감가상각비
③ 복리후생비
④ 수당

[해설] 감가상각비 : 시간이 지남에 따라 노후하는 설비의 원가에 대해 사용 기간 등에 의한 물리적, 경제적 가치 하락의 감소분을 감가상각이라 하고, 감가상각된 금액이나 비율로 나온 금액을 감가상각비라 한다. 감가상각비는 매월 고정적으로 포함해야 하는 경비이다.

43 다음 자료에 의해서 총원가를 산출하면 얼마인가?

직접재료비 170000원	간접재료비 55000원
직접노무비 80000원	간접노무비 50000원
직접경비 5000원	간접경비 65000원
판매경비 5500원	일반관리비 10000원

① 425000원
② 430500원
③ 435000원
④ 440500원

[해설] 총원가=제조원가(공장원가)+판매관리비
총원가=170000+80000+5000+5500+55000+50000+65000+10000=440,500원

44 유화에 대한 설명으로 옳은 것은?

① 유화제 중 소수성 부분이 친수성 부분보다 큰 경우에는 수중유적성형(O/W)의 유화액을 생성시킨다.
② 유화제의 친수성기와 소수성기의 균형은 HLB에 의해 표시되며 HLB 값이 4~6인 경우 유중수적형(W/O) 유화액을 생성한다.
③ 우유, 아이스크림, 마요네즈는 유중수적형(W/O)이고, 버터, 마가린은 수중유적성형(O/W)이다.
④ 유화제는 물과 기름의 계면에 계면장력을 강화시켜 우화현상을 일으킨다.

[해설] 유화
- 분산매인 액체에 녹지 않는 다른 액체가 분산상으로 분산되어 있는 고질용액을 유화액이라 하고 유화액을 이루는 작용을 유화라 한다.
- 물과 기름의 혼합물은 비교적 불안정하나 여기에 비누나 단백질과 같은 유화제를 넣고 교반하면 쉽게 유화되어 안정한 유화액을 형성한다.
- 유화제는 한 분자내에 −OH, −CHO, −COOH, −NH_3 등의 구조를 가진 친수기와 알킬기와 같은 소수기를 가지고 있는데 친수성기는 물분자와 결합하고 소수기는 기름과 결합하여 물과 기름의 계면에 유화제 분자의 피막이 형성되어 계면장력을 저하시켜 유화액을 안정하게 한다.
- 우유, 아이스크림, 마요네즈는 수중유적성형(O/W)이고, 버터, 마가린은 유중수적형(W/O)이다.

45 돼지의 지방조직을 가공하여 만든 것은?

① 헤드치즈　　　　　② 라드
③ 젤라틴　　　　　　④ 쇼트닝

[해설] ① 헤드치즈: 돼지머리를 사용하여 만든 젤리 모양으로 압축시킨 고기를 말한다.
③ 젤라틴: 동물의 피부와 뼈에 함유되어 있는 단백질의 일종으로, 장시간 끓이면 얻을 수 있다.
④ 쇼트닝: 제과·제빵 등의 식품가공용 원료로 사용되는 반고체상태의 가소성 유지제품이다.

46 급식시설 종류별 단체급식의 목적으로 틀린 것은?

① 학교급식−심신의 건전한 발달과 올바른 식습관형성
② 군대급식−체력 및 건강증진으로 체력단련 유도
③ 사회복지시설−작업능률을 높이고, 효과적인 생산성의 향상
④ 병원급식−환자상태에 따라 특별식을 급식하여 질병 치료나 증상 회복을 촉진

[해설] 작업능률을 높이고, 효과적인 생산성의 향상을 할 수 있는 것은 기업급식의 목적을 말하는 것이다.

47 전자레인지의 주된 조리 원리는?

① 복사
② 전도
③ 대류
④ 초단파

[해설] 전자레인지는 음식물에 포함되어 있는 물의 특이한 성질을 이용하여 음식을 익힌다. 전자레인지의 주된 조리 원리는 초단파이다.

48 달걀의 이용이 바르게 연결된 것은?

① 농후제-크로켓
② 결합제-만두속
③ 팽창제-커스터드
④ 유화제-푸딩

[해설] ① 농후제: 달걀은 응고되면 음식을 걸죽하게 한다. 알찜, 소스, 커스터드, 푸딩 등을 만드는 데 이용하는 성질이다.
③ 팽창제: 난백을 잘 저어주면 거품이 형성되는데, 이 거품성은 음식의 텍스쳐를 부드럽게 해주고, 부피를 증가시키며, 큰 결정의 형성을 방해할 때 이용된다. 스펀지 케이크나 엔젤 케이크의 팽창은 달걀의 기포성을 이용한 것이다.
④ 유화제: 난황에는 레시틴이 함유되어 있고, 레시틴이 유화제의 역할을 하게 된다. 마요네즈, 케이크, 아이스크림을 만들 때 유화제로 이용한다.

49 식품조리의 목적과 가장 거리가 먼 것은?

① 식품이 지니고 있는 영양소 손실을 최대한 적게 하기 위해
② 각 식품의 성분이 잘 조화되어 풍미를 돋구게 하기 위해
③ 외관상으로 식욕을 자극하기 위해
④ 질병을 예방하고 치료하기 위해

[해설] 식품조리의 목적
- 기호성: 식품의 외관을 좋게 하며 맛있게 하기 위하여 행한다.
- 영양성: 소화를 용이하게 하며 식품의 영양효율을 높이기 위하여 행한다.
- 저장성: 저장성을 높이기 위하여 행한다.
- 위생, 안정성: 위생상 안전한 음식으로 만들기 위하여 행한다.

50 마요네즈가 분리되는 경우가 아닌 것은?
① 기름의 양이 많았을 때
② 기름을 첨가하고 천천히 저어주었을 때
③ 기름의 온도가 너무 낮을 때
④ 신선한 마요네즈를 조금 첨가했을 때
[해설] 신선한 마요네즈를 첨가해 주면 분리된 마요네즈를 재생시킬 수 있다.

51 일반적으로 젤라틴이 사용되지 않는 것은?
① 양갱
② 아이스크림
③ 마시멜로우
④ 족편
[해설] 양갱은 한천가루를 사용하여 만든다.

52 일반적으로 생선의 맛이 좋아지는 시기는?
① 산란기 몇 개월 전
② 산란기 때
③ 산란기 직후
④ 산란기 몇 개월 후
[해설] 일 년 중 생선의 맛이 가장 좋은 시기는 산란기 몇 개월 전이다.

53 다음 식품 중 직접 가열하는 급속해동법이 많이 이용되는 것은?
① 생선
② 소고기
③ 냉동피자
④ 닭고기
[해설] 급속해동법: 냉동품을 해동할 때 최대 얼음결정 생성대를 되도록 빠르게 통과시켜 균일하게 급속히 해동하는 방법으로 냉동피자 등의 냉동식품에 많이 이용된다.

54 표준조리레시피를 만들 때 포함되어야 할 사항이 아닌 것은?
① 메뉴명
② 조리시간
③ 1일 단가
④ 조리방법
[해설] 표준조리레시피를 만들 때 포함되어야 할 사항에는 메뉴명, 조리과정, 조리시간, 조리방법, 영양 등이 있다.

55 달걀 삶기에 대한 설명 중 틀린 것은?

① 달걀을 완숙하려면 98~100℃의 온도에서 12분 정도 삶아야 한다.
② 삶은 달걀을 냉수에 즉시 담그면 부피가 수축하여 난각과의 공간이 생기므로 껍질이 잘 벗겨진다.
③ 달걀을 오래 삶으면 난황 주위에 생기는 황화수소는 녹색이며 이로 인해 녹변이 된다.
④ 달걀은 70℃ 이상의 온도에서 난황과 난백이 모두 응고한다.

[해설] 달걀을 너무 오래 삶으면 흰자 속의 황이 노른자 속의 철과 화합해 황화철이 되면서 푸른색으로 변하는 녹변현상이 일어난다.

56 일반적으로 맛있게 지어진 밥은 쌀 무게의 약 몇 배 정도의 물을 흡수하는가?

① 1.2~1.4배 ② 2.2~2.4배
③ 3.2~4.4배 ④ 4.2~5.4배

[해설] 맛있게 지어진 밥은 쌀 무게의 약 1.2~1.4배 정도의 물을 흡수한다.

57 두부를 새우젓국에 끓이면 물에 끓이는 것보다 더 (   ). 괄호 안에 알맞은 말은?

① 단단해진다. ② 부드러워진다.
③ 구멍이 많이 생긴다. ④ 색깔이 하얗게 된다.

[해설] 두부를 새우젓국에 끓이면 물에 끓이는 것보다 더 부드러워진다.

58 다음 중 표고전에 사용되는 표고버섯의 특징 중 잘못된 것은?

① 활엽수에 기생하는 송이과에 속하는 식용버섯으로서 항암작용 등 약리효과가 있다.
② 식이섬유가 많이 들어 변비예방에 도움을 준다.
③ 대장 내에서 물을 흡수하여 변을 연하게 하고 부피를 크게 한다.
④ 생 표고버섯에는 말린 표고버섯보다 비타민D가 풍부하다.

[해설] 말린 표고버섯이 자외선을 쬐면 에르고스테롤에서 비타민D가 생성되므로 생 표고버섯보다 비타민 D가 풍부하다.

59 다음 중 배추의 발육 적온 온도로 알맞은 것은?

① 10℃
② 20℃
③ 30℃
④ 40℃

[해설] 배추는 발육 적온이 20℃이고, 배추 포기가 결구(結球)되는 온도는 15~16℃이다.

60 다음 중 숙채를 하는 방법으로 잘못된 것은?

① 콩나물, 시금치, 숙주나물 등은 대개 끓는 물에 데쳐서 친다.
② 호박, 오이, 도라지 등은 소금에 절였다가 번철에 기름을 두르고 볶아서 익힌다.
③ 시금치, 쑥갓 등 파랗게 데쳐야 할 나물 종류는 끓는 물에 소금을 약간 넣어 살짝 데친다.
④ 말린 고사리나 고비, 도라지 등은 물에 불리지 않고 바로 볶는다.

[해설] 말린 고사리나 고비, 도라지 등은 물에 충분히 불려서 볶는다.

정답

1.④	2.③	3.①	4.①	5.③	6.③	7.③	8.②	9.②	10.④
11.②	12.④	13.①	14.①	15.②	16.①	17.③	18.③	19.③	20.③
21.②	22.①	23.①	24.②	25.②	26.③	27.②	28.①	29.①	30.②
31.①	32.①	33.③	34.③	35.②	36.①	37.④	38.④	39.③	40.③
41.③	42.②	43.④	44.②	45.②	46.③	47.④	48.②	49.④	50.④
51.①	52.①	53.③	54.③	55.③	56.①	57.②	58.④	59.②	60.④

14회 CBT 예상문제

01 식품취급자가 손을 씻는 방법으로 적합하지 않은 것은?
① 살균효과를 증대시키기 위해 역성비누액에 일반 비누액을 섞어 사용한다.
② 팔에서 손으로 씻어 내려온다.
③ 손을 씻은 후 비눗물을 흐르는 물에 충분히 씻는다.
④ 역성비누원액을 몇 방울 손에 받아 30초 이상 문지르고 흐르는 물로 씻는다.

[해설] 역성비누는 보통 비누와 함께 사용하면 살균효과가 떨어진다. 따라서 일반비누를 먼저 사용하고 역성비누를 나중에 사용하여야 살균력을 높일 수 있다.

02 사람이 평생 동안 매일 섭취하여도 아무런 장해가 일어나지 않는 최대량으로 1일 체중 kg당 mg수로 표시 하는 것은?
① 최대무작용량(NOEL)
② 1일 섭취 허용량(ADI)
③ 50% 치사량(LD_{50})
④ 50% 유효량(ED_{50})

[해설] ① 최대무작용량: 어떤 약품을 장기간 동물에게 투여하더라도 독물학적으로 아무런 영향을 주지 않는 약품의 하루당 최대 투여량을 말한다.
③ 50% 치사량: 일정한 조건하에서 시험동물의 50%를 사망시키는 물질의 양을 말하며, 수량적으로 독성의 정도를 나타내는 지표로 널리 사용된다.
④ 50% 유효량: 일정한 조건하에서 실험동물 중 50%의 무리에서 유효한 효과를 나타내는 양을 말한다.

03 바지락 속에 들어 있는 독성분은?
① 베네루핀(venerupin)
② 솔라닌(solanine)
③ 무스카린(muscarine)
④ 아마니타톡신(amanitatoxin)

[해설] ② 솔라닌: 싹이 난 감자에 들어 있는 독성분이다.
③ 무스카린: 독버섯에 들어 있는 독성분이다.
④ 아마니타톡신: 독버섯에 들어 있는 독성분이다.

04 다음 중 잠복기가 가장 짧은 식중독은?
① 황색포도상구균 식중독
② 살모넬라균 식중독
③ 장염 비브리오 식중독
④ 장구균 식중독

[해설] 황색포도상구균 식중독의 잠복기는 평균 3시간으로 가장 짧다.

05 세균 번식이 잘되는 식품과 가장 거리가 먼 것은?
① 온도가 적당한 식품 ② 수분을 함유한 식품
③ 영양분이 많은 식품 ④ 산이 많은 식품

[해설] 세균 번식이 잘되는 식품의 환경 요인으로 영양분이 많거나 온도가 적당하고 수분을 많이 함유한 식품이다.

06 세균성식중독과 병원성소화기계감염병을 비교한 것으로 틀린 것은?

(세균성식중독)	(병원성소화기계감염병)
① 많은 균량으로 발병	균량이 적어도 발병
② 2차 감염이 빈번함	2차 감염이 없음
③ 식품위생법으로 관리	감염병예방법으로 관리
④ 비교적 짧은 잠복기	비교적 긴 잠복기

[해설] 세균성식중독은 2차 감염이 없다(종말감염).

07 관능을 만족시키는 식품첨가물이 아닌 것은?
① 동클로로필린나트륨 ② 질산나트륨
③ 아스파탐 ④ 소르빈산

[해설] 관능을 만족시키는 식품첨가물: 동클로로필린나트륨(합성착색료), 질산나트륨(동물 발색제), 아스파탐(인공감미료)

08 생선 및 육류의 초기부패 판정 시 지표가 되는 물질에 해당되지 않는 것은?
① 휘발성염기질소(VBN) ② 암모니아(ammonia)
③ 트리메틸아민(trimethylamine) ④ 아크롤레인(acrolein)

[해설] 아크롤레인: 자극적인 냄새를 갖는 액상의 불포화알데히드로 무색의 액체이다. 공기 중에서 쉽게 산화되고 장시간 보존하면 중합하여 수지상 물질로 변하며, 유기합성의 원료로 사용된다.

09 중금속에 대한 설명으로 옳은 것은?
① 비중이 4.0 이하의 금속을 말한다.
② 생체기능유지에 전혀 필요하지 않다.
③ 다량이 축적될 때 건강장해가 일어난다.
④ 생체와의 친화성이 거의 없다.

[해설] 중금속: 비중이 4.0 이상의 금속으로 다량이 몸속에 축적될 때 건강장해가 일어난다.

10 이타이이타이병과 관계있는 중금속 물질은?
① 수은(Hg) ② 카드뮴(Cd)
③ 크롬(Cr) ④ 납(Pb)
[해설] 카드뮴: 은백색의 금속으로 자연 환경에서는 산소, 염소, 황과 같은 원소와 결합하여 여러 가지의 화합물 형태로 존재한다. 카드뮴이 인체에 미치는 영향은 이따이이따이 병을 유발한다.

11 식품의 변질현상에 대한 설명 중 틀린 것은?
① 통조림 식품의 부패에 관여하는 세균에는 내열성인 것이 많다.
② 우유의 부패 시 세균류가 관계하여 적변을 일으키기도 한다.
③ 식품의 부패에는 대부분 한 종류의 세균이 관계한다.
④ 가금육은 주로 저온성 세균이 주된 부패균이다.
[해설] 식품의 부패에는 대부분 여러 가지 세균에 의해서 일어난다.

12 조리사 또는 영양사 면허의 취소처분을 받고 그 취소된 날부터 얼마의 기간이 경과되어야 면허를 받을 자격이 있는가?
① 1개월 ② 3개월
③ 6개월 ④ 1년
[해설] 조리사 또는 영양사 면허의 취소처분을 받고 그 취소된 날부터 1년의 기간이 경과되어야 면허를 받을 자격이 있다.

13 식품위생법상 출입·검사·수거에 대한 설명 중 틀린 것은?
① 관계 공무원은 영업소에 출입하여 영업에 사용하는 식품 또는 영업시설 등에 대하여 검사를 실시한다.
② 관계 공무원은 영업상 사용하는 식품 등을 검사를 위하여 필요한 최소량이라 하더라도 무상으로 수거할 수 없다.
③ 관계 공무원은 필요에 따라 영업에 관계되는 장부 또는 서류를 열람 할 수 있다.
④ 출입·검사·수거 또는 열람하려는 공무원은 그 권한을 표시하는 증표를 지니고 이를 관계인에 내보여야 한다.
[해설] 관계 공무원은 영업상 사용하는 식품 등을 검사를 위하여 필요한 최소량이라 하더라도 무상으로 수거할 수 있으며 필요에 따라 영업 관계의 장부나 서류를 열람하게 할 수 있다.

14 일반음식점의 모범업소의 지정기준이 아닌 것은?
① 화장실에 1회용 위생종이 또는 에어타월이 비치되어 있어야 한다.
② 주방에는 입식조리대가 설치되어 있어야 한다.
③ 1회용 물컵을 사용하여야 한다.
④ 종업원은 청결한 위생복을 입고 있어야 한다.
[해설] 일반음식점의 모범업소의 지정기준: 1회용 물컵, 1회용 숟가락, 1회용 젓가락 등을 사용하지 아니해야 한다.

15 우리나라 식품위생법 등 식품위생 행정업무를 담당하고 있는 기관은?
① 환경부　　　　　　　　② 고용노동부
③ 보건복지부　　　　　　④ 식품의약품안전처
[해설] 우리나라 식품위생법 등 식품위생 행정업무를 담당하고 있는 기관은 식품의약품안전처다.

16 소분업 판매를 할 수 있는 식품은?
① 전분　　　　　　　　　② 식용유지
③ 식초　　　　　　　　　④ 빵가루
[해설] 식품 소분업: 식품 제조·가공업자가 제조·가공한 완제품을 나누어 유통할 목적으로 재포장·판매하는 영업이다. 보기에서 소분업 판매를 할 수 있는 식품으로는 빵가루가 있다.

17 다음의 상수처리 과정에서 가장 마지막 단계는?
① 급수　　　　　　　　　② 취수
③ 정수　　　　　　　　　④ 도수
[해설] 상수처리 과정
　　　취수→도수→정수→송수→배수지→배수관→급수

18 생균(live vaccine)을 사용하는 예방접종으로 면역이 되는 질병은?
① 파상풍　　　　　　　　② 콜레라
③ 폴리오　　　　　　　　④ 백일해
[해설] 생균백신 사용질병: 두창, 탄저, 광견병, 결핵, 황열, 폴리오 등

19 인수공통감염병으로 그 병원체가 세균인 것은?

① 일본뇌염 ② 공수병
③ 광견병 ④ 결핵

[해설] • 일본뇌염, 공수병(광견병): 바이러스
  • 결핵: 결핵균(세균)

20 적외선에 속하는 파장은?

① 200nm ② 400nm
③ 600nm ④ 800nm

[해설] 적외선의 파장의 범위: 700~800nm

21 탄수화물의 조리가공 중 변화되는 현상과 가장 관계 깊은 것은?

① 거품생성 ② 호화
③ 유화 ④ 산화

[해설] 호화: 녹말에 물을 넣어 가열할 때에 부피가 늘어나고 점성이 생겨서 풀처럼 끈적끈적하게 되는 현상으로 탄수화물의 조리가공 중 변화되는 현상과 가장 관계 깊다.

22 색소를 보존하기 위한 방법 중 틀린 것은?

① 녹색채소를 데칠 때 식초를 넣는다.
② 매실지를 담글 때 소엽(차조기 잎)을 넣는다.
③ 연근을 조릴 때 식초를 넣는다.
④ 햄 제조 시 질산칼륨을 넣는다.

[해설] 녹색채소를 데칠 때 녹색을 선명하게 하기 위해선, 데칠 때 물에 소금을 넣으면 녹색이 선명하게 된다.

23 효소적 갈변반응에 의해 색을 나타내는 식품은?

① 분말 오렌지 ② 간장
③ 캐러멜 ④ 홍차

[해설] 효소적 갈변: 과실이나 야채에 함유되어 있는 타닌 등의 폴리페놀성분이 산화효소의 작용에 의해 산화되고 중합하여 갈변하는 것으로서, 식물조직에 상처를 입으면 일어나기 쉽다. 효소적 갈변반응을 이용한 식품의 예로서는 홍차가 있다.

24 단맛성분에 소량의 짠맛성분을 혼합할 때 단맛이 증가하는 현상은?

① 맛이 상쇄현상 ② 맛의 억제현상
③ 맛의 변조현상 ④ 맛의 대비현상

[해설] • 맛의 대비현상: 서로 다른 맛 성분이 혼합되었을 경우 주 맛 성분의 맛이 강해지는 현상이다.
• 맛의 억제현상: 다른 맛 성분들이 혼합되었을 경우 주 맛 성분이 약해지는 현상이다.
• 맛의 상승현상: 같은 종류의 맛 성분 두 가지를 서로 섞어주면 각각 가지는 맛보다 세게 느껴지는 현상이다.
• 맛의 상쇄현상: 각 맛 성분들을 적당한 농도로 두 종류씩 섞어주면 각각의 맛은 느껴지지 않고 조화된 맛으로 느껴지는 현상이다.
• 맛의 변조현상: 한 가지 맛 성분을 맛본 직후 다른 종류의 맛 성분을 맛보면 정상적인 미각이 일어나지 않고 다른 맛이 느껴지는 현상이다.

25 브로멜린(bromelin)이 함유되어 있어 고기를 연화시키는 이용되는 과일은?

① 사과 ② 파인애플
③ 귤   ④ 복숭아

[해설] 육류의 연화작용에 관여하는 것: 연화제나 파인애플(브로멜린 함유), 파파야, 무화과, 키위 등이 있다.

26 지방의 경화에 대한 설명으로 옳은 것은?

① 물과 지방이 서로 섞여 있는 상태이다.
② 불포화지방산에 수소를 첨가하는 것이다.
③ 기름을 7.2℃까지 냉각시켜서 지방을 여과하는 것이다.
④ 반죽 내에서 지방층을 형성하여 글루텐 형성을 막는 것이다.

[해설] 지방을 경화시키기 위해선 지방에 수소를 첨가해 주면 된다.

27 어류의 염장법 중 건염법(마른간법)에 대한 설명 중 틀린 것은?

① 식염의 침투가 빠르다.
② 품질이 균일하지 못하다.
③ 선도가 낮은 어류로 염장을 할 경우 생산량이 증가한다.
④ 지방질의 산화로 변색이 쉽게 일어난다.

[해설] 건염법(마른간법): 10~15%의 소금을 직접 뿌리는 방법으로 육류, 어류에 많이 이용되는데 품질을 좌우하는 가장 중요한 요인이 신선도이다.

28 대두를 구성하는 콩단백질의 주성분은?

① 글리아딘　　　　　　　② 글루텔린
③ 글루텐　　　　　　　　④ 글리시닌

[해설] 콩 단백질의 주성분인 글리시닌은 묽은 염류용액에 녹는 성질이 있는데 콩을 갈게 되면 콩에 들어 있는 인산칼륨과 같은 가용성 염류에 의해 글리시닌이 녹게 된다.

29 간장, 다시마 등의 감칠맛을 내는 주된 아미노산은?

① 알라닌(alanine)
② 글루탐산(glutamic acid)
③ 리신(lysine)
④ 트레오닌(threonine)

[해설] 다시마의 감칠맛을 내는 주된 아미노산은 글루탐산으로 20가지의 단백질 구성 아미노산 중의 하나이며 산성 α-아미노산에 속한다.

30 열에 의해 가장 쉽게 파괴되는 비타민은?

① 비타민C　　　　　　　② 비타민A
③ 비타민E　　　　　　　④ 비타민K

[해설] 비타민C는 열, 빛, 물, 산소 등에 쉽게 파괴되는 민감한 물질이다.

31 가열에 의해 고유의 냄새성분이 생성되지 않는 것은?

① 장어구이　　　　　　　② 스테이크
③ 커피　　　　　　　　　④ 포도주

[해설] 포도주: 잘 익은 포도의 당분을 발효시켜 만든 알코올 음료로 가열에 의해 고유의 냄새성분이 생성되지 않는다.

32 어떤 단백질의 질소함량이 18%라면 이 단백질의 질소계수는 약 얼마인가?

① 5.56　　　　　　　　　② 6.30
③ 6.47　　　　　　　　　④ 6.67

[해설] 질소계수 = $\dfrac{100}{18}$ ≒ 5.555

따라서 질소계수는 약 5.56이다.

33 맥아당은 어떤 성분으로 구성되어 있는가?

① 포도당 2분자가 결합된 것
② 과당과 포도당 각 1분자가 결합된 것
③ 과당 2분자가 결합된 것
④ 포도당과 전분이 결합된 것

[해설] 맥아당(엿당): 녹말의 가수분해 산물로 생성되며 두 개의 포도당으로 구성되어 있다.

34 1g당 발생하는 열량이 가장 큰 것은?

① 당질
② 단백질
③ 지방
④ 알코올

[해설] ① 당질: 1g당 4kcal의 열량을 발생한다.
② 단백질: 1g당 4kcal의 열량을 발생한다.
③ 지방: 1g당 9kcal의 열량을 발생한다.
④ 알코올: 1g당 7kcal의 열량을 발생한다.

35 많이 익은 김치(신김치)는 오래 끓여도 쉽게 연해지지 않는 이유는?

① 김치에 존재하는 소금에 의해 섬유소가 단단해지기 때문이다.
② 김치에 존재하는 소금에 의해 팽압이 유지되기 때문이다.
③ 김치에 존재하는 산에 의해 섬유소가 단단해지기 때문이다.
④ 김치에 존재하는 산에 의해 팽압이 유지되기 때문이다.

[해설] 신김치는 김치에 존재하는 산에 의해 섬유소가 단단해지기 때문에 오래 끓여도 쉽게 연해지지 않는다.

36 아래의 조건에서 당질 함량을 기준으로 고구마 180g을 쌀로 대치하려면 필요한 쌀의 양은?

- 고구마 100g의 당질 함량 29.2g
- 쌀 100g의 당질 함량 31.7g

① 165.8g
② 170.6g
③ 177.5g
④ 184.7g

[해설] 고구마 180g의 당질 함량이
$100:29.2=180:x$, $x=52.56$ 따라서 100g의 당질 함량 29.2g이라면 고구마180g의 당질함량은 52.56g
이 때 쌀의 당질 함량이 52.56g인 경우를 구하면 되니까
$100:31.7=x:52.56$ 따라서 $x≒165.80g$이다.
따라서 당질 함량을 기준으로 고구마 180g을 쌀로 대치하려면 필요한 쌀의 양은 약 165.8g이다.

37 스파게티와 국수 등에 이용되는 문어나 오징어 먹물의 색소는?

① 타우린(taurine)
② 멜라닌(melanin)
③ 미오글로빈(myoglobin)
④ 히스타민(histamine)

[해설] 오징어나 문어의 먹물은 단백질의 일종인 멜라닌이라는 색소로 리조팀이라는 방부효과가 있어 항암효과가 뛰어나다.

38 수분 70g, 당질 40g, 섬유질 7g, 단백질 5g, 무기질 4g, 지방 3g이 들어있는 식품의 열량은?

① 165kcal
② 178kcal
③ 198kcal
④ 207kcal

[해설]
- 당질: 1g당 4kcal의 열량을 발생한다.
- 단백질: 1g당 4kcal의 열량을 발생한다.
- 지방: 1g당 9kcal의 열량을 발생한다.

따라서 식품의 열량=(40×4kcal)+(5×4kcal)+(3×9kcal)
=160kcal+20kcal+27kcal=207kcal

39 소화흡수가 잘 되도록 하는 방법으로 가장 적절한 것은?

① 짜게 먹는다.
② 동물성 식품과 식물성 식품을 따로따로 먹는다.
③ 식품을 잘고 연하게 조리하여 먹는다.
④ 한꺼번에 많은 양을 먹는다.

[해설] 식품을 씹지 않고, 거친 음식물을 먹으면 위장에 부담을 주고 소화·흡수가 잘 되지 않는다.

40 원가계산의 목적으로 옳지 않은 것은?

① 원가의 절감 방안을 모색하기 위해서
② 제품의 판매가격을 결정하기 위해서
③ 경영손실을 제품가격에서 만회하기 위해서
④ 예산편성의 기초자료로 활용하기 위해서

[해설] 원가 계산의 목적
- 재무제표의 작성 · 판매가격의 계산 · 원가의 관리 · 예산의 통제 · 경영 기본계획의 수립

41 밀가루 반죽 시 넣는 첨가물에 관한 설명으로 옳은 것은?

① 유지는 글루텐 구조형성을 방해하여 반죽을 부드럽게 한다.
② 소금은 글루텐 단백질을 연화시켜 밀가루 반죽의 점탄성을 떨어뜨린다.
③ 설탕은 글루텐 망사구조를 치밀하게 하여 반죽을 질기고 단단하게 한다.
④ 달걀을 넣고 가열하면 단백질의 연화작용으로 반죽이 부드러워 진다.

[해설] 밀가루 반죽 시 유지를 넣으면 글루텐의 구조형성을 방해하므로 반죽이 부드럽게 된다.

42 젤라틴과 한천에 관한 설명으로 틀린 것은?

① 한천은 보통 28~35℃에서 응고되는데 온도가 낮을수록 빨리 굳는다.
② 한천은 식물성 급원이다
③ 젤라틴은 젤리, 양과자 등에서 응고제로 쓰인다.
④ 젤라틴에 생 파인애플을 넣으면 단단하게 응고한다.

[해설] 젤라틴에 생 파인애플을 넣으면 젤라틴이 파인애플에 함유되어 있는 브로멜린 때문에 가수분해 되어 굳어지지 않는다.

43 단체급식의 목적이 아닌 것은?

① 피급식자의 건강의 회복, 유지, 증진을 도모한다.
② 피급식자의 식비를 경감한다.
③ 피급식자에게 물질적 충족을 준다.
④ 영양교육과 음식의 중요성을 교육함으로써 바람직한 급식을 실현한다.

[해설] 단체급식의 목적
• 급식대상자에게 영양 지식을 익혀준다.
• 급식대상자에게 영양 개선을 도모한다.
• 지역사회의 식생활 개선을 도모한다.

44 편육을 할 때 가장 적합한 삶기 방법은?

① 끓는 물에 고기를 덩어리째 넣고 삶는다.
② 끓는 물에 고기를 잘게 썰어 넣고 삶는다.
③ 찬물에서부터 고기를 넣고 삶는다.
④ 찬물에서부터 고기와 생강을 넣고 삶는다.

[해설] 편육: 끓는 물에 삶아야 고기의 맛이 빠지지 않는다.

45 조미의 기본 순서로 가장 옳은 것은?

① 설탕→소금→간장→식초
② 설탕→식초→간장→소금
③ 소금→식초→간장→설탕
④ 간장→설탕→식초→소금

[해설] 조미를 할 때에는 대체로 고체는 녹는 시간이 걸리므로 가장 먼저 넣고 그 다음이 액체, 마지막으로 향이 있는 재료 순으로 넣어주면 된다.(설탕→소금→간장→식초→참기름.)

46 버터 대용품으로 생산되고 있는 식물성 유지는?

① 쇼트닝　　　　　　　② 마가린
③ 마요네즈　　　　　　④ 땅콩버터

[해설] 마가린은 실생활에서 버터의 대용품으로 많이 사용된다.

47 조리장의 입지조건으로 적당하지 않은 곳은?

① 급·배수가 용이하고 소음, 악취, 분진, 공해 등이 없는 곳
② 사고발생시 대피하기 쉬운 곳
③ 조리장이 지하층에 위치하여 조용한 곳
④ 재료의 반입, 오물의 반출이 편리한 곳

[해설] 조리장의 입지조건
　• 급·배수가 용이하고 소음, 악취, 분진, 공해 등이 없는 곳
　• 사고발생시 대피하기 쉬운 곳
　• 재료의 반입, 오물의 반출이 편리한 곳
　• 손님이 그 내부를 볼 수 있는 구조로 되어 있을 것

48 밀어 썰기를 할 때 칼을 도마에서 위로 향하게 하고, 내려 썰 때는 앞쪽으로 약 몇 도 정도 기울여 앞부분이 도마에 먼저 닿고, 앞으로 밀면서 칼 뒷부분이 도마에 닿게 하여야 하는가?

① 10도　　　　　　　　② 15도
③ 20도　　　　　　　　④ 25도

[해설] 밀어 썰기를 할 때 칼을 도마에서 위로 향하게 하고, 내려 썰 때는 앞쪽으로 약 15° 정도 기울여 앞부분이 도마에 먼저 닿고, 앞으로 밀면서 칼 뒷부분이 도마에 닿게 하여야 한다.

49 아래 [보기] 중 단체급식 조리장을 신축할 때 우선적으로 고려할 사항 순으로 배열된 것은?

> 가. 위생 나. 경제 다. 능률

① 다→나→가
② 나→가→다
③ 가→다→나
④ 나→다→가

50 우유를 데울 때 가장 좋은 방법은?
① 냄비에 담고 끓기 시작할 때까지 강한 불로 데운다.
② 이중냄비에 넣고 젓지 않고 데운다.
③ 냄비에 담고 약한 불에서 젓지 않고 데운다.
④ 이중냄비에 넣고 저으면서 데운다.

[해설] 우유를 데울 때는 이중냄비에 넣고 저으면서 데워주는 것이 가장 좋다.

51 조리대 배치형태 중 환풍기와 후드의 수를 최소화할 수 있는 것은?
① 일렬형
② 병렬형
③ ㄷ자형
④ 아일랜드형

[해설] 아일랜드형(섬형): 실내에 개수대나 가열대 또는 조리대가 섬처럼 벽에서 독립하여 설치되어 있는 형태로 환풍기와 후드의 수를 최소화할 수 있다.

52 식혜를 만들 때 엿기름을 당화시키는데 가장 적합한 온도는?
① 10~20℃
② 30~40℃
③ 50~60℃
④ 70~80℃

[해설] 식혜를 만들 때 엿기름을 당화시키는데 가장 적합한 온도는 50~60℃이다.

53 식품의 감별법 중 틀린 것은?
① 쌀알은 투명하고 앞니로 씹었을 때 강도가 센 것이 좋다.
② 생선은 안구가 돌출되어 있고 비늘이 단단하게 붙어 있는 것이 좋다.
③ 닭고기의 뼈(관절) 부위가 변색된 것은 변질된 것으로 맛이 없다.
④ 돼지고기의 색이 검붉은 것은 늙은 돼지에서 생산된 고기일 수 있다.

54 배추 절이기 방법 중 봄과 여름에는 소금 농도를 몇 %로 하여야 하는가?
① 1~3% ② 4~6%
③ 7~10% ④ 11~13%

[해설] 배추 절이기 방법 중 봄과 여름에는 소금 농도를 7~10%로 8~9시간 정도를, 겨울에는 12~13%로 12~16시간 정도 절이는 것이 좋다.

55 연제품 제조에서 탄력성을 주기위해 꼭 첨가해야 하는 것은?
① 소금 ② 설탕
③ 펙틴 ④ 글루타민산소다

[해설] 연제품은 어묵이 있으며, 어묵은 생선살인 미오신의 특성인 염용성을 이용하여 만든 것이다. 미오신은 소금을 첨가하면 탄력성이 증가한다.

56 곡식 가루에 감자, 옥수수, 호박 같은 것을 섞어서 풀처럼 되게 쑨 죽의 일종을 무엇이라 하는가?
① 미음 ② 암죽
③ 범벅 ④ 즙

[해설] ① 미음: 곡물을 껍질만 남을 정도로 푹 끓여서 체로 밭쳐 내린, 마실 수 있는 묽은 죽으로 흔히 환자나 어린아이들에게 많이 쓰인다.
② 암죽: 곡식이나 밤 등의 가루를 밥물에 타서 끓인 죽으로 환자식, 이유식, 노인식 등으로 많이 쓰인다.
④ 즙: 육류나 채소를 푹 끓여서 고운체에 밭친 즙으로 환자들의 영양식으로 많이 쓰인다.

57 다음 중 두릅회는 무엇에 찍어 먹는가?
① 초고추장 ② 참기름
③ 소금 ④ 쌈장

[해설] 식성에 따라 두릅회는 초고추장에, 날송이는 참기름에, 송이회는 소금에 찍어 먹는다.

58 다음 중 고추장 양념구이에 대한 설명으로 잘못된 것은?
① 고추장 양념은 재료가 익기 전에 탈 수 있기 때문에 초벌구이를 한 뒤에 고추장 양념을 발라 구워주는 것이 좋다.
② 고추장 양념은 재료에 따라 농도를 조절해 주는데, 가장 알맞은 농도는 숟가락으로 떠서 떨어뜨렸을 때, 물처럼 줄줄 흐를 때이다.

③ 초벌구이는 대개 유장을 발라서 구워주는데, 유장은 참기름대 간장의 비율을 3:1로 해서 완전히 혼합되게 만들어 준다.
④ 초벌구이에서 재료를 완전히 익힌 뒤에 고추장 양념을 발라 구워주는데 고추장 양념이 노릇하게 익을 정도로만 구워준다.

[해설] 고추장 양념구이에서의 고추장 양념은 재료에 따라 농도를 조절해 주는데, 가장 알맞은 농도는 숟가락으로 떠서 떨어뜨렸을 때, 덩어리로 뚝뚝 떨어졌을 때이다.

59 다음 중 죽 만드는 법에 대한 설명으로 잘못된 것은?

① 죽을 쑬 때 물은 처음부터 정량을 넣어 끓여주면 잘 어우러지지 않는다.
② 죽은 오랜 시간 끓여주어야 하기 때문에 약한 불에서 서서히 끓여주어야 하며, 그릇은 두꺼운 냄비나 솥을 이용하는 것이 좋다.
③ 간은 처음부터 하는 것보다 완전히 퍼진 후에 하는 것이 좋다. 또는 먹는 사람의 기호에 따라 간을 해 주는 것이 좋다.
④ 죽을 쑬 때 나무주걱으로 저어주면 좋으며, 끓기 시작하면 자주 젓지 말아야 한다.

[해설] 죽을 쑬 때 물은 처음부터 정량을 넣어 끓여야 부드럽고 어우러지는 죽이 된다. 중간에 물을 첨가해 주면 잘 어우러지지 않는다.

60 다음 중 콩나물밥을 지을 때 물과 쌀의 비율을 약 몇 대 몇으로 하는 것이 가장 좋은가?

① 1:0.9
② 0.9:0.7
③ 1:1
④ 1:1.5

[해설] 쌀과 물의 비율
• 햅쌀의 경우: 1:1
• 묵은 쌀의 경우: 1:1.5
• 콩나물밥의 경우: 1:0.9

정답									
1.①	2.②	3.①	4.①	5.④	6.②	7.④	8.④	9.③	10.②
11.③	12.④	13.②	14.③	15.④	16.④	17.①	18.③	19.④	20.④
21.②	22.①	23.④	24.④	25.②	26.②	27.③	28.④	29.②	30.①
31.④	32.①	33.①	34.③	35.③	36.①	37.②	38.④	39.③	40.③
41.①	42.④	43.③	44.①	45.①	46.②	47.①	48.②	49.③	50.④
51.④	52.③	53.③	54.③	55.①	56.③	57.①	58.②	59.①	60.①